A SOLUÇÃO DA SINERGIA

MARK L. SIROWER

JEFFERY M. WEIRENS

A SOLUÇÃO DA SINERGIA

COMO AS EMPRESAS VENCEM O JOGO DAS FUSÕES E AQUISIÇÕES

ALTA BOOKS
GRUPO EDITORIAL
Rio de Janeiro, 2023

A Solução da Sinergia

Copyright © 2023 da Starlin Alta Editora e Consultoria Ltda.
ISBN: 978-85-508-1981-5

Translated from original The Synergy Solution. Copyright © 2022 by Mark L. Sirower. ISBN 978-1-64782-042-8. This translation is published and sold by permission of Harvard Business Review Press, the owner of all rights to publish and sell the same. PORTUGUESE language edition published by Starlin Alta Editora e Consultoria Ltda, Copyright © 2023 by Starlin Alta Editora e Consultoria Ltda.

Impresso no Brasil — 1ª Edição, 2023 — Edição revisada conforme o Acordo Ortográfico da Língua Portuguesa de 2009.

Dados Internacionais de Catalogação na Publicação (CIP) de acordo com ISBD

S621s   Sirower, Mark L.
         A Solução da Sinergia: como as empresas vencem o jogo das fusões e aquisições / Mark L. Sirower, Jeffery M. Weirens; traduzido por Leandro Augusto Menegaz. - Rio de Janeiro : Alta Books, 2023.
         384 p. ; 15,8cm x 23cm.

         Inclui bibliografia, índice e apêndice.
         Tradução de: The Synergy Solution
         ISBN: 978-85-508-1981-5

         1. Administração de empresas. I. Menegaz, Leandro Augusto. II. Título.

2023-144   CDD 658
                     CDU 65

Elaborado por Vagner Rodolfo da Silva - CRB-8/9410

Índice para catálogo sistemático:
1. Administração de empresas 658
2. Administração de empresas 65

Todos os direitos estão reservados e protegidos por Lei. Nenhuma parte deste livro, sem autorização prévia por escrito da editora, poderá ser reproduzida ou transmitida. A violação dos Direitos Autorais é crime estabelecido na Lei nº 9.610/98 e com punição de acordo com o artigo 184 do Código Penal.

A editora não se responsabiliza pelo conteúdo da obra, formulada exclusivamente pelo(s) autor(es).

Marcas Registradas: Todos os termos mencionados e reconhecidos como Marca Registrada e/ou Comercial são de responsabilidade de seus proprietários. A editora informa não estar associada a nenhum produto e/ou fornecedor apresentado no livro.

Erratas e arquivos de apoio: No site da editora relatamos, com a devida correção, qualquer erro encontrado em nossos livros, bem como disponibilizamos arquivos de apoio se aplicáveis à obra em questão.

Acesse o site www.altabooks.com.br e procure pelo título do livro desejado para ter acesso às erratas, aos arquivos de apoio e/ou a outros conteúdos aplicáveis à obra.

Suporte Técnico: A obra é comercializada na forma em que está, sem direito a suporte técnico ou orientação pessoal/exclusiva ao leitor.

A editora não se responsabiliza pela manutenção, atualização e idioma dos sites referidos pelos autores nesta obra.

Produção Editorial
Grupo Editorial Alta Books

Diretor Editorial
Anderson Vieira
anderson.vieira@altabooks.com.br

Editor
José Ruggeri
j.ruggeri@altabooks.com.br

Gerência Comercial
Claudio Lima
claudio@altabooks.com.br

Gerência Marketing
Andréa Guatiello
andrea@altabooks.com.br

Coordenação Comercial
Thiago Biaggi

Coordenação de Eventos
Viviane Paiva
comercial@altabooks.com.br

Coordenação ADM/Finc.
Solange Souza

Coordenação Logística
Waldir Rodrigues

Gestão de Pessoas
Jairo Araújo

Direitos Autorais
Raquel Porto
rights@altabooks.com.br

Produtor da Obra
Thales Silva

Produtores Editoriais
Illysabelle Trajano
Maria de Lourdes Borges
Paulo Gomes
Thiê Alves

Equipe Comercial
Adenir Gomes
Ana Claudia Lima
Andrea Riccelli
Daiana Costa
Everson Sete
Kaique Luiz
Luana Santos
Maira Conceição
Nathasha Sales
Pablo Frazão

Equipe Editorial
Ana Clara Tambasco
Andreza Moraes
Beatriz de Assis
Beatriz Frohe
Betânia Santos
Brenda Rodrigues

Caroline David
Erick Brandão
Elton Manhães
Gabriela Paiva
Gabriela Nataly
Henrique Waldez
Isabella Gibara
Karolayne Alves
Kelry Oliveira
Lorrahn Candido
Luana Maura
Marcelli Ferreira
Mariana Portugal
Marlon Souza
Matheus Mello
Milena Soares
Patricia Silvestre
Viviane Corrêa
Yasmin Sayonara

Marketing Editorial
Amanda Mucci
Ana Paula Ferreira
Beatriz Martins
Ellen Nascimento
Livia Carvalho
Guilherme Nunes
Thiago Brito

Atuaram na edição desta obra:

Tradução
Leandro Menegaz

Copidesque
João Guterres

Revisão Gramatical
Bianca Albuquerque
Leonardo Breda

Diagramação
Lucia Quaresma

Editora afiliada à:

Rua Viúva Cláudio, 291 – Bairro Industrial do Jacaré
CEP: 20.970-031 – Rio de Janeiro (RJ)
Tels.: (21) 3278-8069 / 3278-8419
www.altabooks.com.br — altabooks@altabooks.com.br
Ouvidoria: ouvidoria@altabooks.com.br

MARK SIROWER

*Para minha filha Ellen, você
sempre será o coração do
 meu coração*

JEFFERY WEIRENS

*Para minha fusão favorita de todas,
Julie. E nossas três sinergias — Sierra, Aurora,
e Skylar*

1 + 1 = 5

Imagine estar em uma esteira. Suponha que você esteja correndo a 5 km/h agora, mas é obrigado a correr a 6,5 km/h no próximo ano e 8 km/h no ano seguinte. Sinergia significaria correr ainda mais do que essa expectativa, enquanto os concorrentes fornecem um vento contrário. Pagar um prêmio pela sinergia – isto é, pelo direito de correr mais – é como colocar uma mochila pesada. Enquanto isso, quanto mais você demora a correr mais rápido, mais alta fica a inclinação. Este é o jogo de aquisição.

— **Mark L. Sirower**, *The Synergy Trap* (1997)

Em algumas fusões, há sinergias realmente importantes – embora muitas vezes o adquirente pague demais para obtê-las –, porém em outras ocasiões os custos e benefícios de receita projetados se mostram ilusórios. De uma coisa, porém, esteja certo: se um CEO está entusiasmado com uma aquisição particularmente tola, tanto sua equipe interna quanto seus consultores externos apresentarão quaisquer projeções necessárias para justificar sua posição. Somente nos contos de fadas é dito aos reis que eles estão nus.

— **Warren Buffet**, *Relatório Anual de Berkshire Hathaway de 1997*

SOBRE OS AUTORES

MARK L. SIROWER é líder nos EUA na prática de F&A e Reestruturação da Deloitte, na qual ingressou em 2008 para lançar a prática de Estratégia de F&A. Por mais de 25 anos, Mark assessorou conselhos de administração e equipes executivas sênior em centenas de transações, desde estratégia e diligence até integração pós-fusão. Anteriormente, ele construiu o Deals Strategy Group na PwC. E foi líder global da prática de F&A no Boston Consulting Group, onde desenvolveu abordagens inovadoras para elaborar estratégias de F&A, planejar integrações, entregar sinergias após a fusão e criar valor para os acionistas.

Mark ensinou F&A na Wharton School e, por 30 anos e contando, no programa de MBA Executivo Stern da NYU como professor adjunto. Ele é o autor do inovador best-seller de fusões e aquisições *The Synergy Trap*. E suas pesquisas e publicações sobre fusões e aquisições foram apresentadas na *Harvard Business Review*, *BusinessWeek*, *Fortune*, *New York Times*, *Wall Street Journal*, *Economist*, *Financial Times*, *CFO*, e *Barron's*. Ele fala em todo o mundo sobre questões relacionadas a F&A.

Mark recebeu o PhD pela Columbia University Graduate School of Business e MBA pela Kelly School of Business, Indiana University. Ele mora em Manhattan.

Sobre os autores

JEFFERY M. WEIRENS é líder do negócio global de Consultoria Financeira da Deloitte, que gera impacto em momentos decisivos para clientes e sociedade, por meio de fusões, aquisições, alienações, reestruturações e serviços forenses. Ele atua no Global Executive da Deloitte, bem como no WorldImpact Steering Committee, definindo a estratégia da Deloitte em tópicos críticos, incluindo clima, diversidade, equidade e inclusão.

Por mais de 30 anos, Jeff assessorou clientes em várias das aquisições e alienações mais emblemáticas do mundo, enquanto crescia e transformava os negócios de Consultoria e Assessoria da Deloitte. Ele atuou em vários cargos de liderança na Deloitte Consulting, inclusive como membro do Comitê de Administração, como Líder dos EUA do Setor de Energia, Recursos e Industrial e como Líder dos EUA e Global da prática de F&A e Reestruturação. Ele é um consultor de confiança para equipes executivas de clientes seniores e conselhos de administração; prestou consultoria em centenas de aquisições, alienações e transformações. E é especialista em integração pós-fusão e desinvestimentos.

Jeff tem um MBA da Johnson Graduate School of Management, Cornell University. Um BSB da Carlson School of Management, University of Minnesota. E é um Contador Público Certificado. Ele mora em North Oaks, MN.

SUMÁRIO

Prefácio	xiii
1. **O Jogo da Aquisição**	1
2. **Sou um Adquirente Preparado?** Estratégia e Governança de F&A	23
3. **Isso Faz Sentido?** Due Diligence Financeira, Comercial e Operacional	51
4. **De Quanto Eu Preciso?** Valuation e Sinergia	87
5. **Eles Terão Motivos para Celebrar?** Dia do Anúncio	123
6. **Como Cumprirei Minha Visão e Promessas? Parte I** Da Estratégia de Negociação à Gestão de Integração Pré-Fechamento	149
7. **Como Cumprirei Minha Visão e Promessas? Parte II** Fluxos de Trabalho Multifuncionais e Prontidão para o Dia 1	183
8. **Meus Sonhos Se Tornarão Realidade?** Execução Pós-Fechamento	219
9. **O Conselho Consegue Evitar a Armadilha da Sinergia?** Ferramentas para o Conselho	257
10. **Conclusão:** Acertando na F&A	295
Agradecimentos	311
Apêndice A: Retornos aos Acionistas de F&A	313
Apêndice B: M&M em 1961 e as Origens do Valor Econômico Agregado	335
Apêndice C: Desenvolvimento do Modelo de Valor Econômico Agregado	339
Notas	347
Índice	363

PREFÁCIO

Fusões e aquisições continuam a ser um dos pilares das estratégias de negócios no mundo. As corporações, as partes interessadas e a economia em geral podem colher benefícios significativos, desde que se preste atenção a todos os elementos vitais que tornam essas transações bem-sucedidas. Pode ser desafiador, mas dá para ser feito.

Com mais de duas décadas de experiência praticando e liderando F&A na Deloitte Consulting LLP, assessorando em transações globais públicas e privadas, conheço a amplitude do trabalho necessário para prever, executar e implementar uma fusão ou aquisição bem-sucedida. Embora muitas transações possam parecer boas no papel, é a combinação de estratégia e entrega de resultados que as levam ao sucesso. Fusões e aquisições envolvem riscos substanciais. Portanto, entender todas as partes móveis desde o início e acertá-las requer uma liderança capaz e uma forte capacidade de execução.

Há muitas lições para uma F&A bem-sucedida, porém praticamente todas elas giram em torno da confiança. Isso é fácil de dizer, mas difícil de conquistar. Combinar duas entidades para criar algo melhor é difícil. É preciso responsabilização, responsabilidade, compromisso e clareza. Embarcar em uma grande transação significa inspirar e construir confiança com seu conselho, seus investidores, seus funcionários de ambos os lados, seus clientes e outras partes interessadas que serão vitais para o sucesso.

Conheço Mark Sirower e Jeffery Weirens há mais de 20 anos. E trabalhei de perto com ambos enquanto supervisionava a prática de consultoria da Deloitte LLP. Eles realmente são duas das principais mentes em F&A. E aconselharam e auxiliaram os clientes da Deloitte em muitas centenas de transações ao longo do ciclo de vida deste processo.

É isso que torna *A Solução da Sinergia* um livro tão importante. Como descrevem Sirower e Weirens, F&A é um processo — uma "cadeia", como eles chamam. E começa muito antes de um acordo, à medida que os líderes renovam a visão de futuro da empresa. Os CEOs e as equipes executivas precisam estar a par das mudanças e oportunidades que existem em seus mercados e pensar em F&A não apenas como um negócio, mas como uma cadeia conectada de ações que devem ser lideradas e gerenciadas para tornar realidade essa visão de sucesso. O escopo ambicioso deste livro, e os conselhos detalhados, fazem dele uma leitura esclarecedora para todos os que o adquirirem, independentemente de sua experiência.

Os autores fazem muitas perguntas aos líderes que estão analisando o processo de F&A. Você entende os riscos do que pode dar errado e as recompensas potenciais se acertar? Qual é a estratégia de F&A a longo prazo; você fez toda a lição de casa necessária para testar suas ideias antes de ter em conta um alvo? Qual é o seu plano do Dia 1 para comunicar às partes interessadas por que uma transação faz sentido estratégico e financeiro quando você anuncia o negócio ao público? Sua organização está preparada para todos os desafios futuros antes e depois do fechamento do negócio? De que maneira você antecipa melhor as necessidades dos funcionários e clientes e a incerteza que os espera? *A Solução da Sinergia* responde a todas essas perguntas e muito mais.

Este livro é *o* texto definitivo de M&A que todo líder C-suite[*] — e todos que aspiram ao C-suite — precisam neste exato momento. Seja uma fusão ou aquisição tradicional para expandir seus mercados e alcançar maior eficiência ou se você está preenchendo lacunas naquilo que precisa para ser competitivo e poder encantar os clientes, este livro irá ajudá-lo a fazer os negócios certos e aumentar muito as chances de sucesso. Da estratégia à avaliação, à integração e à obtenção de um Dia 1 livre de problemas, para além, *A Solução da Sinergia* abrange tudo o que os líderes de negócios precisam entender sobre o que um

---

[*] [N. do T.]: O termo C-suite se refere a cargos de liderança nas grandes empresas. Esses cargos normalmente iniciam com a letra "C". E esse termo é utilizado para designar, de forma coletiva, executivos seniores de hierarquia mais alta, como CEO (Chief Executive Officer - Diretor Executivo), COO (Chief Operating Officer - Diretor de Operações), CFO (Chief Financial Officer - Diretor Financeiro) e CMO (Chief Marketing Officer - Diretor de Marketing).

movimento estratégico pode significar para a organização e como prepará-lo e executá-lo com sucesso, bem como construir confiança no processo.

A Solução da Sinergia oferece insights universais sobre a mecânica do sucesso em todo o processo de F&A. É o guia mais abrangente, funcional e prático já escrito para negócios de F&A. As melhores organizações se preocupam com a cultura, o propósito, o futuro de sua força de trabalho e o bem comum, porém, em última análise, precisam cuidar de seus clientes e entregar resultados. Todos esses fatores são críticos para um negócio de F&A bem-sucedido — tornando esse tipo de trabalho muito mais complexo, mas, também, muito mais significativo.

Seja o primeiro negócio ou o centésimo, os princípios descritos em *A Solução da Sinergia o* ajudarão a obter maior clareza e foco em torno do intento. Como resultado, você estará melhor posicionado para emergir do processo de integração com uma cultura sustentável de alto desempenho e funcionários comprometidos com seu crescimento e sucesso nos próximos anos.

Punit Renjen CEO,
Deloitte Global

CAPÍTULO 1

O Jogo da Aquisição

Antigamente, as fusões eram sexy. Elas eram perfeitamente glamorosas. Repletas de "invasores corporativos exuberantes, títulos de alto risco e aquisições hostis coercitivas da década de 1980 e os mega-acordos de ações do boom da internet da década de 1990", as fusões e aquisições (F&A) ocupavam as manchetes da primeira página aparentemente todos os dias.

Mas algo deu errado. A "sinergia" ganhava má fama.

No início da década de 1990, começaram a surgir evidências de proeminentes acadêmicos e empresas de consultoria de que a maioria dos negócios, na realidade, prejudicou os acionistas de adquirentes corporativos, vários até resultando em falências.[1] Em outubro de 1995, a *BusinessWeek* publicou a inovadora história "The Case Against Mergers", baseada em pesquisas mostrando que 65% dos grandes negócios destruíram valor para os acionistas dos compradores. Os adquirentes estavam regularmente pagando em excesso por supostas sinergias. E os investidores sabiam disso.[2]

Infelizmente, os adquirentes continuam decepcionando hoje em dia.

No entanto, poucas outras ferramentas de desenvolvimento e crescimento corporativo podem mudar o valor de uma empresa — e seu futuro competitivo

— tão rápida e drasticamente quanto uma grande aquisição. Os acordos materiais de F&A são grandes "eventos da vida" na narrativa da história de uma empresa. Embora o bem-estar de funcionários e clientes seja primordial, o sucesso de qualquer negócio será julgado como qualquer outra grande decisão de investimento de capital: a alocação de capital e recursos criou retornos superiores aos acionistas em relação aos concorrentes?

A maioria das aquisições materiais ainda hoje não cumpre suas promessas e prejudicam os acionistas do adquirente. Embora os acionistas das empresas vendedoras se beneficiem rotineiramente dos prêmios significativos que os adquirentes pagam, os retornos para os acionistas dos adquirentes, em média, ficam muito aquém das expectativas. Em vez de dar aos investidores um motivo para comprar mais de suas ações, os adquirentes geralmente estão dando a eles motivos claros para vender. E as reações iniciais do mercado de investidores, positivas ou negativas, no geral, são uma previsão confiável e um indicativo de resultados futuros. As aquisições geralmente falham e os investidores ficam com a pulga atrás da orelha.[3]

As perguntas são *Por quê?* e *O que vamos fazer sobre isso?*

A hipótese é que essas falhas sistêmicas são resultado da falta de preparação, metodologia e estratégia. A maioria das empresas não tem uma estratégia real de F&A. Elas não pensaram nos negócios que acreditam serem os mais importantes em comparação com um universo de outros que não se dão sequer ao trabalho de conferir — elas têm poucas prioridades. Entram em um leilão ou contratam um banqueiro que apresenta alguns alvos de aquisições disponíveis e promessas de sinergia. As equipes são montadas rapidamente para realizar qualquer diligência operacional ou comercial que possam concluir em um tempo reduzido, enquanto os CEOs e banqueiros negociam o preço. Elas apresentam o negócio ao conselho, muitas vezes com pouca consideração de como as sinergias realmente serão entregues, mas com urgência para aprovar. A ameaça implícita é que, se o conselho não conseguir aprovar o acordo, pode não haver nada tão bom no horizonte. Um CEO proeminente chamou isso de "locomotiva de aquisição Uau! Agarre logo!"[4]

O Dia do Anúncio chega na forma de uma teleconferência cuidadosamente organizada, repleta de jornalistas e analistas — e muita euforia.

Então os investidores reagem. Para a maioria das empresas, é uma surpresa desagradável, com as ações do adquirente caindo – os investidores (que incluem funcionários que também são proprietários) sentem a dor imediatamente.

Apesar de todo o trabalho árduo que o adquirente e o alvo realizam, as reações dos investidores tendem a ser acertadas. As sinergias prometidas nunca se desenvolvem, ou pelo menos não em um nível que justifique o preço; os funcionários não entendem como o acordo afetará seu futuro; e a nova empresa é uma bagunça, destruindo um valor significativo para a empresa e seus acionistas. Elas raramente recuperam as perdas.

Queremos melhorar suas chances de sucesso em F&A. *A Solução da Sinergia* visa mudar a forma como as empresas — gerentes, executivos e conselhos — pensam e abordam as estratégias de aquisição. Começando com o fundamento bem-aceito da economia do problema de desempenho de fusões e aquisições, orientaremos os adquirentes sobre como desenvolver e executar uma estratégia de aquisição que evite as armadilhas em que tantas empresas caem e crie valor real e de longo prazo para o acionista. Não queremos tornar as fusões sexy novamente. Mas o objetivo é fazer com que as fusões funcionem — para os adquirentes e para os acionistas.

Ontem e Hoje: A Evidência

Enquanto alguns afirmam que as coisas melhoraram — as empresas e seus gerentes são mais aptos a avaliarem aquisições e perceberem as sinergias previstas —, descobrimos que, empiricamente falando, as coisas não estão muito melhores. Além disso, os investidores continuam a ouvir atentamente os detalhes do que os adquirentes dizem sobre os principais negócios.

Atualizamos o estudo histórico de Mark sobre a onda de fusões da década de 1990 (a base de uma reportagem de capa da *BusinessWeek*). E as descobertas apoiam o caso de que, mesmo depois de toda a intensa atividade das últimas décadas — e toda essa oportunidade de aprender — ainda há muito espaço para melhorias.[5]

Vamos dar uma olhada mais de perto.

Para nosso estudo, extraímos dados das bem conhecidas fontes, Thompson ONE e Capital IQ da S&P. E examinamos mais de 2.500 acordos avaliados em US$100 milhões ou mais, anunciados entre 1º de janeiro de 1995 e 31 de dezembro de 2018. Usamos dados disponíveis ao público para que qualquer pessoa possa replicar nossos resultados. Excluímos os negócios em que o preço das ações do adquirente não pôde ser rastreado em uma das principais bolsas de valores dos EUA. Usando o raciocínio de que um negócio precisava ser material, excluímos aqueles em que a capitalização de mercado do vendedor era inferior a 10% da pertencente ao adquirente. Por fim, selecionamos negócios em que o adquirente posteriormente anunciou outra aquisição significativa dentro de um ano.

Isso gerou uma amostra de 1.267 negócios representando US$5,37 trilhões em valor patrimonial e US$1,14 trilhão em prêmios de aquisição pagos ao longo dos 24 anos do estudo. A capitalização média do mercado de ações, cinco dias antes do anúncio, era de US$9,3 bilhões para compradores e US$3,8 bilhões para vendedores. A capitalização média de mercado dos vendedores em relação ao seu adquirente foi de 46%. Estes foram, de qualquer forma, negócios muito significativos para os adquirentes. O prêmio médio pago foi de 30%, ou US$902 milhões.

Medimos o desempenho dos adquirentes em torno do anúncio do negócio usando o retorno total do acionista de 11 dias (cinco dias de negociação antes a cinco dias depois) e como se comportaram ao longo de um ano após o anúncio (incluindo o período de anúncio). Embora possa parecer um período curto para julgar o sucesso ou o fracasso, o primeiro ano é fundamental para entregar promessas de desempenho, porque sinaliza a credibilidade dessas promessas.[6]

Examinamos tanto o retorno bruto total ao acionista (valorização do preço das ações mais dividendos) quanto o retorno total ao acionista em relação aos pares do setor de cada adquirente dentro do S&P 500, conforme classificado pelo Capital IQ.[7] Relatamos os retornos totais dos acionistas ajustados pelo setor (geralmente chamados de RTSR, ou retorno total relativo aos acionistas).

O que encontramos? Os principais resultados da amostra de 1.267 acordos estão descritos abaixo.

Os adquirentes, em média, têm desempenho inferior aos pares do setor

Os retornos médios para os adquirentes dessas grandes aquisições em torno do anúncio do negócio foram de -1,6%, com 60% das transações sendo vistos negativamente e 40% positivamente pelo mercado. Um ano depois, os retornos médios para esses adquirentes foram ligeiramente piores em -2,1%, e 56% dos adquirentes ficaram para trás em relação aos pares do setor. Como acontece com qualquer estudo sobre fusões e aquisições, há uma ampla gama de resultados, portanto, essas são apenas as médias.[8] Os resultados gerais certamente sugerem que devemos parar de usar a estatística ainda amplamente citada sobre o desempenho de F&A de que 70 a 90 por cento dos negócios falham.[9]

Dito isso, o desempenho do adquirente foi muito ruim nas ondas de fusão das décadas de 1980 e 1990, em que quase dois terços dos negócios destruíram valor para o adquirente.[10] *Há algumas notícias animadoras aqui*. Quando dividimos a amostra em três períodos de oito anos, abrangendo três ondas de fusão — 1995–2002, 2003–2010 e 2011–2018 — descobrimos que os adquirentes melhoraram de 64% de reações negativas a 56% na onda de fusão mais recente, e as reações iniciais do mercado melhoraram de -3,7% para quase zero; mas os retornos de um ano continuam desafiados, com -4,2% de retorno de um ano no último período de oito anos. (Consulte o apêndice A para um estudo detalhado.)

Apesar do que pode ser considerado com um sinal encorajador, ainda não estamos fora de perigo. Para ser franco, enquanto as F&A, em média, podem estar melhorando um pouco, é apenas "menos negativo" no geral.

Vamos tirar esses resultados das médias e olhar mais a fundo.

As reações iniciais dos investidores são persistentes e indicativas de retornos futuros

Muitos observadores acreditam que as reações do mercado de ações aos anúncios de negócios são meros movimentos de preços de curto prazo e não oferecem previsões de sucesso ou fracasso futuro. Um CEO, em uma frase célebre disse, após uma queda de quase 20% no preço das ações da empresa no dia de um grande anúncio de aquisição: "Você não faz esse tipo de movimento e julga seu sucesso pelo preço de curto prazo das ações".

Para explorar a afirmação de que as reações iniciais do investidor não importam, dividimos as reações iniciais em uma carteira de reação positiva e outra de reação negativa. Se as reações do mercado não importam, ambas as carteiras devem tender a zero. Mas não.

Um ano depois, a carteira de 759 negócios que começou com reação negativa de -7,8%, obteve um retorno negativo ainda mais forte de -9,1%. A carteira de 508 negócios que começou positivamente com um retorno de +7,7%, manteve um forte retorno positivo de +8,4%. Um olhar mais atento mostra que 65% dos negócios inicialmente negativos ainda eram negativos. E 57% dos negócios inicialmente positivos ainda eram positivos um ano após o anúncio. Portanto, embora um início positivo não seja garantia de sucesso futuro, especialmente se as empresas não cumprirem as promessas posteriormente, um início negativo é muito difícil de reverter, com quase dois terços dos negócios ainda negativos um ano depois. E é ainda mais difícil para os negócios de reação negativa que usam ações como moeda: quase três em cada quatro negócios de ações (ou 71%) que eram inicialmente negativos ainda o eram um ano depois.[11]

Em resumo: *As reações iniciais do mercado importam.*

Entregar resultados após um bom começo compensa muito – e o oposto também é verdadeiro

Os negócios que começaram em uma direção positiva — e deram certo — superaram dramaticamente os negócios que começaram mal e eram persistentemente negativos — o que chamamos de "spread de persistência." No ano seguinte ao anúncio, os adquirentes cujos negócios foram inicialmente recebidos com uma reação negativa dos investidores e continuaram a ser percebidos negativamente, apresentaram um retorno médio de -26,7%; ao passo que os adquirentes cujos negócios inicialmente receberam e continuaram a receber uma resposta favorável, retornaram uma média de +32,7% — um spread de persistência, ou diferença nos retornos, de quase 60 pontos percentuais.

Não apenas as reações iniciais dos investidores importam bastante, elas importam bastante de uma forma que deve ser muito essencial para os adquirentes.

FIGURA 1-1

Retornos para os adquirentes

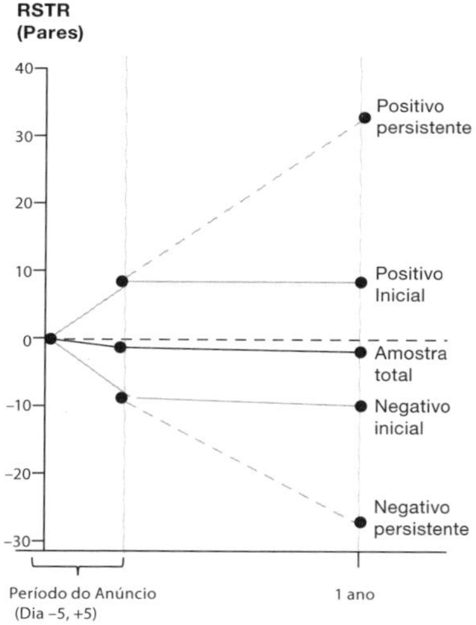
RSTR
(Pares)
40
30
20
10
0
-10
-20
-30
Período do Anúncio
(Dia -5, +5)
1 ano

	Todos os negócios					Totalmente em dinheiro					Totalmente em ações				
	Negócios	% de Negócios	Retorno Anúncio	Retorno de 1 ano	Prêmio	Negócios	% de Negócios	Retorno Anúncio	Retorno de 1 ano	Prêmio	Negócios	% de Negócios	Retorno Anúncio	Retorno de 1 ano	Prêmio
Positivo persistente	290	23%	8,0%	32.7%	26.6%	89	35%	8,6%	36,2%	27,6%	92	20%	7,3%	31,1%	22,5%
Positivo Inicial	508	40%	7,7%	8,4%	26,9%	146	57%	8,1%	12,6%	28,6%	160	35%	8,1%	7,2%	23,3%
Amostra total	1267	100%	-1,6%	-2,1%	30,1%	257	100%	1,8%	3,8%	31,1%	451	100%	-2,9%	-5,7%	28,2%
Negativo inicial	759	60%	-7,8%	-9,1%	32,2%	111	43%	-6,4%	-7,8%	34,5%	291	65%	-8,9%	-12,8%	30,9%
Negativo persistente	495	39%	-9,0%	-26,7%	33,8%	69	27%	-7,1%	-29,1%	36,6%	207	46%	-9,9%	-27,4%	32,8%

A Figura 1-1 ilustra o padrão geral de retornos para os adquirentes. Esses achados não são acidentais. As reações dos investidores são previsões poderosas do futuro baseadas em expectativas anteriores e nas novas informações fornecidas pela empresa sobre a sabedoria econômica da transação. Os adquirentes que realmente entregam e mostram evidências de sua capacidade de cumprir as promessas se saem extremamente bem ao longo do tempo; os adquirentes que atendem às expectativas negativas se saem extremamente mal. As diferenças são enormes.

Olhando em retrospecto, as reações iniciais do mercado das carteiras persistentes positivas e negativas (8,0% e -9,0%, respectivamente) estão muito próximas dos retornos anunciados para as carteiras iniciais gerais positivas e negativas. O desempenho subsequente dos executores persistentes é em grande parte uma função dos adquirentes que confirmam as percepções iniciais dos investidores.

Isso nos leva a fazer uma pergunta fundamental para o restante deste livro: *com base nesses dados, você prefere começar com uma reação positiva ou negativa do investidor?* (Consulte o quadro abaixo, "Retornos de Acionistas de F&A" para achados adicionais.)

O Jogo da Aquisição

Como isso é possível? Agora, todo mundo sabe que você não deve pagar "muito" por uma aquisição, que as aquisições precisam ter "sentido estratégico" e que as culturas corporativas precisam ser "gerenciadas com cuidado". Porém essas panaceias têm algum valor prático? O que significam, afinal? O que realmente significa pagar um prêmio? Mais fundamentalmente, o que é "sinergia"?

Eis como normalmente acontece em F&A: uma empresa decide crescer por meio de uma aquisição, não porque tenha uma tese de crescimento bem desenvolvida, mas porque o mercado de ações está em alta e muitas outras empresas do setor estão anunciando negócios e recebendo atenção. Ou talvez um consultor faça uma apresentação convincente para que o comprador em potencial compre, porque o crescimento orgânico está se estabilizando e o CEO acaba ficando enamorado pelo negócio.

Retornos de Acionistas de F&A

- **Os prêmios de aquisição importam.** O prêmio médio pago por metas em toda a amostra foi de 30%, com um prêmio médio de 32,2% pago pela carteira inicialmente negativa e 26,9% pago pela carteira inicialmente positiva. Não surpreendentemente, o prêmio médio pago pelos desempenhos negativos persistentes foi de 33,8%, enquanto os desempenhos positivos persistentes pagaram um prêmio médio de apenas 26,6%. A diferença nos prêmios é ainda mais impressionante para as transações totalmente em dinheiro e em ações para as carteiras negativas persistentes face as carteiras positivas persistentes (36,6% contra 27,6% para transações totalmente em dinheiro e 32,8% contra 22,5% para transações totalmente em ações, respectivamente).

- **As transações em dinheiro superam em muito as em ações.** As transações totalmente em dinheiro (20% do total) superaram de maneira acentuada as transações totalmente em ações (36% delas). No anúncio, os retornos das transações totalmente em dinheiro superaram as totalmente em ações em +4,7% (+1,8% contra -2,9%, respectivamente). Além disso, 57% das transações totalmente em dinheiro recebem reações positivas do mercado, contra apenas 35% das transações totalmente em ações. E a deficiência de desempenho aumentou ao longo de um ano apenas para 9,5%, pois as transações totalmente em dinheiro superaram seus pares em +3,8%, enquanto as totalmente em ações ficaram para trás em -5,9 por cento. Essa constatação reafirma o resultado amplamente divulgado sobre o baixo desempenho dos negócios em ações. O contraste também é ilustrado com 46% dos negócios em ações em nossa amostra recebendo retornos negativos iniciais e persistentes contra 27% dos negócios em dinheiro. Os negócios combinados — uma mistura de dinheiro e ações — renderam retornos declarados de -2,1% (com apenas 36% recebendo uma reação positiva) e retornos de um ano de -1,9% com um spread de persistência semelhante ao da amostra

(continua)

(continuação)

geral de 1.267 negócios (consulte apêndice A para detalhes adicionais).

- **Os vendedores são os maiores beneficiários das transações de F&A.** Em média, enquanto os compradores perderam, os acionistas das empresas vendedoras obtiveram um retorno médio de 20% ajustado por pares desde a semana anterior ao anúncio do negócio até a semana seguinte. Isso contrasta com o prêmio médio anunciado de 30% devido às reações negativas do mercado para os adquirentes em ações e acordos combinados, que reduziram o valor efetivamente recebido pelos vendedores.

- **As transações de M&A criam valor no nível macroeconômico.** As fusões criam valor para a economia. Calculamos uma medida para compradores e vendedores com base no retorno em dólar de 11 dias ajustado por pares, para ambos, em torno do anúncio do negócio. O valor adicionado médio total para o acionista [em inglês, *total shareholder value added* — TSVA] é simplesmente a soma desses retornos em dólares para compradores e vendedores. Enquanto os compradores perderam em média US$285 milhões, os vendedores ganharam uma média de US$469 milhões por um TSVA de US$184 milhões para todos os negócios. (O TSVA é de US$333 milhões para transações em dinheiro e US$11 milhões para transações em ações.) O TSVA melhorou em nossos três períodos de quase zero no primeiro período para US$424 milhões no último, novamente com a maioria desses ganhos indo para os vendedores.

Também calculamos um percentual de TSVA com base na capitalização de mercado total de compradores e vendedores. No agregado, encontramos criação de valor (TSVA) de aproximadamente +1,45% no anúncio com base nas mudanças combinadas na capitalização de mercado. As transações em dinheiro renderam um retorno combinado de +3,73%, enquanto as transações de ações tiveram uma variação combinada de +0,07% — uma grande diferença — e um retorno de +2,05% para as transações combinadas.

Quando os adquirentes jogam o jogo da aquisição, entram em uma aposta comercial única, onde pagam um prêmio inicial por alguma distribuição de resultados potenciais — as sinergias. Se os adquirentes não entenderem completamente as promessas de desempenho que estão fazendo antecipadamente, ou não tiverem a capacidade de cumpri-las, ou se as sinergias forem ilusórias, eles terão planejado o fracasso desde o início — algo que os investidores podem e reconhecem logo no anúncio.

Vamos começar com alguns exemplos simples que ilustrarão a questão.

Imagine que haja um apartamento que você realmente deseja possuir em um lindo quarteirão de Greenwich Village, na cidade de Nova York. Claro, é caro, mas você realmente o quer. Você e todos os amigos concordam que é melhor morar lá do que onde você mora agora. Você se sentirá melhor. Além do mais, o apartamento precisa de alguns reparos e você imagina que pode aumentar o valor avaliado de US$1 milhão em pelo menos 25%. Infelizmente, está lidando com um vendedor não muito motivado, que está pedindo US$1,5 milhão pelo apartamento. Mas você passou tanto tempo procurando o lugar certo. E este é a opção perfeita. (Além disso, todos os seus amigos têm apartamentos muito melhores do que aquele em que você mora atualmente.)

Você segue adiante com o preço de transação de US$1,5 milhão? Depende se você se sente melhor em relação ao apartamento valer US$250.000. Porque mesmo que sejam feitas as melhorias que acredita serem possíveis e mesmo que elas acrescentem 25% ao valor avaliado, você terá sacrificado permanentemente US$250.000 no momento da compra.

Ou suponha que você acabou de chegar a Las Vegas, uma viagem que planeja há muito tempo. Você leu todos os livros sobre os vários jogos de cassino e tem certeza de que ganhará uma bolada. No caminho para o cassino, um atraente funcionário do hotel o convida para uma sala, para um jogo muito especial. Você recebe a seguinte distribuição de recompensa: uma moeda justa será lançada onde cara (Cara) = US$20.000 e coroa (Coroa) = US$0. Vai lhe custar US$9.000 para jogar. Desta forma:

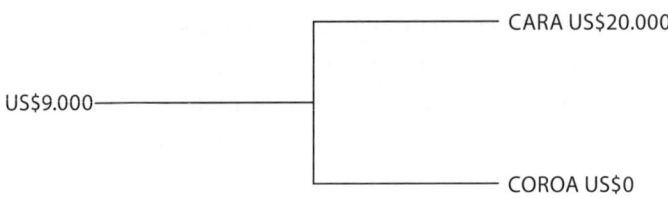

Você para para pensar por um momento. Então percebe que, de acordo com a lei das médias, caso possa jogar este jogo em particular 100 vezes, poderia ganhar muito dinheiro — US$100.000. Ou seja, você paga para jogar quer ganhe ou perca. E espera ganhar 50 vezes para um ganho líquido de US$100.000 [(50 × US$20.000) (100 × US$9.000)]. Por outro lado, também percebe que pode ser eliminado depois de apenas algumas jogadas antes que a lei das médias entre em ação.

A lição essencial aqui é que temos que estar muito cientes sobre a distribuição de recompensas antes de pagarmos o preço para jogar o jogo.

Esses exemplos ilustram o jogo de aquisição. O prêmio de aquisição é pago à vista e sabemos disso com certeza. A integração pós-fusão [em inglês, *post-merger integration* — PMI] real produzirá algum fluxo ou *distribuição* incerta de ganhos ou sinergias realizados *em algum momento no futuro*. Os executivos precisam considerar a probabilidade de diferentes cenários dessas recompensas (as sinergias). Ou, na verdade, podem saber mais sobre as recompensas no blackjack do que para uma determinada aquisição. Reduzida ao essencial, uma aquisição é um problema tradicional de orçamento de capital. Mas é um problema único por várias razões que executivos e conselhos devem levar em conta.

Primeiro, os adquirentes pagam tudo adiantado — o valor total de mercado das ações do alvo mais um prêmio — antes mesmo de "sentar ao volante". Não há testes, tentativa e erro. Ao contrário de outros investimentos de capital, como P&D, não há como interromper ou desviar o financiamento, a não ser o desinvestimento. Mais importante, o relógio do custo de capital de todo esse capital começa a contar desde o início. Assim, os atrasos serão caros. Não há novas chances.

Em segundo lugar, quando os adquirentes pagam um prêmio, estão enfrentando um problema de desempenho já existente e criando um novo — um que nunca existiu e ninguém esperava para os ativos, pessoas e tecnologias que já existem. Em outras palavras, os adquirentes têm dois problemas de desempenho: 1) devem entregar todo o crescimento lucrativo e o desempenho que o mercado *já* espera tanto do adquirente quanto do alvo, e 2) cumprir as metas ainda mais altas implícitas no prêmio de aquisição. Alcançar esses novos requisitos de desempenho normalmente requer um conjunto aprimorado de recursos. E os concorrentes não ficarão de braços cruzados enquanto os adquirentes tentam gerar sinergia às suas custas. Juntar dois negócios lucrativos e bem administrados não cria magicamente ganhos estratégicos, porque os concorrentes estão sempre presentes e os clientes podem não valorizar as novas ofertas.

Isso produz uma definição clara de sinergias mensuráveis: *ganhos de desempenho sobre expectativas independentes*. Juntando o prêmio inicial com o novo problema de desempenho, temos uma visão direta do valor criado para o adquirente, o valor presente líquido (VPL) de uma transação:

VPL = Valor Presente (Sinergias) − Prêmio

Ou seja, supondo que você não arruíne os negócios, e possa entregar todo o valor de crescimento independente já esperado do alvo (e da empresa), você cria valor somente se conseguir pelo menos um retorno de custo de capital sobre o prêmio. Executivos que pagam um prêmio se comprometem a entregar mais do que o mercado espera dos atuais planos estratégicos de ambas as empresas.

Terceiro, uma vez que os adquirentes comecem a integração intensiva — tão essencial para gerar as sinergias necessárias que prometeram — eles terão impulsionado o custo de saída e desistido de um negócio fracassado. Fechar uma sede mundial, fundir sistemas de TI, integrar forças de vendas e reduzir o número de funcionários é caro e demorado para reverter. E, no processo, os adquirentes podem correr o risco de desviar os olhos dos concorrentes ou perder a capacidade de responder às mudanças em seu ambiente competitivo ou às necessidades em evolução dos clientes.

Além disso, não apenas os acionistas podem diversificar prontamente por conta própria, sem pagar um prêmio, mas pagar um prêmio maior não necessariamente gera um retorno maior ou mais sinergias — em outras palavras, os retornos não são uma função do tamanho da aposta.

As características dos negócios que os tornam únicos, juntos, formam as três partes do que Mark chamou de "armadilha da sinergia". Os executivos devem se empenhar para evitar o seguinte:

1. **Falha em entender a trajetória de desempenho já precificada nas ações de ambas as empresas independentes.** O resultado: os adquirentes muitas vezes confundem "sinergias" com melhorias de desempenho já esperadas pelos investidores. Sinergias são melhorias em relação a trajetória desse cenário base — economia ou crescimento lucrativo que só podem ser alcançados como resultado do negócio ("se for o negócio"). Confundir sinergias com esse cenário básico irá perseguir você e seus funcionários durante todo o processo.

2. **Deixar de considerar sinergias em termos competitivos e financeiros.** Se os concorrentes podem replicar facilmente as "vantagens" da empresa combinada, as sinergias então são improváveis. Elas não são apenas vantagens porque é você quem diz; seus clientes têm que concordar também. Alcançar sinergias significa competir de forma mais eficiente, por meio de uma posição mais diferenciada e defensável. Além disso, as sinergias não vêm de graça — pode haver custos únicos significativos e custos contínuos para alcançar os benefícios. Chamamos isso de "princípio de combinação de sinergia", porque você tem que combinar os benefícios com os custos para alcançá-los. Esses custos únicos e novos contínuos são acréscimos ao prêmio.

3. **Falha em entender as promessas de desempenho incorporadas ao pagamento de um prêmio inicial.** Quando você paga um prêmio, está se inscrevendo para um novo desafio de desempenho que não existia antes e ninguém esperava — acima das expectativas já existentes. Os adquirentes devem compreender totalmente as promessas que estão fazendo e as capacidades, os recursos e as disciplinas necessárias para realizar essas novas melhorias de

desempenho necessárias. Lembre-se, o relógio do custo de capital está passando para todo esse novo capital desde o Dia Um, esteja pronto ou não para entregá-lo.

O resultado é simples, do ponto de vista de valor para o acionista. Pense nisso como um balanço econômico. Quando você faz de uma oferta pelo patrimônio um alvo, estará emitindo dinheiro ou ações para os acionistas da empresa. Se emitir dinheiro ou ações em um valor maior que o econômico ou presente dos ativos sob *sua* propriedade (sem perceber plenamente as sinergias), você apenas transferiu valor de seus acionistas para os acionistas da empresa-alvo — desde o início. É assim que o balanço econômico da sua empresa fica equilibrado. É o VPL da decisão de aquisição — o valor presente esperado dos benefícios, menos o prêmio pago – que os mercados tentam avaliar. Isso é o que significa quando capitalistas sofisticados baixam o preço de um adquirente enquanto o preço do alvo sobe a partir da oferta de um prêmio.

Como não conseguem entender as armadilhas e antecipar essas complexidades, as empresas adquirentes tendem a pagar muito a mais, previsivelmente. A análise defeituosa é frequentemente incorporada aos cálculos que as empresas usam para avaliar o negócio. Os conselheiros fazem parecer tão fácil. Eles precificam a empresa-alvo como independente. Em seguida, adicionam a forma que as sinergias terão ao juntar as duas empresas: um aumento no crescimento da receita, menor custo de capital, ganhos de eficiência por meio de escala — e *voilà*! Sai o preço ideal e lá vão eles integrar as empresas.

Entretanto, muitos erros podem se infiltrar no processo de F&A de um adquirente, se é que têm um. Muitas vezes essas sinergias não existem ou são muito exageradas em um modelo de valuation, em um negócio que pode não ter sido o alvo certo desde o início. O resultado: sem um processo disciplinado, os valuations-alvo convergem para a forma como outras aquisições estão sendo precificadas. E é aí que começa o potencial de destruição de valor.

A Solução

Mas é o seguinte: não é como se *todas* as aquisições sejam ruins, é que aquisições mal concebidas ou executadas são. Os executivos podem gerar um crescimento valioso por meio de investimentos significativos em F&A. Porém isso significa que os executivos devem entender por que as aquisições são únicas e arriscadas — e começar a tratar o capital como um luxo. Os CEOs devem responder à pergunta se eles e suas equipes seniores fizeram a lição de casa estratégica adequada, a avaliação cuidadosa com sinergias específicas e o planejamento pós-acordo que possa dar o direito de gastar esse capital tão luxuoso.

Vencer o jogo da aquisição requer muito trabalho e disciplina inteligente — com uma miríade de complexidades que vão desde considerar questões de avaliação, reações dos concorrentes, expectativas e incertezas dos funcionários, comunicações com investidores e funcionários até o design da nova organização. Esta é a raiz do porquê tantas empresas falham e porque os investidores são tão céticos em relação a isso.

Há uma arte e uma ciência para acertar em F&A. Planejamos orientá-lo sobre como desenvolver e executar uma estratégia de aquisição que evite as armadilhas em que muitas empresas caem, como comunicar adequadamente as promessas de desempenho que você está fazendo quando paga um prêmio, realizar as sinergias prometidas, construir uma nova cultura e criar e sustentar valor para o acionista de longo prazo.

Aprendemos as respostas para essas perguntas da maneira mais difícil — por meio de pesquisa, inovação e experiência duramente conquistada. Entre nós, temos mais de 50 anos de experiência com MF&A, desde aquisições multibilionárias até carve-outs* e tudo mais. Estamos nos bastidores ajudando as empresas a elaborar a estratégia de M&A, realizando diligences que testam a tese do negócio, preparando-nos para o Dia do Anúncio e auxiliando na integração da fusão.

Escrevemos este livro para ajudar as empresas que planejam usar F&A como parte da estratégia de crescimento. Ele deve ajudar os executivos a preparar e entender os meandros da incorporação F&A em estratégia, desde o desenvolvimento de uma lista de seus negócios em potencial mais importantes até a compreensão do processo geral e como tornar o sucesso mais plausível — e cumprir as promessas feitas aos acionistas, funcionários e clientes. Ao mesmo

---

* N do T.: Processo pelo qual uma empresa vende uma parcela geralmente menor e autônoma de seus negócios (uma divisão, uma linha de produtos, um grupo de contratos, uma subsidiária etc.).

tempo, também cabe aos gerentes de trabalho em cujos ombros recai a responsabilidade de conduzir a diligence e o planejamento de sinergia, para fazer com que a fusão entregue os resultados prometidos — muitas vezes mesmo quando eles ficam sabendo disso pela primeira vez no Dia do Anúncio.

A Solução da Sinergia oferece uma visão integrada das questões que envolvem F&A. Este livro fornece informações básicas para aqueles que consideram realizar F&A, ensinando quais questões devem ser consideradas, como analisá-las e executá-las de forma eficaz. Também mostra para quem já iniciou o processo como maximizar as chances de sucesso.

As cinco premissas fundamentais a seguir guiaram nosso pensamento e devem ser a pedra de toque para a alta administração e os conselhos ao considerar as F&A como um componente de uma estratégia de crescimento bem-sucedida. Elas se tornarão mais salientes à medida que prosseguirmos em nossa jornada.

1. Aquisições bem-sucedidas devem permitir que uma empresa derrote os concorrentes *e* recompense os investidores.

2. Processos de crescimento corporativo bem-sucedidos devem permitir que uma empresa encontre boas oportunidades e evite aquelas desfavoráveis *ao mesmo tempo.*

3. Adquirentes preparados (o que chamamos de empresas "sempre ligadas") não são necessariamente adquirentes ativos — eles podem ser pacientes porque sabem o que querem.

4. Uma boa PMI* não salvará um mau negócio, mas uma PMI ruim pode arruinar um bom (ou seja, estrategicamente sólido e com preços realistas).

5. Os investidores são inteligentes e vigilantes. Ou seja, eles podem sentir o cheiro de uma transação mal elaborada desde o anúncio e acompanharão os resultados.

---

* [N do T.]: Acrônimo para *post-merger integration*. Em português, integração pós-fusão.

Os Capítulos

A *Solução da Sinergia* propõe uma cadeia única, que leva o leitor da economia pré-anúncio até a compreensão do prêmio de aquisição, a como entender as promessas de desempenho feitas aos investidores, o Dia do Anúncio e a como executar as promessas feitas. (Veja a figura 1-2.)

FIGURA 1-2

A cadeia de F&A

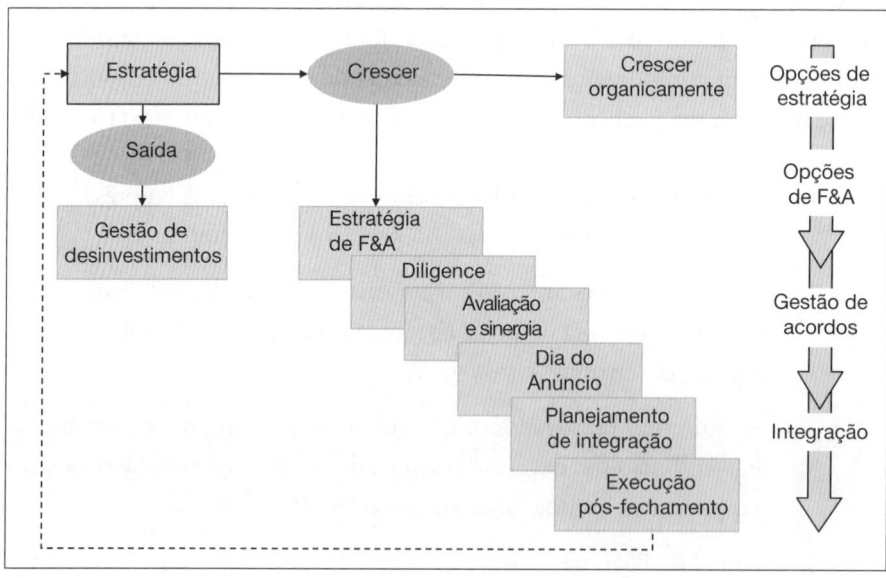

Em outras palavras, *A Solução da Sinergia* engloba a totalidade do processo em uma metodologia abrangente apropriada para vários níveis da empresa. O livro fornecerá as ferramentas para distinguir aquisições inteligentes de aquisições mal elaboradas, comunicar efetivamente a economia a várias partes interessadas e executar e, por fim, agregar valor.

Organizamos o livro em torno de uma série de perguntas que abordam cada estágio do processo, começando com "Sou um Adquirente Preparado?", o assunto do capítulo 2. Ele argumenta que a maioria das empresas é reativa — respondendo a negócios que aparecem diante delas — em vez de proativamente desenvolver uma lista de observação prioritária de seus negócios mais importantes. O capítulo explica porque e como as empresas devem e podem se preparar, incluindo estratégia e governança. E ajuda a definir a lógica para o restante do livro. O Capítulo 3 pergunta: "Isso Faz Sentido?", explorando três tipos de due diligence: financeira, comercial e operacional. Embora a diligence muitas vezes seja tratada como um mal necessário — ou mesmo como uma mera revisão das finanças auditadas — este capítulo argumenta que um processo de diligence robusto e orientado por insights que está enraizado em sua tese de investimento não apenas o ajudará a avaliar o negócio potencial e identificará potenciais obstáculos de integração, mas também pode sugerir quando se afastar dele.

O Capítulo 4 trata das implicações da avaliação e pergunta: "De Quanto Eu Preciso?" Ele mostra uma abordagem teoricamente correta e direta de avaliação e sinergia baseada no conceito bem aceito de valor econômico agregado (EVA) para primeiro examinar tanto o adquirente quanto o alvo como empresas independentes — para entender a trajetória de desempenho já esperada pelos investidores. Em seguida, usamos o novo capital alocado na forma de pagamento do valor total de mercado das ações do alvo (enquanto assumimos a dívida) mais o prêmio de aquisição para mostrar as melhorias anuais prometidas pelo adquirente e como o prêmio se traduz em melhorias necessárias no lucro operacional líquido após os impostos — as sinergias; cálculos que os próprios investidores podem fazer e farão por si mesmos.

O capítulo 5 pergunta: "Eles Terão Motivos para Celebrar?" no Dia do Anúncio. As reações dos investidores definem o tom que impactará todas as partes interessadas. Quando as transações relevantes de F&A são trazidas ao mercado, muitas vezes são encenadas profissionalmente e tratadas como uma celebração para os executivos seniores tanto do adquirente quanto do alvo. Contudo, os adquirentes devem tratar o Dia do Anúncio não tanto como uma celebração, mas, em vez disso, como uma apresentação cuidadosamente orquestrada, com o objetivo claramente estabelecido de comunicar o valor do negócio a todas as partes interessadas.

Os capítulos 6 e 7 formam uma dupla para abordar o planejamento de pré--fechamento. Eles se concentram em como evitar a bagunça que pode resultar de um planejamento inadequado e como capitalizar o impulso do negócio para reunir as tropas, energizar os clientes e estabelecer as bases para os resultados a serem relatados aos investidores. O Capítulo 6, "Como Cumprirei Minha Visão e Promessas? Parte I" mostra como cumprir a promessa da estratégia de negócios durante o gerenciamento de integração pré-fechamento. Concentra-se especialmente no papel do Integration Management Office (IMO), uma estrutura temporária que gerencia a integração, tanto de cima para baixo quanto de baixo para cima.

O Capítulo 7, "Como Entregarei Minha Visão e Promessas? Parte II" examina os fluxos de trabalho no coração da integração e como se preparar para o Dia 1. Aqui, focamos nos fluxos de trabalho multifuncionais que são típicos da grande maioria das estruturas de integração pré-Dia 1 e supervisionadas pela IMO: design da organização, planejamento de sinergia, comunicação e experiência do funcionário e prontidão para o Dia 1.[12]

O capítulo 8 pergunta: "Meus Sonhos se Tornarão Realidade?". Concentra-se no trabalho central da equipe de execução pós-fechamento: fazer a transição dos fluxos de trabalho pré-encerramento com o objetivo de fazer com que os negócios integrados voltem a funcionar o mais rápido possível e no caminho certo para atingir as metas de sinergia. Quanto mais tempo a execução pós-fechamento demorar, menos provável é que a gestão seja capaz de entregar o valor detalhado na tese original do negócio. Em um mercado impiedoso, isso pode levar não apenas a ajustes nas expectativas de ganhos, mas também à perda da capacidade da gestão em alcançar os resultados financeiros alcançados antes do fechamento.

O Capítulo 9, "O Conselho Pode Evitar a Armadilha da Sinergia?", oferece várias ferramentas que podem ajudar os conselhos a identificar os negócios que provavelmente resultarão em reações negativas do mercado. Também fornece uma estrutura comum que conduzirá discussões mais fundamentadas sobre possíveis negócios relevantes. Essas ferramentas ajudarão a fechar a lacuna entre o que a administração acredita e o que os investidores provavelmente perceberão antes do mercado. Sem essas ferramentas, o conselho não poderá responder à pergunta fundamental: *como essa transação afetará o preço de nossas ações e por quê?*

Por fim, o capítulo 10, "Acertar em F&A", encerra o livro revisando a cadeia de F&A. Se você cometer um erro em F&A, não apenas verá uma queda no preço das ações no Dia do Anúncio, mas ficará preso à aquisição por anos de sofrimento antes de conseguir a desfazer com muito ressentimento. Ao trabalhar com *A Solução da Sinergia*, você pode evitar esse destino horrível e se transformar em um adquirente preparado, que é capaz perceber o valor da F&A feita da maneira certa.

CAPÍTULO 2

Sou um Adquirente Preparado?

Estratégia e Governança de F&A

As fusões e aquisições bem-sucedidas se iniciam quando um adquirente se torna bem preparado — concentrando-se em uma lista de observação "sempre ligada" dos negócios mais importantes e tornando a estratégia de F&A parte das aspirações e prioridades estratégicas mais amplas de uma empresa. Adquirentes preparados fazem escolhas difíceis para estabelecer uma agenda ponderada para seu vultoso capital. E buscam aquisições baseadas em uma estratégia coerente de como competir e vencer em seus mercados escolhidos — e encantar os clientes de maneiras que não sejam facilmente replicadas pelos concorrentes.

A maioria das companhias, porém, não possui uma estratégia de F&A — elas não sabem o que querem. Em vez disso, são *reativas*. As equipes executivas lançam muitas ideias para crescimento e F&A, mas não estão alinhadas com os objetivos de seu programa de F&A. Não pensam nos acordos que acreditam serem os mais importantes para os negócios, nem enfrentam um universo de outros negócios que podem não ter negócios em primeiro lugar, mesmo analisando. Elas têm poucas prioridades.

Considere o caso hipotético de uma empresa que chamaremos de Homeland Technologies, uma empresa de crescimento rápido que compete no negócio de serviços de TI do governo. Fundada em 1975, a Homeland abriu o capital em 2011 com receita de aproximadamente US$500 milhões. Por meio de crescimento interno e várias pequenas aquisições, a Homeland cresceu com sucesso para US$2 bilhões em receita com retornos respeitáveis aos acionistas. Agora, o CEO da Homeland, Chas Ferguson, está se preparando para anunciar que pretende dobrar as receitas em três anos. E pediu a um banqueiro de investimentos que traga aquisições em potencial que permitirão atingir esse objetivo. O conselho aprovou que Ferguson comece a conduzir os processos de due diligence nos negócios trazidos à empresa.

Há algo de errado com esta situação um tanto familiar? Embora motivados pela melhor das intenções, a Homeland e seu conselho estão involuntariamente prestes a se juntar às crescentes fileiras de outras empresas reativas — empresas que cometem o erro, muitas vezes fatal, de terceirizar a estratégia de crescimento inorgânico para banqueiros de investimento ou outras partes externas e simplesmente reagem a ofertas disponíveis.

A menos que tenha uma sorte extraordinária, a Homeland, como a grande maioria das empresas reativas, provavelmente fará uma ou mais transações — grandes investimentos de capital — que decepcionam os investidores, pois enviam sinais claros para vender, em vez de comprar as ações no seu anúncio.

Tais erros são mais comuns durante as ondas de fusão, quando empresas inexperientes entram rapidamente no jogo de aquisições, ou empresas com experiência procuram mais ou maiores negócios e mudam radicalmente seus perfis de risco. É assim que se obtém uma forma de onda. As empresas podem estar indo em direção a F&A simplesmente porque muitas outras em seu setor começaram a buscar acordos e seu banqueiro as adverte sobre ficarem sem um parceiro de dança. (Veja o quadro abaixo, "Grandes Mitos do Comportamento do Reativo.") Ninguém quer que um repórter do *Wall Street Journal* escreva: "O mundo estava mudando e Charlie ficou sentado, esperando". Mas essa pressão raramente produz um bom resultado. Sem uma tese de crescimento bem desenvolvida, essas companhias despreparadas arquitetam os próprios fracassos ao se tornarem parte do movimento das fusões.

Pior ainda, quando as empresas reativas fazem ofertas, porém acabam não fechando um ou dois negócios e a notícia das tentativas fracassadas se espalha, elas se sentem ainda mais compelidas a fechar algo. Os vendedores *realmente* amam as empresas reativas. Suas maiores escolhas estratégicas são feitas para elas.

Grandes Mitos do Comportamento Reativo

As ondas de fusões trazem consigo mitos poderosos que ajudam a apoiar muitas decisões reativas e infelizes. A seguir está uma verdadeira seleção das últimas décadas. Os membros do conselho, em particular, devem segurar bem os bolsos dos acionistas ao ouvir qualquer um dos casos a seguir:

- "As reações iniciais do mercado não importam, estamos nisso a longo prazo. O preço das ações dos adquirentes sempre cai no anúncio de um negócio." Bem, não nos bons. As reações negativas do mercado são más notícias — são as percepções dos investidores sobre o que a empresa comunicou ao mercado.

- "As finanças pareciam boas no papel, mas não gerenciamos direito as culturas." Essa desculpa para negócios anteriores que deram errado se tornou tão poderosa que a "cultura" muitas vezes é culpada por tudo que dá errado. Muitos negócios que acabam fracassando eram fracassos previsíveis. E gerenciar bem as culturas raramente resgata um acordo com um lado econômico ruim.

- "Bons negócios devem ser um acréscimo aos ganhos." Há pouca correlação entre aumento ou diluição e a avaliação dos negócios pelo mercado de ações. O preço das ações é o lucro por ação (LPA) multiplicado pela relação preço-lucro (P/L) e um aumento de curto prazo no LPA pode ser facilmente compensado por uma queda na relação P/L — um indicador para as expectativas de crescimento lucrativo de longo prazo.

(continua)

(continuação)

> - "Se não fizermos esse acordo, seremos os últimos e ficaremos para trás." Comprometer capital para uma aquisição por medo de não ter mais nada para comprar nunca é uma boa aposta para os acionistas. Esta lógica sinaliza para todos uma falta de preparação.

Adquirentes preparados são a antítese das empresas reativas. Essas companhias desenvolveram um processo disciplinado que permite encontrar boas oportunidades e evitar as previsivelmente ruins, permitindo-lhes atingir os principais objetivos do desenvolvimento corporativo bem-sucedido — vencer os concorrentes e recompensar os investidores. Elas estabelecem uma agenda para o capital de F&A por meio de um processo orquestrado de escolhas estratégicas. Elas têm muitas opções.

Tornar-se um adquirente preparado é o foco principal deste capítulo. Mas, primeiro, vamos continuar a destacar as empresas reativas, porque é através da compreensão dos problemas que elas criam para si que podemos descobrir insights e soluções.

Condição Reativa: Jogando para Não Perder

As empresas reativas aumentam previsivelmente os custos e os riscos pré-acordo. E terão reduzido significativamente o valor esperado de seus negócios. Em um sentido importante, os reativos são anti-estratégicos.

As empresas reativas normalmente terceirizam — ou seja, entregam — as maiores decisões de investimento de capital para terceiros que efetivamente conduzem sua estratégia de crescimento, trazendo negócios a serem considerados. Elas desistiram do poder de escolha — não têm opções. Elas lançam muitas ideias que não geram marcos ou prioridades claras. Sem essas prioridades, as empresas reativas não podem criar ou manter um pipeline* de negócios ativo. Como resultado, todo negócio potencial que é apresentado a elas provavelmente

---

* [N. do T.] : pipeline é o mapa das etapas que compõem os processos do negócio.

será importante para algum executivo, o que significa que o processo se torna político e não estratégico. Como o CEO não pode explicar, digamos, os 20 negócios mais importantes que deseja realizar nos próximos 12 a 18 meses, ele não tem uma estratégia de F&A.

Em vez de prioridades de carteira acordadas ou necessidades de capacidade que conduzem a busca por empresas-alvo, as reativas trabalham em sentido contrário — a partir de um acordo disponível que determina suas prioridades estratégicas. Ou seja, elas têm negócios perseguindo uma estratégia em vez de uma estratégia perseguindo negócios. No lugar de considerar continuamente o universo total de opções, as empresas reativas tendem a se concentrar exclusivamente no negócio que está à mão.

Visto isoladamente, um negócio pode parecer atraente, mas comparado a outros potenciais candidatos a F&A, provavelmente não será adequado. Isso é um pouco como se casar com a primeira pessoa aparentemente compatível que você alguma vez levou em um encontro: pode funcionar, contudo as chances são pequenas. E o erro muitas vezes se agrava. Encantadas com o acordo à frente, as empresas reativas muitas vezes são vítimas de um viés de confirmação — a administração pode ignorar ou explicar de qualquer jeito informações negativas que surgem e buscar evidências positivas de que estão fazendo a coisa certa, mesmo em uma avaliação completa do candidato.

Em termos de negociação, é difícil para as reativas desistirem de um acordo porque não há alternativa melhor. Um acordo sem um BATNA — *"best alternative to a negotiated agreement"* [sigla em inglês para uma *"melhor alternativa para um acordo negociado"*] — torna muito mais fácil para uma empresa reativa ser pega no frenesi do negócio, correndo para assinar um acordo, com total apoio dos conselheiros e viés de confirmação, porque não há alternativas em consideração. O resultado: sem disciplina e alternativas, as avaliações de metas internas convergem para como outras aquisições comparáveis estão sendo precificadas, com foco no que a empresa reativa *deve* pagar para concluir o negócio, em oposição ao quanto *deveria* pagar pelo negócio em questão. O pagamento em excesso e a maldição do vencedor se tornam previsíveis.

As empresas reativas também não consideram o modelo operacional potencial e os problemas de integração que podem afetar a facilidade de perceber verdadeiramente o valor pelo qual estão pagando. Alguns negócios serão mais difíceis e mais complexos de integrar do que outros. Mas como as empresas reativas analisam os negócios sequencialmente, elas perdem a oportunidade de diferenciar os negócios que podem criar valor de forma mais plausível. Pior ainda, como são forçadas a um período de tempo comprimido para fazer diligence, normalmente fecham um acordo com poucos detalhes da estratégia operacional de como os negócios-alvo serão gerenciados. Portanto, elas não apenas correm o risco de reivindicações exageradas de sinergias — incapazes de justificar o prêmio — como também aumentam muito o risco de prejudicar o valor de crescimento incorporado no negócio autônomo da empresa-alvo, enquanto tentam alcançar sinergias que provavelmente não ocorrerão.

Adquirir a empresa errada irá apenas criar um novo conjunto de problemas operacionais além dos que já existem para ambas as companhias de forma independente. Não é de se admirar que os maus compradores muitas vezes se tornem, eles mesmos, bons alvos. As evidências também sugerem que os ganhos de riqueza de spin-offs corporativos podem resultar da correção de erros anteriores de F&A.[1]

E mais, quando as empresas reativas se prendem em reagir a ofertas de estranhos ou em se atirar em leilões, elas desperdiçam tempo e recursos preciosos que poderiam ter sido dedicados a encontrar oportunidades mais adequadas em primeiro lugar. Isso porque a administração deve realizar uma due diligence extensa e cara para cada oportunidade de fusão que se apresente, mesmo que muitas nunca deveriam ter chegado à mesa. Uma due diligence cuidadosa pode ajudar a evitar maus negócios, mas não ajuda a empresa a encontrar aqueles mais adequados.

Aqui está o cerne da questão: as empresas reativas passam a maior parte do tempo em diligence em negócios que surgem tentando evitar falsos positivos (aceitar negócios que deveriam ter sido rejeitados) e, assim, aumentar o risco de falsos negativos (rejeitar todo um universo de outros negócios que poderia ter sido melhor). Quando uma empresa reage a uma única oportunidade, descartou implicitamente outras alternativas potencialmente melhores que nem sequer foram consideradas. Elas se prendem em um jogo constante de jogar para não perder. E, ironicamente, aumentam o risco de perda. Elas têm grande dificuldade em explicar ao conselho porque rejeitaram outras oportunidades.

Ficando Preparado: Jogando para Vencer

Fusões e aquisições bem-sucedidas e desenvolvimento corporativo exigem muito mais do que simplesmente tentar evitar negócios economicamente deficientes. Os adquirentes preparados têm um processo que permite evitar maus negócios. E, ao mesmo tempo, encontrar aqueles que criam valor. Isso significa ter capacidade de reduzir o risco de falsos positivos e negativos.

Adquirentes "sempre ligados" preparados jogam para ganhar em vez de apenas jogar para não perder. Eles usam sua capacidade de escolha de maneira plena para trazer integridade estratégica para F&A, desenvolvendo uma agenda ponderada para o capital de F&A. Embora possam usar consultores externos para ajudá-los a entender melhor o cenário em mudança do setor, eles não terceirizam as estratégias. Adquirentes preparados tratam o capital como se fosse faustoso — caro para ser tocado e sempre tratado com cuidado. Mais importante, os adquirentes preparados têm uma estratégia de F&A identificável. Eles sabem o que querem e como irão criar valor.

Jogar para ganhar significa colocar em prática um processo estratégico que permite responder as cinco perguntas a seguir:

1. Qual é o papel de F&A no crescimento da empresa?
2. Quais empresas ou divisões queremos comprar e por quê?
3. Quais não queremos comprar?
4. Quais não queremos que os concorrentes comprem?
5. Que negócios vamos fazer depois deste, fechando-o ou não?

As equipes seniores devem ser capazes de projetar seu apetite por negócios para seus líderes de negócios. Elas sabem se as F&A representarão 10% de seu crescimento, 30% ou mais. Elas poderão discutir com os conselhos as empresas-alvo mais importantes que estão monitorando para os próximos 12 a 18 meses (ou um horizonte mais curto em mercados em rápida evolução) e descrever um universo de metas que seriam de pouco ou nenhum interesse — e porquê — para que não percam tempo ou dinheiro com eles se estiverem disponíveis. Elas também terão considerado os negócios que seus concorrentes podem fazer que possam afetar os próprios, pois o concorrente tenta gerar sinergia às suas custas. Antes de entrar em um leilão só porque o adversário está fazendo isso, elas precisariam avaliar o quanto seriam impactadas antes de abrir o cofre do banco para fazer um acordo defensivo. Além disso, independentemente de fecharem ou não um determinado negócio, os adquirentes que estão jogando para ganhar têm uma visão sobre quais negócios podem surgir em seguida.

Essas cinco perguntas suscitam uma série de outras e obrigam as equipes de liderança a ter conversas e debates, entre si e com sua diretoria. E realizar análises para entrar na mesma página e estabelecer prioridades. Também ajuda a evitar — ou pelo menos suavizar — a política interna. Este é um ponto em que vale a pena fazer uma pausa. Adquirentes reativos podem ser enganados pela política interna porque um negócio sem estratégia inevitavelmente terá um campeão interno que se sente fortalecido por "ganhar" o negócio. Sem quaisquer prioridades ou critérios para dizer se este acordo é bom ou não, esse campeão interno pode empurrar seu acordo por meio de sua equipe de gestão — uma equipe que não compartilha um entendimento comum sobre o papel que as F&A desempenham no crescimento da empresa ou outros negócios que devam ser considerados.

Adquirentes preparados não analisam os negócios isoladamente. Eles pensam nas carteiras de ativos que os negócios em sua lista de observação representam e como essas carteiras podem ser montadas ao longo do tempo para expandir os negócios principais existentes ou criar negócios novos e vantajosos com base em suas capacidades orgânicas. Em outras palavras, as empresas que jogam para vencer priorizam os *caminhos* mais promissores ao longo dos quais buscam os ativos mais importantes do mercado. Esses caminhos podem ser focados em determinados produtos, serviços e segmentos de clientes, aplicativos de mercado final, tecnologias emergentes ou diferentes abordagens para atender clientes específicos de maneira tal que os concorrentes terão dificuldade em replicar.

Imagine que o CEO da Homeland, Chas Ferguson, recebeu uma lista de 100 negócios. Alguns relacionados ao núcleo, alguns em espaços adjacentes e alguns novos negócios que podem fazer parte do futuro de Homeland. Se Chas examinasse profundamente a lista, como uma espécie de teste de Rorschach, veria muitos caminhos estratégicos diferentes. Para a Homeland, isso pode significar priorizar os principais segmentos de clientes governamentais, como o

Departamento de Defesa, a Agência Central de Inteligência (CIA) ou o Federal Bureau of Investigation (FBI), ou certas empresas a priorizar no portfólio de serviços de TI governamentais da Homeland, como infraestrutura segura ou engenharia de sistemas militares.

Talvez nenhuma empresa ilustre melhor o desenvolvimento de caminhos do que a Amazon.

Amazon: Criando Caminhos para Aquisições

As origens humildes da Amazon como varejista de livros na Internet na garagem de Jeff Bezos desmentem as ambições estratégicas que tornaram a empresa a gigante de sucesso que é hoje — uma que dificilmente seria reconhecível para qualquer pessoa que viajasse para o futuro a partir de 1994. Embora a Amazon ainda venda livros, se expandiu para uma ampla gama de áreas aparentemente não relacionadas. Por meio de mais de 150 transações (87 aquisições completas), incluindo quase US$20 bilhões gastos em seus 10 principais negócios, as F&A têm desempenhado um papel central no desenvolvimento de vários caminhos estratégicos, passando pelo comércio eletrônico, Kindle, Amazon Web Services (AWS) e desde produtos de mercearia até a Alexa e a casa conectada.[2]

Desde seus primeiros dias, a Amazon investiu em empresas que, aparentemente, não pareciam essenciais para os negócios, mas ofereciam caminhos potenciais para crescimento futuro. Por exemplo, a Amazon adquiriu uma participação de 35% na Homegrocer.com em 1999 para testar os níveis de água em alimentos, porém somente em 2017 que a Amazon foi totalmente reconhecida em seu compromisso com o varejo de produtos de mercearia e alimentos, comprando a Whole Foods por US$13,7 bilhões. Os analistas de Wall Street muitas vezes não conseguiam entender essa abordagem: um analista da Piper Jaffray, por exemplo, comentou que empreendimentos como a AWS eram uma distração para a lucratividade.[3]

Algumas dessas incursões renderam produtos ou linhas de negócios de ponta, como Kindle e AWS. Outras serviram como base para o desenvolvimento de tecnologias ou mercados, como inteligência artificial (IA) (por exemplo, TSO

Logic), produtos de automação residencial (por exemplo, Echo e Ring), saúde, mídia ou investimentos de varejo (por exemplo, Aditya Birla e Witzig na Índia).

A aptidão para o aprendizado e a propensão para aquisições altamente estratégicas permitiram à Amazon penetrar e liderar muitas categorias de negócios e de consumidores — e que o jornalista Brad Stone a chamasse de "a Loja de Tudo". O modelo de negócios original da Amazon, de venda de livros on-line, lançou as bases para a sua plataforma hiperescalável de reunir compradores e vendedores. Desde o final da década de 1990, ampliou o foco de produtos de livros para um portfólio estendido de produtos de varejo, apoiado tanto pelo crescimento orgânico (por exemplo, operando outras plataformas de comércio eletrônico como CDNow) quanto por fusões e aquisições (por exemplo, Back to Basics Toys para brinquedos difíceis de serem encontrados, Woot para eletrônicos e utensílios domésticos, Quidsi para bebês e puericultura, Zappos para calçados e Shopbop para vestuário).

Indo além de adicionar novas categorias, a Amazon abraçou a plataforma, inicialmente como uma troca on-line bilateral, registrando fornecedores externos, fornecendo uma plataforma de autoatendimento comercial e dando acesso a seus milhões de clientes existentes que, em troca, se beneficiavam do acesso a uma grande variedade de novos fornecedores. Esses novos fornecedores rapidamente foram além das categorias iniciais de livros raros e esgotados que a Amazon havia adquirido por meio da Bibliofind e do Exchange.com, que estavam mais próximas do negócio principal original de venda de livros.

A partir daí, a Amazon se expandiu por muitos caminhos — nem sempre com sucesso, mas sempre usando uma lente altamente estratégica para aquisições. A empresa tinha um plano de expansão para segmentos periféricos, às vezes participando de mercados adjacentes que dariam frutos vários anos após as aquisições e investimentos iniciais.

O desenvolvimento do Kindle, por exemplo, pode remontar a 2004, quando Jeff Bezos e Steve Kessel reuniram uma equipe de engenheiros veteranos de hardware, software e computação para criar os "skunkworks*" secretos do Lab126.

---

* [N do T.]: Esse termo designa um grupo de pessoas que trabalham em um projeto inovador, de maneira autônoma e não convencional, dentro de uma empresa. Tem como objetivo desenvolver um produto ou serviço rapidamente, com restrições mínimas de gerenciamento e burocracia.

Por meio de aquisições complementares ao seu desenvolvimento de hardware, especialmente a Mobipocket, plataforma de publicação de e-books acompanhada de software de e-reader para dispositivos portáteis, o Kindle foi lançado apenas três anos depois. Além de ser uma inovação, permitiu que a Amazon aumentasse o efeito de rede da plataforma; e, de fato, os clientes da Amazon que possuíam um Kindle gastavam mais de 55% a mais por ano (US$1.233 contra US$790) do que os clientes que não possuíam um.[4]

Princípios Orientadores

A abordagem da Amazon para F&A está enraizada em vários princípios orientadores importantes. Primeiro, ela identifica modelos de negócios e caminhos com potencial de crescimento e, em seguida, avalia quais recursos são necessários para entrar com sucesso nessas áreas. Em seguida, procura empresas com as capacidades necessárias e avalia as metas com base em critérios específicos. Isso significa que a Amazon está sempre avaliando dezenas de empresas-alvo, em vez de se fixar em um negócio ou ser reativa a negócios que outros estão trazendo para ela.

Este é um ponto-chave: a Amazon fez da estratégia de F&A uma parte central da estratégia geral de crescimento. Seja por meio de aquisições totais ou participações minoritárias em empresas onde vê potencial, a Amazon F&A está focada em apoiar e explorar incansavelmente seus principais recursos de experiência do cliente, estrutura e custos mais baixos para escolhas aparentemente ilimitadas.

Essa abordagem — um modelo de negócios *centrado no cliente* com capacidade específica precisa impulsionar a busca por negócios que complementem a carteira de ativos existentes da Amazon. Ao mesmo tempo em que faz uma carteira de apostas no futuro — resultou em uma transformação dramática da empresa ao longo de 25 anos de um varejista de livros on-line para um mercado on-line multifacetado (clientes, comerciantes e fontes de financiamento para comerciantes e clientes) para uma protagonista em uma infinidade de caminhos distintos, mas relacionados, incluindo serviços em nuvem, ecossistemas de alimentação e casas conectadas.

Pode-se ver esses princípios em jogo, ao longo de um caminho claro, no desenvolvimento da Alexa, assistente virtual da Amazon, lançada em 2014 juntamente com a linha Echo de alto-falantes inteligentes. O Lab126, o skunkworks interno da Amazon, iniciou o desenvolvimento do Echo em 2010. Alexa, sua interface principal, é uma assistente ativada por voz. Para desenvolvê-la, a Amazon teve que aumentar o hardware do Lab126 com recursos de IA para habilitar funções como conversão de texto em fala, reconhecimento de voz e processamento de linguagem natural.

A Amazon comprou a Yap em 2011 (uma empresa de fala para texto que forneceu a expertise na tradução da palavra falada para a linguagem escrita), a Evi em 2013 (uma empresa de IA do Reino Unido com um software que podia processar e responder às solicitações faladas dos usuários) e a Ivona em 2013 (uma empresa polonesa com tecnologia de texto para fala que permitiu à Echo gerar voz natural). Conforme relatado pela *Wired*, "Inicialmente, a Amazon planejava alavancar a tecnologia da Evi para construir um leitor de livros baseado em fala artificial. Essa estreita visão evoluiu, mais tarde, para uma ideia de criar uma nova plataforma que seria alimentada por uma combinação de Amazon Web Services (AWS), reconhecimento e síntese de fala de alta qualidade e seria vinculada a um hardware dedicado acessível, em última análise, produzindo o Amazon Echo Smart Speaker, com tecnologia Alexa, lançado no final de 2014."[5]

O Echo ofereceu um ponto de entrada para residências em todos os lugares e permitiu que a Amazon se estabelecesse como uma forte concorrente da Apple em automação residencial — que rapidamente se tornou o ecossistema doméstico conectado — com um conjunto de produtos provenientes de várias aquisições. A Amazon adquiriu a Blink em 2017 (câmeras de segurança), a Ring em 2018 (campainhas inteligentes) e a Eero em 2019 (roteadores WiFi Mesh).

O breve exemplo da Amazon mostra como a estratégia de F&A, se bem feita, permite que os adquirentes fortaleçam e ampliem os modelos de negócios e ultrapassem os cenários de crescimento orgânico. Mais importante, F&A é um esforço contínuo de estabelecer prioridades e fazer escolhas estratégicas do que desenvolver organicamente versus o que adquirir. Isso requer estar totalmente ciente do cenário de empresas e capacidades no mercado e buscar os ativos que permitirão ao adquirente encantar os clientes de maneiras que não são facilmente replicadas pelos concorrentes. A Amazon fez escolhas claras de seus caminhos e dos negócios que queria, revisando regularmente um universo de opções.

Em suma: F&A bem-sucedida raramente é um esforço de uma tacada só. Os adquirentes preparados "sempre ligados" podem se dar ao luxo de serem pacientes e não precisam necessariamente ser ativos, porque conhecem o cenário e sabem o que querem e porquê.

É preciso uma tremenda quantidade de trabalho e tempo para descobrir e priorizar candidatos a negócios, contudo isso gera muitos benefícios. Como um executivo da *Fortune* 50 nos disse: "Quanto mais você procura, mais encontra; quanto mais você olha, mais aprende; quanto mais você observa, mais você testa suas estratégias."

A boa notícia: você não precisa ser tão impressionante quanto Jeff Bezos e a Amazon, mas o uso expressivo de aquisições da empresa para expandir além do negócio principal e se transformar fundamentalmente — de vendedor de livros on-line para a AWS e a casa conectada — deve dar a você uma noção de como é uma estratégia clara e "sempre ligada" de F&A. E quão totalmente diferente ela parece e se sente em comparação com uma empresa reativa.

De Reativo a "Sempre Ligado"

Não é por acaso que os adquirentes mais bem-sucedidos também são os mais disciplinados. Antes de fechar um negócio, adquirentes experientes como Disney, PepsiCo, Ecolab e Amazon estão convencidos de que as alternativas estratégicas e oportunidades de aquisição foram cuidadosamente exploradas e o potencial de criação de valor, quantificado. Eles entendem quais de seus negócios devem ser desenvolvidos organicamente, quais devem ser vendidos e quais se beneficiariam do crescimento por meio da aquisição. São frequentemente os compradores mais dignos de confiança, capazes de pagar mais, porque sabem o que procuram e como vão integrar os ativos adquiridos. Em última análise, o crescimento valioso por meio de fusões e aquisições é resultado de prioridades e estratégias corporativas e de negócios gerais por meio de uma busca regular e implacável de uma carteira dos negócios mais importantes.

Poucas empresas se enquadram na categoria da Amazon em relação à experiência de aquisição. Mas a inexperiência não é desculpa para ser reativo. Para evitar se tornar uma vítima da mania de fusão, toda empresa que busca crescimento por meio de aquisições deve primeiro se olhar no espelho para determinar se é reativa ou um adquirente preparado "sempre ligado". As empresas que desejam se preparar antes de iniciar ou aumentar a estratégia de aquisição devem ver o processo como uma transformação — uma mudança de estado dinâmica. Requer um processo contínuo de alinhamento, aprendizado e execução no mercado à medida que as empresas jogam para vencer em F&A.

Esse processo de transformação, independentemente da experiência, envolve quatro etapas principais para responder às perguntas que descrevemos anteriormente sobre jogar para vencer:

1. Avaliação de F&A própria e de concorrentes.
2. Alinhamento da equipe de topo nos caminhos e prioridades estratégicas.
3. Desenvolvimento de uma lista-mestre de aquisições em potencial nos caminhos escolhidos.
4. Triagem estratégica e perfil detalhado de uma lista de observação prioritária.

Avaliação de F&A própria e de concorrentes

Como os desempenhos superiores são normalmente julgados pelos retornos dos investidores, o desenvolvimento da estratégia de F&A começa com uma avaliação de como o mercado avalia uma empresa. E o que a empresa levou os investidores a acreditar. Isso significa, em última análise, entender o valor de suas operações atuais e o valor de crescimento futuro (abordamos isso com mais detalhes no Capítulo 4) e a trajetória de crescimento implícita em seu valor de mercado e expectativas dos investidores. Se houver uma lacuna entre isso e a trajetória de crescimento orgânico, as F&A podem desempenhar um papel no fechamento dessa lacuna. As expectativas de crescimento no nível corporativo podem ter os valores de média calculadas para o nível da unidade de negócios e usadas para destacar lacunas — e vantagens — e priorizar o papel que as F&A podem desempenhar nessas unidades de negócios.

Alguns caminhos e negócios específicos ao longo desses trajetos podem ser muito melhores do que outros para atender às aspirações da administração e às expectativas dos investidores. Como o capital é caro, esse tipo de avaliação deve ser uma aposta para que as unidades de negócios ganhem o direito de crescer por meio de F&A.

Também é importante preparar o cenário avaliando a intenção estratégica dos concorrentes. A estratégia de F&A é um jogo de xadrez tridimensional que inclui não apenas as próprias competências e planos de crescimento, mas também a intenção estratégica que os concorrentes estão sinalizando em seus negócios anteriores. Muitas vezes, há muito a aprender ao examinar os negócios de F&A que os concorrentes fizeram nos últimos anos, em termos de geografia, recursos, tamanho, ofertas de produtos ou serviços e segmentos de clientes direcionados. Chame isso de "sinalização do concorrente" — seu comportamento passado muitas vezes prenuncia quais empresas-alvo de aquisição podem ser as próximas em suas listas de prioridades. De posse dessas informações, um adquirente preparado terá uma visão melhor de como o setor está evoluindo em relação ao que os concorrentes estão sinalizando no mercado com as maiores decisões de investimento e como os concorrentes estão tentando vencer. Também pode destacar os casos em que o adquirente e alguns dos concorrentes provavelmente disputarão a mesma transação.

A Figura 2-1 mostra o que um adquirente pode aprender observando o padrão dos negócios dos concorrentes e traçando os próprios negócios, os sinais que está enviando aos concorrentes e investidores sobre o que pode vir a seguir. Em última análise, a Homeland — nosso exemplo aqui — precisa fazer escolhas sobre onde quer atuar em F&A. A criação de um gráfico semelhante ao que está abaixo prepara o cenário para as escolhas que um adquirente precisará fazer ao estabelecer prioridades (por exemplo, foco no cliente, capacidades, negócios, áreas geográficas e assim por diante).

FIGURA 2-1

Estratégia de F&A da Homeland Technologies

		Departamento de Defesa											
		Aeronáutica	Exército	DIA	DISA	OSD	Marinha	NGA	NRO	NSA	CIA	DHS	DoS	NASA
Engenharia de Sistemas	Verificação independente													
	Pesquisa e desenvolvimento													
	Teste e avaliação			■										
	Serviços de engenharia de sistemas													
Tecnologia da Informação	Web technologies													
	Mensagens/groupware corporativos									■				
	Desenvolvimento de aplicações													
	Gestão do conhecimento													
	Gestão de sistemas corporativos													
	Soluções de integração de sistemas													
Sistemas de Segurança e Infraestrutura	Serviços de investigação de segurança de pessoal			■								■		
	Monitoramento e análise de rede			■					■	■				
	Computação e análise forense								■					
	Arquiteturas de sigilo e segurança								■					
	Garantia de Informação					■					■			
	Proteção de infraestrutura crítica										■			
	Engenharia de segurança/software					■								
	Sistema de comunicação e suporte de infraestrutura													
	Engenharia do ciclo de vida dos sistemas SIGINT													
	Suporte a operações de inteligência									■				
	Sistemas de inteligência estratégica e tática									■				
	Operações de contra-inteligência													

Obs.: Agências e escritórios governamentais estão abreviados.

Alinhando a equipe de topo nos caminhos e prioridades estratégicas

Antes de considerar qualquer oportunidade de aquisição, a alta administração e os conselhos devem concordar com importantes escolhas estratégicas que definem a direção dos negócios. Isso inclui aspirações de crescimento realistas e as oportunidades de crescimento mais lucrativas à luz de como a concorrência no setor e as necessidades não atendidas dos clientes estão evoluindo. A administração deve decidir quais segmentos de clientes, mercados finais, respectivas áreas geográficas, e assim por diante, eles desejam atender, com quais produtos e como pretendem fazê-lo de maneiras que os concorrentes não possam replicar facilmente.

Essa análise exige avaliar as forças e fraquezas competitivas da empresa, bem como estabelecer prioridades para quais capacidades serão necessárias para vencer em seus mercados-alvo. Os executivos devem considerar o que levou os investidores a acreditar nas perspectivas de crescimento e suas estratégias e investimentos para alcançá-las. Grandes investimentos de capital, como aquisições, muitas vezes deixam os investidores confusos sobre o que a empresa está tentando alcançar, além de apenas crescer.

Um perigo real é que, sem alinhamento entre a equipe principal, os membros individuais podem defender um negócio por razões puramente políticas. Sem um entendimento comum do papel que uma aquisição desempenhará, uma proposta de investimento apaixonada de alguém que deseja aumentar seu perfil ou expandir sua parte do negócio pode impulsionar o processo — novamente, muitas vezes com resultados decepcionantes.

A maioria dos conselhos e equipes de gestão reclamam que gastam pouco tempo discutindo onde querem que os negócios estejam a longo prazo. Uma frustração comum entre os diretores é que gastam muito tempo falando sobre questões passadas, atuais e recentes, em vez de se concentrarem no crescimento futuro. Essas questões de curto prazo são importantes, mas podem impedir que o conselho e a administração estabeleçam e atualizem regularmente uma visão e uma estratégia voltadas para o futuro.

Sem essa visão, é difícil responder à questão sobre atingir metas de crescimento organicamente, por meio de aquisições, ou algum equilíbrio entre essas duas maneiras. Não há substituto para discussões regulares entre o conselho e a alta administração sobre esse assunto. Esse processo ajuda a identificar a lógica das aquisições — especialmente os caminhos prioritários — e os critérios iniciais para a triagem de potenciais candidatos ao longo desses caminhos. Se uma aquisição aparecer do nada, *pelo menos* haverá um contexto estratégico para decidir se vale a pena avaliá-la. Um exame dos sucessos e fracassos de aquisições passadas fornece um pano de fundo inestimável para discutir a evolução do setor e os ajustes de estratégia a serem feitos para o futuro.

Todos os líderes empresariais terão seus caminhos adjacentes favoritos para o negócio principal. E todos precisam ser debatidos e testados. Os adquirentes devem estar cientes de que a *adjacência de hoje é o centro de amanhã*. Isso pode parecer óbvio, mas é uma nota de advertência. Embora as adjacências possam ser áreas atraentes para o crescimento, um adquirente pode estar abrindo as portas para todo um novo conjunto de concorrentes que não ficarão de braços cruzados enquanto o adquirente tenta gerar sinergia às suas custas.

A jogada da Quaker em 1993 para comprar a Snapple é um caso clássico. Quando a Quaker anunciou que transformaria a Snapple em uma ameaça maior no segmento de bebidas armazenadas em temperatura ambiente, isso significava que a Quaker teria que lutar por espaço nas prateleiras com a Coca-Cola e a Pepsi. Quase da noite para o dia, a Coca-Cola e a Pepsi anunciaram campanhas de marketing maiores do que todo o orçamento de marketing da Snapple. A melhor maneira de evitar um despertar tão violento é antecipar as reações dos concorrentes, que está no centro de qualquer estratégia de F&A.

A Amazon também enfrentou o desafio de determinar o universo de caminhos onde enfrentaria novos concorrentes: da venda de outros bens de consumo a um e-reader, passando por supermercados e serviços da web. Embora a Amazon tenha demonstrado paciência e disposição para investir capital (tanto por meio de F&A quanto de P&D) para entrar em mercados que eram então adjacentes, agora centrais, uma obsessão com seus clientes orientou suas decisões estratégicas a longo prazo. A liderança da Amazon tem sido firme em sua crença de que a obsessão implacável do cliente em qualquer mercado que atende dá uma vantagem competitiva sustentável. Isso provou ser verdade. E permitiu à Amazon liderar categorias e manter empresas formidáveis à distância, por exemplo, em serviços da Web, onde a AWS detém uma liderança de participação de mercado dominante sobre Microsoft, IBM e outras. Como disse Bezos: "Se pudermos manter os concorrentes focados em nós enquanto mantemos o foco no cliente, no final tudo dará certo."[6]

Além disso, deixar de ter prioridades de estratégia de F&A claras e acordadas em vez de "muitas ideias para crescimento" criará questões difíceis sobre "estratégia" durante a diligence, quando será desafiador desenvolver hipóteses claras do que você está tentando testar no mercado. Não é incomum que aqueles presos à tarefa de diligence perguntem como determinado acordo chegou a esse estágio.

Desenvolvendo uma lista-mestre de aquisições em potencial nos caminhos escolhidos

Considerando uma ampla gama de opções, a administração deve então gerar uma lista-mestre de candidatos à aquisição em seu núcleo prioritário ou em espaços industriais adjacentes onde decidiu que deseja crescer e competir. O objetivo é fazer todo o possível e aprender ao longo do caminho. O objetivo é conhecer todos os personagens relevantes tão bem que seja difícil para alguém de fora trazer uma oportunidade que a gestão ainda não tenha considerado de alguma forma.

Uma vez que todos os principais personagens começarem a aparecer em pesquisas subsequentes, e poucos novos negócios surjam, a administração pode confiar em uma lista inicial sólida. O próximo passo é considerar as informações de alto nível que mais tarde forçarão a escolha — ordenar a lista para torná-la significativa. Nesta fase, apenas as informações mais relevantes precisam ser coletadas sobre essas empresas: tamanho, área geográfica em que atua e se pública, privada ou subsidiária de uma controladora maior. À medida que o processo avança, mais e mais informações relevantes serão coletadas para as empresas que permanecem sob consideração.

Este não é um processo de etapa única. Com o tempo, os concorrentes podem comprar empresas da lista, empresas emergentes aparecerão e empresas de rápido crescimento fazendo acordos podem se tornar um concorrente bem na frente de seus olhos. Se você nunca fez isso antes, provavelmente ficará surpreso com todas as empresas-alvo potenciais que existem em seus mercados prioritários. Ao olhar para a lista, antes mesmo de começar a fazer a triagem, você verá aglomerados de oportunidades que provavelmente nunca considerou. Tudo isso faz parte do processo de aprendizado que estabelece a necessidade de escolhas sobre como você selecionará as empresas-alvo em potencial. Esses aglomerados são diferentes estratégias de F&A ao longo do caminho que você está prestes a selecionar.

Uma observação sobre os caminhos. À medida que você pesquisa e cria as listas-mestre, ficará rapidamente aparente que, se não priorizar as partes do negócio principal ou adjacências potenciais a serem exploradas, terá uma confusão de milhares de empresas-alvo em potencial em vários caminhos. Não há mal em preencher vários caminhos com personagens para ver quantas estratégias diferentes de F&A existem dentro e entre esses caminhos, mas é muito melhor estabelecer as prioridades cedo, ou enfrentará vários problemas previsíveis. Uma retrospectiva de muitos programas de F&A malsucedidos mostra negócios não integrados dispersos, sinalizando que a equipe sênior não estava alinhada com uma estratégia de F&A.

É vital reconhecer que *caminhos* não são *critérios de triagem*. Em outras palavras, a maioria das empresas terá vários caminhos que podem seguir em negócios principais, adjacentes e novos, porém fazer as escolhas difíceis de onde quer atuar e quais vantagens tem ou precisa para competir deve vir antes de começar a procurar e diferenciar entre um universo de empresas-alvo.

Tanto os caminhos quanto os critérios de triagem representam escolhas estratégicas. Mas se misturá-los e começar a selecionar várias empresas-alvo antes de priorizar caminhos estratégicos amplos em seu negócio principal ou adjacências potenciais, a questão do caminho inevitavelmente surgirá mais tarde. Se você encontrar alguém perguntando qual é a sua estratégia para uma empresa-alvo proposta durante a seleção — "Ei, qual foi a estratégia aqui?" —, é um bom sinal de que tem uma empresa-alvo em busca de uma estratégia, *qualquer que seja*, em vez de uma estratégia claramente delineada que a equipe entende e consegue articular.

Confundir caminhos com critérios de triagem levará mais tarde à questão se o trabalho foi feito para estabelecer prioridades estratégicas. Chamamos esse problema comum de "pague-me agora ou pague-me depois". Ou seja, se não fizer as escolhas difíceis cedo, acabará considerando negócios que representam estratégias totalmente diferentes mais tarde. Ou pior, sem essa priorização, você pode esperar voltar a esse processo político em que executivos mais poderosos empurram os negócios favoritos que podem não ser os melhores interesses da empresa.

Triagem estratégica e seleção de uma lista de observação

Uma vez identificado o universo de oportunidades, os adquirentes preparados devem desenvolver triagens estratégicas cada vez mais detalhadas para estreitar a lista de candidatos. Enquanto a estratégia de F&A ajuda a desenvolver caminhos prioritários para o crescimento, a seleção de empresas-alvo filtra o universo de negócios dentro desses caminhos para ajudar a gerar portfólios de candidatos prioritários.

Isso dificilmente é um exercício feito de modo mecânico. Já se foram os dias em que o estado da arte era fazer uma lista de, digamos, 100 empresas químicas especializadas. E, em seguida, "criar" nove critérios de triagem — variando de tamanho e geografia se as empresas-alvo tinham negócios indesejados, em que a cada uma delas seria atribuído um peso com base em sua importância percebida. Em seguida, um analista júnior pontuaria cada negócio nessa lista em uma escala de 1 a 10, em cada um dos nove critérios ponderados. E *bum*, a lista final surgiria.

O problema é, claro, que se os pesos ou pontuações fossem alterados um pouquinho, uma lista bem diferente seria obtida. A lição, e ela é grande, é que isso não é maneira de fazer triagem. Nunca se sabe todas as coisas que se precisa conhecer para escolher os critérios — escolhas estratégicas — de antemão, especialmente se nunca se passou pelo exercício. A triagem é essencialmente um processo orquestrado de fazer escolhas estratégicas e operacionais. Assim, a profundidade das escolhas fica mais detalhada à medida que a lista fica menor.

Os executivos geralmente consideram essa a parte mais desafiadora do processo porque envolve a implementação de um conjunto de decisões difíceis sobre os ativos que acreditam precisar para competir e crescer. Vamos admitir: a escolha é difícil porque elimina opções aparentemente atraentes. A administração pode debater quais são essas prioridades estratégicas ao longo desses caminhos. Mas as triagens são, na verdade, escolhas estratégicas importantes que podem ajudar a alta administração e o conselho a entender porque uma empresa-alvo prioritária específica foi identificada em primeiro lugar — e porque outras não foram escolhidas. A eliminação de empresas-alvo que não servem — ao mesmo tempo em que identifica as que servem — com base em critérios previamente acordados é o objetivo desse processo.

As triagens iniciais podem ser baseadas no tamanho ou na geografia consistentes com as amplas necessidades estratégicas do negócio; as triagens de aprofundamento subsequentes podem se referir a linhas de produtos específicas, clientes específicos, capacidade de P&D e fabricação, localizações de instalações e experiência de gerenciamento. Projetar esses filtros força os executivos a revisitar e refinar as prioridades estratégicas. Os executivos geralmente ficam surpresos com o quanto aprendem sobre o panorama ao trabalharem durante esse processo em um universo de empresas-alvo. Além disso, esse esforço ajuda a minimizar o risco de fazer negócios errados, impedindo que candidatos inadequados sejam considerados.

Mais tarde neste processo de triagem, à medida que perfis mais detalhados forem preenchidos nos candidatos restantes, a facilidade ou dificuldade da integração pós-fusão se torna uma parte mais importante da discussão. Em seguida, riscos potenciais de transição, como adequação à cultura, contratos pendentes de mão de obra ou fornecedores, concentração geográfica ou de clientes, lacunas de distribuição e profundidade de gerenciamento, podem ser identificados para diferenciar negócios e identificar as oportunidades com maior probabilidade de criar valor. É praticamente impossível realizar uma análise financeira sofisticada do potencial de sinergia — incluindo estimativas de probabilidade e tempo das sinergias esperadas — sem avaliar os riscos e oportunidades de integração desde o início. Os adquirentes preparados iniciam essas considerações durante o processo de triagem. Diferentes transações terão diferentes problemas de integração que afetam diretamente a due diligence e a avaliação. E, em última análise, se um candidato deve continuar a ser considerado.

Os banqueiros são ótimos em trazer negócios em potencial que parecem atraentes com base no crescimento do mercado ou da empresa-alvo. Essas empresas-alvo podem parecer atraentes, porém muitas vezes não são plausíveis para um adquirente porque não se encaixam nas necessidades estratégicas previamente acordadas do negócio ou podem ser extremamente complexas de integrar. Essa distinção é importante à medida que se chega às fases posteriores da triagem mais refinada para diferenciar aqueles negócios mais adequados.

O produto final deste exercício é uma lista de observação dos candidatos à aquisição mais atraentes e plausíveis, sujeitos a diligence adicionais, com perfis detalhados de cada candidato. Mesmo com a lista de observação menor, cada empresa-alvo ainda representará uma estratégia ligeiramente diferente, oferecendo vantagens e oportunidades variadas.

A lista de observação também pode ser agrupada por estratégia de transação — negócios em plataformas maiores seguidas por tuck-ins* menores na lista ou exatamente o oposto. A criação de uma lista de observação também oferece a oportunidade de cultivar e atualizar facilmente o pipeline e o programa de F&A ser mais amplo. À medida que o ambiente competitivo muda, surgem potenciais disruptores e outros negócios são feitos no setor.

Às vezes, o processo exigirá uma discussão mais intensa e um debate acalorado, mas não há substituto para orientar o que a empresa está procurando e o que é significativo de maneira competitiva. No final, a administração terá uma visão muito melhor do cenário competitivo, do que precisa para criar valor para os clientes e das verdadeiras prioridades de seus negócios. Além disso, esse processo permitirá que a alta administração desenvolva e comunique relatos dos processos de aquisição mais sensatos e confiáveis para o conselho, investidores e funcionários. Deve ser óbvio agora que as empresas reativas, que analisam um negócio de cada vez, não conseguem comparar opções.

Colhendo os Benefícios

Tornar-se um adquirente preparado — que está "sempre ligado" — é menos sobre executar um projeto e mais sobre passar por uma transformação. Estar "sempre ligado" significa que você desenvolverá um pipeline melhor de metas prioritárias como parte da estratégia de F&A. Isso permitirá que economize recursos significativos, não se concentrando em negócios inadequados. Você conduzirá o próprio processo e cronograma de F&A, em vez de ser conduzido

---

* N. do T.: aquisição tuck-in é aquela em que uma empresa adquire outra e a torna uma divisão interna sua.

pelo timing de outra pessoa (por exemplo, vendedores ou concorrentes), o que significa que será menos provável que seja apressado para fechar. Você saberá quais leilões são mais importantes e quais devem ser evitados — e porquê. Você pode levantar questões de diligence e integração antes mesmo de começar a avaliação e a negociação. Você pode usar esse processo de aprendizagem sobre o panorama para reavaliar caminhos de crescimento e transações alternativas. Você também obterá credibilidade junto ao conselho e moverá as empresas-alvo com eficiência pelo pipeline. E, por fim, você construirá uma tese de investimento melhor e mais robusta que será testada durante a due diligence.

Mesmo os adquirentes mais experientes, que podem ter dezenas de pessoas apoiando-os em todas as unidades de negócios, normalmente concluem apenas 10 a 20% dos negócios em seu pipeline. E muitas empresas-alvo podem não estar prontamente disponíveis para venda. A baixa porcentagem de conversão ressalta a importância de estar "sempre ligado" com muitas alternativas inteligentes e um pipeline completo. Você também terá uma carteira de ativos desejados que representam estratégias deliberadas, em vez de analisar um negócio isoladamente.

As equipes de gestão que passam pelo processo que descrevemos não precisam ser adquirentes *ativas*. Elas podem se dar ao luxo de ser pacientes, porque têm alternativas bem desenvolvidas. Elas podem negociar com várias partes em sua lista de observação e buscar os melhores valores à medida que aprendem mais sobre esses candidatos. Após as implosões do mercado de ações em 2000–2002 e 2008–2009, essas empresas estavam em uma excelente posição para comprar negócios de valor.

Observar esse processo rotineiramente também permitirá que a administração acompanhe quais negócios foram feitos pelos concorrentes e melhor considere os sinais que os concorrentes estão enviando sobre os próprios objetivos de crescimento e como pretendem competir. Como eles têm uma lista clara de empresas-alvo competitivas importantes, a administração também saberá aqueles negócios que os concorrentes podem fazer ou tentar fazer que, de fato, exigirão uma resposta imediata.

Tornar-se um adquirente preparado requer de uma organização esforço em vários níveis — este certamente ajudará as pessoas que trabalham em cada nível a cumprir as responsabilidades com mais sucesso (veja abaixo, "Uma

Nota sobre Governança de Processos de F&A"). Mais importante, uma equipe de gerenciamento alinhada "sempre ligada" é a força vital de um processo de desenvolvimento corporativo bem-sucedido, que dará aos investidores fortes razões para comprar ações nos anúncios de negócios e aumentará os retornos dos acionistas no longo prazo.

Os diretores que insistem que um processo estratégico de F&A documentado esteja em vigor bem antes de qualquer oportunidade ser apresentada podem evitar ser apenas o último obstáculo no caminho do CEO para anunciar uma grande transação — e, assim, assumir os deveres fiduciários com muito mais credibilidade. Os executivos de negócios e desenvolvimento corporativo que concebem e implementam o processo de F&A podem ficar convencidos de que quaisquer negócios que fizerem terão muito mais probabilidade de sucesso. Enquanto isso, os acionistas podem ficar felizes pela companhia ter ficado muito mais inteligente sobre como avançar em um negócio complexo e em rápida mudança.

A verdadeira estratégia de F&A é criar valor versus fazer negócios. É também um exercício de aprendizagem sobre panoramas que o força a repensar suas estratégias. É um exercício de alinhamento da equipe principal que impulsiona discussões regulares sobre prioridades estratégicas. E isso aumenta a credibilidade da administração com investidores, funcionários e conselhos.

Uma Observação sobre a Governança do Processo de F&A

Mesmo com uma lista de observação dinâmica de várias empresas-alvo prioritárias, é improvável que os potenciais adquirentes concluam esses negócios se não tiverem regras e práticas que regem todo o ciclo de vida de F&A. Sem governança formal, executivos poderosos podem forçar negócios prejudiciais à empresa. Outros podem ter seus negócios mortos por comitês excessivamente grandes com incentivos conflitantes antes mesmo de terem a chance de apresentar seu caso. Procedimentos e métricas inconsistentes causarão confusão. Os executivos das unidades de negócios podem simplesmente parar de trazer negócios sabendo que seus esforços serão desperdiçados.

Como qualquer processo de governança, o ideal é conhecer o escopo de cada etapa do processo de F&A, quem deve estar envolvido em cada uma delas, um processo para convocação dessas partes interessadas, transferência de conhecimento necessária durante e entre cada etapa, direitos de decisão claros e responsabilidade e critérios lógicos e estáveis para essas decisões.

O imperativo é estabelecer uma organização eficaz e procedimentos específicos com liderança capaz. Juntos, apoiarão um processo de F&A que todos podem seguir e que é repetível: "É assim que fazemos negócios". Adquirentes bem-sucedidos têm manuais de F&A bem desenvolvidos que todos os participantes seguem.

A estratégia de F&A, por exemplo, começa com o CEO, a equipe executiva sênior, a de desenvolvimento corporativo e a liderança da unidade de negócios e o conselho. Juntos, eles abordam o papel de F&A na estratégia corporativa geral, que alinha a liderança executiva em torno de questões como apetite por risco e grau e propósito apropriados de F&A para crescimento. Essa orientação estabelece a base para determinar os caminhos prioritários, tanto no nível corporativo quanto no de negócios e, posteriormente, os critérios iniciais para selecionar as empresas-alvo de aquisição e o desenvolvimento do pipeline de negócios — que provavelmente envolverá especialistas adicionais no assunto dos negócios como tais casos são desenvolvidos para transações específicas.

Cada estágio subsequente deve contar com a análise do estágio anterior. Novas partes interessadas se basearão no trabalho daqueles que estiveram envolvidos anteriormente. Entre cada estágio de pré-acordo há *decision gates* muito claros, com critérios para avançar ou encerrar a exploração do negócio.

Os adquirentes precisarão decidir o nível apropriado de centralização das atividades relacionadas a F&A. Quais são as funções e responsabilidades específicas da administração nas unidades corporativas versus as unidades de negócios? Quem é o dono do modelo de negócio? Quais são as relações de subordinação durante cada estágio? Que competências e nível de talento são necessários? Quais etapas exigirão apoio externo e quem decide?

O próprio processo de F&A requer procedimentos específicos e direitos de decisão que cobrem a extensão e o tempo completos das atividades. Que questões devem ser abordadas na tese do negócio? Quando e de quem são necessárias as aprovações antes de prosseguir para a próxima etapa? Que transferência de conhecimento é necessária entre os estágios e quais operadores precisam se envolver, mantendo a confidencialidade? Quando a liderança deve interagir com o conselho e em quais questões?

Embora muitas dessas perguntas e perguntas possam parecer básicas, nós as caracterizaríamos como fundamentais. Ao ter um processo claro e funções e responsabilidades bem definidas, consistentes com os objetivos acordados para a estratégia de F&A, as empresas podem monitorar a atividade de F&A dos concorrentes para manter um pipeline de negócios ativo que é atualizado regularmente. A propriedade e a responsabilidade em cada etapa do processo, juntamente com critérios de avaliação acordados enraizados em uma tese de crescimento de F&A, ajudarão os adquirentes a evitar serem vítimas de jogos políticos e permitirão que se movam para fechar os negócios mais importantes e criar valor: uma das consequências de estar "sempre ligado".

CAPÍTULO 3

Isso Faz Sentido?

Due Diligence Financeira, Comercial e Operacional

Os vendedores — não surpreendentemente — apresentam aos compradores uma visão cor-de-rosa das receitas e margens futuras. E por um bom motivo: uma parcela significativa do valor para o acionista da maioria das empresas é baseada em expectativas de crescimento futuro. Os adquirentes devem aceitar o fato de que o futuro está repleto de incertezas tanto para a estabilidade do negócio atual quanto para o crescimento lucrativo da receita.

Como consequência, os adquirentes devem realizar a due diligence tanto no negócio atual quanto em seu potencial de crescimento futuro, porque pagarão por ambos — mais um prêmio. Lembre-se, quando os adquirentes jogam esse jogo, eles pagam um prêmio inicial por alguma distribuição de resultados potenciais — as sinergias que tornarão a entidade recém-fundida mais eficiente internamente e crescerá mais rápido e lucrativamente no mercado como resultado do negócio ("se não fosse o negócio"). Além disso, para satisfazer os investidores, os adquirentes devem obter um retorno de custo de capital sobre todo esse capital voluptuoso que estão investindo.

As análises realizadas durante o processo de diligence têm como objetivo conhecer a empresa-alvo e identificar questões financeiras, comerciais e operacionais, bem como os pontos críticos. A diligence adequada ajuda a desenvolver suposições e dados de entradas razoáveis usados no modelo de avaliação, bem como uma visão antecipada dos problemas de integração que precisarão ser gerenciados para obter o valor do negócio. Em última análise, a diligence testa a tese de investimento do negócio — sua lógica de criação de valor e como esse valor será capturado. Isso deve ajudá-lo a montar a solução que você apresentará ao conselho e, por fim, aos investidores.

Em nossa experiência, embora os adquirentes bem-sucedidos raramente lamentem os negócios que abandonam e que resultariam em um pagamento excessivo, eles odeiam perder para outra pessoa porque perderam oportunidades valiosas que poderiam ter sido trazidas à luz durante a diligence. A abordagem visa melhorar a sensibilidade do preço da oferta, aumentar a confiança no lance máximo e minimizar o *downside risk*.

Adquirentes preparados se beneficiam à medida que realizam diligence regularmente em seus acordos de lista de observação, porque podem aprender muito, ao longo do tempo, sobre o cenário de personagens, talentos executivos, tendências de mercado e mudanças nas demandas dos clientes — além de um determinado negócio em mãos — e incorporar essas descobertas na melhoria dos negócios gerais e nos esforços contínuos de desenvolvimento corporativo. Os reativos, por outro lado, se obrigam a prazos comprimidos à medida que um alvo surge para uma oferta, de modo que estão sob ainda mais pressão para acertar. Este capítulo será útil para ambos.

Muitas vezes, o processo de diligence é descrito como útil para deixar o adquirente "confortável". Um processo de due diligence estratégico verdadeiramente completo ajuda os adquirentes a desenvolver a confiança de que precisam para prosseguir com o negócio — ou abandoná-lo. Isso ajudará a determinar se um potencial negócio oferece o crescimento lucrativo e o valor pelo qual vale a pena pagar e evitar a armadilha de confundir a receita existente ou as trajetórias de melhoria de custo em avaliações independentes com possíveis sinergias. A diligence fornece suporte para a visão estratégica e para o modelo operacional e desenho de integração da nova empresa combinada. Ela desafia as suposições provenientes de compradores e executivos-alvo e dos consultores que impulsionam o negócio e força uma visão explícita do que deve ser verdade para defender porque o negócio é, de fato, estratégico além do porquê e como vale a pena utilizar o capital que será necessário.

Enquanto a due diligence financeira [em inglês, *financial due diligence* — FDD] olha para trás para obter uma visão mais precisa da linha de base do estado do negócio, removendo as distorções contábeis, a due diligence comercial [em inglês, *commercial due diligence* — CDD] e a due diligence operacional [em inglês, *operational due diligence* — ODD] olham para frente e examinam a estabilidade dos negócios atuais e a probabilidade de crescimento das receitas ou melhorias no perfil de custos, respectivamente. As três se encontram no presente para criar uma imagem tridimensional da empresa-alvo — uma imagem de como ela se comportou no passado, a capacidade de manter o desempenho empresarial de hoje no futuro, o potencial de crescimento futuro e possíveis sinergias de custos e receita sob a nova titularidade.

Existem, é claro, questões tributárias técnicas e operacionais importantes que também devem ser exploradas — e podem ser objeto de vários capítulos cada uma delas. A diligence fiscal para compradores estratégicos tentará descobrir segredos obscuros, como possíveis legados de riscos fiscais que o comprador pode estar herdando e como isso precisaria ser precificado no negócio. A diligence fiscal pré-fechamento também se concentra na estruturação para capturar valor na empresa combinada pós-fechamento, o que pode incluir oportunidades de eficiência tributária de certa racionalização da pessoa jurídica, integração e realinhamento de cadeias de suprimentos ou estabelecimento de uma pegada de propriedade intelectual mais favorável.

Em suma, a FDD, a CDD e a ODD servem para testar o caso de negócio necessário para amparar o preço do acordo. O resultado: as reuniões pós-fusão são a hora e o lugar errados para construir esse caso.

Due Diligence Financeira: Olhando os números mais de perto

A FDD se concentra em fornecer uma visão alternativa do negócio da empresa-alvo do que pode ser refletido nas finanças auditadas. Isso pode exigir descascar a cebola e desembaraçar algumas regras contábeis — regras que podem ser perfeitamente razoáveis para serem usadas a serviço dos negócios do dia-a-dia da empresa-alvo, mas que não representam tendências reais (por exemplo, eventos únicos, mudanças nas políticas contábeis e ajustes fora de período). Reconhecer itens que não são recorrentes, os não monetários, ou não essenciais para o negócio, pode ajudar um adquirente a avaliar a qualidade do lucro [em inglês, *quality of earnings* — QoE], normalmente lucro antes de juros, impostos, depreciação e amortização [em inglês, *earnings before interest, taxes, depreciation, and amortization* — EBITDA], para uma imagem da empresa-alvo focada nos negócios indicativa e normalizada que está comprando hoje.

Vendas históricas sem distorções, tendências de despesas operacionais e necessidades de capital de giro e despesas de capital [em inglês, *capital expenditures* — CAPEX] estabelecerão um ponto de partida mais preciso, ou linha de base. E permitirão que um adquirente avalie claramente as principais premissas usadas na previsão da gestão da empresa-alvo que, por sua vez, pode ser usada para construir previsões mais confiáveis e testáveis de receita e EBITDA.

Sem uma FDD adequada, as nuances da contabilidade financeira podem ser perdidas, limitando um adquirente de desenvolver um entendimento operacional normalizado do negócio e um ponto de partida consistente e confiável para outros fluxos de trabalho de diligence. Por exemplo, se um adquirente exagera a linha de base do EBITDA independente da empresa-alvo, ele pode gerar uma vitória supervalorizada de um múltiplo de negócio aplicado ao caso base errado e uma nova empresa combinada que não consegue atender às previsões de crescimento e sinergia da tese do negócio.

Embora as finanças da empresa sejam auditadas e certificadas, minas terrestres podem estar escondidas abaixo da superfície. A contabilidade financeira contém julgamentos, incluindo estimativas de reservas e quando e como a receita é reconhecida, criando um impacto significativo nos lucros reportados. O objetivo de uma auditoria é fornecer a garantia de que a administração apresentou uma visão do desempenho financeiro de uma empresa consistente com os princípios contábeis geralmente aceitos [em inglês, *generally accepted accounting principles* — GAAP], mas as finanças auditadas não identificam questões significativas que possam ser de interesse de um adquirente. Enquanto a auditoria trata de certificar números, uma FDD diz *porque* os números são o que são. As auditorias *verificam* os resultados, enquanto a FDD os *explica*.

Pense desta forma: o processo de compra de uma empresa não é diferente de comprar uma casa. Você pode ir embora, tentar ajustar o preço ou identificar pontos em que talvez queira fazer ajustes contratuais.

A FDD também pode ajudar a informar aos adquirentes para o que eles podem estar sendo expostos e que talvez não saibam — porque não é trabalho do vendedor revelar tudo o que sabe (e os vendedores podem não saber tudo, de qualquer maneira). Possíveis exposições podem ser desencadeadas por uma transação e incluem a próxima renovação de um acordo coletivo de trabalho, mudança nas disposições de controle em contratos de trabalho ou aluguel, ou níveis mais altos de financiamento exigido para regimes de pensão regulamentados. E os adquirentes devem saber mais sobre elas antes que se tornem uma triste surpresa.

Como a FDD pode revelar algumas irregularidades e um maior entendimento do desempenho financeiro da empresa-alvo, também pode fornecer munição para negociações após a oferta inicial. Por exemplo, tendências no desempenho financeiro histórico podem ser inconsistentes com as projeções otimistas da empresa-alvo. Isso também define o cenário adequado para os testes prospectivos de receitas e custos futuros em CDD e ODD, respectivamente.

A FDD pode significar coisas diferentes para pessoas diferentes. Porém, em sua essência, a FDD se concentra em responder a três questões principais:

1. Temos convicção nos números — eles estão corretos?
2. O que é a demonstração do resultado do exercício (DRE) "ajustada" e o balanço patrimonial?
3. O que esses números ajustados à diligence nos dizem?

Os números estão corretos?

Embora o escopo da FDD nunca forneça garantias sobre os resultados operacionais e a posição financeira como uma auditoria, os adquirentes geralmente se confortam com o fato de que outro conjunto de olhos qualificados passou pelas finanças detalhadas. Não é incomum que equipes experientes de diligence descubram erros contábeis ou estimativas de gerenciamento que ultrapassam os limites. Além disso, as auditorias geralmente operam com um limite de materialidade em que distorções conhecidas ou prováveis não são corrigidas porque estão abaixo desse limite. Embora a equipe de gerenciamento e o auditor tenham determinado que esses erros são irrelevantes, em um contexto de transação, um adquirente pode ter uma visão diferente.

O que é a demonstração do resultado do exercício "ajustada"?

Uma coisa é ter confiança de que os números são precisos, mas outra é saber o que dizem sobre o estado atual dos negócios. O principal insight por trás da FDD é "ajustar" os lucros — retirar lucros extraordinários (receitas ou despesas), às vezes desembaraçar as regras contábeis e representar melhor a linha de base do negócio para uma melhor previsão. A FDD fornece uma perspectiva das operações recorrentes "principais" da empresa-alvo. E, em última análise, informa a confiança nas receitas recorrentes (confiabilidade e repetibilidade) e a previsão de crescimento.

Por exemplo, os lucros são impactados pelas práticas de reconhecimento de receita da empresa-alvo em relação aos pares, as estimativas em relação às reservas registradas ou políticas de capitalização de despesas? A administração foi excessivamente agressiva ou adotou uma abordagem alternativa em comparação com o setor?

Compreender as tendências e o que está acontecendo no negócio principal é importante, contudo os adquirentes podem ter que eliminar muito ruído contábil. Como um adquirente atuante nos disse: "Gastamos muito tempo desembaraçando as regras contábeis. As regras contábeis podem afastá-lo ainda mais do caixa e, às vezes, é melhor aproximar os lucros do caixa para nos dar uma noção do que está acontecendo nas operações subjacentes."

Embora existam muitos tipos de ajustes, os adquirentes devem estar atentos aos seguintes principais ajustes que compõem a grande maioria da FDD.

Ajustes fora do prazo. Estes podem incluir os *true-ups** ou alterações nas estimativas das reservas de um ano para o outro que podem distorcer a DRE quando você fizer o ajuste subsequente. Dessa forma, a FDD oferece a capacidade de apresentar as demonstrações financeiras com o benefício da retrospectiva e aplicar uma abordagem contábil consistente, removendo o impacto potencialmente irregular de mudanças nas estimativas ou políticas de períodos anteriores.[2]

Por exemplo, suponha que a empresa-alvo teve que registrar uma grande Provisão para Créditos de Liquidação Duvidosa em 2016, mas acontece que o recebível foi cobrado em 2018. Nessa situação, 2016 seria sobrecarregado com uma despesa de créditos de liquidação duvidosa e os lucros de 2018 se beneficiariam da reversão dessa provisão simplesmente pela cobrança de um crédito. A FDD oferece a capacidade de analisar o impacto dessas mudanças fora do período.

Ou suponha que você tenha uma possível exposição a litígios de patentes que exija o registro de uma despesa em sua DRE e um passivo de US$10 milhões no balanço patrimonial. Caso ganhe o caso em um ano subsequente, reverterá esse passivo e terá um impacto positivo na DRE de US$10 milhões apenas porque ganhou o caso. Caso não leve em conta esses ajustes fora de período, provavelmente não compreenderá corretamente as tendências.

Receitas e despesas únicas. Estas podem incluir as vendas a clientes ocasionais em que, por exemplo, a empresa "ganhou" um novo grande cliente porque um concorrente teve um incêndio e a empresa-alvo conseguiu vender os produtos a um preço artificialmente alto — porém a receita não será recorrente assim que a produção do concorrente voltar a funcionar. Pior ainda, após o ajuste para a venda única, um olhar mais atento pode revelar que a carteira de pedidos da empresa-alvo é fraca: as renovações reais dos clientes estão em baixa e ela não

---

* N. do T.: True-up é um pagamento feito após o fechamento para ajustar qualquer diferença entre o preço de compra, que foi determinado na data de fechamento de uma transação, com base em métricas financeiras estimadas. E o preço de compra real, determinado usando métricas financeiras que se tornam conhecidas somente após a data de fechamento.

tem uma carteira de pedidos para preencher as projeções de crescimento ou substituir as perdas dos clientes-chave — e a tendência é realmente negativa em vez de positiva.

Por outro lado, as empresas podem incorrer em despesas únicas que não são centrais em suas operações ou são anormais. Se uma empresa passar por uma reestruturação, ela registrará despesas para estabelecer reservas de reestruturação. Portanto, um adquirente precisa eliminá-las se quiser avaliar o perfil de despesas normalizado. Outras despesas únicas típicas são grandes despesas com litígios, perdas incomuns, custos de transação relacionados a aumentos de dívida ou patrimônio, custos de transação de F&A ou bônus únicos.

Incluir essas despesas únicas pode reduzir artificialmente o preço da oferta, assim como incluir as receitas únicas pode resultar em uma avaliação mais alta e o valor da oferta ser muito alto.

Ajustes não monetários. Esta categoria de ajustes é usada para colocar certos itens de linha da DRE em regime de caixa. Existem duas razões gerais pelas quais você pode querer avaliar certos itens da DRE em regime de caixa. Primeiro, à medida que determina os fluxos de caixa livres (FCL) para o serviço da dívida, pode haver diferenças significativas entre os resultados operacionais relatados pelo GAAP e os fluxos de caixa que deseja entender. Certos ajustes não monetários são permitidos em *covenants** de dívida. E um adquirente gostaria de ter certeza de que eles são compreendidos antecipadamente para otimizar a alavancagem disponível. Em segundo lugar, os fluxos de caixa das operações podem ser um melhor indicador das tendências de crescimento.

Ajustes não monetários comuns incluem compensação baseada em ações, teste de recuperabilidade do *goodwill*, ganhos e perdas não realizados, contabilizados versus despesas de aluguel em dinheiro ou diferenças devido ao diferimento do reconhecimento de receita. Ao remover esses itens não monetários, você não apenas tem uma visão mais clara dos fluxos de caixa livres, como também pode ter uma visão melhor dos índices operacionais ou tendências de crescimento. Por exemplo, ao avaliar a receita em regime de caixa como se fosse paga antecipada-

---

* [N. do T.]: Os covenants são cláusulas de garantia que as empresas têm que cumprir no momento que fazem contratos de endividamento.

mente, onde as regras contábeis exigem que adie o reconhecimento. Você pode ter uma noção melhor do crescimento e do impulso das vendas, principalmente em empresas de alto crescimento.

Em situações em que a diluição do LPA pode ser importante (para empresas públicas), encargos não monetários podem sobrecarregar o LPA, geralmente chamado de "arrasto do LPA". Suponha que você fosse pagar US$100 milhões por um negócio em que o valor justo dos ativos tangíveis líquidos é de US$75 milhões e os US$25 milhões restantes são registrados como US$ 5 milhões como goodwill (que acabará por passar por um teste de impairment) e US$10 milhões para os intangíveis com 10 anos de vida. Ao longo de um período de 10 anos, US$1 milhão por ano atingiria a DRE como despesa de amortização e resultaria em um arrasto de LPA que não tem nada a ver com a linha de base das operações comerciais, o que pode gerar um lance menor do que o justificado. Esse também seria o caso de uma empresa-alvo que tivesse feito negócios e estivesse amortizando itens desses negócios — um adquirente gostaria de ver o estado dos negócios da empresa-alvo sem esses encargos contábeis, como um negócio que não tivesse feito esse tipo de transação.

Ajustes pró-forma e de receita recorrente. Os ajustes pró-forma e de receita recorrente tentam ajustar os ganhos (ou seja, o EBITDA) para melhor representar o potencial de ganhos da empresa-alvo, dadas as mudanças materiais significativas que estão ocorrendo nos negócios.

Por exemplo, um ajuste pró-forma pode incluir o ajuste do EBITDA pelo impacto de uma aquisição recente. Suponha que uma empresa-alvo tenha feito uma aquisição definitiva há apenas cinco meses; um adquirente gostaria de apresentar a empresa-alvo como se fosse o dono do *bolt-on** o tempo todo. Se o EBITDA dessa aquisição recente fosse de US$25 milhões durante os sete meses anteriores à aquisição, um adquirente adicionaria isso aos números relatados pela empresa-alvo de forma que estivesse avaliando um ano inteiro de potencial de ganhos.

---

* [N. do T.]: A aquisição Bolt-on refere-se à aquisição de empresas menores, geralmente do mesmo ramo de negócios, que apresentam valor estratégico.

Os ajustes de receita recorrente às vezes são mais controversos, mas podem ser ferramentas eficazes para avaliar o potencial de ganhos. Digamos que a empresa-alvo esteja no negócio de operar clínicas médicas. Em média, cada clínica ganha US$500.000 em EBITDA após três anos de operações. Clínicas mais novas levam tempo para amadurecer. E uma clínica *greenfield** que abriu há um ano está ganhando apenas US$150.000 em EBITDA. Um ajuste de receita recorrente apresentará a diferença entre os US$150.000 e a receita recorrente de US$ 500.000. Então, US$150.000 estão embutidos no EBITDA reportado, porém poderíamos dar crédito como se a clínica tivesse atingido sua taxa de receita recorrente de US$500.000. Esta é uma questão de julgamento; se fizéssemos isso, gostaríamos de ter certeza de que não estamos aplicando um múltiplo de avaliação que contaria duas vezes o crescimento esperado.

As empresas de tecnologia tenderam a adotar modelos de receita de assinatura na última década. Como resultado, houve uma ênfase maior na análise da receita recorrente desses negócios baseados em assinatura para entender a receita recorrente mensal atual [em inglês, *monthly recurring revenue* — MRR]. Durante a diligence, um esforço significativo deve ser feito para analisar a rotatividade e a retenção de clientes para avaliar a estabilidade da MRR para esses tipos de negócios. Avaliar adequadamente a MRR, a quantidade de receita previsível que uma empresa espera obter a cada mês, permite que os adquirentes entendam as tendências mensais e o momento de crescimento. Além disso, os adquirentes podem optar por fazer um ajuste de receita recorrente para negócios de rápido crescimento, onde a MRR recente indicaria uma base de receita mais alta do que a receita registrada durante os últimos 12 meses.

CAPEX e ajustes de capital circulante. As empresas necessitam de CAPEX para manutenção. Apenas para manter as luzes acesas, para crescimento e construir as novas fábricas. A empresa-alvo pode ter um projeto de capital único que não está em andamento ou tem CAPEX diferido. E as fábricas podem estar em más

---

* [N. do T.]: Normalmente referindo-se a empreendimentos novos, o termo Greenfield é utilizado quando o produto do projeto é realizado a partir do zero, em situações em que não se conta com instalações e estruturas pré-existentes que possam ser incorporadas ao produto do projeto. A origem do termo remete à implantação física em lugares em que só havia mato anteriormente (*green*).

condições. Avaliar o CAPEX histórico para manutenção não recorrente ou diferida é importante quando você considera os FCLs. Portanto, inclua apenas os investimentos de caixa necessários em suas previsões.

Examinar e ajustar o capital circulante permitirá ao adquirente um melhor entendimento das tendências do capital circulante líquido (CCL), como sazonalidade e ciclicidade impulsionadas pelas tendências de clientes e fornecedores (exigências de pagamentos mais rápidas, clientes demorando mais para pagar ou níveis de estoque mais altos para facilitar as entregas dentro do prazo) ou desenvolver um plano para reduzir o CCL e extrair dinheiro durante a propriedade do adquirente e melhorar efetivamente o desempenho do balanço patrimonial.

A avaliação do CCL otimizado é um componente frequente da FDD. Suponha que um benchmark de alto desempenho para o saldo de CCL diga que a empresa poderia operar com US$90 milhões de CCL. Atualmente a empresa-alvo tem US$100 milhões. Se você pode reduzir o CCL em US$10 milhões por meio de um melhor gerenciamento de estoque ou melhorando a cobrança de recebíveis, agora tem US$10 milhões em dinheiro que pode retirar do negócio e pagar como dividendo ou reinvestir em novos projetos de capital, reduzindo novos investimentos de forma eficaz, reduzindo o custo total do negócio. Alternativamente, por acreditar que pode diminuir o capital investido (menor CCL), você terá aumentado o FCL e o lucro econômico (porque você tem o mesmo lucro operacional com um custo de capital mais baixo; mais sobre isso no capítulo 4) — efetivamente permitindo que pague mais, se necessário.

A avaliação de CCL também permite que um adquirente defina e quantifique uma "empresa-alvo" de CCL normalizado quando houver um mecanismo de ajuste de preço de compra para CCL. Isso representa o ponto de vista de um adquirente sobre a quantidade de CCL que deve ser entregue com a transação pelo vendedor. Caso o CCL entregue no fechamento, fosse um valor maior ou menor, o mecanismo de ajuste levaria a um ajuste no preço de compra.

O que os números nos dizem?

Os números ajustados à diligence permitem uma visão orientada para os negócios das operações atuais. Os adquirentes devem se certificar de que estão começando em um lugar adequado antes de tentar prever o futuro. Com números devidamente normalizados, eles reduzem a chance de cometer erros em seu modelo de valuation.

Por exemplo, suponha que os números não ajustados sugiram margens de 40% e crescimento anual histórico da receita de 6%, mas os números normalizados sugerem margens de 47%, devido a despesas não recorrentes, porém um crescimento de apenas 3%. Ambos os ajustes terão impacto significativo na avaliação e nas previsões do futuro. E se o crescimento da receita e as margens forem excessivamente otimistas, o adquirente provavelmente perderá a previsão que pagou em todos os anos subsequentes e terá supervalorizado o valor independente da empresa-alvo desde o início.

Juntando tudo isso, a FDD informa uma decisão de ir ou não, o valor final que você estaria disposto a pagar, como determina o mark up de um contrato de compra com os tipos de proteções que deseja incorporar, o pacote do credor para subscrever a dívida e o processo de subscrição para proteções de seguros.[3]

Este é o ponto chave: você deve entender que está comprando o futuro. A razão pela qual deseja eliminar eventos únicos ou fora do comum e reformular os ganhos é porque precisa de uma imagem real do negócio hoje para ajudar a prever o futuro. Sem a FDD adequada, você pode perder as nuances da contabilidade financeira, limitando um adquirente de desenvolver o entendimento operacional necessário para criar previsões precisas de receitas e lucros futuros. A FDD permite que você comece a partir de números precisos. Você quer que a tendência esteja do seu lado.

Due Diligence Comercial: Todas as Respostas Estão no Mercado

A CDD é o seguimento natural da estratégia de F&A — usando inteligência de mercado e análises para testar a tese de investimento de um negócio. Ela responde à questão de saber se a estratégia de crescimento do negócio provavelmente criará valor. A CDD testa a validade das crenças do adquirente da linha de receita da empresa-alvo (preço × quantidade) como um negócio autônomo (receita recorrente e crescimento futuro) e as oportunidades de aumento de receita que o adquirente imagina por meio da sinergia. Uma CDD adequada serve para validar as principais premissas em torno da oportunidade de mercado, a posição da empresa-alvo no mercado e a probabilidade do adquirente entregar tudo o que está assumindo no valuation.

Feita com cuidado, a CDD produz entradas fundamentadas para o modelo de valuation, bem como entradas iniciais para o planejamento de integração pós-fusão para a estratégia *go-to-market*[*] aprimorada e potenciais sinergias de receita. Também pode desacelerar o "locomotiva de aquisição uau! Agarre isso!" se o adquirente souber que as perspectivas da empresa-alvo não são tão favoráveis quanto inicialmente imaginado.[4] É aqui que os adquirentes testam os elementos da tese de investimento sobre os quais podem ter pouco controle: mudar as preferências dos clientes, concorrentes e ventos contrários e favoráveis das tendências do mercado. Como todas as avaliações começam com a linha de receita, ignorar a diligência na oportunidade comercial pode significar um desastre para uma avaliação. Os adquirentes apressam ou renunciam a uma CDD cuidadosa porque acreditam plenamente que sabem que seus negócios perdem a última chance de testar a estratégia pela qual estão prestes a pagar.

A CDD força os adquirentes a enfrentar as realidades do mercado, dos clientes e das capacidades e da posição da empresa-alvo em relação aos concorrentes. E como essas realidades influenciarão a linha de receita em suas premissas de valuation. Um adquirente pode não querer enfrentar essas realidades, contudo precisa testar as suposições para se proteger contra vieses — que podem surgir dos números e das suposições da empresa-alvo, novas estratégias otimistas de go-to-market ou da pressão interna para finalizar o acordo. Como gostamos de dizer: *Todas as respostas estão no mercado.*

Testar declarações e crenças está no cerne da CDD — declarações feitas pela administração da empresa-alvo refletidas em uma apresentação da administração. Ou no que eles levaram os investidores a acreditar sobre a estabilidade dos negócios e as perspectivas de crescimento. Além disso, a CDD testa as crenças do adquirente sobre como criarão valor adicional no mercado em combinação com a empresa-alvo. O adquirente entende completamente o mercado e a capacidade da empresa-alvo de capturar mais do mercado ou produzir margens melhores (por meio de preços e oferta de produtos) do que tem hoje? Ela está definindo o

---

[*] [N. do T.]: *Go-to-Market* (ou GTM) é a estratégia para o lançamento e o posicionamento de um produto ou serviço no mercado.

mercado ou estimando seu tamanho corretamente? As projeções de crescimento da empresa-alvo são plausíveis? Como a empresa-alvo está posicionada para o crescimento em relação aos pares mais próximos? E, em última análise, o adquirente e a empresa-alvo podem criar mais valor juntos do que separados porque podem atender os clientes de maneiras que não podiam antes e de maneiras que não são facilmente replicadas?

Responder essas perguntas significa identificar e testar as principais suposições no caso de negócios da administração da empresa-alvo e a plausibilidade das previsões do adquirente — geralmente em um período de tempo assustadoramente curto, especialmente para adquirentes presos em leilões. A CDD também pode descobrir e avaliar questões e riscos anteriormente não reconhecidos para o sucesso do negócio que terão de ser mitigados.

Elementos da due diligence comercial

A execução do CDD requer três grandes áreas de trabalho que fornecem uma visão das perspectivas comerciais da empresa-alvo e das oportunidades para a entidade resultante da fusão:

1. Análise de mercado em relação a tamanho, o crescimento e as tendências.
2. Posicionamento competitivo da empresa-alvo e comportamento e preferências do cliente.
3. Oportunidades de aumento de receita.

A análise de mercado oferece insights sobre o tamanho e potencial de crescimento do mercado aproveitável versus real, tecnologias emergentes e concorrentes, novas estratégias e modelos de negócios que evoluem no mercado, mudanças nas regulamentações governamentais e estabilidade das margens.

O posicionamento e a análise do cliente, em grande parte por meio de pesquisas primárias, revelam os principais critérios e comportamentos de compra de clientes e não clientes, como a empresa-alvo está posicionada em relação aos pares em dimensões competitivas relevantes e como isso tem mudado ao longo do tempo, dinâmica de troca, disposição a pagar, valor das marcas, força e evolução do canal e a aderência de seus relacionamentos com os clientes. (Veja o quadro abaixo, "Como Obter Todas as Respostas: Pesquisa Primária.")

Como Obter Todas as Respostas: Pesquisa Primária

Embora a pesquisa secundária — ou seja, compra de relatórios — seja uma maneira óbvia de obter algumas informações comerciais, esses mesmos relatórios genéricos de qualidade variada estão disponíveis para todos os outros, por isso é improvável que sejam uma fonte de vantagem. A chave para desvendar os segredos do mercado é a pesquisa primária — o molho secreto para a CDD. Conversar com um grupo diversificado de participantes do mercado revelará insights importantes sobre o negócio da empresa-alvo. A pesquisa primária eficaz produz insights para o trabalho analítico sobre tamanho de mercado aproveitável e endereçável, posicionamento competitivo, dinâmica de troca, receitas recorrentes, participação de mercado, estratégia de entrada no mercado e perspectivas de crescimento.

Em nossa experiência, um programa de pesquisa primária envolve três partes: desenvolvimento de hipóteses, design de entrevista e pesquisa e execução e síntese.

Desenvolvimento de Hipóteses

Como há um terreno enorme para cobrir, desenvolver hipóteses testáveis ajuda a dar uma orientação sobre com quem você vai falar, quais grupos pode precisar pesquisar e as perguntas que precisa fazer. Alguns adquirentes podem estar adquirindo em seus principais mercados e podem ter um forte domínio da dinâmica envolvida. Para eles, o escopo da CDD pode entender a estabilidade da base de clientes da empresa-alvo. Alguns adquirentes podem estar entrando em novos mercados, áreas geográficas ou outras adjacências que exijam uma avaliação mais completa do mercado e do posicionamento da empresa-alvo. As hipóteses não devem ser uma extensa lista de itens, mas sim itens que são materiais para a avaliação presumida da empresa. Por exemplo, as hipóteses típicas a serem testadas são "A empresa-alvo acredita que ultrapassará o crescimento do mercado

(continua)

(continuação)

em X por cento nos próximos cinco anos?" ou "A empresa-alvo acredita que sua posição de liderança é defensável para o produto Y?".

Design de Entrevista e Pesquisa

As perguntas da entrevista são projetadas para testar as hipóteses — e são refinadas ao longo do programa. As pesquisas são projetadas para alcançar rapidamente populações muito maiores e direcionadas. Além de obter insights quantitativos e mais granulares.

É importante determinar os tipos de pessoas que podem responder de forma significativa às perguntas relevantes para o negócio. Isso normalmente inclui clientes atuais (os tomadores de decisão reais), clientes que mudaram ou decidiram não comprar da empresa-alvo, futuros clientes em potencial, parceiros de canal, concorrentes, funcionários atuais e anteriores da empresa-alvo e especialistas do setor. À medida que as entrevistas continuam há mais aprendizado, você poderá refinar as perguntas e se concentrar nas questões mais importantes que precisam de validação e fazer o melhor uso do tempo.

Execução e Síntese

A execução começa com buscar e alcançar os candidatos em potencial mais importantes. As opções para a obtenção de candidatos incluem a rede de contatos do adquirente, facilitação direta pela equipe de gerenciamento da empresa-alvo para organizar entrevistas com clientes-chave, organizadores de reuniões terceirizados e alcance cego direcionado por consultores de diligence terceirizados. Os adquirentes usam pesquisas (ou técnicas de interceptação de compradores para consumidores) para alcançar um público muito maior de clientes e não clientes para obter insights estatisticamente significativos sobre as hipóteses que estão sendo testadas.

É importante obter números concretos ou a validação dos já existentes (estimativas do tamanho do mercado e tendências) das entrevistas e comentários citáveis sobre a dinâmica do mercado, diferenciação competitiva e percepção do cliente sobre os produtos da empresa-alvo. Sem ser falacioso, você está tentando aprender informações que de outra forma não conseguiria por meio de recursos secundários. Entrevistadores

> habilidosos irão construir um relacionamento e um fluxo e refluxo com a conversa em vez de ler rigidamente um roteiro de entrevista.
>
> As entrevistas de pesquisa primária devem criar uma plataforma para clientes, não clientes e outros participantes do mercado expressarem seus pensamentos, em oposição a respostas simples a perguntas predefinidas. As equipes de negociação devem alavancar o alcance do cliente que a empresa já fez na gestão da marca dos produtos e serviços e evitar o problema do "ninguém nunca me perguntou". Entrevistas e pesquisas devem fornecer informações suficientes para confirmar ou refinar a tese original ou para alertar fortemente sobre um problema.

Bem feitas, as duas primeiras áreas de análise produzirão dados e insights significativos relevantes para avaliar se o adquirente pode gerar oportunidades de aumento de receita (a terceira área) e criar novo valor para os clientes com a empresa-alvo. Existem oportunidades para melhorar a estratégia de *go-to-market* da empresa-alvo? Existem potenciais sinergias de receita porque a integração resultará em melhor cobertura geográfica, vendas cruzadas ou novas ofertas que atendem às necessidades não atendidas dos clientes que os concorrentes não podem replicar facilmente e pelas quais os clientes estão dispostos a pagar?

Um ponto final: não importa o quão bem você conheça o mercado como parte de seus negócios, muitas empresas não reavaliam ativamente os mercados por meio de pesquisas contínuas. Mesmo que o façam, se não estiverem alcançando todas as partes relevantes do mercado para obter respostas (clientes atuais, clientes perdidos, clientes em potencial e concorrentes), sua pesquisa pode realmente reforçar os vieses que eles têm sobre seus clientes, produtos e mercados e sua própria vantagem.

Reavaliar o mercado, e como as coisas têm mudado, é uma ótima oportunidade para entender as mudanças nas preferências dos clientes, a evolução da tecnologia e os personagens emergentes que podem atender os clientes de maneira melhor ou diferente. Adquirentes inteligentes testam a compreensão do ritmo de mudança dos aspectos comerciais da oportunidade, mesmo que estejam operando no setor por um longo período de tempo. Mudanças tecnológicas, por exemplo, podem estar no horizonte e remodelar o mercado. A disrupção causada pela Amazon contra gigantes do varejo pelo uso de fortes recursos digitais, diretos ao cliente e de intimidade e análise do cliente é um aviso clássico para as empresas que não acompanham o mercado e as supostas vantagens.

Principais insights da due diligence comercial

O mercado em que a empresa-alvo opera — como todos os outros — muitas vezes muda e evolui rapidamente. A CDD está focada em revelar as realidades desses mercados e insights sobre como a empresa-alvo opera e compete dentro deles: tamanho e crescimento, satisfação com o produto e capacidade de distribuição, posicionamento competitivo e rigidez dos relacionamentos com os clientes. Juntos, eles fornecem uma avaliação do valor independente da empresa-alvo e uma melhor noção de como pode entrar no mercado de maneira diferente com ofertas existentes ou novas. Examinaremos cada um deles por sua vez.

Dimensionamento do mercado (mercado aproveitável da empresa-alvo) e crescimento. O dimensionamento preciso do mercado — o tamanho total, com certeza, porém, mais importante, as partes do mercado que a empresa-alvo pode realmente atender hoje com as capacidades atuais e a rapidez com que está crescendo — revela dados importantes para a estratégia e o valor.

A única maneira de entender a tendência de participação de mercado da empresa-alvo é primeiro entender o tamanho do mercado que o alvo pode atender hoje — seu mercado aproveitável. Embora isso possa parecer evidente, as empresas-alvo geralmente enfatizam o mercado total endereçável — aquele que *pode* ser atendido com novos (ou melhores) recursos ou acesso ao mercado, em vez do mercado aproveitável *real*. Em outras palavras, os vendedores normalmente promoverão um tamanho de mercado maior do que a empresa pode atender por meio de produtos existentes e distribuição geográfica. Eles podem muitas vezes promover uma taxa de crescimento anual composta [em inglês, *compound annual growth rate* — CAGR] de seu mercado total endereçável que pode ser muito maior do que a CAGR dos segmentos de mercado que podem atender hoje.

Vamos considerar dois exemplos: primeiro, fomos contratados para avaliar uma empresa de alimentos hispânicos com uma pequena base de receita, mas a empresa-alvo alardeava o mercado de alimentos hispânicos de US$90 bilhões e oportunidades ilimitadas de crescimento. Retiramos as camadas do mercado que eles realmente serviam: os 15 estados dos EUA em que realmente operavam, as etnias específicas que consideravam clientes (dominicano, porto-riquenho e cubano) e as categorias de alimentos em que eram mais favorecidas (por exemplo, variedades de alimentos congelados). A empresa-alvo adorava dizer que o mercado geral era uma oportunidade de US$90 bilhões. Porém, a nossa análise revelou que era, na verdade, uma oportunidade de US$5 bilhões a US$6 bilhões. Um mercado aproveitável muito menor do que aquilo que a empresa-alvo alegava.

Em segundo lugar, trabalhamos em nome de um grande cliente industrial, avaliando o tamanho e o crescimento do mercado global de geradores de energia de backup (*genset*). Com base nos relatórios iniciais, o cliente acreditava que existia uma oportunidade de mercado de mais de US$15 bilhões. No entanto, refinar as especificidades do mercado por tipo de combustível (por exemplo, diesel), mercados finais comerciais e produção de energia revelou que o mercado endereçável estava abaixo de US$7 bilhões, ou aproximadamente 55% menos do que as estimativas originais. Além disso, a análise específica regional revelou diferentes perfis de crescimento esperados por região e mercado final com, por exemplo, clientes de data center e telecomunicações conduzindo o crescimento mais significativo na região Ásia-Pacífico.

Por que isso é importante? As estimativas de dimensionamento de mercado são usadas para determinar que parcela do mercado atual aproveitável a empresa-alvo realmente tem — a participação de mercado. A participação de mercado de seu mercado aproveitável normalmente será maior do que do mercado endereçável da empresa-alvo (com recursos adicionais ou acesso ao mercado). Você acha que as empresas-alvo são mais propensas a superestimar ou subestimar a participação de mercado? Acontece que elas geralmente subestimam sua participação ou superestimam o tamanho do mercado, então parece que há mais espaço para crescimento. Esses tipos de descobertas expõem uma visão potencialmente ampliada do potencial de crescimento da empresa-alvo, resultando em um valuation mais alto do que é justificado.

Compreender o mercado aproveitável atual também oferece uma visão da dinâmica da participação de mercado da empresa-alvo ao longo do tempo — como isso vem mudando? Se a empresa-alvo está ganhando ou perdendo participação, você precisa entender o porquê. E se a taxa de crescimento projetada da empresa-alvo for maior do que a de seu mercado aproveitável, você precisa entender de quem eles esperam tirar participação. Isso ajudará a impulsionar a estratégia e as hipóteses de integração e a avaliação do negócio. Isso também leva a considerações sobre se a nova combinação de recursos e acesso ao mercado produzirá ou não um mercado mais amplo ou expandirá o tamanho do mercado que pode ser endereçado.

Satisfação do produto e capacidade de distribuição. Avaliar se a empresa-alvo tem produtos que os clientes valorizam e porquê, além da capacidade de escalar a distribuição, é fundamental. Quase qualquer outra coisa pode ser consertada, contudo se os clientes percebem seus produtos como inferiores ou não valorizam a marca, é um problema real. Os produtos ou serviços da empresa-alvo atendem às preferências dos clientes e critérios de compra específicos melhor do que as ofertas dos concorrentes. E eles estão dispostos a continuar pagando isso? A empresa-alvo tem capacidade de distribuição atual suficiente para atender ao crescimento em seus mercados? A satisfação do cliente e a capacidade de distribuição podem parecer óbvias, mas são fenomenalmente importantes e muitas vezes ofuscadas por outras questões como marketing, publicidade ou falta de representantes de vendas qualificados que podem ser mais facilmente remediados.

Melhorar a vantagem do produto ou atratividade e demanda em face da concorrência e criar e construir capacidade de distribuição é caro, leva muito tempo e traz um enorme risco de execução. Dito isso, o adquirente pode ter fortes recursos de distribuição que podem ser uma fonte de sinergias significativas quando combinados com os produtos da empresa-alvo.

Posição competitiva e cenário em evolução. Examinar a posição competitiva da empresa-alvo revela os segmentos e posições geográficas de clientes que atende com sucesso (e aqueles que não atende) e suas propostas de valor para o cliente em relação aos concorrentes — onde ela atua e por que tem sucesso? Isso significa também entender o posicionamento dos pares da empresa-alvo — como eles contrastam com a empresa-alvo e como ela diferencia as ofertas. O posicionamento da empresa-alvo, assim como o do adquirente, influencia diretamente a capacidade do adquirente de defender e tomar parte e alcançar o potencial de crescimento de receita a partir da combinação.

A posição competitiva é dinâmica. Ela pode ser deliberadamente escolhida e onde a empresa-alvo tem trabalhado para construir vantagem, encantando os clientes com mais do que eles querem (melhor que os concorrentes) a preços que estão dispostos a pagar. Ou pode ser onde a empresa-alvo se encontra devido a forças competitivas, mudanças tecnológicas e nas necessidades e preferências dos clientes ao longo do tempo que não foram antecipadas ou abordadas. Em outras palavras, a empresa-alvo pode ter fortes posições de crescimento em certos segmentos ou regiões geográficas e, ainda assim, posições enfraquecidas em outros. Feita corretamente, a análise criará uma visualização animada das alterações de posicionamento ao longo do tempo.

Fomos contratados por um cliente que investigava o maior fabricante global do mundo de um produto industrial com uma variedade de usos, desde cuidados domésticos e pessoais até aplicações farmacêuticas. Nos últimos anos, a empresa-alvo saiu dos segmentos de menor margem, mas não inovou nos de maior margem, como o farmacêutico. Com o tempo, ela se viu empacada. E estava ficando pior: ela estava sendo atacada por concorrentes de baixo custo no mercado dos EUA e por concorrentes chineses na Europa e Ásia, além de ficar restringida pelos segmentos de alto crescimento e alta margem globalmente devido à falta de investimentos em P&D. Em suma, ela ficou extremamente mal posicionada, sendo atacada em todas as frentes. A maioria dos adquirentes teria se afastado de um desastre iminente. Embora a empresa-alvo estivesse mal posicionada, por meio de uma extensa pesquisa primária, descobrimos que muitos de seus mais de mil clientes industriais tinham relacionamentos de longa data e, mais importante, queriam que a empresa-alvo sobrevivesse para manter a concorrência de preços no mercado. Sem essa pesquisa primária, o adquirente não teria entendido inteiramente o papel adicional que ela desempenhava para os clientes.

Os adquirentes podem descobrir que a empresa-alvo está atendendo às necessidades dos clientes melhor do que os concorrentes, a preços mais atraentes, o que significa que é razoável que ela possa continuar executando sua estratégia comercial atual. Por outro lado, os adquirentes podem descobrir que a empresa-alvo não está posicionada para atender a segmentos-chave de clientes, o que significa que a capacidade da empresa-alvo de alcançar o crescimento projetado requer algum investimento e atenção sérios, ou recursos complementares e acesso ao mercado a partir do adquirente.

Os adquirentes devem estar preparados para debater as perspectivas da empresa-alvo em relação aos pares globais — e como esse contexto pode mudar nos próximos anos sob a propriedade do adquirente. É importante reconhecer que esses elementos podem estar, em grande parte, fora do controle do adquirente, mas são cruciais para a avaliação da posição atual e do potencial de crescimento da empresa-alvo.

Aderência dos relacionamentos com os clientes da empresa-alvo. Uma parte importante da avaliação das receitas recorrentes e do potencial de crescimento da empresa-alvo é avaliar a permanência e o crescimento tido por ela com seus principais clientes. Mesmo que uma empresa-alvo esteja mal posicionada e provavelmente tenha dificuldades com o crescimento, ela pode ter uma salvação. Pode ter fortes relacionamentos "aderentes" com os clientes que levaram anos para se desenvolver. E esses clientes podem querer ter certeza que a empresa-alvo sobreviva para manter a disciplina de preços no mercado, como foi o caso da empresa-alvo de produtos industriais que acabamos de descrever. A fidelidade do cliente — a estabilidade e o crescimento do relacionamento com o cliente — é a força vital das receitas recorrentes e a plataforma para o crescimento futuro e para a venda cruzada de novas ofertas após o fechamento do negócio.

Existem vários impulsionadores de aderência. Os clientes podem valorizar a marca, os níveis de serviço ou a qualidade, ou seu relacionamento com a equipe de vendas, e podem ser inelásticos ao preço. Por outro lado, mesmo que eles considerem mudar, o processo de troca pode ser demorado e caro, especialmente para clientes industriais, e os benefícios da troca não são claros. Compreender a dinâmica de troca, especialmente o custo de troca, a facilidade e as condições em que os clientes trocariam — é uma parte vital da avaliação da estabilidade do negócio e da plataforma para crescimento.

Dito isso, a fidelidade do cliente pode ter dois lados: relacionamentos aderentes podem ajudá-lo a manter a participação, mas ao mesmo tempo dificultam tomar participações dos concorrentes. Por um lado, os relacionamentos com os clientes que são menos aderentes podem gerar oportunidades de participação, dadas as ofertas de mercado certas, ou aumentar os alertas para vulnerabilidades que precisam ser abordadas. Por outro lado, se os clientes não deixarem um concorrente, por exemplo, os mercados aproveitáveis e endereçáveis podem ser ainda mais difíceis de serem capturados do que você pensava.

Compreender os não-clientes (aqueles que mudaram e aqueles que nunca foram clientes) é igualmente importante, porque ajuda o adquirente a entender segmentos do mercado que a empresa-alvo não atendeu, ou pelo menos não com sucesso. Isso informará o tamanho do mercado aproveitável real, oferecerá uma avaliação mais profunda da aderência, indicará por que os clientes buscam alternativas e descobrirá por que e como certos concorrentes estão se saindo melhor. (Sobre como a tecnologia pode dar suporte à CDD, veja o quadro abaixo, "O Papel da Análise de Dados na Due Diligence Comercial.")

Insights coletados dessas quatro áreas — dimensionar o mercado e o potencial de crescimento, entender a satisfação do produto e a capacidade de distribuição, avaliar o posicionamento competitivo e o cenário em evolução e testar a aderência do cliente e a dinâmica de troca — são todos dados de entrada sobre como você pode entrar no mercado de maneira diferente após a fusão, gerando uma base de fatos de 360 graus que permite considerar melhorias na estratégia de entrada no mercado da empresa-alvo e uma estratégia de integração inicial. Além disso, com essa base de fatos descoberta no mercado pela CDD, os adquirentes podem identificar oportunidades de aumento de receita a partir da combinação com os ativos da empresa-alvo.

O Papel da Análise de Dados na Due Diligence Comercial

A análise de dados pode oferecer benefícios para a CDD a partir das enormes quantidades de dados existentes no comportamento de compra do cliente, tendências de preço e volume, sentimento de mídia social, mapeamento geoespacial, entre outros. Ferramentas e abordagens de IA, como processamento de linguagem natural (PLN) e aprendizado de máquina, permitem insights e previsões melhores e mais rápidos de maneiras que não eram possíveis antes.

O uso inicial da análise de dados envolveu tentar obter uma resposta mais rapidamente. Ela, agora, está focada em gerar uma compreensão mais profunda do comportamento do cliente e dos impulsionadores de demanda que afetam as receitas atuais e futuras dos produtos, encontrando conexões e correlações estatísticas que, de outra forma, poderiam ter passado despercebidas.

Por exemplo, a análise de postagens de mídia social e produtos usando a PLN pode ajudar a articular o que os usuários estão dizendo publicamente. Isso pode ajudar a explicar o comportamento do cliente e os principais critérios de compra e seu impacto nas vendas anteriores de produtos ou serviços específicos, além de fornecer insights sobre o comportamento e a demanda futura de forma mais rápida e com uma visão mais ampla do que apenas com as pesquisas com clientes.

O aprendizado de máquina pode prever tendências vindouras de preço e volume de um determinado produto ou serviço com base na análise estatística de dados de cartão de crédito anônimos com fatores ou eventos externos simultâneos. A análise geoespacial pode ajudar a construir uma imagem localizada da penetração no mercado e das pressões competitivas, no varejo ou na assistência médica, por exemplo, usando concentração de

> clientes, localizações de fornecedores e dados socioeconômicos locais do *US Census Bureau**.
>
> Quando análises robustas nos permitem encontrar indicadores para o comportamento do cliente e posicionamento competitivo para desenvolver hipóteses comerciais informadas antecipadamente, os adquirentes podem usar pesquisas primárias mais direcionadas para testar as hipóteses que importam.

As sinergias de receita potenciais da fusão das duas empresas são, em última análise, o resultado de uma mudança nas estratégias de entrada no mercado. As sinergias de receita podem ser avaliadas a partir de várias fontes potenciais: vendas cruzadas, alavancando infraestruturas de vendas em todas as regiões, oferecendo aos clientes de ambos os lados novos pacotes integrados antes fora de alcance ou inovando em novos produtos ou serviços. Na fase de pré-acordo, salas limpas podem ser essenciais para compartilhar informações consideradas competitivas (mais sobre salas limpas no Capítulo 6). Cada fonte de sinergia terá custos associados e, portanto, a análise deve estar vinculada à ODD e ao custo a ser alcançado.

Os adquirentes devem considerar as respostas para as seguintes questões importantes: como a carteira de produtos da empresa-alvo complementa as ofertas atuais do adquirente? O adquirente ou empresa-alvo agora pode penetrar em segmentos de clientes ou áreas geográficas com os quais tenha encontrado dificuldade? Existem oportunidades inexploradas nos mercados principais e adjacentes de diferentes aplicações dos produtos existentes? Que problemas contínuos podemos resolver para os clientes por causa da combinação que aumentará a aderência? Como o adquirente pode atender melhor às necessidades mutáveis ou não atendidas dos clientes por meio de ofertas novas ou mais atraentes?

---

* [N do T.]: O *US Census Bureau*, ou *United States Census Bureau*, faz parte do Departamento de Comércio dos Estados Unidos. É uma agência governamental responsável por realizar pesquisas populacionais e econômicas no país. Foi desenvolvido em 1902, possuindo sede própria no estado de Maryland desde 1942.

A CDD revela uma imagem dinâmica da empresa-alvo, como é percebida pelos clientes, o tamanho dos mercados aproveitáveis e potencialmente endereçáveis, o posicionamento atual e oportunidades de crescimento e sinergias de receita. Em resumo, a CDD valida a estabilidade do negócio atual da empresa-alvo e seu potencial de crescimento com base no que é conhecido hoje e revela quais desafios ou oportunidades estão no horizonte.

Due Diligence Operacional: As Sinergias de Custos são Reais?

A ODD é uma inspeção holística geral das operações da empresa-alvo e a primeira camada de teste da transformação potencial — do estado atual para o estado futuro — necessária para obter valor da transação e ajudar a "pagar pelo negócio."

Por que se importar? Porque os adquirentes não compram apenas o fluxo de caixa, produtos ou serviços, presença no mercado e relacionamento com clientes da empresa-alvo; eles também adquirem o modelo operacional da empresa-alvo e insumos *upstream* e *downstream* para produção e distribuição que impulsionam a estrutura de custos. Eles também herdam todos os programas de redução de custos já planejados que a empresa-alvo diz ter implementado — sim, você pode simplesmente acreditar na palavra deles.

A ODD abrange os problemas de eficiência e escalabilidade do modelo operacional atual, captura de sinergia de custos (tamanho, tempo e complexidades de obtenção de sinergias de custos) e uma avaliação da eficácia dos programas operacionais em andamento da empresa-alvo. Isso inclui avaliar a eficiência atual das despesas de vendas, gerais e administrativas [em inglês, *Selling, General & Administrative Expense* — SG&A] da empresa-alvo, custo dos produtos vendidos [em inglês, *cost of goods sold* — COGS] e estratégia de operações. A ODD também pode descobrir problemas operacionais que podem ameaçar o caso de negócio e desafiar o valuation do negócio.

Mas aqui, vamos nos concentrar na captura de sinergias de custos. Os adquirentes normalmente confiam em premissas de alto nível, de cima para baixo, de benchmarks ou dos consultores, para identificar as sinergias de custo incorporadas às avaliações. Os banqueiros da empresa-alvo apresentarão regularmente "mágicos 10%" como uma meta de sinergia de custos de cima para baixo. Eles terão suporte limitado para a afirmação. É especialmente importante diferenciar se as potenciais reduções de custos são de sinergias como resultado do negócio ou das reivindicações da empresa-alvo de um processo contínuo de transformação de custos que ainda não foi realizado.

No entanto, esses mesmos adquirentes geralmente ficam surpresos quando assumem que as melhorias operacionais pós-acordo não são tão significativas quanto o planejado, ou demoram mais e são mais caras do que o esperado. Além disso, deixar de realizar as sinergias de custo esperadas pode facilmente causar atrasos na atenção aos clientes e programas de aumento de receita, abrindo as portas para ações da concorrência e inviabilizando as sinergias de receita.

A ODD também inclui áreas como RH e TI. Embora sejam importantes, porque o adquirente desejará entender completamente os custos e a complexidade de questões como a transformação relacionada à folha de pagamento e outras alterações nos sistemas de informação ou a harmonização dos planos de benefícios, não entraremos em detalhes aqui devido à complexidade técnica.

Elementos práticos de due diligence operacional

A ODD com foco em sinergias de custos envolve três grandes análises que permitem uma visão da estrutura de custos da empresa-alvo e oportunidades para a entidade incorporada:

1. Parâmetros de custo e número de funcionários e benchmarking das operações principais do adquirente e da empresa-alvo (e verdadeiros custos independentes para carve-outs regionais).
2. Plausibilidade dos programas de redução de custos contínuos declarados da empresa-alvo.
3. Análise de sinergia de baixo para cima, incluindo custos únicos, interdependências potenciais e *timing* das sinergias.

A ODD requer um alto grau de cooperação e interação entre o adquirente e a empresa-alvo. O acesso aos dados — os dados internos da empresa-alvo e do adquirente — está no centro da ODD. Os adquirentes geralmente assumem que obter acesso aos próprios dados internos será mais fácil do que realmente é, o que pode atrasar análises que exigem informações de ambas as empresas. Dados de aquisição, preços de produtos, custos funcionais detalhados e detalhamentos do número de funcionários e outros dados internos são normalmente necessários para construir as linhas de base funcionais centrais para realizar uma ODD completa e avaliar potenciais sinergias.

Ao mesmo tempo, como o rápido acesso aos dados da empresa-alvo é tão crítico antes do negócio, estabelecer um processo de solicitação de dados rápido, simples e rastreável ajudará o adquirente a evitar atrasos. A priorização dos dados solicitados permite que a administração da empresa-alvo concentre o tempo no fornecimento dos dados mais importantes primeiro. A equipe de diligence deve permanecer coordenada para evitar várias solicitações de dados para os mesmos dados da empresa-alvo.

Estabelecer uma linha de base e realizar análises de baixo para cima de sinergias de custo (e receita) geralmente envolve o acesso a informações confidenciais da empresa-alvo, como preços de fornecedores para possíveis economias de compras ou salários de funcionários, datas de contratação e políticas de rescisão para possíveis economias de mão de obra; ou informações sobre preços e clientes para potenciais iniciativas de vendas cruzadas no lado da receita. As equipes de gerenciamento podem gerenciar as preocupações de confidencialidade relacionadas a essas informações usando salas limpas e evitar possíveis problemas antitruste (mais sobre isso no Capítulo 6). Como a confidencialidade é essencial, a equipe de diligence do adquirente deve ser pequena, com o menor número possível de leads funcionais "sob a tenda" durante as negociações iniciais. Onde não for prático ter representantes de cada função, consultores externos podem ajudar a preencher as lacunas de conhecimento. De qualquer forma, trazer os líderes sob a tenda à medida que a diligence progride deve ser um ato coordenado para que conhecimentos ou contribuições sejam obtidos.

Adquirentes experientes buscam não apenas sinergias de custo da integração de negócios no estado atual durante a diligence, mas também oportunidades de transformação maiores que podem impactar o valor. "Transformar enquanto você transaciona" pode incluir operações de negócios não essenciais, alavancar a automação de processos robóticos [em inglês, *robotic process automation* — RPA], usar centros de excelência para transações de alto volume e baixo valor ou migrar para uma infraestrutura de TI digital baseada em nuvem.

De cima para baixo e de baixo para cima

Sem uma ODD de baixo para cima — que começa com a suposição de que não há sinergias zero e se acumula a partir daí — não fica claro onde ou como as sinergias podem ser entregues, qual é a taxa de execução e quais são os custos únicos para alcançá-las. Os adquirentes perderão a oportunidade de considerar os riscos de ajuste operacional com a empresa-alvo, juntamente com o *timing* e as complexidades de realizar sinergias, criando pontos cegos operacionais perdidos em uma visão de cima para baixo. Isto é especialmente verdadeiro ao comprar uma divisão. (Veja abaixo, "Due Diligence Operacional para Carve-Outs."). Sem entender os relacionamentos e contratos com fornecedores e a estrutura de custos (trabalhista e não trabalhista) do modelo operacional geral, os adquirentes empurram esse trabalho para as fases de integração depois que promessas aos acionistas foram feitas e sem testar hipóteses sobre o que o adquirente realmente fará com o negócio.

Não é que a ODD de cima para baixo seja inútil. Na verdade, é o ponto de partida. É importante desenvolver metas de sinergia com base na revisão de alto nível das DREs do adquirente e da empresa-alvo e ter uma visão clara do número de funcionários, por função, em ambos os lados. Ela também valida estimativas com base em dados de negócios do setor ou em experiências anteriores. Embora seja um ponto de partida útil, não é suficiente.

As equipes de diligence geralmente encobrem as reduções de custos que são percebidas como fáceis de alcançar — os mágicos 10% de cima para baixo. Mas essa supervisão pode ter enormes ramificações no valor realizado e na credibilidade da gestão se essas sinergias não ocorrerem ou forem atrasadas. Como resultado, atrasos inesperados e desnecessários na realização de sinergias — o chamado vazamento de valor — podem se tornar caros para os investidores e causar confusão para os funcionários que precisam entregá-los.

Por quê? A história é familiar. Após a assinatura, quando um adquirente precisa lançar rapidamente atividades críticas de integração em torno de posições geográficas, número de funcionários e alinhamento funcional, a equipe executiva percebe tardiamente que as reduções de custos projetadas não foram totalmente testadas e as decisões relacionadas não foram tomadas. O que muitas vezes acontece a seguir? As equipes de integração são forçadas a realizar diligences que deveriam ter ocorrido antes da assinatura. E a desaceleração da integração resultante causa confusão e angústia na força de trabalho. Surgem então perguntas sobre a credibilidade do verdadeiro valor do negócio ou, pior ainda, sobre a tese geral de investimento do negócio.

A ODD de captura de sinergia oferece algo mais. É uma abordagem de baixo para cima que coloca a equipe de gestão em campo desde o início para identificar onde reduções de custos específicas podem ser alcançadas ou onde pode haver potencial para dissinergias que precisarão ser compensadas em relação aos benefícios. Por exemplo, fechar uma sede corporativa pode gerar economias substanciais, mas exigirá a locação de algum espaço adicional e mais caro na sede remanescente. Essa diligence pode ajudar a fornecer — ou testar — informações importantes para avaliações e orientar o alinhamento inicial em torno do novo modelo operacional para os negócios combinados. Você pode chegar aos mesmos mágicos 10%, porém saberá por que e como as economias serão alcançadas e quanto custará entregá-las.

Muitas vezes, a diligence de sinergia de custos de baixo para cima com dados suficientes de ambas as empresas produzirá resultados diferentes da diligence de cima para baixo. Entender o que impulsiona a variação por função entre os dois métodos pode gerar insights importantes para ajudar a priorizar onde melhorar o desempenho, obter sinergias e criar um roteiro de integração inicial, por função, com identificação antecipada de interdependências.

Diligence de captura de sinergia pelos números

A diligence de captura de sinergia de baixo para cima envolve cinco etapas principais: criar linhas de base funcionais e de custo consistentes; segmentar e priorizar oportunidades de sinergia; quantificar benefícios, custos e proprietários específicos de cada oportunidade; desenvolver o novo modelo financeiro; e criar um roteiro de captura de sinergia por função com identificação inicial de sequenciamento e interdependências.

1. **Criar linhas de base funcionais e de custo consistentes.** A equipe de diligence do adquirente deve começar coletando dados da DRE de demonstrações financeiras recentes e do data room, para que ambas as empresas visualizem o bolo total e normalizem as demonstrações removendo custos únicos e não recorrentes. A equipe pode usar as informações para criar uma linha de base consistente que mapeie o número de funcionários e os pools de custos da DRE combinada para áreas funcionais específicas, como finanças, RH e marketing. É aqui que é vital entender quaisquer iniciativas de redução de custos da empresa-alvo para que possam ser avaliadas e removidas da linha de base prospectiva e identificar complexidades e interdependências criadas pelos programas em andamento da empresa-alvo (por exemplo, um esforço contínuo de migração de ERP para a nuvem).

2. **Segmentar e priorizar oportunidades de sinergia.** Os membros da equipe devem tecer hipóteses iniciais sobre sinergias que podem ser realizadas rapidamente, como racionalização do equivalente em tempo integral [em inglês, *full time equivalent* — FTE], seguro corporativo, custos de empresas públicas e taxas de auditoria e despesas gerais de gerenciamento. Também são importantes as hipóteses sobre sinergias que exigirão informações adicionais, como consolidação de TI e gestão de relacionamento com o cliente [em inglês, *customer relationship management* — CRM], eficiência da cadeia de suprimentos e logística e racionalização das instalações corporativas e do local de atendimento ao cliente.

3. **Quantificar oportunidades específicas de sinergia e custos a serem alcançados por área funcional.** Por meio de entrevistas detalhadas com executivos e líderes funcionais, o adquirente deve identificar redundâncias em todas as áreas de suporte funcional para obter sinergias. Isso ajuda a construir a nova organização desde o início, identificando as partes responsáveis que estão se inscrevendo no plano. Outras partes desta etapa estão determinando os custos para obter sinergias, como indenizações, rescisão de arrendamento e taxas de desativação de fornecedores

e outros custos de saída únicos, bem como quaisquer aumentos potenciais nos custos contínuos como resultado da fusão. Salas limpas serão necessárias para compartilhar informações confidenciais competitivamente. Os adquirentes também procurarão identificar pools de custos indiretos adicionais que podem ter sido perdidos nas premissas iniciais. (Claro, quanto mais dados a empresa-alvo revelar no data room, melhor.)

4. **Desenvolver o novo modelo financeiro e explicar as variações das premissas iniciais.** Desenvolver o novo modelo financeiro e explicar as variações das premissas iniciais — positivas e negativas — da análise inicial de cima para baixo.

5. **Crie um modelo corporativo de captura de sinergia e um roteiro de integração. Um modelo corporativo é uma visão inicial de como a nova organização deve operar para alcançar os resultados comerciais pretendidos pelo negócio. Desenvolver esse modelo é uma etapa crítica porque funciona como um roteiro — com marcos, dependências e possíveis gargalos** — orientando a organização posteriormente em seu planejamento pré-encerramento. Embora a visão de estado final da organização combinada provavelmente evolua à medida que novas informações são assimiladas durante a transação, um modelo corporativo inicial fornece um valioso quadro de referência para que a organização inteira possa focar nos resultados desejados.

Ao seguir essas etapas, os adquirentes devem ser capazes de superar meras premissas de redução de custos de cima para baixo, sejam elas fornecidas por banqueiros ou com base na experiência anterior do setor. Obriga a avaliação da plausibilidade dos programas de redução de custos da empresa-alvo para que as sinergias não sejam contabilizadas em dobro com as reduções já esperadas e que as interdependências com esses programas sejam consideradas. Esse processo também incentiva o envolvimento, a contribuição e o comprometimento pessoal relevantes desde o início. Ele testa o valuation de acordo com o tamanho, tempo e investimento necessários para atingir metas específicas de redução de custos e é projetado para gerar um modelo financeiro flexível para acomodar vários cenários e novas informações à medida que são reveladas.

Como as partes funcionais responsáveis são identificadas juntamente com iniciativas de sinergia específicas, a alta administração pode se concentrar muito mais cedo no novo modelo operacional de estado final, atendendo clientes e preservando e aumentando a receita — a força vital de qualquer aquisição.

Um processo robusto de ODD de sinergia de custos de baixo para cima não apenas posiciona o adquirente para dimensionar as oportunidades de sinergia de custos, contudo também permite que considere a relação e as tensões entre as sinergias de custo e receita, onde melhorar as margens por meio de reduções de custo pode reduzir muito para apoiar as expectativas de sinergias de receita. Isso também significa que os leads funcionais do adquirente serão investidos, já que eles expressaram os dados de entrada (mesmo que precisem ser estimulados). Eles também terão uma noção melhor do tempo e dos recursos que serão necessários e o que podem precisar para gerenciar na organização combinada. O objetivo é minimizar o vazamento de valor após a assinatura do negócio.

Uma ODD completa também ajudará você a iniciar o desenvolvimento de um roteiro de integração e evitar confusões posteriores ao embarcar na estruturação da estratégia de integração e assinar para fechar o planejamento e seu modelo operacional de avanço (discutimos isso nos capítulos 6 e 7). Por fim, a ODD é outra ótima oportunidade para obter insights que podem beneficiar as operações atuais do adquirente, mesmo que o acordo não seja fechado.

Due diligence operacional para carve-outs

Comprar uma divisão de um vendedor cria problemas ainda mais complexos de compreensão dos verdadeiros custos de execução da divisão, custos de separação e estruturas de suporte que virão ou não junto com o negócio: custos diretos, custos alocados e não alocados e a necessidade de acordos de serviços de transição [em inglês, *transition services agreements* — TSAs] que terão de ser negociados com o vendedor antes e depois da assinatura, enquanto o planejamento de integração para a divisão está progredindo do sinal ao fechamento. Consequentemente, as divisões adicionam outra camada de risco e complexidade à integração porque os adquirentes devem garantir a continuidade dos negócios da divisão enquanto ela estiver separada e entender a base de custo total antes que possam estimar oportunidades de melhoria por meio de sinergias.

Os adquirentes devem entender o que estão recebendo da controladora — por exemplo, equipe de front office voltada para o cliente (equipe de vendas e atendimento ao cliente) e suporte administrativo (TI, finanças, RH, jurídico). Você pode até dizer, por que me importo com tudo isso se vou integrar a divisão em meus sistemas de qualquer maneira? Bem, digamos que esteja comprando uma divisão com 30 mil funcionários — você tem capacidade suficiente para fornecer todo o suporte de RH necessário com seu sistema de informações de RH [em inglês, *HR information system* — HRIS] existente e seu atual talento executivo? Ou, se a divisão estiver em 17 locais globais e com 17 estruturas tributárias diferentes em 17 jurisdições com 17 moedas diferentes, você pode precisar de um planejamento e análise financeira [em inglês, *financial planning and analysis* — FP&A] e um sistema de tesouraria muito mais robustos do que tem hoje. Essas considerações serão importantes à medida que o adquirente considerar como integrará e operará o negócio.

Assim que os adquirentes souberem o que estão obtendo, precisarão determinar o custo total necessário para dar suporte à divisão como uma divisão independente — custos diretos, alocados e não alocados. *Custos diretos* são aqueles diretamente atribuídos e incorporados à divisão (por exemplo, finanças da divisão, TI, jurídico, parceiros de negócios de RH, manufatura, cadeia de suprimentos e logística, vendas e marketing) e capturados na DRE da divisão. Os *Custos alocados* que atingem a DRE da divisão são cobranças por serviços compartilhados fornecidos pela controladora, como FP&A corporativo, gestão de tesouraria, TI corporativa e legal, auditoria e compliance regulatória — mas o que está sendo alocado pode incluir custos não necessários para tocar o negócio ou, por outro lado, pode ser subestimado, resultando em um valuation mais alto do que o garantido. Os adquirentes precisam fazer sua própria avaliação. Os *Custos não alocados*, que normalmente estão relacionados ao suporte global à marca ou à sede corporativa, são custos de serviços que a divisão recebeu da controladora, mas que podem não ser cobrados. Os adquirentes precisarão entender essa imagem de custo total juntamente com o grau em que integrarão a divisão antes de poderem estimar as potenciais sinergias.

Os adquirentes também devem estimar os custos únicos necessários para separar a empresa-alvo da controladora, que incluirá a quebra de contratos existentes, como um sistema de planejamento de recursos empresariais [em inglês, *enterprise resource planning* — ERP] da Oracle com a controladora e a separação de dados da controladora ERP (clientes da divisão, funcionários, arquivos financeiros e regulatórios) que precisam ser separados lógica e fisicamente e, em seguida, movidos para o novo ambiente. Tudo isso além dos custos únicos de integração típicos — TI, rebranding, construção de instalações, sinalização e indenizações.

A complexidade e os riscos da transação serão impulsionados por quão enraizada a divisão proposta está dentro de sua controladora. Em geral, quanto maior o nível de integração e dependência das funções corporativas na controladora ou de outras unidades de negócios, mais complexa é a divisão. Descobrimos que quanto maior a dependência, maior o risco de se subestimar os custos e o tempo necessário para separar e integrar e alcançar a funcionalidade.

As dependências rígidas incluirão propriedade intelectual, sistemas de TI e ERP combinados, local de instalações e pools de talentos compartilhados, porém pode haver dependências mais suaves, como termos de compras principais com fornecedores, contratos de vendas por meio da controladora e vantagens fiscais ou receitas de regimes de preços de transferência com base nas estruturas de entidades jurídicas existentes. É aqui que os TSAs podem ser obrigados a manter a continuidade dos negócios para permitir a separação enquanto a divisão está sendo integrado ao adquirente. Os adquirentes precisarão determinar o custo e o tempo que esses TSAs necessitam, enquanto os vendedores que fornecem esses TSAs trabalham para encerrá-los rapidamente, porque não estão no negócio de fornecer serviços a outra empresa para administrar os negócios anteriores.

Uma vez que custos, complexidades e problemas de continuidade de negócios sejam abordados, os adquirentes podem avaliar como integrar os ativos que estão comprando e as oportunidades de melhoria e sinergias com os próprios negócios. Isso pode envolver a mudança da estratégia de entrada no mercado em mercados de subescala ou benefícios de escala por ser uma controladora muito maior do que a anterior em áreas como compras, sobreposição de instalações e componentes duplicados da cadeia de suprimentos (por exemplo, transporte, armazéns).

Também observamos um forte "conflito de agir" entre os líderes da divisão que está sendo vendida. Muitos desses indivíduos têm uma forte afinidade e apego à empresa controladora e se sentem em conflito com o papel futuro. Avaliações qualitativas, incluindo a de talentos, identidade cultural e compatibilidade com a organização adquirente, também precisam ser consideradas, pois talentos críticos podem estar em risco.

Conclusão

Quando a CDD, a ODD e a FDD se unem, elas podem gerar insights realmente melhores. Cada peça ajuda a formar uma imagem completa — mas apenas se você juntá-las. Os adquirentes podem usar o que aprendem durante a diligence como feedback para a tese e valuation de investimento original e para a estratégia de crescimento mais ampla. Esses processos de diligence também ajudarão no planejamento de pré-fechamento — informando a integração futura e o plano de captura de valor.

Veremos no capítulo 4 que a diligence mapeia perfeitamente o que chamaremos de "valor das operações atuais" e "valor de crescimento futuro", bem como as melhorias no desempenho necessárias para justificar o prêmio e o preço total do negócio.

CAPÍTULO 4

De Quanto Eu Preciso?

Valuation* e Sinergia

O valuation continua a ser uma pedra angular de qualquer discussão sobre F&A. Ninguém pretende pagar a mais por um negócio, mas as evidências continuam a desafiar os resultados das abordagens típicas de avaliação de empresas, especialmente o fluxo de caixa descontado (FCD). É claro que o FCD está enraizado na teoria e nas aplicações financeiras. Usado adequadamente, ele força a enumeração de crenças específicas sobre o futuro e o caso de negócios para um acordo.

Contudo o FCD pode ser usado de forma inadequada e levar a problemas previsíveis. Propomos uma verificação de sanidade para o que os adquirentes estão assumindo quando fazem uma oferta e o que estão prometendo entregar quando o negócio for fechado — qualquer que seja o valor atingido por eles. Uma vez que um adquirente fecha um negócio, eles fixam o preço da empresa-alvo. E o único preço que vai flutuar é o do adquirente, começando logo no

---

* [N. do T.]: Termo de origem inglesa que pode ser traduzido como "avaliação de empresas". É um processo que se utiliza de diversos indicadores, cálculos matemáticos e outros elementos mais subjetivos para se determinar o valor justo de um ativo ou empresa.

anúncio com base no custo da oferta. Os investidores são inteligentes e reagirão imediatamente com base no que é dito.

Vamos começar com um exemplo típico ao qual retornaremos mais adiante no capítulo.

Em um mega-acordo recente, o adquirente ofereceu um prêmio de US$10 bilhões e US$500 milhões em sinergias de custos antes dos impostos. Mas ele deixou de fornecer um cronograma para quando as sinergias seriam totalmente realizadas (ou mesmo quando começariam) ou um plano para realizá-las. Em um piscar de olhos — mais ou menos — os investidores multiplicaram o prêmio de US$10 bilhões pelo custo de capital de cerca de 8%. Esse cálculo simples revelou que o adquirente precisava incrementar as melhorias — além do que as duas empresas teriam alcançado por conta própria — que valeria o retorno do custo de capital sobre o prêmio de US$10 bilhões. A falta de um plano telegrafou que não havia como o adquirente conseguir tal feito. E o preço de suas ações imediatamente caiu em bilhões — a maior parte do prêmio — bem no Dia do Anúncio.[1]

Sabemos que você pode ter odiado as aulas de finanças, porém os investidores fazem esses cálculos em segundos sem estar a par das avaliações detalhadas. Como consequência, é imperativo que você saiba o que está prometendo, especialmente quando oferece um prêmio significativo.

O valuation deve ser o plano de negócios final que impulsiona a estratégia de integração. Em vez disso, muitas vezes é uma desordem confusa de suposições. Os adquirentes precisam de uma abordagem melhor e mais direta para entender os valores das operações atuais e o crescimento futuro já esperado para ambas as empresas e o desempenho periódico adicional exigido das sinergias para justificar o prêmio pago.

Neste capítulo apresentamos uma abordagem teoricamente correta e direta, baseada no conceito bem aceito de valor econômico adicionado [em inglês, *economic value added* — EVA], para primeiro examinar tanto o adquirente quanto a empresa-alvo como empresas independentes. E então entender a trajetória de desempenho já esperada pelos investidores. Em seguida, usamos o novo capital alocado na forma de pagamento do valor total de mercado das ações da empresa-alvo (enquanto assumimos a dívida) mais o prêmio de aquisição para mostrar as melhorias anuais prometidas pelo adquirente e como essa promessa se traduz em melhorias no lucro operacional líquido [em inglês, *net operating profit after tax* — NOPAT]. O pagamento de um prêmio cria as sinergias necessárias e o novo problema de desempenho de negócios que será impulsionado pela estratégia de integração e, tão importante, que preparará o cenário para comunicações mais sensatas com o conselho e os investidores.

Você provavelmente está dizendo: "Por favor, outro capítulo sobre como usar o FCD para avaliar adequadamente uma empresa não". Afinal, uma rápida pesquisa na Amazon mostra que existem mais de 75 livros sobre avaliação do FCD escritos nos últimos 30 anos. Qualquer um que tenha estudado em uma escola de negócios aprendeu orçamento de capital para julgar se uma corrente de fluxos de caixa fornecerá uma taxa de retorno exigida sobre os investimentos de capital necessários.

Praticamente todos podem dizer que a avaliação de uma empresa requer suposições sobre fluxos de caixa livres (FCLs) ao longo do tempo, taxas de crescimento, custo médio ponderado de capital (CMPC) e valor terminal (VT) — com taxas de crescimento em perpetuidade — para construir um modelo de avaliação FCD.

A abordagem aqui não é ensinar avaliação. Em vez disso, queremos usar o FCD como uma ferramenta familiar e popular para preparar o cenário para a imagem espelhada do FCD, por assim dizer: a abordagem EVA. Mostraremos como o uso da abordagem EVA é direto e uma maneira simples de esclarecer as melhorias de desempenho necessárias que um adquirente está prometendo ao comprar uma empresa com um prêmio. A abordagem é uma espécie de verificação de sanidade em que pegamos o resultado de um FCD, ou qualquer processo de valuation, e traduzimos esse preço em sinergias necessárias ou melhorias de desempenho além do que se esperava que cada empresa realizasse de forma independente. Em outras palavras, queremos uma maneira simples de entender a promessa implicitamente feita pela administração do adquirente aos próprios acionistas em sua disposição de pagar um prêmio aos acionistas da empresa-alvo.

Este capítulo é um tanto técnico — não de forma onerosa, mas ainda assim técnico. Porém, vale a pena. Trabalharemos cuidadosamente com a matemática, porque é necessário alcançar a estrutura conceitual correta para entender o que os investidores esperam em um determinado preço de transação e as ferramentas para comunicar melhor o plano de sinergia com esses investidores. Estamos resumindo muita sabedoria financeira aqui, porém esses conceitos e as ferramentas ajudarão a testar os valuations de um negócio. E, mais importante, a entender a promessa aos acionistas.

Fluxo de Caixa Descontado

O valuation do FCD é um dos pilares de F&A e do valuation em geral, porque possui várias vantagens importantes. O FCD força a consideração dos componentes que impulsionam os FCDs: receitas, custos operacionais, impostos em dinheiro e investimentos em capital de giro e imobilizados (refletidos no CAPEX) — investimentos que darão suporte ao crescimento projetado da fusão. O FCD é flexível. E pode facilmente acomodar mudanças de suposições à medida que um adquirente pensa em cenários do futuro. A metodologia também obriga a considerar o CMPC, ou a classe de risco dos ativos.

O valuation do FCD também é, implicitamente, um plano de negócios — uma história. É sua crença ano a ano no crescimento e margens alcançáveis para os negócios, juntamente com investimentos periódicos que serão necessários para facilitar a visão estratégica. Você precisa lembrar que todo o plano de fusão é baseado em promessas — promessas sobre o desempenho futuro para as partes interessadas, incluindo acionistas e funcionários. E se você não entende ou não pensou no plano de negócios que sustenta essas promessas, provavelmente será confrontado quando chegar a hora de explicar a lógica do negócio.

Avaliar uma empresa-alvo usando o FCD compreende essencialmente dois valuations: 1) o valor independente da empresa-alvo — o que significa avaliar o valor do(s) negócio(s) atual(is) mais o valor de crescimento do(s) negócio(s), *como qualquer investidor de valor faria*; e 2) a quantidade e o timing das sinergias previstas — ganhos operacionais acima das expectativas independentes — juntamente com os custos únicos e contínuos para alcançar essas sinergias. Assim, os adquirentes estão construindo dois planos de negócios: o caso base do valor independente da empresa-alvo e a sobreposição de todos os benefícios da sinergia líquida em cima, dado o investimento inicial do prêmio.

Quando os adquirentes negociam com as empresas-alvo, quaisquer mudanças para cima ou para baixo no preço significam implicitamente que as suposições sobre as entradas no modelo FCD devem estar mudando — um CMPC ligeiramente menor, um pouco mais de crescimento de receita no quinto ou sexto ano, ou um pouco menos de investimento em capital de giro para sustentar o crescimento, e assim por diante. Tudo bem, desde que essas mudanças nas suposições sejam plausíveis.

Abordagens "múltiplas" para avaliar negócios, como valor da firma (VF)/EBITDA ou VF/vendas, são frequentemente vistas como mais objetivas do que o FCD porque são baseadas no valor de mercado de comparáveis.[2] O FCD, em contraste, pode ser afetado pela subjetividade do tipo "a beleza está nos olhos de quem vê". Dito isso, qualquer valor baseado em um múltiplo médio com base no mercado implica um fluxo de caixa que teria que descontar de volta a esse número. É claro que essas abordagens estão sujeitas a seus próprios problemas, como usar o múltiplo errado.

Na prática, os banqueiros de investimento seguem um processo aparentemente rigoroso e triangulam o valor observando vários múltiplos VF de empresas públicas comparáveis ("compcos"), múltiplos para aquisições precedentes ou comparáveis ("compaqs") e o FCD. Então eles mostram um "campo de futebol" com uma série de suposições para cada abordagem e determinam a faixa de valores mais "apropriada" dada pelas três técnicas. (Veja a figura 4-1.)

FIGURA 4-1

Ilustração de campo de futebol

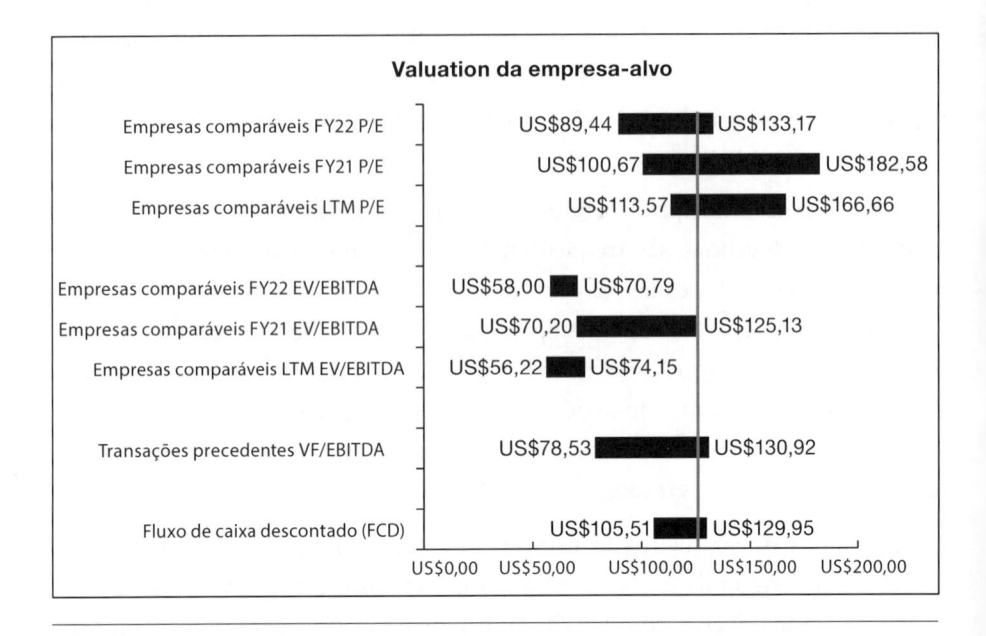

Valuation da empresa-alvo

Métrica	Mínimo	Máximo
Empresas comparáveis FY22 P/E	US$89,44	US$133,17
Empresas comparáveis FY21 P/E	US$100,67	US$182,58
Empresas comparáveis LTM P/E	US$113,57	US$166,66
Empresas comparáveis FY22 EV/EBITDA	US$58,00	US$70,79
Empresas comparáveis FY21 EV/EBITDA	US$70,20	US$125,13
Empresas comparáveis LTM EV/EBITDA	US$56,22	US$74,15
Transações precedentes VF/EBITDA	US$78,53	US$130,92
Fluxo de caixa descontado (FCD)	US$105,51	US$129,95

O negócio é o seguinte: os banqueiros do vendedor estão fazendo a mesma coisa — exceto que eles realmente não se importam muito com o valuation do FCD, embora também façam um. O vendedor, e especialmente o conselho, querem uma "opinião justa", que mostre que estão alcançando um preço apropriado ou "justo" para a empresa. Em última análise, eles vão querer um prêmio baseado em como as transações precedentes foram avaliadas recentemente e como empresas comparáveis, muitas vezes em suas máximas de 52 semanas, foram avaliadas. Claro, essa é a âncora das negociações, porque se venderem por menos, os diretores do vendedor serão processados por não conseguirem um preço "justo".

Graças em grande parte ao caso histórico de 1985 *Smith* vs. *Van Gorkom*, que sustenta que os executivos e diretores de uma empresa pública podem ser pessoalmente responsabilizados por não tomar uma decisão informada sobre o preço de venda apropriado de uma empresa, as opiniões de justiça para os vendedores são praticamente obrigatórias. Ao decidir contra Van Gorkom e os diretores da Trans Union, a Suprema Corte de Delaware concluiu que, embora os acionistas da Trans Union viessem a receber um prêmio de 50%, os diretores foram grosseiramente negligentes porque não se informaram adequadamente sobre o valor intrínseco da empresa. No que foi uma benção para os bancos de investimento, as opiniões externas independentes — e os múltiplos baseados no mercado de compcos e transações precedentes — agora determinam em grande parte o que um adquirente terá que pagar para fazer um negócio.[3]

Um Convite a Asneiras

Dada a evidência decepcionante de longo prazo do desempenho de grandes negócios, muitas vezes por meio de pagamentos excessivos, juntamente com a abordagem bem aceita do DFC para avaliar negócios, levanta a questão do que deu errado. Uma resposta plausível é que o DFC é a ferramenta perfeita para dar suporte a várias abordagens de valor do mercado. Em outras palavras, o DFC é um convite a asneiras e o modelo perfeito para que o rabo — ou seja, *o que você tem que pagar* — abane o cachorro.

Como? É porque a avaliação DFC é sedutoramente simples de usar e incrivelmente sensível a pequenas mudanças nas variáveis do modelo. Essas mudanças podem ser empurradas para um valor terminal inflado no final do período de previsão, especialmente para sinergias. Não apenas isso, mas para um CEO determinado a fazer um acordo, é bem fácil enterrar suposições otimistas sobre crescimento futuro de receita, sustentabilidade de margem ou requisitos de investimento — e misturar sinergias com expectativas de crescimento já existentes — que apenas os mais sofisticados analistas com profundo conhecimento dos negócios seriam capazes de ver onde elas estão enterradas. Também aprendemos que as sinergias empurradas para os anos subsequentes perdem sua urgência e são facilmente esquecidas.

Por exemplo, considere o seguinte fluxo de FCLs com uma taxa de crescimento de 5% (tabela 4-1). Para simplificar, usamos um modelo de cinco anos com uma VT baseada em uma "perpetuidade com crescimento" ou $VT_5 = FCL_6/(c-g)$, onde c é o custo de capital e g é a taxa de crescimento projetada [em inglês, *projected growth rate*] dos FCLs. Mostramos uma gama de custos de capital e spreads de c g que podem conduzir uma ampla gama de avaliações. A um custo de capital de 7%, por exemplo, apenas empurrar a taxa de crescimento perpétuo de 2% para 3% (ou um spread c g de 0,05 para 0,04) resulta em uma avaliação de US$2.861,3 milhões, acima dos US$2.383,6 milhões, para um aumento de 20%, que pode ser usado para justificar um prêmio mais alto.

TABELA 4-1

ANÁLISE DE SENSIBILIDADE DE VALUATION DE FCD

Fluxo de caixa livre total para a empresa (em milhões de US$)

2020A	2021	2022	2023	2024	2025	2026
100,0	105,0	110,3	115,8	121,6	127,6	134,0

Análise de Sensibilidade

		Valor da empresa-alvo			
spread c–g		0,02	0,03	0,04	0,05
Valor terminal		6.700	4.467	3.350	2.680
Custo do capital	9%	4.802,4	3.350,8	2.625,0	**2.189,5**
	8%	5.020,1	3.500,0	2.740,0	2.283,9
	7%	5.250,0	3.657,6	2.861,3	2.383,6
	6%	5.493,0	3.824,0	2.989,5	2.488,8
	5%	**5.750,0**	4.000,0	3.125,0	2.600,0

É claro que *é* difícil fazer previsões para daqui a cinco ou dez anos; as projeções, por natureza, são arriscadas, e é aí que estão as armadilhas. Os sinais de alerta mais comuns são quando um adquirente insere melhorias de margem operacional irreais ou subestima o CAPEX para suportar todo o magnífico novo crescimento de receita que resultará da estratégia de um acordo. Isso geralmente aparece no modelo como aumentos significativos no lucro antes de juros e impostos (EBIT) sem os investimentos necessários. O resultado: um valuation muito mais alto porque o FCL é superestimado para sempre em perpetuidade, enterrado em um valor terminal inflado. Assim é fácil para que as coisas desandem e o rabo abane o cachorro.

No contexto de F&A, os mercados já fizeram um valuation da empresa-alvo e da empresa. Assim, o problema geralmente decorre das suposições do adquirente em relação aos ganhos operacionais sobre as expectativas de crescimento já existentes — as sinergias. Seu banqueiro dirá o prêmio que será necessário para fazer o negócio e, portanto, mesmo os adquirentes mais preparados devem ser cautelosos ao inserir números em um modelo. No final do dia, o prêmio que você paga o inscreve para um futuro caso de negócios. Se você pagar — ou seja, investir — todo esse exuberante capital antecipadamente e não entregar nesse caso de negócios, terá decepcionado os acionistas e funcionários.

É exatamente por isso que o FCD pode ser um convite a asneiras — porque é tão fácil e sedutoramente simples enterrar suposições que geram oscilações selvagens em "valor" e sustentam praticamente qualquer preço necessário para agradar o vendedor e fechar o negócio. No mínimo, os adquirentes não devem misturar premissas de sinergia com o valor e as expectativas de crescimento do negócio independente da empresa-alvo — ou do adquirente. Isso é um convite real para uma asneira e o resultante pagamento em excesso previsível.

Agora, não estamos dizendo para não usar o FCD — longe disso. O FCD é amplamente aceito, teoricamente correto e rende o *máximo* que você deveria estar disposto a pagar por um ativo para gerar um retorno de custo de capital sobre esse investimento. Usado adequadamente, e com uma disciplina realista sobre as perspectivas da empresa-alvo sob propriedade, o FCD é uma maneira eficaz de avaliar ativos para que não pague demais por uma série de fluxos de caixa livres em um período de previsão específico. O FCD é, em sua essência, um plano de negócios que mostra quanto dinheiro está disponível para os investidores depois de fazer os investimentos necessários em capital de giro e ativos imobilizados para impulsionar os planos de crescimento.

Aqui está o cerne da questão: quando você está construindo um modelo de valuation de FCD, os números colocados no modelo são suposições, mas quando se compra a empresa, esses números se tornam promessas.

Existe outra maneira, uma imagem espelhada equivalente do FCD, caso prefira, de mostrar o que você realmente está prometendo ao pagar uma determinada quantia por uma aquisição — uma maneira simples de converter um valor dado por uma série descontada de fluxos de caixa livres a uma série equivalente de benefícios periódicos que superam o custo de capital a cada período. Queremos uma maneira de obter esse valor (ou mesmo um intervalo de valores) de um FCD, eliminar a confusão de todas as suposições e reformular esse valor em um fluxo de aumentos de desempenho anuais que sejam mensuráveis e rastreáveis e reflitam as promessas que um adquirente está fazendo ao realizar um negócio a um determinado preço.

O Que Você Está Prometendo?

Como Warren Buffett escreveu uma vez sobre fusões e aquisições: "Os investidores sempre podem comprar sapos pelo preço atual dos sapos. Se os investidores, em vez disso, financiarem princesas que desejam pagar o dobro pelo direito de beijar o sapo, é melhor que esses beijos tenham um pouco de dinamite de verdade." O ponto de vista é muito claro: como os investidores podem diversificar por conta própria, sem pagar um prêmio, as sinergias devem ser vistas como melhorias como resultado da fusão — "nem que seja pelo negócio". Pagar um prêmio só aumenta o nível de desempenho operacional (talvez Buffett tenha dito melhor). Isso vale tanto para aquisições de empresas privadas ou conquistar divisões quanto para empresas-alvo públicas, exceto que os adquirentes não terão um valuation de mercado público (eles terão que fazer isso sozinhos).[4]

Assim, os ganhos operacionais sobre as expectativas independentes — as sinergias — devem ser melhorias de desempenho em relação ao que já era esperado. Iluminar as expectativas de sinergia, além das expectativas já existentes, requer uma abordagem que separe o valor em seus componentes *conhecidos* e *esperados*. O resultado é uma visão prospectiva de quanto o sarrafo está sendo levantado. Essa abordagem deve ser capaz de dissecar o valor total de uma empresa no valor do negócio atual sem melhorias, as expectativas atuais de melhorias nos negócios independentes e as melhorias adicionais necessárias para justificar totalmente o preço e o prêmio que está prestes a pagar.

Embora o FCD acomode um plano de negócios, mesmo quando feito com disciplina — e nos negócios, com um pleno entendimento de como a integração da empresa-alvo trará benefícios — ele sofre uma importante deficiência, especialmente para negócios: a da principal entrada, os FCDs, não fornecer uma medida confiável do desempenho operacional econômico *periódico*. Isso porque, por definição, o FCD subtrai o custo total de um investimento no ano em que ocorre, em vez de distribuir o custo do investimento ao longo da vida do ativo que foi adquirido com um encargo de capital. Em outras palavras, FCD e FCLs especificamente não oferecem uma lente óbvia para expressar se os adquirentes estão criando valor econômico a cada período com o capital que estão comprometendo ou se comprometeram com um negócio.

Cálculo do Valor Econômico Adicionado

Receitas

− Despesas Operacionais

= Lucro Operacional (EBIT)

× (1 − taxa de imposto)

= NOPAT

−Encargo de Capital (Capital Investido x CMPC)

= EVA

Essa deficiência do FCL como medida de criação periódica de valor pode ser evitada usando o conceito de EVA. O EVA é calculado como NOPAT menos um encargo de capital igual ao capital investido para o período vezes o CMPC (veja o quadro acima, "Cálculo do Valor Econômico Adicionado"). Ao contrário do FCL, o EVA efetivamente capitaliza em vez de despender muito investimento corporativo e, em seguida, responsabiliza a administração por esse capital atribuindo o encargo de capital que acabamos de descrever. O EVA é baseado na ideia de lucro econômico onde o valor é criado quando uma empresa cobre, não apenas os custos operacionais, mas também o custo de capital — o retorno esperado pelos investidores.[5]

Felizmente, o EVA oferece uma lente diferente, mas equivalente para o FCL, porque o valor presente do custo de um novo investimento é o mesmo para o EVA e o FCL. O valor presente da despesa de depreciação e do encargo de capital para EVA é exatamente igual ao custo de investimento inicial para FCL. O valor presente do FCL futuro é igual ao valor presente do EVA futuro *mais* o capital inicial. (Precisamos adicionar de volta o capital inicial para recuperar o do EVA sobre o capital inicial — uma taxa que não afeta o FCL). A reformulação do valor de mercado com base na ideia de EVA como lucro econômico, ou o valor criado pelo capital investido, pode ser resumida do seguinte modo:

Valor de Mercado = Capital Investido + Valor Presente dos EVAs Futuros

O EVA é especialmente útil para medição e avaliação de desempenho porque nos permite dissecar o valor de mercado de uma empresa em seus componentes *conhecidos* e *esperados*. Podemos fazer isso dividindo o valor presente de todos os EVAs futuros em duas partes: 1) o valor presente da manutenção do EVA atual da empresa (valor de perpetuidade), que conhecemos; e 2) o valor presente das melhorias *esperadas* do EVA acima do EVA atual — que são mantidas.

Não se preocupe. Não estamos apresentando uma nova ideia maluca de avaliação. De fato, *ambas* as abordagens — FCD e EVA — foram desenvolvidas e se mostraram equivalentes no famoso artigo de 1961 do *Journal of Business* article "Dividend Policy, Growth, and the Valuation of Shares," ("Política de Dividendos, Crescimento e Valuation de Ações", em tradução livre), dos ganhadores do Prêmio Nobel Franco Modigliani e Merton Miller. Modigliani e Miller — carinhosamente conhecidos como M&M — eram gigantes em finanças acadêmicas, e suas famosas Equações 11 e 12 são muito estudadas por estudantes de finanças. A Equação 11 é o modelo FCD e a 12 é o que eles chamaram de "abordagem de oportunidades de investimento" [em inglês, *investment opportunities approach* — IOA], que lançou as bases para a abordagem EVA. Na verdade, a dupla M&M considerou essa abordagem a mais natural do ponto de vista de um investidor que considera uma aquisição, pois oferece uma visão de valor baseada no retorno de novos investimentos que excederiam o custo de capital. (Veja o apêndice B)[6]

A Equação 12 de M&M fornece uma expressão prática no contexto do EVA. Incorporar o capital inicial e ambos os componentes do EVA (NOPAT e o encargo de capital) na equação de IOA de M&M implica a seguinte equação fundamental de EVA, que abre o valor total de mercado em seus componentes conhecidos e esperados.[7] (Para detalhes adicionais sobre a equação de EVA, veja o apêndice C.)

$$\text{Valor de Mercado}_0 = \text{Cap}_0 + \frac{\text{EVA}_0}{c} + \frac{1+c}{c} \times \sum_{t=1}^{\infty} \frac{\Delta \text{EVA}_t}{(1+c)_t}$$

Onde Valor de Mercado$_0$ é o valor de mercado total de uma empresa hoje (patrimônio mais dívida); Cap$_0$ é o capital contábil inicial (ou ativos totais menos passivos circulantes não remunerados); c é o retorno do custo de capital exigido, ou o CMPC; EVA$_0$ é o EVA inicial (NOPAT$_0$ − Cap$_{-1}$ × c) ou NOPAT do ano anterior menos o encargo de capital do ano anterior; e ΔEVAt é a expectativa dos investidores, hoje, de *melhoria* no ano t. Observe que é exatamente onde começamos a discussão, exceto que abrimos o valor de mercado no que podemos medir atualmente e nas expectativas de melhorias no futuro.

A soma dos dois primeiros termos, capital inicial e o valor presente do EVA atual constante (EVA atual capitalizado, seu valor de perpetuidade), pode ser pensado como "valor atual das operações" [em inglês, *current operations value* — COV]. O restante da expressão, o terceiro termo, pode ser pensado como "valor de crescimento futuro" [em inglês, *future growth value* — FGV]. Expressamos o FGV como o valor presente capitalizado das *melhorias* anuais esperadas do EVA — melhorias que gerarão um retorno de custo de capital sobre o valor de crescimento que os investidores estão concedendo à empresa hoje. Capitalizamos o valor presente das melhorias esperadas porque assumimos que cada melhoria é mantida perpetuamente. Reescrevendo nossa expressão anterior de valor de mercado, agora temos:

Valor de Mercado = Capital Inicial Investido +
EVA Atual Capitalizado +

Valor Presente Capitalizado de Melhorias Futuras de EVA

Assim, o valor de mercado atual pode ser expresso como o desempenho que conhecemos hoje e as melhorias esperadas no futuro, ou

Valor de Mercado = Valor Presente das Operações + Valor de Crescimento Futuro

Como os investidores esperam um retorno de custo de capital sobre o valor total de mercado de uma empresa, eles esperam um retorno de custo de capital sobre o COV e um retorno de custo de capital sobre o FGV, porque estão comprando ambos. A mera manutenção do desempenho econômico atual, ou EVA atual, e não oferecer melhorias no EVA, fornecerá apenas o NOPAT suficiente para fornecer um retorno de custo de capital sobre o COV, mas nenhum retorno sobre o FGV. Conclusão: o FGV implica que os investidores esperam melhorias no EVA.

Por exemplo, digamos que você esteja comprando uma empresa com valor de mercado de US$2 bilhões com capital investido inicial de US$1 bilhão, um fluxo recorrente de NOPAT de US$120 milhões e um WACC de 10% e EVA atual de US$20 milhões. Para simplificar, supomos não haver nenhuma mudança no capital em relação ao ano anterior. Nós temos:

US$2bi = Cap_0 + EVA Atual Capitalizado$_0$ + Valor Presente Capitalizado de Melhorias Futuras de EVA

US$2bi = US$1bi + US$20mi/0,1 + US$800mi

US$2bi = US$1,2bi + US$800mi

Neste exemplo, o COV é de US$1,2 bilhão e o FGV é de US$800 milhões. Manter o EVA atual de US$20 milhões (US$120 milhões de encargo de capital de US$100 milhões) apenas fornecerá um NOPAT suficiente para gerar um retorno de custo de capital sobre o COV.[8] suficientes para justificar os US$800 milhões de FGV que está sendo atualmente premiada pelo mercado. Há muitas maneiras de alcançar esse valor.

Por exemplo, no extremo, se você pudesse entregar um aumento de desempenho de US$80 milhões de melhoria de EVA no ano atual, talvez por meio de um grande esforço de redução de custos, e manter isso para sempre, então você certamente poderia justificar o valor do crescimento além do valor das operações atuais hoje. Da nossa equação EVA acima, e usando uma notação simplificada, temos:

$$\text{Valor de Mercado}_0 = \text{Cap}_0 + \text{EVA0}/c + ((1 + c)/c) \times \sum \Delta \text{EVA}_t /(1 + c)^t$$

FGV é o terceiro termo da equação de valor de mercado:

$$\text{FGV} = ((1 + c)/c) \times \sum \Delta \text{EVA}_t /(1 + c)^t$$

Com uma melhoria única, a expressão de FGV seria reduzida para:

$$\text{FGV} = ((1 + c)/c)(\Delta \text{EVA}_1/(1 + c)) \text{ e } \Delta \text{EVA}_1 = c \times \text{FGV}$$

Assim, com o FGV de US$800 milhões e AMPC de 10%, o ΔEVA_1 necessário para a melhoria única será:

$\Delta \text{EVA}_1 = 0,1 \, (\text{US}\$800\text{mi}) = \text{US}\$80\text{mi}$ ou,

US$800mi = 11 (US$80mi/1,1) ou um pico de US$80mi de ΔEVA que é mantido.

Essa mudança única representaria um enorme aumento no desempenho, o que provavelmente não é realista em um ano. Embora fosse uma conquista extraordinária, se não se esperasse que o EVA crescesse a partir daí, você teria efetivamente convertido o FGV em COV (torna-se o EVA atual do próximo período), tornado-se uma empresa sem crescimento, de uma perspectiva de valor. É claro que, se esse nível de aumento de desempenho fosse um sinal de um futuro brilhante, os investidores certamente aumentariam o preço de suas ações, premiando-o com um valor de crescimento significativo.

Agora, vamos pegar a porção do FGV acima e assumir que, em vez de um aumento único no EVA, você poderia obter um fluxo de incrementos anuais *iguais* no EVA, em perpetuidade, que quando capitalizado é equivalente ao pico único. Aqui, vamos assumir que o FGV permanece constante. Usando nossa expressão para FGV:

$$FGV = ((1 + c)/c) \times \sum \Delta EVA_t /(1 + c)^t$$

Com incrementos anuais iguais de EVA em perpetuidade, a expressão de FGV se reduz a:

$$FGV = ((1 + c)/c \, (\Delta EVA/c) \text{ e } \Delta EVA = (c \times FGV)/((1 + c)/c)$$

Usando FGV de US$ 800 milhões e CMPC de 10% do exemplo, o ΔEVA anual perpétuo necessário será:

$\Delta EVA = 0,1 \, (US\$800mi)/(1,1/0,1) = US\$7,27mi$ ou,

$US\$800mi = 11 \, (US\$7,27mi/0,1)$ ou $US\$7,27mi$ de melhorias anuais do EVA na perpetuidade.

Assim, melhorias anuais iguais de EVA de US$7,27 milhões em perpetuidade equivaleriam a um retorno de CMPC de 10% sobre US$800 milhões em FGV.[9] Se as expectativas de crescimento permanecessem as mesmas, teríamos FGV constante de US$800 milhões e o COV aumentaria a cada período assim como o valor de mercado. A grande vantagem é que, quando os investidores esperam um crescimento valioso, estão dispostos a pagar pela FGV. No entanto, se você não entregar ou não puder manter essas expectativas, o preço das ações sofrerá de acordo.

O Que Acontece Quando Você Paga um Prêmio?

O que acontece quando você se oferece para pagar um prêmio pela empresa-alvo? Digamos que um prêmio de 40%, ou US$800 milhões para nossa empresa de US$2 bilhões. O que é que você fez? Adicionou, imediatamente, US$800 milhões, diretamente ao FGV da empresa-alvo, que já era de US$800 milhões, para um novo total geral de US$1,6 bilhão em FGV.

Começamos com US$2 bilhões = US$1,2 bilhão + US$800 milhões. Mas, com a oferta de 40% de prêmio, agora temos:

$$US\$2,8bi = US\$1,2bi + US\$800mi + US\$800mi$$

A empresa-alvo ainda tem US$1,2 bilhão de COV, porém *você dobrou o FGV*. Está começando a compreender?

É isso que você está armando para os investidores quando paga um prêmio. Pagar um prêmio estabelece um novo problema de desempenho de negócios que nunca existiu e ninguém esperava. No exemplo acima, você está basicamente dobrando as melhorias necessárias no desempenho para obter um retorno de custo de capital sobre o FGV do investimento total. Neste exemplo simples, para qualquer uma das abordagens de ΔEVA acima, o ΔEVA necessário dobrará.

Depois de adquirir a empresa-alvo com o prêmio de US$800 milhões, você fixou o preço da empresa-alvo. O valor da empresa-alvo não vai mais flutuar em valor. O único preço da ação que vai oscilar é o seu — com base no retorno esperado que pode gerar com todo esse novo capital faustoso. Você precisará de um retorno adicional de custo de capital, apenas para atingir um nível de equilíbrio. Deixar de demonstrar um caminho para fazer isso provavelmente levará os acionistas — e outras partes interessadas — a questionar e talvez duvidar da lógica do negócio e do preço da oferta, logo desde o anúncio. Alcançar apenas melhorias independentes, um retorno de custo de capital sobre a FGV atual, mas não obter sinergias suficientes em cima disso, é uma receita para problemas.

Como a oferta de um prêmio é uma surpresa para os investidores (e outra agradável para os vendedores), melhorias anuais iguais ao longo do tempo na perpetuidade provavelmente não serão muito satisfatórias e testarão a paciência. Mesmo se tiver um longo histórico, um prêmio significativo por desempenho não esperado antes ainda é um choque. E, apenas dizer aos investidores que você dobrará o que eles esperavam antes, não funcionará. A boa notícia: a equação EVA lida com isso com facilidade.

Vamos nos concentrar no prêmio de US$800 milhões e considerar um aumento de ΔEVA das sinergias necessárias. Da expressão FGV:

$$FGV = ((1 + c)/c) \times \sum \Delta EVA_t /(1 + c)^t$$

Assim, um aumento de três anos a partir do ano 1 significaria:

$$FGV = ((1 + c)/c) [(\Delta EVA1/(1 + c)) + (\Delta EVA_2/(1 + c)^2)$$
$$+ (\Delta EVA_3/(1 + c)^3)]$$

Onde uma solução neste caso com um aumento de três anos seria:

$$US\$800mi = 11 [(US\$20mi/1,1) + (US\$30mi/1,21) +$$
$$(US\$39,6mi/1,33)]$$

Em outras palavras, um aumento de US$20 milhões no primeiro ano, um aumento adicional de US$30 milhões no segundo ano e um aumento adicional de US$39,6 milhões em relação ao terceiro ano — portanto, temos uma taxa de execução de melhorias de EVA em relação ao EVA atual de aproximadamente US$90 milhões por ano até o final do ano três que é mantido. Há muitas combinações que você pode oferecer, mas quanto mais cedo melhor.

Você pode reconhecer isso como o familiar aumento de sinergia normalmente observado em comunicações de negócios bem-sucedidas. Imagine o que acontece quando você não oferece um plano agressivo para gerar sinergias. Um aumento mostra efetivamente um caminho para justificar ou "pagar" o prêmio. Assim que a taxa de execução total for alcançada após o ano três, você terá convertido esse FGV do prêmio em COV. Presumivelmente, os investidores tomarão essa confiança como um sinal de que haverá um crescimento lucrativo contínuo como resultado dos muitos benefícios estratégicos de longo prazo do negócio e estarão dispostos a pagar por valor de crescimento adicional — ou seja, que as "sinergias" continuarão a crescer.

Se assumirmos que sua empresa (ou outro adquirente) tem um ΔEVA independente exigido em perpetuidade de US$10 milhões, obtemos o cronograma mostrado na tabela 4-2, que ilustra as melhorias de EVA necessárias para as empresas independentes juntamente com um aumento do ΔEVA três anos necessário para justificar o prêmio de US$800 milhões, para os próximos cinco anos (e além).

TABELA 4-2

MELHORIAS NECESSÁRIAS NO EVA COM UM PRÊMIO DE US$800 MILHÕES (EM MILHÕES DE US$)

	Ano 1	Ano 2	Ano 3	Ano 4	Ano 5
Adquirente independente	10	20	30	40	50
Empresa-alvo independente	7,27	14,54	21,81	29,08	36,35
Total independente	17,27	34,54	51,81	69,08	86,35
Adicionar para prêmio	20	50	90	90	90

O aumento no FGV e o aumento implícito no ΔEVA neste exemplo se traduz em enormes aumentos percentuais no desempenho exigido. Se os investidores acreditarem que tais ganhos não são possíveis, o preço da ação cairá no Dia do Anúncio para se ajustar ao valor de crescimento adequado. Por outro lado, se você projetar uma história com confiança com números que eles podem seguir, e o negócio for realmente estratégico, você provavelmente será recompensado com valor de crescimento adicional e um preço de ação mais alto, como é o caso de aquisições bem-sucedidas. (Abordamos as comunicações aos acionistas no capítulo 5.)

Até agora, desenvolvemos algo importante e útil: um método rápido e válido de pegar o prêmio "justificado" pelo FCD ou qualquer outra técnica de avaliação e traduzi-lo em um aumento razoável de sinergias — ΔEVAs — que oferecerá um custo de retorno do capital sobre o prêmio. É uma verificação de sanidade em que você entende o que está prometendo com base em sua avaliação.

Nesse sentido, vamos revisitar o que ΔEVA significa no contexto de sinergias para tornar isso tangível. Como ΔEVA deve ser Δ(NOPAT Cap × c) ou (ΔNOPAT ΔCap × c), se assumirmos, por simplicidade, que não há aumentos significativos no capital investido após a transação, então isso se reduz a mudanças no NOPAT — o que poderia ser comparados com as premissas do NOPAT na avaliação original do FCD. Dito isso, quaisquer investimentos de capital adicionais e quaisquer acréscimos ao prêmio, como custo único para obter sinergias, exigirão melhorias proporcionais no NOPAT.

Agora, suponha que você diga aos investidores que pode haver um atraso na obtenção de um retorno de custo de capital sobre o novo valor de crescimento — o prêmio — que acabou de criar ao dar aos acionistas da empresa-alvo seu lucro inesperado. Como os investidores podem responder?

Atraso: O Que os Investidores Ouvem?

Você se lembra do Capítulo Um, quando queria comprar aquele apartamento em Nova York? Bem, você segue adiante com o negócio, mas precisa de uma hipoteca para pagar o valor total que inclui o prêmio de 50% (US$500.000) que você está pagando sobre o valor de mercado. Então, você concorda em pagar US$300.000 como adiantamento e se aproxima do banco local e analisa a papelada necessária para garantir o empréstimo de US$1,2 milhão. Você se sente ambicioso e faz uma hipoteca de 10 anos com uma taxa de juros de 5% sobre o empréstimo. Para que o banco ganhe os 5% durante a vida do empréstimo, você precisará pagar US$12.728 por mês durante 10 anos. Agora, imagine que está no fechamento e há muitas pessoas novas ao redor da mesa — os vendedores, os advogados, os corretores de ambos os lados e, claro, o banqueiro.

Agora, pouco antes de assinar na linha pontilhada, você se inclina para o banqueiro e diz: "Hum, posso não fazer alguns pagamentos", pouco antes de assinar o contrato de empréstimo.

"O quê?", pergunta o banqueiro.

"Sim.", você diz em resposta. "E não só isso. Não sei exatamente quando vou começar a pagar. A única coisa que sei com certeza é que não vou fazer um bom número de pagamentos."

"Caramba.", murmura o banqueiro. "Quantos pagamentos você acha que pode vir a não fazer?"

E você responde: "Pode ser 24 ou até 36 parcelas". Mas acrescenta enfaticamente: "Confie em mim, eu sou bom nisso."

É assim que pagar um prêmio soa para os investidores, quando diz a eles que vai pagar mais do que qualquer outra pessoa no mundo está disposta a pagar por uma empresa e você não vai obter um retorno sobre todo esse novo capital — as sinergias — até algum momento vago no futuro. Você está fazendo uma hipoteca para os acionistas de que eles não precisavam para comprar ações da empresa-alvo por conta própria e eles esperam que você obtenha um retorno sobre todo esse novo capital. Você pode esperar que os investidores fiquem desconfiados se não puder comunicar um plano sensato ou se sinalizar que não tem nenhum. Essa é a receita para uma típica reação negativa do mercado. Oferecer um prêmio significa que você precisará mostrar melhorias significativas desde o início. Ou seu valor de mercado diminuirá para refletir o FGV apropriado.

Juntando Tudo: a Homeland Technologies Faz uma Oferta para a Affurr Industries

Chas Ferguson — o CEO da Homeland Technologies, que apresentamos no Capítulo Dois — prosseguiu com a busca por negócios potenciais que pudessem aumentar rapidamente o tamanho da Homeland e criar valor para os acionistas no processo. Seus banqueiros trouxeram vários negócios. E ele se concentrou na Affurr Industries, para as quais realizou FDD, CDD e ODD. E a Affurr Industries parecia uma opção perfeita — com um prêmio de 40%.

Quando você compra outra empresa, não paga apenas um prêmio, mas também contabiliza imediatamente o capital investido da empresa-alvo no valor total de mercado. E temos que contabilizar isso. Em outras palavras, quando compra uma empresa com prêmio, você precisa gerar um retorno de custo de capital sobre o COV e o FGV da empresa-alvo (porque você registrou o capital no balanço patrimonial combinado ao pagar a totalidade do valor de mercado das ações da empresa-alvo e assumir a dívida) mais um retorno de custo de capital sobre o prêmio.

Para isso, podemos olhar tanto para o adquirente quanto para a empresa-alvo como empresas independentes e, em seguida, juntá-los como uma nova empresa, com uma nova quantidade de capital investido, um novo CMPC para a empresa combinada e novos COV e FGV. Podemos então mostrar as melhorias de EVA necessárias para cada pré-aquisição de empresa e como essas melhorias de EVA necessárias mudam como resultado do negócio. Para simplificar, assumimos que o novo CMPC é uma média ponderada, baseada em valores de mercado, dos CMPCs pré-acordo de ambas as empresas.[10]

Primeiro, tanto para o adquirente quanto para a empresa-alvo, comece com o valor total de mercado (valor de mercado de ações mais dívida). Em seguida, determine o capital investido inicial (ativos totais menos passivos circulantes não remunerados [em inglês, *non-interest-bearing current liabilities* — NIBCLs] para cada empresa. Em seguida, calcule o EVA atual (NOPAT do ano anterior (capital inicial do ano anterior × CMPC)) e capitalize o EVA atual no respectivo CMPC. De acordo com a equação de EVA, somar o capital inicial mais o EVA atual capitalizado produz COV. Finalmente, o valor de mercado menos o COV nos dá FGV — o valor presente capitalizado de melhorias futuras do EVA.[11]

Vamos examinar a Homeland e a Affurr Industries como duas empresas independentes. E fazer isso passo a passo, começando com a ficha técnica na tabela 4-3 (valores em milhões de US$).

TABELA 4-3

FICHA TÉCNICA HOMELAND TECHNOLOGIES E AFFURR INDUSTRIES (EM MILHÕES DE US$)

Métrica	Homeland Technologies	Affurr Industries
Valor de mercado de ações	3.500	2.000
+ Débito	1.500	0

= Valor total de mercado	5.000	2.000
Total de ativos	2.100	1.050
NIBCLS	100	50
= Capital inicial	2.000	1.000
Capital inicial do ano anterior	2.000	1.000
NOPAT inicial	390	120
CMPC	10%	10%
Prêmio		800

Vamos analisar cada empresa separadamente para que possamos determinar o que os investidores esperam de cada empresa isoladamente. A Tabela 4-4 se refere à Homeland Technologies, onde EVA Atual = Custo de Capital do NOPAT, ou 390 (2.000 × 0,1) = US$190mi. Temos FGV de US$1.100mi. Então o ΔEVA perpétuo = (1.100 × c)/((1 + c)/c), ou 1.100(0,1)/11 = ΔUS$10mi a cada ano.

TABELA 4-4

COV E FGV DA HOMELAND TECHNOLOGIES (EM MILHÕES DE US$)

	Homeland Technologies	COV	FGV
Valor de mercado	5.000		
Capital	2.000		
EVA atual capitalizado (190/0,1)	1.900	3.900	
PV capitalizado das melhorias de EVA esperadas	1.100		

A Tabela 4-5 se refere à Affurr Industries, onde EVA Atual = Custo de Capital do NOPAT, ou 120 (1.000 × 0,1) = US$20mi. Temos FGV de US$800mi. Então o

ΔEVA perpétuo = (800 × c)/ ((1 + c)/c), ou 800(0,1)/11 = ΔUS$7,27mi, assim como mostramos anteriormente.

TABELA 4-5

COV E FGV DA AFFURR INDUSTRIES (EM MILHÕES DE US$)

	Affurr Industries	COV	FGV
Valor de mercado	2.000		
Capital	1.000		
EVA atual capitalizado (20/0,1)	200	1.200	
PV capitalizado das melhorias de EVA esperadas			800

Agora, o que todos esperavam: juntar as duas empresas em seis etapas fáceis:

1. **Calcule o valor total de mercado da entidade combinada:** Valor de Mercado Pré-Anúncio do Comprador + Valor de Mercado Pré-Anúncio da Empresa-Alvo + Prêmio

2. **Capital da entidade combinada:** Capital Inicial do Adquirente + Valor de Mercado da Empresa-Alvo + Prêmio

3. **Calcular novo EVA capitalizado:** [NOPAT Combinado do Ano Anterior − ((Capital Investido no Início do Ano Anterior do Adquirente + Valor de Mercado da Empresa-Alvo + Prêmio) × Novo CMPC)] / Novo CMPC

4. **Calcular o novo COV:** Capital da Entidade Combinada + Novo EVA Atual Capitalizado

5. **Calcular o novo FGV:** Valor de Mercado da Entidade Combinada − Novo COV

6. **Calcular a melhoria de EVA necessária:** (Novo FGV × Novo CMPC) / ((1 + Novo CMPC) / Novo CMPC)

O passo 3 é importante. Estamos reapresentando o EVA atual como se o adquirente tivesse todo o novo capital — o investimento total na empresa-alvo e a dívida da empresa-alvo — em seu balanço antes do anúncio do negócio (ou seja, o ano base pró-forma). É por isso que adicionamos o capital inicial do ano anterior do adquirente mais o valor de mercado total da empresa-alvo mais o prêmio para calcular o custo de capital para o EVA atual — efetivamente o novo ponto de partida que usamos para reapresentar a FGV e as melhorias necessárias no futuro. O método permite uma comparação fácil das expectativas de ΔEVA independentes antes do negócio com as mudanças necessárias combinadas como resultado do negócio.[12]

A Tabela 4-6 reúne as duas empresas sem o prêmio.

TABELA 4-6

COV E FGV DA HOMELAND TECHNOLOGIES/AFFURR INDUSTRIES (EM MILHÕES DE US$)

	Homeland Technologies/ Affurr Industries	COV	FGV
Valor de mercado	7.000		
Capital	4.000		
EVA atual capitalizado (110/0,1)	1.100	5.100	
PV capitalizado das melhorias de EVA esperadas 1.900			1.900

Vamos percorrer os cálculos:

1. Novo Valor de Mercado = 5.000 + 2.000 = 7.000
2. Novo Capital = 2.000 + 2.000 (porque você registrou o capital da empresa-alvo em valor de mercado)
3a. Novo NOPAT = 390 + 120 = 510
3b. Novo Custo de Capital = (2.000 + 2.000) × 0,1 = 400

3c. Novo EVA Atual = NOPAT − Custo de Capital
= 510 − 400 = 110

3d. Novo EVA Atual Capitalizado = 110/0,1 = 1.100

4. Novo COV = 4.000 + 1.100 = 5.100

5. Novo FGV = 7.000 − 5.100 = 1.900 (Valor de Mercado − COV)

6. Novo ΔEVA = 1.900 (0,1)/11 = ΔUS$17,27mi a cada ano em perpetuidade

Você notará algumas coisas que ilustram a mecânica: agora temos um EVA atual capitalizado mais baixo, porém temos mais capital investido porque a Homeland comprou a empresa-alvo pelo seu valor de mercado; o novo COV é apenas a soma dos COVs independentes. Assim, a nova FGV também é a soma das FGVs independentes. E as melhorias totais de EVA necessárias permanecem as mesmas.[13]

A Tabela 4-7 adiciona o prêmio de 40% de US$800 milhões. E *voilà*!

TABELA 4-7

COV E FGV DA HOMELAND TECHNOLOGIES/AFFURR INDUSTRIES COM UMA PRÊMIO DE US$800MI (EM MILHÕES DE US$)

	Homeland Technologies/ Affurr Industries	COV	FGV
Valor de mercado	7.800		
Capital	4.800		
EVA atual capitalizado (30/0,1)	300	5.100	
PV capitalizado das melhorias de EVA esperadas			2.700

Vamos, mais uma vez, percorrer os cálculos:

1. Novo Valor de Mercado = 5.000 + 2.800 = 7.800 (adicionando o prêmio)
2. Novo Capital = 2.000 + 2.800 (porque você registrou o capital da empresa-alvo ao valor de mercado mais o prêmio)
3a. Novo NOPAT = 390 + 120 = 510
3b. Novo Custo de Capital = (2.000 + 2.800) × 0,1 = 480
3c. Novo EVA Atual = NOPAT − Custo de Capital = 510 − 480 = 30
3d. Novo EVA Atual Capitalizado = 30/0,1 = 300
4. Novo COV = 4.800 + 300 = 5.100
5. Novo FGV = 7.800 − 5.100 = 2.700
6. Novo ΔEVA = 2.700 (0,1)/11 = ΔUS$24,54mi a cada ano em perpetuidade[14]

O novo COV combinado da Homeland ainda é o mesmo. E a FGV aumentou o valor do prêmio. Como antes, temos um EVA atual capitalizado mais baixo, porém, temos mais capital. E o prêmio é simplesmente um acréscimo direto ao FGV combinado.

O novo ΔEVA de US$24,54mi aumenta pelo valor do prêmio $800M vezes o retorno do custo de capital exigido sobre o prêmio (ou US$800mi (0,1)) dividido por ((1 + c)/c) (ou 11)), o que gera um aumento anual perpétuo de US$7,27 milhões em relação às expectativas independentes de ambas as empresas.

Aqui está algo importante: embora este seja um exemplo simplificado, tomando o prêmio em dólar vezes c/((1 + c)/c), onde c é o CMPC, nos dá um cálculo rápido do ΔEVA necessário com melhorias anuais iguais na perpetuidade. É claro que podemos converter isso em um aumento que será mais satisfatório para os investidores, como mostramos no cronograma anterior (consulte a tabela 4-2). *E os investidores também podem fazer isso em segundos.*

Algumas notas importantes: como discutimos anteriormente, estes são aumentos esperados no EVA (NOPAT menos o custo de capital). Logo, se não houver grandes adições ao capital, então estamos falando de mudanças no NOPAT. Como o NOPAT é, por definição, após impostos, precisaríamos calcular esse número para o número de sinergia antes dos impostos (dada uma alíquota efetiva), que é uma melhoria no EBIT que normalmente oferecemos no anúncio. As mudanças do NOPAT podem assumir a forma de crescimento mais rápido ou melhor lucratividade. E poderíamos facilmente desenvolver uma tabela de diferentes melhorias de crescimento ou lucratividade que produziriam o resultado desejado. Finalmente, como o FCD e o EVA são equivalentes, podemos comparar as mudanças de EBIT ou NOPAT da abordagem com as mudanças de NOPAT no FCD.

Revisitando Nosso Mega-Acordo: a Future Industries Faz uma Oferta pela Cabbãge Corp

Agora vamos trabalhar com o exemplo de mega-acordo que apresentamos no início do capítulo. Podemos agora divulgar que a Future Industries, um personagem de tecnologia de grande porte, e em rápido crescimento, fez uma oferta à Cabbãge Corp, uma grande empresa que tem desenvolvido aplicações inovadoras na interseção de tecnologia e assistência médica. A Tabela 4-8 mostra a ficha técnica.

TABELA 4-8

FICHA TÉCNICA FUTURE INDUSTRIES E CABBÃGE CORP FACT SHEET (EM MILHÕES DE US$)

Métrica	Future Industries	Cabbãge Corp
Valor de mercado de ações	38.902,28	34.565,80
+ Débito	2.022,13	11.233,44
= Valor de mercado total	40.924,41	45.799,24
Total de ativos	42.425,41	44.471,97

NIBCLS	8.827,05	13.781,15
= Capital inicial	33.598,36	30.690,82
Capital inicial do ano anterior	32.009,84	29.888,60
NOPAT inicial	1.889,34	3.151,33
CMPC	8,00%	7,60%
Prêmio		10.000,00

De maneira consistente com a abordagem para Homeland e Affurr, vamos analisar cada empresa separadamente para que possamos entender as expectativas dos investidores para cada empresa como empresas independentes.[15] (Consulte a tabela 4-9 para Future Industries e a tabela 4-10 para Cabbãge Corp.)

TABELA 4-9

COV E FGV E ΔEVA PERPÉTUO DA FUTURE INDUSTRIES (EM MILHÕES DE US$)

	Future Industries	COV	FGV
Valor de mercado	40.924,41		
Capital	33.598,36		
EVA atual capitalizado (-671,45/0,08)	(8.393,13)	25.205,23	
PV capitalizado das melhorias de EVA esperadas			15.719,18
ΔEVA perpétuo para justificar o FGV			93,15

TABELA 4-10

COV E FGV DA CABBÃGE CORP (EM MILHÕES DE US$)

	Cabbãge Corp	COV	FGV
Valor de mercado	45.799,24		
Capital	30.690,82		
EVA atual capitalizado (879.80/.076)	11.576,32	42.267,14	
PV capitalizado das melhorias de EVA esperadas			3.532,10
ΔEVA perpétuo para justificar o FGV			18,96

Agora, seguimos o método e combinamos as duas empresas para formar a nova Future Industries, juntamente com o prêmio de US$10 bilhões que a Future está oferecendo para a Cabbãge Corp. Também calculamos o novo CMPC com base nos valores de mercado de ambas as empresas mais o prêmio, que é de 7,77%.[16] A Tabela 4-11 mostra as melhorias de COV, FGV e EVA anual perpétuo necessários para justificar o FGV da nova combinação da Future Industries e Cabbãge Corp.

TABELA 4-11

COV E FGV DA FUTURE INDUSTRIES/CABBÃGE CORP (EM MILHÕES DE US$)

	Future Industries/ Cabbãge Corp	COV	FGV
Valor de mercado	96.723,65		
Capital	89.397,60		
EVA atual capitalizado (-1.782,10/0,0777)	22.935,65	66.461,95	

PV capitalizado das melhorias de EVA esperadas	30.261,70
ΔEVA perpétuo para justificar o FGV	169,53

Vamos, novamente, percorrer as 6 etapas de cálculos:

1. Novo Valor de Mercado = 40.924,41 + 45.799,24 + 10.000 = 96.723,65 (adicionando o prêmio)

2. Novo Capital = 33.598,36 + 45.799,24 + 10.000 = 89.397,60 (porque você registrou o capital da empresa-alvo ao valor de mercado mais o prêmio)

3a. Novo NOPAT = 1.889,34 + 3.151,33 = 5.040,67

3b. Novo Custo de Capital = (32.009,84 + 45.799,24 + 10.000) × 0,0777 = 6.822,77

3c. Novo EVA Atual = NOPAT – Custo de Capital = 5.040,67 – 6.822,77 = -1.782,10

3d. Novo EVA Atual Capitalizado = –1.782,10/0,0777 = –22.935,65

4. Novo COV = 89.397,60 + –22.935,65 = 66.461,95

5. Novo FGV = 96.723,65 – 66.461,95 = 30.261,70

6. Novo ΔEVA = 30.261,70 (0,0777)/(1,0777/0,0777) = ΔUS$169,53mi a cada ano em perpetuidade

Agora podemos comparar facilmente as expectativas de melhoria do EVA anual independente pré-acordo de ambas as empresas com as novas expectativas de melhorias anuais, dado que a Future está pagando o valor total de mercado pelas ações da Cabbãge (e assumindo a dívida) mais um prêmio de US$10 bilhões. A Tabela 4-12 mostra que a Future está prometendo um aumento perpétuo nas melhorias anuais do EVA de US$57,42 milhões, ou um aumento colossal de mais de 50% a cada ano em perpetuidade. Também mostramos uma aproximação fácil ao método apenas tomando o prêmio de US$10 bilhões por conta própria como um aumento direto no FGV e calculando o aumento anual perpétuo nas melhorias de EVA, usando o novo CMPC e a fórmula e o método.[17]

Vamos fazer uma pausa por um momento, porque isso é muito importante e o ponto crucial da jornada. Se pegarmos diretamente o prêmio de US$10 bilhões como novo FGV e multiplicar por $c/((1 + c)/c)$, chegaremos a US$56,02 milhões de melhorias de EVA anuais necessárias, o que está muito próximo de trabalhar com método todo.[18]

TABELA 4-12

RESULTADOS DO CÁLCULO DO ΔEVA DA FUTURE INDUSTRIES/ CABBÃGE CORP (EM MILHÕES DE US$)

Resultados do cálculo de ΔEVA	
Expectativas de pré-acordo de ΔEVA combinado	112,11
Expectativas de ΔEVA na nova empresa pós-acordo	169,53
Expectativas de ΔEVA impulsionado usando nosso método	57,42
Cálculo do prêmio direto	56,02

Em outras palavras, realizar uma verificação de sanidade para qualquer FCD ou avaliação baseada em múltiplos é simples. Agora, tornando isso mais realista para o que você precisará anunciar, podemos converter melhorias anuais iguais perpétuas e mostrar um aumento de três anos das sinergias necessárias expressas como melhorias de EVA. Estamos essencialmente convertendo esse FGV em COV até o final dos três anos, o que provavelmente é muito mais satisfatório para os investidores. E se lembre, porque o EVA é baseado no NOPAT, estes são resultados após impostos. Lembre-se da fórmula no início do capítulo para um aumento de três anos:

$$FGV = ((1 + c)/c) \, [(\Delta EVA_1/(1 + c)) + (\Delta EVA_2/(1 + c)^2) + (\Delta EVA_3/(1 + c)^3)]$$

Usando o prêmio de US$10 bilhões como FGV em um CMPC de 7,77% com um caminho ilustrativo de 25%, 35% e 40% para o valor, e uma taxa de execução de BRE nivelada após três anos, nos dá os números na tabela 4-13.

TABELA 4-13

3 ANOS DE AUMENTO DE ΔEVA NA FUTURE INDUSTRIES/ CABBÃGE CORP (EM MILHÕES DE US$)

3 ANOS DE AUMENTO DE ΔEVA

Ano	ΔEVA necessário	Taxa de execução ΔEVA
1	194,25	194,25
2	293,08	487,33
3	360,97	848,30

Como essas são melhorias no EVA, sem acréscimos significativos de capital, são mudanças no NOPAT.[19] Isso se traduziria em um impacto na DRE após impostos de US$194 milhões no primeiro ano, US$487 milhões (US$194 milhões + US$293 milhões) no segundo. E uma taxa de execução nivelada de US$848 milhões (US$194 milhões + US$293 milhões + US$361 milhões) no terceiro ano mantida dali para frente.[20]

No entanto, se a nova Future Industries adiasse a realização de sinergias até o terceiro ano (sem sinergias realizadas nos primeiros dois anos), isso aumentaria para US$902 milhões em melhorias após impostos exigidos no terceiro ano e mantidos — nem mesmo perto do aumento de US$361 milhões de sinergias após impostos necessários depois de três anos, com um aumento razoável. Você também pode notar que os US$902 milhões em sinergias após impostos não estão nem perto dos US$500 milhões em sinergias *antes dos impostos* (ou US$360 milhões após impostos com uma taxa efetiva de imposto de 28%) que a Future anunciou no início do capítulo, *sem cronograma de entrega*. Quando você não oferece um cronograma, os investidores não sabem o que pensar, exceto que *você não tem um plano*. Não é de admirar que nosso comprador tenha perdido a maior parte do prêmio no Dia do Anúncio.[21]

O *grand finale* é — espere só — que qualquer um pode fazer esses cálculos antes de fazer uma oferta. Se os resultados não forem consistentes com as sinergias pós-impostos ou equivalentes antes dos impostos, você está prestes a prometer aos mercados: "Houston, você pode ter um problema."

Conclusão

A matemática é clara, porém vamos reiterar os pontos principais do capítulo. Pagar um prêmio por uma aquisição requer um plano de negócios para apoiar o investimento inicial. A avaliação do FCD — embora amplamente utilizada — é sensível a pequenas mudanças encerradas em suposições futuras, especialmente para sinergias. E apresenta o potencial do rabo vir a abanar o cachorro para justificar o preço e o prêmio que tem que pagar para fechar o negócio. Notavelmente, o pré-anúncio das premissas do FCD se torna promessas embutidas no preço de oferta do negócio — o adquirente está enforcado para alcançá-las. Uma vez que você fixa o preço da empresa-alvo e paga pelo negócio, o único preço que vai "flutuar é o seu, não o da empresa-alvo".[22]

Qualquer atraso na realização das melhorias custará caro. Os investidores não gostam quando diz que não pode pagar a "hipoteca" por um tempo. Os investidores são espertos: eles sabem que você não pode simplesmente virar a chave e ativar as sinergias em algum momento no futuro. Como consequência, qualquer negócio deve incluir algum aumento de sinergias no anúncio que faça duas coisas: 1) dar aos investidores a confiança de que você tem um plano e 2) produzir um retorno de custo de capital sobre o prêmio pago.

O valor de crescimento futuro, ou FGV, implica melhorias no EVA. E qualquer prêmio pago apenas eleva o sarrafo. Traduzir o prêmio para um aumento de melhorias de EVA e NOPAT é uma verificação de sanidade do resultado de uma avaliação FCD que justifica um prêmio — e os investidores podem fazer esse cálculo em segundos. Supondo que não haja aumento ou diminuição significativa no capital investido e o custo de capital associado, as mudanças no EVA se tornam alterações no NOPAT — mas, é claro, quaisquer aumentos no capital investido exigirão um aumento proporcional no NOPAT para compensar o custo de capital adicional.

Lembre-se, este processo não é apenas um teste de avaliação da empresa-alvo; é implicitamente uma revisão do plano de negócios do acordo — uma história a ser contada ao conselho, aos funcionários e aos investidores. Se as expectativas não forem atendidas, o preço das ações do adquirente cairá. O Dia do Anúncio, tema do próximo capítulo, é o dia em que todos esses elementos se reúnem e devem ser tratados com a mesma seriedade de qualquer outra parte do processo de F&A.

CAPÍTULO 5

Eles Terão Motivos para Celebrar?

Dia do Anúncio

Claro, há algumas sinergias aqui. Ainda não sei onde estão.
Dizer isso agora seria como um jogo de idiotas.

— **Barry Diller no anúncio da proposta
de aquisição da CBS pela QVC, 1994.**

O Dia do Anúncio é, muitas vezes, tratado como uma festa. E por que não seria? Muitas vezes, há boas razões para comemorar. Os conselhos de ambas as empresas aprovaram a transação. O conselho do adquirente revisou a estratégia, examinou a avaliação e, presumivelmente, considerou os aspectos de alto nível da integração. Tem a bênção de banqueiros de investimento e advogados de ambos os lados, que confirmaram que o negócio é do melhor interesse de cada empresa.[1]

Muitas vezes, porém, esse foco na celebração aumenta a probabilidade de uma comunicação pobremente considerada para as principais partes interessadas, especialmente os investidores. E se os adquirentes vacilarem no Dia do Anúncio, eles darão aos investidores motivos para vender. Não importa se é falta de preparo, se a estratégia do negócio não é clara, se o adquirente não consegue defender o preço, a forma de pagamento ou o prêmio, ou se os investidores não conseguem acompanhar as sinergias — o que os investidores ouvem é que a administração não tem um plano, e eles reagem de acordo.[2]

Como vimos no estudo apresentado no Capítulo Um, as reações do mercado aos anúncios de F&A, positivas ou negativas, são essencialmente uma previsão inicial dos investidores do valor do negócio para o adquirente com base nas novas informações que a administração revelou. Evidências substanciais, incluindo nosso estudo, apontam para a importância das reações dos investidores. Gregg Jarrell, ex-economista-chefe da Comissão de Valores Mobiliários dos EUA, bem resumiu: "As evidências que temos sugerem que a resposta inicial do mercado é um preditor bastante confiável de como os negócios vão acabar". Isso é consistente com o estudo de que, se um negócio for mal recebido, é mais provável que o preço das ações do adquirente continue a ter um desempenho ruim (em especial para negócios envolvendo ações).[3]

No entanto, negociadores e estudantes de negócios têm tratado as comunicações de fusões e aquisições como uma consideração a posteriori. Este é um grande erro. O Dia do Anúncio representa um momento crucial na vida de um negócio. E as reações dos investidores estabelecem um tom forte. Várias partes interessadas e observadores avaliarão e interrogarão imediatamente a apresentação do investidor e outras comunicações para saber se o negócio — talvez o maior investimento de capital já feito pelo adquirente — tem alguma lógica estratégica e se vale o preço.

E os acionistas não são anônimos e sem rosto: muitas vezes são os próprios funcionários de uma empresa. Quando um negócio é recebido com uma queda de 5% ou 10% ou mais no preço das ações do adquirente, não apenas os funcionários — as pessoas que terão que fazer o negócio funcionar — perdem uma parte significativa dos fundos de pensão, mas sua moral também sofre com isso, mesmo antes do início das tarefas críticas de integração e entrega de sinergias prometidas. Os melhores começarão a procurar novos empregos. Isso, por sua vez, prejudica a credibilidade da gestão e torna mais difícil cultivar a confiança de outras partes interessadas sobre a solidez econômica do negócio.[4]

Consequentemente, a estratégia de comunicação sobre o Dia do Anúncio pode fazer a diferença entre o sucesso e o fracasso em tudo, desde garantir a aprovação dos acionistas até mesclar as culturas de duas organizações distintas. Definitivamente, não se trata apenas de fazer um "show". Lembre-se, porém, de que os investidores são inteligentes e vigilantes — eles perceberão rapidamente as alegações que não fazem sentido — e comunicados de imprensa e teleconferências engenhosos não salvarão um acordo de aspecto econômico ruim.

Projetar a comunicação do Dia do Anúncio exige que tanto o adquirente quanto a empresa-alvo considerem e, em seguida, tratem do mundo inteiro das partes interessadas que tomarão conhecimento do negócio quando o comunicado à imprensa for emitido. Os líderes de cada empresa devem antecipar agendas lotadas e minuciosas que os colocarão na frente de investidores, mídia, funcionários, clientes, fornecedores e outros em um único dia. Quando os líderes ignoram ou manipulam mal as mensagens para qualquer indivíduo ou grupo, as consequências geralmente são imediatas e duradouras, incluindo boatos e difamação nas mídias sociais e perda de produtividade que pode afetar a experiência de seus clientes. Mesmo quando o plano é executado com perfeição e a mensagem é forte, é provável que suas partes interessadas demonstrem uma maior receptividade a telefonemas de concorrentes que estejam procurando recrutá-los.

Princípios do Dia do Anúncio

O Dia do Anúncio é um momento incrível quando as disciplinas de estratégia, finanças corporativas, comunicações, comportamento da concorrência e comportamento humano se unem. Pode afetar imediatamente o valor do adquirente. É o ponto de inflexão da cadeia de F&A.

Três funções importantes

A preparação para o Dia do Anúncio tem três funções importantes.

Primeiro, comunicações de F&A bem concebidas durante a diligence podem servir como um teste decisivo da lógica do negócio para os executivos do adquirente — onde eles podem pensar como um investidor — bem antes do próprio Dia do Anúncio. Pense nisso como a última parada na diligence. O negócio dá aos investidores mais razões para comprar do que vender? Em segundo lugar, comunicados à imprensa, apresentações de investidores, teleconferências e entrevistas fornecerão aos investidores a base para a própria diligência. Terceiro, a cultura começa no anúncio. As palavras que os líderes usam são importantes para os funcionários de ambos os lados, portanto, as comunicações devem ser ponderadas e intencionais. Não diga que está comprando o melhor de ambas as empresas quando não quer dizer isso. Os líderes estão definindo um tom — e expectativas — de como as coisas vão funcionar.

Embora funcionários e acionistas — e clientes e fornecedores — possam não ter um alinhamento perfeito de interesses, eles certamente têm muito em comum. Todos os lados têm que lidar com incertezas e dúvidas. Todos querem saber a lógica da estratégia por trás do acordo, o plano do CEO, "o que eu ganho com isso" [em inglês, *what's in it for me* — WIIFM]. E se a nova equipe executiva tem experiência — e estômago — para gerenciar a nova organização se algo der errado.

Como uma empresa deve preparar uma sólida estratégia de comunicação de F&A? Levando o processo a sério: não o prepare no fim de semana anterior ao anúncio. Desenvolva uma história para as partes interessadas importantes, apresentando a elas a mesma lógica que convenceu *você* de que vale a pena fazer o negócio, onde estão as sinergias e como você as alcançará. Por fim, certifique-se de antecipar o que seus críticos dirão e as perguntas que surgirão durante o anúncio. Isso exigirá que veja o negócio de fora para dentro. Mas cada uma dessas três funções valerá o esforço, porque elas o colocarão à frente da reação do mercado.

Comece com antecedência

As empresas devem se colocar no lugar dos investidores muito antes das transações serem levadas ao conselho. Especialistas em comunicação devem ser trazidos o mais cedo possível para entender a transação e os benefícios estratégicos para que possam começar a elaborar o pacote de comunicação. Um lançamento de fusão é semelhante a uma campanha política, com agendas detalhadas, cronogramas e fatores de risco — e planos para responder aos oponentes. Muitas vezes, esse processo começa tarde demais.

Discuta em detalhes as premissas do negócio, economias de custos esperadas, cenários dos piores casos e cronograma de execução

Os parceiros desse relacionamento devem pensar muito sobre sua mensagem e o fórum para entregá-la aos constituintes-chave, incluindo acionistas e analistas, banqueiros, funcionários, mídia e clientes e, frequentemente, sindicatos, reguladores, funcionários do governo, parceiros estratégicos e agências de classificação de risco.

Além disso, os materiais devem explicar de forma clara e lógica porque o caso de negócio da transação aumenta o valor. Se o negócio dilui o LPA no curto prazo, porém faz sentido estratégico a longo, é melhor que haja uma economia convincente para um crescimento lucrativo. Investidores e funcionários, especialmente, devem estar convencidos de que a empresa é capaz de cumprir as promessas e que eles estarão em melhor situação se o negócio for concluído. Se o negócio for realmente estratégico, você também precisará descrever porque precisou pagar o prêmio para fazê-lo.

Preparar um documento exaustivo de perguntas e respostas com antecedência para potenciais críticas

O comunicado de imprensa, a apresentação ao investidor, cartas a vários grupos e outros documentos surgirão durante os preparativos do Dia do Anúncio. O documento de perguntas e respostas tenta perguntar e responder a todas as questões difíceis que investidores, analistas e a mídia provavelmente terão na manhã do anúncio. Se a equipe de negócios não puder responder de forma convincente às cerca de 40 perguntas elaboradas pela equipe de comunicação, isso não será um bom presságio para a transação. (Essas são semelhantes às perguntas que um conselho engajado deve fazer antes de aprovar o acordo. Para obter mais detalhes sobre o papel do conselho, consulte o capítulo 9.)

Na verdade, perguntas difíceis pode forçar a equipe de negociação a pensar em detalhes que talvez não tenham considerado cuidadosamente, tais como:

- Quais são as principais fontes de redução de custos?
- Onde serão feitas as demissões?
- Quais unidades serão fechadas?
- Qual é o cronograma?
- Quais são as implicações de receita?
- Há mudanças no modelo operacional para os negócios?
- Quem vai liderar o processo de integração?

Os gestores devem evitar o uso descuidado de chavões como "convergência" e "sinergias" que, juntamente com um prêmio de aquisição excessivo e sem planejamento, enviam uma mensagem clara aos investidores: *Vender*.

Testes Essenciais da Apresentação do Investidor

Preparar a apresentação para o investidor é, em última análise, um mecanismo forçado para testar a credibilidade das alegações econômicas e operacionais do negócio — a última parada na diligence. As comunicações de F&A devem sinalizar que a alta administração entende totalmente o que está propondo e prometendo — e que é capaz de seguir adiante.

Chas Ferguson — o CEO da Homeland Technologies, que apresentamos no Capítulo Dois — está se preparando para anunciar a aquisição da Affurr Industries, outra grande empresa nacional de TI. Chas sabe que está pagando um prêmio alto por um grande negócio, porém acredita que tem uma sólida lógica estratégica que obviamente oferecerá oportunidades significativas e valiosas para a Homeland. Ele está revisando outras apresentações de investidores. E está tendo dificuldade com o que deve considerar.

Contudo, a chefe de relações com investidores de Chas, Allison Demmings, garante à empresa que ela e a equipe, com a ajuda de consultores externos, prepararam uma apresentação fantástica para os investidores — detalhada, informativa e respeitosa. A apresentação de Allison analisa as megatendências do setor, o tamanho do negócio e como a Homeland pagará por ele, como o negócio tornará a empresa combinada número um ou dois em todas as participações de mercado de negócios e um grande número de sinergias de custos que será plenamente realizado até o final do terceiro ano. Ela também inclui uma análise detalhada das finanças pró-forma e como o negócio será agregador aos lucros.

À primeira vista, a apresentação para investidores de Allison parece oferecer muitas informações. Mas terá de ir além — muito além — para passar nos testes essenciais das apresentações aos investidores. Três perguntas são de suma importância quando se está explicando uma aquisição para investidores e outras partes interessadas.

1. Há um caso digno de confiança com metas de sinergia defensáveis e rastreáveis que podem ser alcançadas pelo adquirente e monitoradas ao longo do tempo pelos investidores?
2. A história ajuda a reduzir a incerteza e direciona a organização para que os funcionários possam cumprir o proposto de forma eficaz?
3. A apresentação vincula de forma convincente os planos de integração pós-fusão à economia da transação?

1. Você tem um caso digno de confiança com metas de sinergia defensáveis e rastreáveis que pode entregar e que os investidores podem monitorar ao longo do tempo?

A história sendo contada — a lógica estratégica — deve abordar porque a empresa pode superar as expectativas existentes, conforme refletido no preço das ações pré-anúncio. E fazê-lo de maneiras que não são facilmente replicadas pelos concorrentes. A lógica deve ser acompanhada por metas operacionais razoáveis que possam ser facilmente compreendidas, rastreadas e monitoradas.

Prever ganhos excessivamente otimistas de possíveis sinergias sem explicar como ou quando serão realizados envia um alerta vermelho aos investidores. Você também pode não dizer nada, em vez de fazer previsões ousadas que obviamente não podem ser avaliadas ou rastreadas.

Mais importante, os investidores simplesmente não acreditam em um valor muito alto de sinergia — o tipo que é frequentemente fornecido em apresentações de investidores. Por quê? Porque eles não podem rastreá-lo ou avaliar a lógica de como ganhos específicos irão somar ao total. Mas podem e esperam rastrear detalhes. Quando a administração não pode fornecer uma orientação confiável que os investidores possam acompanhar, ela falha nesse primeiro teste crucial e parece seriamente equivocada. Afirmar um valor alto sem nada para poder rastrear sinais mostra que não há plano.

Imagine o caso de uma grande empresa de tecnologia que anunciou sua maior aquisição até o momento, de uma rival, um negócio em ações com um prêmio de 25%. No anúncio, a administração anunciou US$2,5 bilhões em sinergias de custos, a maior parte da economia baseada em reduções de pessoal, porém sem nenhuma orientação sobre quais negócios essas reduções viriam ou quando ocorreriam. Ela também anunciou que suas receitas combinadas cairiam 10% no primeiro ano. A declaração amorfa de que as sinergias seriam alcançadas em algum momento "nos próximos dois anos" não é uma orientação. Os mercados odeiam isso.

O resultado? O preço das ações caiu tanto no anúncio que a empresa-alvo valia menos no final do Dia do Anúncio do que no início, mais do que apagando o prêmio de 25% oferecido ao vendedor neste negócio baseado somente em ações.

Menos óbvio, e potencialmente mais prejudicial, é esquecer sua própria história de crescimento e anunciar, sem explicação suficiente, uma mudança radical na direção do que você está entregando. Os investidores foram atraídos para sua estratégia porque o consideram um especialista em seu negócio. Dizer a eles que vai adquirir outra empresa e seguir uma nova direção — sem mostrar a eles como e porquê — é um convite ao desastre.

Veja o caso clássico da Conseco, uma empresa de serviços financeiros que liderou o S&P 1500 em retornos totais para os acionistas durante um período de 15 anos, com um retorno médio anual para os acionistas de 39%. A Conseco tinha um longo histórico de aquisições focadas, comprando mais de 40 companhias regionais de seguro de vida e saúde, imediatamente retirando custos do back office e integrando as aquisições aos sistemas de back office da Conseco em Carmel, Indiana. A Conseco rastreou essas empresas e, por experiência, entendeu o quanto poderia previsivelmente reduzir os custos, quanto tempo levaria e quanto poderia pagar para fazê-lo e entregar retornos superiores aos acionistas.

Igualmente importante, os investidores se sentiram confortáveis com a estratégia da Conseco e foram recompensados com o aumento do valor de crescimento das ações ano após ano. Eles acreditavam que tal estratégia tão bem-sucedida continuaria.

Mas, em 1998, a Conseco anunciou seu maior negócio de todos os tempos, oferecendo US$7,6 bilhões pela Green Tree Financial, credora de casas móveis sub-prime, com um prêmio de 83%. O CEO da Conseco, Steve Hilbert, tentou apresentar a aquisição da Green Tree como "estratégica", afirmando que a empresa tinha um histórico de sucesso e que a aquisição deu à Conseco uma posição em uma parte crescente do mercado de serviços financeiros. Ele também afirmou que o negócio não foi impulsionado por economia de custos, como praticamente todos os negócios anteriores da Conseco sempre haviam sido. Em vez disso, as sinergias viriam de aumentos de receita de vendas cruzadas.

As ações da Conseco caíram mais de 20% no anúncio e 50% em um ano. A empresa entrou com pedido de proteção contra falência do Capítulo 11 apenas alguns anos depois. O acordo não se restringiu a uma mudança radical na estratégia, mas também não deu aos investidores nada para rastrear. Os investidores não vão acreditar que o negócio é estratégico, com muitos benefícios, só porque você diz que é.[5]

Por outro lado, quando a Nexstar Media Group anunciou a aquisição da Tribune Media em dinheiro por US$4,1 bilhões (US$6,4 bilhões com dívida assumida) em dezembro de 2018, sua apresentação aos investidores expôs claramente a lógica estratégica, financeira e operacional, juntamente com planos para melhor competir dentro da sempre em rápida transformação indústria de mídia, ao "fornecer uma oferta nacionalmente integrada, abrangente e competitiva em todos os nossos mercados".

A Nexstar moldou efetivamente as expectativas dos investidores para a nova organização e pormenorizou claramente o detalhamento da meta de sinergia rastreável, de US$160 milhões — US$20 milhões para despesas gerais corporativas (despesas duplicadas), US$65 milhões de estação e redução de despesas do grupo digital (despesas de estação, serviços de suporte, migração de receita de fornecedores terceirizados), US$75 milhões de Receita Líquida de Retransmissão de publicações Tribune (aumento de margem aplicando taxas Nexstar à contagem de assinantes Tribune) — todos projetados para ocorrer no primeiro ano após a conclusão da transação, juntamente com alienações planejadas (estimativa de US$1 bilhão, com base nas regras de propriedade da Comissão Federal de Comunicações). Perry Sook, CEO da Nexstar, também enfatizou a capacidade da empresa de gerar sinergias projetadas com base no sucesso de alcançar as sinergias prometidas em negócios recentes.[6]

Os acionistas responderam aumentando o preço das ações em 11% (quase US$400 milhões) nas 48 horas seguintes ao anúncio. A Nexstar então superou seu índice de pares em 14% no primeiro ano após o anúncio, com um retorno total de 38% para os acionistas.

Fornecer aos investidores detalhes rastreáveis do negócio é vital para ganhar — e manter — sua confiança. Além disso, os adquirentes com forte histórico de aquisições de cumprimento das promessas têm uma vantagem real. Os adquirentes que anunciarem seu primeiro negócio relevante para mercados públicos com promessas de sinergia significativa, juntamente com prêmios altos, ou uma transação com uma tese de negócio radicalmente diferente do que no passado, terão que ser ainda mais claros e convincentes em sua apresentação — particularmente para os negócios totalmente baseados em ações que normalmente são recebidos com ceticismo.[7]

2. Sua história ajuda a reduzir a incerteza e direciona a organização para que os funcionários possam realizar de forma eficaz?

A incerteza é um dos fatos inevitáveis da vida em F&A — especialmente para os funcionários, que são os que têm que executar o plano. Mas grandes anúncios de F&A que injetam incerteza desnecessária são ainda mais disruptivos, agravando os efeitos já inquietantes do planejamento de integração. Esses anúncios não apenas farão com que os funcionários questionem a lógica do negócio, porém também levarão muitos deles a considerar agressivamente outras opções de carreira.

Os funcionários vão querer saber, rápida e honestamente, como serão afetados. Assim, as melhores apresentações para investidores terão a nova equipe de gerenciamento e os principais relacionamentos de relatórios em vigor quando o negócio for anunciado para evitar um vácuo de liderança que pode comprometer a integração das duas empresas. Os executivos também devem abordar o fechamento de instalações que exijam grandes realocações e reduções de pessoal antes de comunicar qualquer coisa que possa ser facilmente mal interpretada e provocar boatos. Os adquirentes comprometidos com a experiência de seus funcionários entendem que a nova experiência começa já no anúncio.

A grande empresa de tecnologia que discutimos anteriormente (na questão 1) disse que alcançaria US$2,5 bilhões em economia de custos, em grande parte cortando 15 mil funcionários em um período de dois anos. Mas funcionários e investidores sabiam que as empresas já haviam planejado e anunciado reduções combinadas em ambas de cerca de 11 mil funcionários, antes do acordo. Este anúncio caiu como uma bomba sobre os trabalhadores, uma vez que não forneceu nenhuma orientação sobre de onde viriam os cortes. Também, previsivelmente, criou o paraíso para headhunters. As incertezas implícitas no anúncio desta estratégia contribuíram para a queda de 19% nas ações do adquirente no anúncio. As ações continuaram a cair à medida que a batalha entre a empresa-alvo e o adquirente esquentava na imprensa.

Imagine a clareza da apresentação ao investidor do Avis Budget Group, quando anunciou a aquisição totalmente baseada em dinheiro da Zipcar em janeiro de 2013 com um prêmio vigoroso de 49%. O acordo permitiria que a Avis Budget se tornasse a principal inovadora no espaço de compartilhamento de carros em rápido crescimento e permitiria que a Zipcar acelerasse o crescimento, aproveitando a infraestrutura de aluguel de veículos e a pegada tecnológica existentes da Avis Budget. A apresentação ao investidor afirmou que o acordo geraria de US$50 milhões a US$70 milhões em sinergias anuais de três fontes, em partes relativamente iguais, descritas em detalhes na apresentação ao investidor: custo (custos de aquisição mais baixos; custos operacionais menores, financiamento e seguro de veículos; e menores despesas gerais e administrativas (G&A) e eliminação de custos de empresas públicas, custo e receita da utilização da frota (atender à demanda da Zipcar com uma frota menor, utilizando carros Avis Budget disponíveis e expandindo as oportunidades de fim de semana da Zipcar) e receita pura de sinergias (da expansão de vários casos de uso da Zipcar em sua base de clientes, ofertas de produtos e localizações).[8]

Para os empregados, igualmente importante foi o compromisso da Avis Budget com a experiência "Zipster", que se concentrou no objetivo de revolucionar a mobilidade pessoal. Ron Nelson, CEO da Avis Budget, anunciou que tanto o CEO quanto o presidente/COO da Zipcar permaneceriam em seus cargos de liderança e também enfatizou que o acordo aumentaria as oportunidades de crescimento pessoal e profissional para os funcionários. A Zipcar também manteria a sede em Massachusetts.

A apresentação da Avis Budget até deixou clara a diferença entre os benefícios anuais da DRE versus a taxa de execução que eles alcançariam no final de cada ano — um forte indício de que a alta administração havia pensado nisso e tinha um plano. Eles também enfatizaram seu histórico de aquisições anteriores na obtenção de sinergias prometidas. Os investidores responderam com um forte retorno positivo de anúncio de 9% (aproximadamente US$200 milhões de valor para o acionista) e superaram seus pares em 64% com um retorno total para o acionista de 105% no primeiro ano.

Há muito que pode ser abordado na apresentação, então sinais iniciais como esses são muito importantes para os funcionários, bem como para investidores e clientes. Quanto mais os adquirentes puderem fazer para moldar as expectativas no anúncio, mais os funcionários poderão começar a perceber como eles se encaixarão nos planos para o futuro. Sinais iniciais, como anunciar lideranças ou compromissos com valores compartilhados ou a experiência do cliente — seguidos logo na sequência com cronogramas para conhecer o processo de seção de talentos e benefícios — acalmarão os funcionários para que se sintam inicialmente melhores sobre o negócio e, posteriormente, despertem seu interesse em como o negócio será feito, inspirando-os a ver seu futuro com a empresa (mais sobre isso nos capítulos 7 e 8). Mesmo que a incerteza não possa ser totalmente afastada, ela pode ser reduzida. E os funcionários que têm uma visão mais clara do futuro serão mais capazes de se engajar, ou pelo menos se distrair menos, com o planejamento pré-fechamento e a execução pós-fechamento.

3. **Sua apresentação vincula de forma convincente os planos de integração pós-fusão à economia da transação?**

Como discutimos, as aquisições normalmente envolvem o pagamento de um prêmio significativo aos acionistas da empresa vendedora. Esse prêmio é um choque inesperado para o sistema — uma adição imediata e direta ao valor de crescimento da empresa-alvo e o relógio do custo de capital começa a contar já no Dia 1. Infelizmente, a mensagem comunicada aos investidores nem sempre se encaixa com o desempenho exigido para justificar o preço a ser pago.

Mesmo quando a administração oferece respostas confiáveis para as perguntas um e dois, os investidores rebaixarão o preço da ação do adquirente para refletir o "verdadeiro valor" do negócio se o valor presente dos números de sinergia não justificarem o prêmio — ou se o prêmio criar um problema de melhoria de desempenho que provavelmente não é alcançável. Pense nisso como um simples balanço econômico. Se o prêmio não representa o valor provavelmente alcançado (previsivelmente pagando em excesso pelos ativos), o balanço econômico permanece equilibrado subtraindo o pagamento em excesso previsto do valor para o acionista do adquirente.

Para ser ainda mais direto: não se esqueça de que os investidores sabem fazer contas e avaliarão o aspecto econômico do que você está prometendo.

Nada é mais provável para que os investidores vendam suas ações do que um negócio que não possa justificar o valor que está sendo dado aos acionistas de outra empresa. A falha do adquirente em fornecer informações críticas pode fazer com que ele perca ainda mais valor do que o prêmio, por causa dos sinais que o anúncio inadvertidamente envia aos investidores de que a empresa pode estar tentando encobrir outros problemas internos e não consegue alcançar o próprio valor independente.

Imagine o caso de uma grande companhia de seguros internacional que ofereceu um prêmio de US$5 bilhões totalmente baseado em ações para uma companhia de seguros sediada nos Estados Unidos, mas declarou que haveria apenas US$130 milhões em sinergias anuais antes dos impostos. Se capitalizarmos os US$130 milhões em seu custo de capital de 10% — assim como os investidores fizeram — as sinergias têm um valor presente de apenas US$1,3 bilhão (sem contabilizar os impostos e assumindo que todas as sinergias ocorreriam no ano um). Os investidores são inteligentes. O valor de mercado do potencial comprador caiu mais de US$3,5 bilhões — aproximadamente a diferença entre o prêmio e o valor presente das sinergias anunciadas e rastreáveis — logo no anúncio da oferta, reduzindo drasticamente o valor da oferta e permitindo outra seguradora global emergir como vencedora da licitação.

Em contraste, a Nexstar ofereceu um prêmio de 20%, ou US$700 milhões, pela Tribune. Fazendo o mesmo cálculo e capitalizando US$160 milhões de sinergias antes dos impostos que a Nexstar declarou que seriam realizadas no primeiro ano, com uma taxa efetiva de imposto de 27% e um custo de capital de 7%, rende US$1,7 bilhão de valor — bem acima do prêmio de aquisição.

Mesmo adquirentes experientes e de longo prazo podem entrar em conflito com os investidores quando anunciam uma transação que aparentemente se desvia do modelo de negócios comprovado, prevendo benefícios para um tipo de negócio com base no sucesso de outras transações completamente diferentes. Por exemplo, uma grande empresa de bens de consumo anunciou a aquisição por US$5,6 bilhões de uma empresa de produtos de marca com um prêmio de 50%. O adquirente tinha um histórico de sucesso de 30 anos na realização de pequenas aquisições de um único produto, integrando pequenos negócios "tuck-in" que focavam em eficiência. O problema era que esse novo acordo era, em média, 50 vezes maior — 10 vezes maior do que o seu maior acordo até então — e muito mais complexo do que qualquer uma das transações anteriores.

Embora ambas as empresas vendessem produtos domésticos por meio de canais de vendas semelhantes para o mesmo grupo de clientes, elas competiam de maneira diferente. A adquirente se concentrava em preços baixos versus produtos inovadores de marca com preços premium. Eles tinham diferentes processos de produção e estruturas de custos. O adquirente teria que defender a trajetória de receita dessas linhas de produtos de marca com preços premium, mesmo sem pagar um grande prêmio, contra o aumento das ameaças competitivas por produtos falsificados mais baratos.

Os acionistas da adquirente perderam US$1 bilhão com a notícia — exatamente o valor do prêmio de aquisição — e suas ações caíram pela metade no primeiro ano. O CEO admitiu mais tarde: "Pagamos demais" — algo que os investidores sabiam logo no anúncio.[9]

Os adquirentes, mesmo os melhores, devem reconhecer o que prometem e os desafios que os investidores verão desde o início e planejar as comunicações de acordo.

Essas três perguntas podem ser resumidas em uma pergunta direta que os conselhos e gerentes devem se fazer na véspera da votação do grande negócio: Como esse acordo afetará o preço de nossas ações e por quê? Como diretor ou gerente, você precisa acreditar que a transação vale a pena, dado o preço e toda a disrupção da organização que está por vir. E que é do melhor interesse de seus acionistas — não apenas agora, mas até a conclusão do negócio e além. E seu processo de comunicação do Dia do Anúncio deve dar às partes interessadas a mesma sensação de confiança que você sente.

Lembre-se, se você *não* responder a essas três perguntas, os investidores presumirão incapacidade em respondê-las e que você não tem um plano, logo eles o penalizarão por isso.

As Três Questões em Ação: a PepsiCo Adquire a Quaker Oats

Embora muitas empresas estraguem suas comunicações de F&A, aquelas que acertam podem colher grandes recompensas para os acionistas, tanto no Dia do Anúncio quanto no longo prazo. Tomemos, por exemplo, o caso do anúncio formal da PepsiCo de sua aquisição de ações da Quaker Oats Co. por US$13,4 bilhões em dezembro de 2000.

A PepsiCo teve que superar desafios significativos de comunicação antes que o acordo pudesse ser consumado. Há semanas que circulavam notícias no mercado sobre um leilão não tão privado da Quaker, com a Coca-Cola e a gigante francesa de alimentos Dannon Group como outros potenciais pretendentes proeminentes. Depois que a PepsiCo se ofereceu para pagar um prêmio de 22% pela Quaker, ela exerceu uma disciplina incomum ao não aumentar a oferta mesmo diante de ofertas concorrentes mais altas. O anúncio da PepsiCo foi recebido positivamente pelos investidores; as ações subiram mais de 6%, ou quase US$4 bilhões, nos dias após o anúncio e continuaram a superar as ações de seus pares ao longo do tempo.

A PepsiCo teve um bom começo por conta de um comunicado de imprensa detalhado e uma apresentação ao investidor apoiada por uma longa chamada e webcast de analista/investidor. Também enviou cartas a funcionários, clientes e engarrafadores para abordar suas várias preocupações. Em particular, a PepsiCo não apenas prometeu que a transação aumentaria os lucros no primeiro ano completo após o fechamento, mas também chegou a expressar os resultados esperados em termos de retorno sobre o capital investido [em inglês, *return on invested capital* — ROIC], que, segundo ela, aumentaria em 600 pontos base ao longo de cinco anos. Embora investidores sofisticados entendam essa linguagem, ela raramente é vista em comunicados de imprensa sobre fusões. Materiais detalhados que delineavam as sinergias também estavam disponíveis no site da empresa.

A apresentação da PepsiCo para investidores teve as três principais marcas: metas de sinergia defensáveis e rastreáveis com casos "base" claros e compreensíveis; clareza das relações de liderança e subordinação; e sinergias suficientes para justificar o prêmio.

No início, a PepsiCo reiterou o cenário básico do que já havia levado os investidores a acreditar. Ela explicou aos investidores o que a empresa *já* havia prometido em relação à receita, lucro operacional (EBIT), LPA e crescimento do ROIC. Assim, o caso de melhorias — as sinergias — poderia então ser claramente expresso como aumentos no crescimento lucrativo.

Então a PepsiCo descreveu em detalhes onde esperava sinergias de forma realista, diferenciando esses ganhos esperados daqueles que antecipou, porém não incluiu no modelo para o investidor. A apresentação ao investidor comparou as taxas de crescimento de receita, EBIT, LPA e ROIC esperadas para a empresa integrada com a PepsiCo e a Quaker como entidades independentes (o novo caso base). A apresentação não incluiu nenhuma suposição numérica sobre os benefícios da venda da linha de bebidas Gatorade da Quaker Oats por meio da rede Pepsi, que poderiam ser substanciais. Em vez disso, a PepsiCo enfatizou os benefícios que o Gatorade trouxe para os negócios Tropicana da PepsiCo por meio de um melhor gerenciamento do corredor de bebidas ambiente (alimentos estáveis em prateleira) em supermercados. A administração articulou claramente como planejava integrar a Quaker Oats e várias de suas marcas na PepsiCo e como as capacidades de ambas as empresas seriam aproveitadas para alcançar um crescimento adicional.

A apresentação pecou na parte de suposições modestas de economia de custos. Um total de US$230 milhões em sinergias foi identificado e expresso em termos de suas respectivas contribuições para o lucro operacional: US$45 milhões do aumento das receitas da Tropicana; US$34 milhões de lanches Quaker vendidos pelo sistema Frito-Lay; US$60 milhões de economia de compras; US$65 milhões de economia de custos derivada de despesas SG&A, logística e fabricação de enchimento a quente; e US$26 milhões economizados eliminando redundâncias corporativas. Investidores e funcionários se sentiram confiantes sobre o que poderiam esperar e acompanhar em cada parte importante do negócio.

Novas relações de liderança e subordinação eram claras. A PepsiCo anunciou que Steve Reinemund se tornaria o novo chairman e CEO, Indra Nooyi se tornaria presidente e manteria suas responsabilidades de CFO, e Roger Enrico e Bob Morrison (ex-presidente e CEO da Quaker) se tornariam vice-presidentes e se reportariam a Reinemund.

Além disso, Roger Enrico, presidente anterior da PepsiCo, enfatizou que a administração usou estimativas conservadoras para economia de custos e sinergias de receita. Apesar das mudanças de gerenciamento de nível sênior no topo da empresa, praticamente todos os grupos entenderam como seriam afetados pela transação.

Assim, todos os grupos de partes interessadas — incluindo investidores e funcionários — estavam confiantes sobre o que poderiam esperar e acompanhar em cada parte importante do negócio. Os investidores podiam ver facilmente como o acordo produziria melhorias no lucro operacional, uso mais eficiente do capital e reduções nas alíquotas de impostos que mais do que justificariam o modesto prêmio de aquisição de 22% de cerca de US$2,2 bilhões para a Quaker.

A teleconferência de dezembro que anunciou o acordo gerou uma percepção inicial positiva da transação. E as ações da PepsiCo receberam uma forte reação positiva — o aumento de quase US$4 bilhões que mencionamos anteriormente. Essa percepção continuou devido ao processo que se seguiu ao fechamento do negócio, em 2 de agosto de 2002. Naquela época, a PepsiCo divulgou, em formato Excel, as demonstrações financeiras reapresentadas da combinação e revisou todas as mudanças ocorridas desde a apresentação original. Também sediou uma conferência de investidores de dia inteiro analisando as sinergias e oportunidades de crescimento. Por causa da clareza que a PepsiCo alcançou durante o processo de fechamento, a empresa realmente aumentou o valor das sinergias previstas de US$230 milhões para US$400 milhões.[10]

Usando documentos bem preparados, uma teleconferência com investidores bem-sucedida e um acompanhamento cuidadoso no fechamento, a PepsiCo conseguiu traçar um rico retrato estratégico e financeiro da transação e dos efeitos na empresa.

Preparação Tática para um Dia do Anúncio Bem-Sucedido

A questão permanece: como você se prepara minuciosamente para um Dia do Anúncio rigoroso? O "guia" para um Dia de Anúncio bem preparado tem muitas páginas de instruções detalhadas para cada participante e cada grupo de partes interessadas. Tentar abordar todas essas preocupações e públicos e todas as partes móveis sem um guia cuidadosamente preparado seria uma tolice.

Há cinco elementos a serem considerados nos preparativos do Dia do Anúncio:

1. Definir e documentar formalmente a tese do negócio e as mensagens-chave.
2. Definir as partes interessadas.
3. Colaborar com as comunicações externas.
4. Selecionar os canais de comunicação.
5. Estabelecer o timing e a presença.

1. Definir e documentar formalmente a tese do negócio e as mensagens-chave

Você já deve saber como esse negócio específico se encaixa em sua estratégia geral. É isso que temos enfatizado até agora: criar, articular e refinar a tese de negócio. Agora é a hora de focar em como comunicar a lógica dessa aquisição específica para todas as partes interessadas relevantes. Embora deva conhecer a lógica fria, o Dia do Anúncio é a chance de cristalizar as principais mensagens sobre como o negócio entrega a estratégia futura da empresa. Uma ferramenta concreta que você criar é uma "lista de verificação", ou um *script* que pode ser usado de forma consistente interna e externamente para que líderes e equipes de comunicação se comuniquem sobre a lógica do negócio.

2. Definir as partes interessadas

Que tipos de funcionários você tem? Eles trabalham em turnos diferentes? Que acesso à tecnologia eles têm? Determine quais públicos (gerência sênior, gerentes) precisariam de uma mensagem prévia e que suporte, ou pontos de discussão, devem ser fornecidos aos principais mensageiros. Considere o alcance geral que teria com todos os funcionários (por exemplo, anúncio por e-mail após o comunicado à imprensa) e qual alcance específico pode ser necessário para lidar com restrições com determinados funcionários (por exemplo, locais, acesso à tecnologia).

3. Colaborar com as comunicações externas

A lista de verificação é um ativo central na construção de um conjunto de mensagens que podem ser usadas externa e internamente. Suponha que as comunicações externas serão buscadas por funcionários que procuram qualquer informação que possam encontrar sobre o negócio, especialmente à luz de como as informações são predominantes hoje. Confirme quaisquer pontos que possam ser percebidos negativamente no negócio, como sinergias de número de funcionários. E tenha uma mensagem-chave clara que possa abordar as preocupações de frente.

Desmistifique quaisquer temas ou mensagens na comunicação externa diretamente nas mensagens internas. Tivemos clientes, por exemplo, que se referiram a sinergias de receita no comunicado à imprensa e usaram mensagens internas sucintas para esclarecer que a oportunidade se concentra no crescimento e nas oportunidades de mercado expandidas com o número de funcionários permanecendo estável. Independentemente disso, na ausência de esclarecimentos, os funcionários podem ficar ansiosos e assumir o pior cenário possível.

Considere a dinâmica local do alvo e também se as notícias locais podem ser um risco ou uma oportunidade. Considere um acordo de confidencialidade [em inglês, *nondisclosure agreement* — NDA], ou um comunicado de imprensa ou entrevistas embargados, com certos meios de comunicação locais influentes para controlar a narrativa do acordo. Entenda o risco de como o negócio pode ser percebido por uma economia hiperlocal. Considere se as notícias locais chegarão a determinados grupos de funcionários, como o turno da noite, antes das comunicações corporativas.

Para mensagens internas, considere as principais preocupações dos funcionários da empresa-alvo: ainda tenho um emprego? A quem vou me reportar? Como meu trabalho está mudando? Aborde as perguntas diretamente sempre que possível ou, se são desconhecidas, identifique que o processo de descoberta está em andamento e as decisões não foram tomadas. Sempre que possível, informe os funcionários — seus e da empresa-alvo — quando você poderá contar mais a eles.

Considere as mensagens que podem ser necessárias para outras partes, como clientes e fornecedores. E forneça suporte aos funcionários que terão que interagir com essas partes por meio de pontos de discussão alinhados às mensagens gerais do negócio.

4. Selecionar os canais de comunicação

Ao pensar nos canais de comunicação, confirme se todas as partes interessadas têm acesso a múltiplos canais de comunicação (por exemplo, internet, computadores, acesso móvel, transmissão de vídeo ao vivo etc.) que permitem amplo acesso às mensagens. Onde já existem boas políticas e práticas, pense em como aproveitar as mídias sociais. É importante monitorar como o negócio está sendo percebido nas mídias sociais para que você possa personalizar sua abordagem à medida que o planejamento da integração começa.

Os métodos tradicionais de comunicação — anúncios por e-mail, reuniões e conferências, vídeo ao vivo — podem ser complementados com outras dicas de marketing visual (por exemplo, cartazes em salas de descanso, sinalização local em pontos de entrada para fábricas) para criar entusiasmo. Considere outros mecanismos de marketing, como mala direta ou mensagens telefônicas gravadas, para públicos em que o horário do anúncio pode não estar alinhado aos horários de trabalho dos funcionários.

5. Estabelecer o timing e a presença

Determine quais membros da equipe de liderança você gostaria que estivessem presentes, onde e quando. Equilibre o nível de disrupção tanto no adquirente quanto na empresa-alvo para criar a priorização da presença física. Esteja ciente da percepção de "trazer a tropa" se apenas os executivos de aquisição precisarem aparecer no primeiro dia. Determine quem da equipe de liderança da empresa-alvo gostaria ou não que estivesse presente.

Contemple a agenda dos trabalhadores e se todos os turnos devem ouvir as notícias juntos, ou se a agenda de comunicações pode ser baseada em turnos (e se isso cria risco para o turno da noite se anunciar pela manhã). Em preparação para o anúncio, considere uma pré-sessão de liderança para preparar os principais líderes e confirmar os cronogramas finais.

Dia do Anúncio da Norwegian Cruise Line Holdings

Para ver como esses elementos se juntam, queremos falar sobre um Dia do Anúncio que pode servir como modelo de comunicação com as partes interessadas. Uma de nossas experiências favoritas foi o anúncio, em setembro de 2014, de que a Norwegian Cruise Line Holdings (norueguesa) concordou em adquirir a Prestige Cruise Holdings, operadora da Oceania Cruises e da Regent Seven Sea Cruises, por cerca de US$3 bilhões em dinheiro e ações. O acordo diversificaria a carteira da Norwegian ao unir as marcas super premium (Oceania) e luxo (Regent) com sua marca de mercado de massa Norwegian Cruise Line (NCL), conhecida por "cruzeiro de estilo livre" (sem horários definidos para refeições ou exigência de roupas formais), permitindo que a operadora concorra melhor com as rivais maiores, Carnival Corporation & plc e Royal Caribbean Group.

Este acordo foi um enorme sucesso graças, em parte, a uma estratégia bem concebida e bem executada para o Dia do Anúncio.

Os principais executivos incluíam Kevin Sheehan, CEO da Norwegian; Frank Del Rio, CEO da Prestige; e Andy Stuart, chefe de Vendas, Marketing e Experiência do Passageiro da Norwegian.

O acordo foi anunciado em 2 de setembro de 2014, com um comunicado de imprensa que explicava a lógica do acordo. E fechado no prazo em 19 de novembro de 2014. O acordo de US$3 bilhões, incluindo assunção de dívidas, incluiu sinergias identificadas de US$25 milhões no primeiro ano, com oportunidades adicionais pós-integração.

A lógica do negócio, conforme descrito pela Norwegian, era clara:

- Diversificação dos segmentos de mercado de cruzeiros através da aquisição de marcas super premium e luxo.
- Aprimoramento adicional das métricas financeiras de líderes do setor.
- Oportunidades de sinergias e compartilhamento de melhores práticas entre as marcas.
- Um aumento nas economias de escala proporcionando maior alavancagem operacional.
- A expansão da trajetória de crescimento e presença global.
- A oportunidade de complementar o programa de nova construção de navios da Norwegian com um pedido existente para a Regent que forneceu um crescimento de capacidade medido e ordenado até 2019.

A intenção que levou ao anúncio era fazer todo o possível para proteger e preservar a confiança e a proximidade que existe na comunidade de cruzeiros e garantir que, ao anunciar o acordo, todos — de funcionários a bordo a clientes embarcando em um cruzeiro NCL, Oceania, ou Regent — se sentissem tocados e conectados. O objetivo da Norwegian era criar uma experiência que garantisse que todos fossem "tocados a nível pessoal."

Primeiro, eles buscaram compreender todos os principais líderes da organização e de quem os funcionários gostariam de receber notícias sobre o acordo (por exemplo, do capitão do navio). A Norwegian desenvolveu mensagens para cada líder. Embora essa mensagem fosse semelhante, os materiais atenderam a cada respectivo público.

A Norwegian desenvolveu roteiros e calendários para os CEOs e CFOs. Eles e outros 10 importantes líderes das organizações tiveram seus calendários totalmente bloqueados um dia antes e dois dias após o anúncio da transação. Isso deu a eles blocos de tempo e também mostrou o quão sério eles tinham que levar o anúncio.

As notícias da transação deveriam ser mantidas em sigilo, então a noite anterior ao Dia do Anúncio foi a primeira vez que as notícias da transação foram comunicadas abaixo dos diretores da empresa. Neste dia, a notícia foi compartilhada com os vice-presidentes de ambas as organizações.

Ao mesmo tempo, foi realizada uma conferência de preparação — após o horário de trabalho — quando o "kit de ferramentas" para o dia seguinte foi compartilhado. A Norwegian também notificou antecipadamente a mídia confiável sobre o acordo, embora as entrevistas feitas no dia anterior estivessem sob embargo, que foi levantado às 6h do Dia do Anúncio. O comunicado de imprensa oficial também saiu às 6h da manhã.

Havia alguma preocupação sobre os funcionários saberem a respeito do acordo no caminho para o trabalho (especialmente em Miami), logo quando os funcionários chegaram, alguém na porta os cumprimentou, anunciando o acordo e entregando um folheto para obter informações para a conferência específica que o líder realizaria mais tarde naquela manhã.

Às 9h, Andy, chefe de Vendas, Marketing e Experiência do Passageiro da Norwegian, se levantou para falar na conferência com base em pontos de discussão desenvolvidos anteriormente e para responder a perguntas dos funcionários. Os CEOs Frank e Kevin estavam ao telefone com a mídia a maior parte do dia. Naquela tarde, a Norwegian entrou em contato com fornecedores e clientes — incluindo agências de viagens e passageiros (a Norwegian enfatizou as agências, e a Prestige seus passageiros, embora ambas as organizações tenham prestado atenção a cada um deles).

O alcance para com fornecedores incluiu pontos de contato intencionais com importantes grupos voltados para passageiros, como sindicatos, que representavam todo o talento que atuava a bordo dos navios. Ecoando a cultura geral que a Norwegian estava tentando promover, eles abordaram os fornecedores com transparência e honestidade, assegurando que, embora fosse muito cedo no negócio para saber como as coisas iriam evoluir, a Norwegian queria reconhecer as possíveis preocupações e eles continuariam a agir como parceiros de boa-fé. Fornecedores menores receberam cartas — mas todos foram contatados.

Frank e Kevin também responderam a perguntas dos funcionários na semana seguinte ao anúncio da transação.

Isso não aconteceu sem contratempos. Em Miami, o ramo de cruzeiros é uma comunidade pequena e unida. As pessoas que faziam parte da cena sabiam do negócio com antecedência (mesmo que estivesse oficialmente embargado). Originalmente, a equipe planejava anunciar o acordo na quarta-feira após o fim de semana do Dia do Trabalho. Em vez de encerrar todos os materiais de preparação na noite anterior, por causa do feriado, a equipe terminou todos os materiais antes do fim de semana do feriado.

Isso foi bom, porque o vazamento aconteceu no sábado do feriado do Dia do Trabalho.

Como os materiais para o anúncio haviam sido preparados com antecedência, tudo o que a equipe precisava fazer era adiantar a data para depois do feriado na segunda-feira e mudar a data nos materiais da quarta-feira seguinte para terça-feira.

O tempo total de preparação dos materiais e cronograma foi de cerca de duas semanas. Isso não era algo trivial, contudo não se pode simplesmente esperar até o último minuto para se preparar — você já trabalhou muito só para chegar a esse ponto. Como outros aspectos de F&A, um Dia do Anúncio bem orquestrado envolve muito trabalho em um curto espaço de tempo.

Todo esse trabalho da Norwegian rendeu dividendos. A reação dos clientes foi amplamente neutra — o que neste caso foi positivo. Não houve perda de clientes — uma preocupação real antes do anúncio do negócio. Enquanto alguns clientes da Prestige podem ter sentido que ser comprado pela Norwegian, com seu estilo "cruzeiro", foi uma deterioração das expectativas, a abordagem estilo *high touch* para o Dia do Anúncio fez com que eles sentissem que a Prestige os conhecia tão bem que entendia e abordaria suas necessidades.

Pelo lado das agência de viagens, os clientes disseram que apreciaram o alcance. A Norwegian as informou como essa fusão criaria novas oportunidades para elas fazerem *upsell*[*] de uma linha para outra e potencialmente criar "clientes para toda a vida". Embora não tivesse todas as respostas, a Norwegian deixou claro que as respostas estavam por vir. No curto prazo, nada mudaria para os clientes e o próximo ponto de contato deliberado seria quando houvesse algo empolgante para compartilhar sobre como a fusão estava avançando.

A reação dos funcionários também foi positiva. Aqueles que distribuíram panfletos naquela terça-feira de manhã escutaram diretamente dos funcionários que ouviram falar sobre o negócio no caminho para o trabalho e estavam entusiasmados com o momento. Se alguém não pudesse responder a uma pergunta específica de um funcionário, poderia anotá-la, passá-la para a equipe executiva e informar ao questionador que os executivos seriam capazes de respondê-la — e eles responderam.

O Dia do Anúncio da Norwegian continuou por um tempo. Nos dias seguintes, a equipe usou o "horário de expediente" para reforçar a ideia de que a liderança estava disponível e engajada. Aqueles que ficaram surpresos com as notícias ou que pensaram em perguntas mais tarde — especialmente no lado da Prestige — poderiam se envolver com o "outro lado", obter respostas para as questões e receber garantias. Isso reforçou o objetivo de ser colaborativo e aberto, ecoando no mundo do cruzeiro freestyle. Cortar essa importante linha de comunicação teria minado a confiança que eles estavam procurando construir.

A preparação de uma narrativa clara e eficaz também renderam dividendos no mercado. Os investidores reagiram positivamente, com o preço das ações da Norwegian subindo 11% no Dia do Anúncio. Um ano depois, as ações subiram quase 70%.

---

[*] [N. do T.]: O upsell é uma estratégia de vendas com o objetivo de incentivar o cliente a comprar uma versão mais completa, melhorada e de maior valor de um produto ou serviço. A ideia é aumentar as vendas e o faturamento ao mesmo tempo em que se propõe a melhorar a experiência do comprador com o seu negócio.

Conclusão

A estratégia de comunicação pode fazer a diferença entre o sucesso e o fracasso. A alta administração deve antecipar as demandas dos investidores e as expectativas de respostas muito antes de anunciar um acordo ao mercado — assim como a PepsiCo e a Norwegian fizeram. Dadas as altas apostas em F&A, conselhos e executivos seniores, que entendem as reais demandas dos investidores, usarão essas questões como um teste decisivo no processo de due diligence. Eles começarão a construir um programa de comunicação nos estágios iniciais de uma transação proposta. E, assim, serão capazes de comunicar uma história estratégica confiável, que permita aos investidores acompanhar as promessas da administração por meio da integração pós-fusão e fornecer aos funcionários algumas orientações que definirão algumas expectativas desde o início. Dito isso, como demonstram as evidências das ondas de fusões, os investidores acabarão vendo uma narrativa inconsistente se os adquirentes não entregarem.

É claro que os advogados alertarão as equipes de gestão sobre o que deve e o que não deve ser declarado nas comunicações. E algumas equipes de gestão podem simplesmente querer manter o sigilo como parte da cultura da empresa. Mas pode haver um preço alto associado a esse sigilo. Um novo relacionamento está se desenvolvendo entre a administração, os investidores e outras partes interessadas, à medida que tentam diferenciar os "bons" dos "maus". Quando os investidores estão em dúvida, eles tendem a assumir o último — o mesmo acontece com os funcionários.

Dessa forma, o Dia do Anúncio serve como o gonzo sobre a qual o seu negócio está suspenso — onde a tese do negócio, a due diligence e a avaliação se unem e definem o caminho que a nova organização seguirá imediatamente após o anúncio por meio da integração pós-fusão. O trabalho que o adquirente deve fazer para se preparar para um grande Dia do Anúncio não é trivial. No entanto, renderá dividendos. É, como observamos anteriormente, o ponto de inflexão da cadeia.

Seguindo o Dia do Anúncio — e talvez apenas uma taça de champanhe — os esforços formais de planejamento de integração, que são o assunto dos capítulos 6 e 7, começarão. Há muito o que fazer.

CAPÍTULO 6

Como Cumprirei Minha Visão e Promessas? Parte I

Da Estratégia de Negociação à Gestão de Integração Pré-Fechamento

Se você acha que trabalhou muito até este ponto e tomou muitas decisões, ainda não viu nada. A integração é onde a coisa fica séria.

Pode haver uma tendência a correr para o anúncio e tratá-lo como uma linha de chegada, mas tal atitude pode levar a tropeços. Os adquirentes podem estar mal preparados para o grande volume de trabalho envolvido na mudança para o planejamento da integração real. O processo requer a engenharia de um processo que envolverá até 10.000 decisões não rotineiras e altamente incomuns. E os líderes seniores terão que dedicar tempo e energia significativos enquanto o resto da organização nada em medo, incerteza e dúvida. E lembre-se, os investidores são inteligentes e vigilantes — eles acompanharão os resultados.

Na verdade, embora este capítulo venha após o Capítulo 5, que foca no Dia do Anúncio, os adquirentes precisam começar a pensar nos tópicos que abordaremos aqui e no Capítulo 7 bem antes de tornarem o negócio público. Saber quanto e de onde virão as sinergias e os recursos necessários para alcançá-las deve ser central para o processo de aprovação do negócio.

Decisões não rotineiras, grandes e pequenas, são abundantes no planejamento da PMI. Elas incluem como atingir o eixo de valor do negócio (crescimento versus custo ou alguma combinação dos dois) juntamente com um novo modelo operacional, como a estrutura de liderança de avanço deve ser criada para atender aos objetivos do negócio, mudança de liderança e amplitudes de controle, implementando novos sistemas de gestão empresarial, seja para fundir forças de vendas, onde estabelecer a sede e qual área imobiliária manter, e metas de sinergia específicas com proprietários por função e negócio.

A lista inclui questões aparentemente triviais, como horários diferentes às sexta-feira no verão e quais feriados e políticas de férias adotar. Muitas dessas pequenas decisões não rotineiras não quebrarão o acordo, mas precisarão ser feitas em algum momento. E quanto mais tempo as decisões ficarem sem ser tomadas, mais os funcionários ficarão fantasiando e distraídos do atendimento ao cliente, da qualidade do produto e da inovação.

Ao mesmo tempo, os adquirentes não devem entrar em conflito com a divisão antitruste do Departamento de Justiça [em inglês, *Department of Justice* — DOJ] nos Estados Unidos ou órgãos governamentais em outras partes do mundo (por exemplo, a Comissão Europeia, o Ministério do Comércio na China, etc). A lei Hart-Scott-Rodino (HSR) nos Estados Unidos exige que ambas as partes em uma fusão ajam como duas empresas separadas até que sejam legalmente uma. Embora possam fazer um planejamento significativo do PMI, elas não podem ir ao mercado ou operar como se fossem uma empresa só, também não podem compartilhar informações competitivas confidenciais que possam mudar a maneira como qualquer uma das partes fez negócios se o negócio não for concretizado. (Veja o quadro abaixo, "Salas e Equipes Limpas.")

Salas e Equipes Limpas

Salas limpas são um constructo de confidencialidade de dados que permite o compartilhamento e a análise de informações competitivas ou comercialmente sensíveis. As equipes limpas têm acesso privilegiado a essas informações sob protocolos específicos de salas limpas — regras que regem o acesso, compartilhamento, análise e distribuição de resultados de dados. Além de estar em conformidade com os regulamentos HSR, as salas limpas podem aliviar a ansiedade que qualquer um dos lados possa ter no compartilhamento de dados, até mesmo de permitir o uso máximo do tempo de planejamento entre o anúncio e o Dia Um.

Salas limpas são essenciais para vários casos de uso, incluindo acelerar o planejamento de integração, tomar decisões de modelo organizacional e operacional (por exemplo, serviços compartilhados versus suporte funcional dedicado) e identificar e avaliar potenciais sinergias (por exemplo, gastos sobrepostos de matéria-prima do fornecedor, precificação e otimização da rede da cadeia de suprimentos, racionalização do cliente, avaliação de oportunidades de vendas cruzadas).

Salas e equipes limpas são usadas para testar hipóteses desenvolvidas durante a fase de diligence. E, mais importante, desenvolver planos específicos pós-assinatura que serão implementados após o Dia Um. Por exemplo, tomar uma decisão de modelo operacional em uma força de vendas direta ou de distribuição exigirá conhecer a receita e a lucratividade do cliente, as contribuições de receita de vários mercados e as métricas de desempenho da força de vendas.

A análise da sala limpa começa com solicitações de dados separadas enviadas para ambas as partes do negócio, de modo que os dados comercialmente confidenciais possam ser carregados em um ambiente restrito, com acesso privilegiado apenas às equipes limpas. As equipes limpas geralmente são compostas por terceiros, incluindo consultores e um conselho jurídico externo, para garantir que ninguém com acesso a informações confidenciais seja empregado por nenhum dos lados se o

(continua)

(continuação)

acordo for abandonado. Líderes próximos da aposentadoria também podem estar envolvidos no processo.

Após a conclusão da análise, uma produção agregada com mascaramento e anonimização apropriados de informações confidenciais é primeiro analisada por advogados externos de ambas as partes. E, em seguida, compartilhada em conjunto com as equipes de integração relevantes. Por exemplo, oportunidades de venda cruzada podem ser desenvolvidas usando informações no nível do cliente. E, na sequência, agregadas em um produto ou nível geográfico para compartilhamento com o fluxo de trabalho de integração comercial. Dados detalhados, planos e iniciativas podem ser desclassificados e compartilhados com equipes relevantes para execução tática após o fechamento legal.

Planejamento de Integração: O Básico

O planejamento de integração fornece um curto período de tempo para transferir a tese do negócio entre os parâmetros de clientes, produtos, tecnologia, estratégia de entrada no mercado e talento em marcos e indicadores-chave de desempenho [em inglês, *key performance indicators* — KPIs], que são específicos e mensuráveis e manterão a continuidade dos negócios, cumprirão os compromissos operacionais e preservarão o ímpeto de ambos os negócios, ao mesmo tempo em que fornece os planos para alcançar pelo menos as sinergias prometidas. Este é o período em que os adquirentes planejam a transição do estado atual para o futuro, onde entregarão novo valor aos clientes ou operarão com uma estrutura de custos mais eficiente do que a existente no momento do anúncio — ou ambos.

O planejamento da integração deve atingir a três objetivos principais:

1. Manter o ímpeto em ambos os negócios (preservar os valores de crescimento).

2. Construir a nova organização (implementar novo modelo operacional e estrutura organizacional).

3. Entregar o valor prometido (exceder o desempenho implícito no prêmio).

Sem estrutura, processo e governança claros para atingir esses objetivos, a confusão reinará e os funcionários "ficarão imóveis". Confusão sobre funções e ritmo; falta de clareza nas estratégias pré-acordo e como traduzi-las em planos operacionais; e a incapacidade de antecipar e acalmar clientes, fornecedores e funcionários provavelmente levará ao caos. Os concorrentes usarão esse caos para explorar e roubar tanto os talentos quanto os clientes.

Quando essa espiral começar, o valor do negócio começará a vazar. Na falta de projetos funcionais que mapeiem o estado atual para os processos do estado futuro e os marcos relevantes, as sinergias prometidas desaparecerão. O movimento em direção à nova organização será adiado, corroendo a confiança dos funcionários. Os principais líderes e talentos vão embora, criando ainda mais confusão. A falta de clareza e planejamento para o rastreamento de sinergias pode levar à dupla contagem de sinergias com as melhorias de desempenho já planejadas. Deixar de entender e orquestrar a interação e o tempo das sinergias de custo e receita pode levar à redução de partes críticas da organização, necessárias para executar estratégias de sinergia de receita. Possivelmente até prejudicando o crescimento já esperado em qualquer empresa. Desagrado em demasia pode ter sérias consequências não planejadas.

Pelo lado humano, juntar duas organizações pode ser como um *destination wedding* onde duas grandes famílias se reúnem e se encontram pela primeira vez em um resort. Será que vão gostar um do outro? Da comida? E se eles não se derem bem? As emoções estarão à flor da pele em ambos os lados. E, se essas emoções forem ou não evidenciadas, elas não irão embora. Logo afetarão o trabalho dos funcionários e como eles se sentem em relação a si mesmos e a nova empresa.

Uma integração bem-sucedida envolve a transição perfeita da entidade adquirida para os sistemas, processos e cultura do adquirente — ou a criação de novos — enquanto potencializa as sinergias e executa uma estratégia definida para criar valor e aprimorar a marca corporativa.

Para alcançar uma integração bem-sucedida, aqueles encarregados de liderança devem entender:

- **O porquê:** Por que fizemos o acordo? Qual é a lógica estratégica do negócio? Quais são os drivers de valor do negócio? Que sinergias existem? E como vamos alcançá-las ou superá-las?

- **O qual:** Qual é o novo modelo operacional da entidade combinada? Quais peças serão totalmente integradas ou autônomas? A adequação cultural, processos, sistemas e recursos do alvo foram examinados de perto e incorporados no planejamento?

- **O quando:** Quando o planejamento e a implementação da integração começarão? Quais são as expectativas dos investidores sobre quando o valor será entregue pela aquisição? Quais partes da integração levarão mais tempo e consideração?

- **O quem:** Quem são os principais membros coorporativos em ambos os lados? Quem será o líder de integração? Que pessoal crucial estará envolvido para criar e executar o plano? Quem está envolvido e quem toma as decisões importantes sobre a integração? Quem são as pessoas mais importantes que queremos reter?

- **O como:** Como os processos e sistemas serão integrados? Que medidas precisam ser tomadas para garantir que cumpramos os regulamentos e as leis relevantes para chegar a um fechamento legal? Como estruturaremos um plano de comunicação que explicará efetivamente a aquisição interna e externa?

Cada aquisição é diferente. Não há uma resposta sobre como integrar com sucesso uma empresa-alvo nos negócios do adquirente. Porém, sem princípios orientadores, junto a uma abordagem formal e claramente definida para essa integração (muitas vezes referida como "estratégia de integração"), a confusão só será agravada, criando um Dia Um falho, com problemas de integração posteriores — comunicações de conteúdo leve, direitos de decisão confusos, fadiga dos funcionários por excesso de trabalho e preocupação com a autopreservação e decisões menos do que ideais. O planejamento pré-negociação e as premissas da fase de diligence serão perdidos, levando a interdependências funcionais perdidas, retrabalho e erosão da oportunidade de expandir ou acelerar sinergias.

Se isso parece muito, é. E os mal preparados sofrerão.

Modelos versus visão

Este não é um processo gerenciado com montes de modelos — esse é o jeito antigo e errado. Em vez disso, se trata de fornecer uma visão orientadora, estruturada e de governança que orientarão a tomada de decisões nas duas organizações à medida que navegam no processo de planejamento da integração.

É também sobre a gestão sênior tomar decisões importantes antecipadas — como qual sistema ERP (por exemplo, SAP ou Oracle) será o de escolha — para que as equipes possam trabalhar no planejamento da integração, em vez de se distrair com batalhas políticas previsíveis. Este capítulo e o Capítulo 7 fornecem princípios para evitar possíveis confusões e capitalizar o impulso do negócio para reunir as tropas, energizar os clientes e estabelecer as bases para os resultados a serem relatados aos investidores e conselho. Eles também mostram como minimizar interrupções e preservar o impulso.

Aqui, focamos no papel do *Integration Management Office* (IMO). É uma estrutura temporária que impulsiona a integração, tanto de cima para baixo quanto de baixo para cima. Trabalhando com decisões e planos de alto nível que foram criados antes do anúncio, o IMO produz um roteiro mais detalhado para o sucesso em toda a nova organização, com fluxos de trabalho direcionados com foco nos eixos de valor que guiarão as decisões. O IMO também manterá os executivos seniores intimamente envolvidos por meio do planejamento de integração, uma vez que é a a visão e estratégia de negócios que o IMO está executando.

Quanto mais planejamento e tomada de decisão forem feitos antes do fechamento, mais esse ímpeto impulsionará a nova organização para o Dia 1. E além para capturar sinergias, iniciar a execução da integração pós-fechamento e operar como uma empresa integrada. Quanto menos planejamento, quanto menos preparação, mais independentes as empresas estarão no Dia 1 sem um estado final integrado à vista — enquanto o relógio do custo de capital está correndo em todo o capital que foi pago antecipadamente. E o "ringfencing*", ou não integrar as empresas, é o início de uma marcha da morte, levando investidores, membros do conselho e funcionários a fazer a pergunta: "Por que compramos isso, em primeiro lugar?" E se eles não conseguem discernir uma boa resposta, vão embora.

Erros previsíveis

Em nossa experiência, mesmo executivos experientes cometem alguns erros previsíveis após o anúncio, que devem ser evitados.

Primeiro, tratam a integração como "negócios costumeiros" — algo para fazer além de seus trabalhos diários. Essa abordagem desconsidera a enorme quantidade de trabalho e decisões necessárias e os riscos de desviar as pessoas que realmente precisam manter o negócio funcionando contra a concorrência e atendendo aos clientes. Além disso, não entendem que as integrações têm muitas interdependências funcionais que os líderes em funções funcionais normalmente não têm ou assumem que outra pessoa está resolvendo.

Segundo, declaram que "tudo é importante" e falham em priorizar as decisões; nem estabelecem uma estrutura de governança coerente, levando a colisões, desencanto e, muitas vezes, caos. Terceiro, sem um roteiro das maiores decisões, eles vão empurrando com a barriga, atrasando ou adiando decisões que são "difíceis" diante da incerteza, às vezes com a esperança de que isso se torne o problema de algum outro líder no futuro.

Os adquirentes também podem retardar as decisões em um esforço para evitar ofender a empresa-alvo, prejudicar a cultura ou, pior ainda, declarar aos novos funcionários que "nada está mudando". Essa é a maneira perfeita de prejudicar a confiança no início do processo, porque será óbvio para todos que *muita coisa* mudará. Lembre-se, raramente houve uma "fusão de iguais" — uma frase que é usada repetidamente. Quanto menos decisões difíceis forem tomadas antecipadamente, mais difícil será depois para obter as reduções de custos ou aumentos de receita necessários para justificar o prêmio. Muita delicadeza

---

* [N. do T.]: ringfencing ou ring-fencing é quando uma parte dos ativos ou lucros de uma empresa é segregada financeiramente sem necessariamente ser operada como uma entidade separada.

e conversas alegres podem parecer boas, mas acabam levando a consequências negativas não intencionais. Lembre-se, me pague agora ou mais tarde, porém você vai pagar de qualquer maneira.

Por exemplo, em um caso, durante a aquisição de uma empresa de tecnologia promissora, o adquirente disse à empresa-alvo que não faria nada para comprometer seu "ingrediente secreto". Contudo, para a empresa-alvo, *tudo* fazia parte do ingrediente secreto — desde os privilégios de estacionamento até a comida grátis, políticas generosas de folga remunerada [em inglês, *paid time off* — PTO] e localização do escritório, até o produto matador (que é o que o adquirente pensava ser o verdadeiro ingrediente secreto). Assim, uma vez que o adquirente começou a mudar as políticas e os sistemas, a empresa-alvo sentiu que a confiança havia sido quebrada e os talentos começaram a sair pela porta.

Embora evitar os grandes erros seja um quesito básico, o segredo para uma integração bem-sucedida está nos detalhes. Muitas vezes, não é o grande erro que matará a integração; é a coleção de pequenos erros contínuos. O tempo está passando. A integração deve ser concluída enquanto você tem a atenção de todos e as partes interessadas executivas concordam que é *a* prioridade. Confie em nós: a última coisa que você quer é pedir ajuda dois ou três anos depois para assisti-lo com uma integração que deu errado.

Modelo Operacional e Abordagem de Integração: Trazendo a Tese do Negócio para a Realidade

O planejamento da integração começa com a intenção estratégica do negócio, mas também com ênfase em manter à vista o estado final. Se a equipe que trabalha nos planos de integração não conhece essa intenção, ou se a intenção estratégica for confusa, ter uma visão clara para o estado final e executá-la se torna realmente um desafio. Essa é uma das razões pelas quais os capítulos anteriores se concentraram na definição de uma estratégia clara e na tese do negócio desde o início do processo de F&A.

A tese do negócio dirige tudo o que se segue. Ela responde à pergunta de por que o adquirente optou por fazer *esse* negócio em primeiro lugar, bem como a lógica e as premissas desse negócio para a criação de valor.

Simplificando: por que a empresa combinada é mais valiosa em conjunto do que separadamente? A abordagem de integração de um negócio baseado em reduções de custos é fundamentalmente diferente de um embasado em crescimento. Os negócios orientados por custos normalmente buscam redundâncias de back office, enquanto os orientados ao crescimento da receita (também conhecidos como negócios estratégicos) começam e terminam com a oferta do cliente. Na realidade, a maioria dos negócios será uma combinação dos dois. E haverá uma tensão entre esses dois eixos de valor que terá que ser resolvido.

Concentrar-se na tese original do negócio ajudará a alinhar os líderes, fornecendo-lhes o Porquê. A estratégia subjacente ao acordo também ajudará a responder a outras questões fundamentais sobre objetivos de curto e longo prazo, incluindo nível de esforço, tempo e papel das várias partes envolvidas e questões como:

- Qual é o valor de juntar essas empresas?
- Como a nova entidade irá ao mercado de forma diferente?
- Quanto as duas empresas precisam ser integradas e de que maneira?
- Com que rapidez o design da organização deve se mover para prepará-la para operar de maneira integrada, com um novo modelo operacional à luz das mudanças nas expectativas dos clientes e nos movimentos dos concorrentes?
- Como a nova entidade irá superar as sinergias de custo e receita que já foram anunciadas?

Modelo operacional

Cada organização já terá um modelo operacional: uma estrutura organizacional que orienta como o negócio é executado em diferentes partes da companhia; um modelo de prestação de serviços que orienta como as partes da organização interagem e o nível de centralização de várias funções de suporte; e processos de governança, normas comportamentais e direitos de decisão que governam quem toma decisões específicas. Tomado em conjunto, o modelo operacional é uma referência para traduzir estratégias em como a organização aproveita suas capacidades para encantar os clientes de uma forma que cria valor para a empresa. O planejamento da integração necessariamente muda parte ou o total disso, porque a nova entidade combinada provavelmente terá um novo modelo operacional.

O novo modelo operacional é a resposta de como a organização recém-fundada administrará os negócios de maneira diferente, como gerará valor de maneira diferente do que cada organização fazia antes. Isso inclui os modelos operacionais de nível empresarial e de negócios (como unidades de negócios separadas interagem e usam serviços compartilhados para apoiar a entrada no mercado de maneira diferente) e modelos operacionais funcionais (como pessoas, processos e tecnologias podem mudar por função para atender às necessidades dos negócios — desde reembolsos de despesas e viagens, aprovações de pessoal e compliance até terceirização versus folha de pagamento de deslocalização e assim por diante).

O novo modelo operacional conecta a tese do negócio e as estratégias de negócios de uma empresa com as capacidades, os processos e a estrutura organizacional. E informa a resposta para perguntas como: dados dos mercados que são fundamentais para nosso crescimento futuro, e como estruturamos nossa organização para alcançá-los? Quanto devemos centralizar serviços, direitos de decisão e governança? Como devemos redesenhar os incentivos para promover os comportamentos corretos por parte dos funcionários?

O modelo operacional não é o design da organização. O design organizacional, que discutimos no Capítulo 7, está preocupado com os papéis e as pessoas dentro do novo modelo operacional. O modelo operacional em si tem tudo a ver com as mudanças que virão na forma como a organização combinada faz negócios: quem faz o quê, onde e quando, e como será diferente do que era antes.

Lembre-se, a aquisição ocorreu devido a uma oportunidade que não estava disponível para nenhuma das organizações, portanto, a mudança deve ocorrer. Isso potencialmente significará quebrar uma parte da organização que parece estar funcionando bem para acomodar o futuro, mas não deve ser uma surpresa. Isso pode envolver, por exemplo, o DOJ dos EUA exigindo o desinvestimento de uma parte de qualquer um dos negócios. O adquirente não deve se surpreender e já deve ter uma ideia geral de quais áreas de negócios estão se sobrepondo e podem exigir uma solução.[1]

Um exemplo de um novo modelo operacional vem das mudanças decretadas durante a fusão de dois fabricantes de componentes de alta tecnologia, cada um dos quais tendo ganho aproximadamente US$2 bilhões em receita no ano anterior. Ambas as empresas possuíam e operavam fábricas em todo o mundo, e cada uma serviu como fabricante de equipamento original [em inglês, *original equipment manufacturer* — OEM] para empresas industriais e de alta tecnologia da Fortune 50. A aquisição permitiu ao adquirente dobrar sua capacidade. Mas em vez de olhar para esta oportunidade através de uma lente de custo para gerar economias de escala adicionais, o CEO do adquirente assumiu uma posição ousada. Ele entendia que — como acontece com muitos OEMs — eles corriam o risco de serem comoditizados e marginalizados por seus clientes. O ato de agradar seus clientes reduzindo custos com base no volume é uma via de mão única para um beco sem saída onde, eventualmente, apenas alguns fornecedores podem sobreviver. Não importa quantas aquisições ele fizesse, o CEO entendeu que usando esse foco de custo, apesar da natureza muito avançada da tecnologia das fábricas, a chance da empresa sobreviver e prosperar no longo prazo seria pequena.

O CEO também entendia mais do que muitos dos colegas que as fusões e aquisições podem criar um momento poderoso de mudança. Ele também estava ciente de que é o momento mais natural em que as partes interessadas — os executivos, funcionários, clientes, fornecedores — se perguntam: "Que mudança essa transação causará?"

A empresa adquirente tinha 14 fábricas com capacidades ligeiramente diferenciadas. Algumas chegaram à empresa por meio de aquisições passadas sob a liderança anterior. Cada uma foi otimizada para seu próprio plano. Com a empresa-alvo não foi tão diferente, com 16 fábricas. As fábricas de ambas as empresas colaboraram, porém estavam focadas em otimizar os próprios rendimentos, eficiência, satisfação do cliente e investimento de capital. A aquisição certamente ofereceria oportunidades para o adquirente reduzir os custos gerais e administrativos combinados na sede, aumentar o poder de compra para gerar economia de custos em gastos diretos com materiais e, em certas áreas, habilitar tecnologias avançadas em mercados em crescimento, como veículos elétricos.

Contudo, em vez de pressionar a equipe para otimizar essas oportunidades, o CEO insistiu que o time reestruturasse o modelo operacional para exibir um nível mais alto de verdadeira complexidade do mercado final, subir no mercado para ofertas de margens mais altas e ser conhecido por ser o melhor para alguma coisa — sejam veículos elétricos, smartphones ou suprimentos médicos.

Em vez de ter 30 fábricas, e tentar ganhar em qualidade e preço, ele forçou a equipe a colocar o mercado final do cliente em primeiro lugar e a pensar nas fábricas juntas como capacidades para atender a quatro mercados finais: comunicações, automotivo, médico e industrial. O CEO aprimorou a visão para uma empresa focada no mercado final, quais eram os principais diferenciais em relação ao mercado final (sejam certas tecnologias importantes para radares ou a tecnologia lidar em veículos elétricos versus projetos de retorno rápido no setor de comunicações ou requisitos de materiais específicos em medicina) e como eles poderiam se organizar em torno dessa visão e superar as demandas de seus clientes.

A aquisição proporcionou a oportunidade de mudar o paradigma e os direcionadores de valor da empresa, alterando o modelo de atuação e a estrutura de incentivos. Isso, por sua vez, deu início a um rápido processo de design organizacional para cuidar não apenas de questões relacionadas a F&A, mas também aquelas relacionadas à combinação das duas organizações de fábricas relativamente autônomas para uma empresa com quatro unidades de negócios focadas no mercado final.

Um modelo operacional claro é fundamental para uma abordagem de integração sólida: porque e como a organização integrada vai operar de maneira diferente forma a base para as escolhas concretas sobre como as duas organizações serão combinadas.

Abordagem de integração, governança e princípios orientadores

A abordagem de integração — o que muitos chamam de "estratégia de integração" — envolve decisões iniciais destinadas a traduzir a tese do negócio no modelo operacional de estado final desejado — ou seja, a abordagem, governança e os princípios que guiarão a jornada do presente para o futuro. Há muitos caminhos e abordagens que podem ser tomados, mas a abordagem de integração define os parâmetros dentro dos quais essa fusão específica irá operar.

Regras do caminho claramente definidas ajudarão a equipe sênior de integração a enfrentar a dura realidade no cerne do planejamento — priorização. A priorização é importante, porque as equipes devem saber o que está no escopo da integração e como definir o ritmo certo e determinar se isso acontecerá de uma só vez ou em fases.

Uma estratégia de negócio e um modelo operacional claros são essenciais, porém também são um pouco teóricos. A abordagem de integração é tudo menos isso: agora você precisa começar a enfrentar escolhas práticas.

As cinco questões centrais da abordagem de integração se referem a:

1. **Ritmo:** Com que rapidez deve ser feita a integração?
2. **Grau:** O que está dentro, o que está fora e quais partes dos negócios serão totalmente integradas?
3. **Fase:** A integração acontecerá de uma só vez ou em fases distintas ao longo do tempo?
4. **Tom:** É orientado ao adquirente ou colaborativo ou alguma combinação?
5. **Comunicações:** O que, quando, como e para quem as principais decisões serão comunicadas?

Diferentes tipos de negócios exigirão abordagens diferentes. Além disso, mesmo dentro de classificações típicas de negócios pode haver níveis de complexidade muito diferentes (desde alcance geográfico a considerações antitruste), seja uma transformação completa que leva a uma organização totalmente nova; uma consolidação, combinando duas organizações de negócios semelhantes em uma maior; um "tuck-in", onde o adquirente absorve a empresa-alvo; ou um "bolt-on", onde o front office da empresa-alvo é deixado intacto, mas o back office é integrado ao do adquirente. Embora possa ser tentador colocar esses diferentes tipos de negócios em uma matriz com regras para cada um, negócios diferentes geralmente terão características diferentes, com alguns elementos de cada um exigindo abordagens de integração diferentes.

A natureza do negócio e a complexidade delimitarão algumas das escolhas em torno de cada elemento. Para um tuck-in com um prêmio alto, por exemplo, a integração deve ser rápida e acontecer quase de uma vez só, com o adquirente dando o tom. Em um negócio mais complexo, a consolidação do back office pode precisar acontecer rapidamente, mas a racionalização da cadeia de suprimentos pode levar mais tempo e exigir mais colaboração em certas áreas do que em outras. A combinação de dois sistemas ERP diferentes pode exigir um modelo operacional de estado provisório em que ambos os sistemas sejam executados em paralelo por pelo menos um ano até que a transição para um sistema apenas possa acontecer.

Por exemplo, duas grandes empresas de cosméticos, com operações em várias áreas geográficas, e dois modelos operacionais distintos nos Estados Unidos, se fundiram no que pode ser chamado de acordo de consolidação. Uma era forte no mercado de autoatendimento de massa (por exemplo, Walmart e Target), enquanto a outra se concentrava em grandes lojas de departamento que usam consultores de beleza. A primeira fase da integração foi a consolidação do back office e integração comercial onde, embora houvesse alguma sobreposição de canais, os modelos operacionais foram mantidos intactos. Porém, imediatamente haveria um rosto para os clientes (varejistas). A próxima fase se concentrou na integração da cadeia de suprimentos que envolveu a consolidação do armazém e a internalização da produção de fragrâncias da empresa-alvo. A terceira fase foi a "tarefa crítica" e se concentrou na união de sistemas ERP díspares.

Antes de estabelecer o IMO, que supervisionará as tarefas monumentais do dia a dia da arrancada até o Dia 1, o novo CEO se reunirá com os subordinados diretos que foram escolhidos (o que chamamos de liderança L1) e a liderança do IMO para estabelecer um entendimento comum — linhas gerais e expectativas — de como a integração prosseguirá, particularmente em torno dos direitos de decisão. Eles concordarão sobre quais tipos de decisões precisarão de consulta com a equipe L1, que pode não estar envolvida com a integração no dia a dia, e aquelas questões que exigiriam escalação para o conselho. O conselho, em sua função de supervisão, deve estar bem informado sobre a abordagem e a governança para a integração.

Entre as decisões estarão a composição e o papel do comitê diretivo executivo [em inglês, *executive steering committee* — SteerCo] — o árbitro final das principais decisões. O SteerCo geralmente compreende, pelo menos, os CEOs de ambas as empresas, especialmente em grandes negócios materiais. Também pode ajudar ter o COO ou o CFO que esteve envolvido desde o início da aquisição para que possam explicar aspectos financeiros potencialmente confusos e expectativas de sinergia do negócio. O SteerCo pode ratificar as decisões recomendadas pelo IMO, esclarecer questões estratégicas sobre o acordo, arbitrar grandes conflitos que a liderança do IMO não pode resolver e dar o sinal verde e financiar programas de sinergia.

O CEO e a equipe também devem ter clareza para os princípios orientadores serem consistentes com o tom da integração. O adquirente tem controle total ou o processo será mais colaborativo? Se a fusão for totalmente orientada pelo adquirente, seja claro sobre esse fato desde o início. Pode ser uma combinação dos dois, onde as equipes de vendas colaborarão e usarão as melhores práticas de ambos, mas os processos e sistemas de back office se moverão rapidamente e seguirão a abordagem do adquirente.

Outros princípios podem incluir determinação sobre perfeição, velocidade sobre a elegância, funções sobre as pessoas, orientação como "não sofra em silêncio", usando "nós" e não "nós e eles" ou não tomar ações que ameacem a satisfação do cliente atual. Embora alguns deles possam ser definidos pelo acordo, acordos maiores e mais complexos exigirão princípios explícitos para diferentes negócios que ajudarão a orientar a integração a longo prazo.

Com efeito, a abordagem de integração e os princípios orientadores ajudam a definir as expectativas para a nova organização. A equipe sênior deve se certificar de que a abordagem seja lógica, dada a análise racional econômica da transação e que as ações subsequentes sejam consistentes com as expectativas que estabeleceram para a organização. Em tempos de tensão e dúvida, a gerência e os funcionários precisarão se sentir confiantes de que a equipe sênior está alinhada e de acordo.

A abordagem de integração também deixa claro quais trade-offs são aceitáveis. "O que você vai sacrificar?" é uma questão fundamental neste processo. Nenhuma sinergia, nenhuma mudança, vem de graça ou sem risco. O EPS pode precisar ser sacrificado inicialmente para ter uma integração mais suave que ira criar mais valor posteriormente. A reestruturação pode exigir o gasto de um capital precioso agora para substituir o grupo de TI ou contratar pessoal ou substituir o ERP. Isso pode ser realmente necessário para criar uma organização integrada e ainda arriscar EPS no curto prazo. Está tudo bem ou está fora de questão? O que de fato é inegociável? Perguntas como essas devem ser abordadas e respondidas antes de iniciar um IMO. Muitas dessas decisões serão comunicadas nas reuniões iniciais (que abordamos na seção IMO, abaixo), contudo precisam ser decididas antecipadamente em linhas gerais pela liderança sênior.

Um exemplo proveitoso de definição de abordagem, princípios e explicitação de trade-offs vem da aquisição pela Deloitte Consulting, em maio de 2009, da prática federal da BearingPoint, o antigo braço de consultoria da KPMG — uma transação grande para a Deloitte. A BearingPoint tinha mais que o dobro do tamanho da prática federal da Deloitte em receitas e pessoas. No Departamento de Defesa (DOD)/setor de inteligência, por exemplo, a receita aumentou de US$14 milhões para mais de US$150 milhões com o acordo.

A liderança da prática federal da Deloitte foi enfática em reter os talentos da BearingPoint. Consultoria é um negócio de relacionamento, onde os líderes geram receitas diretamente. "Assustar o rebanho" poderia resultar em um êxodo maciço de talentos. No entanto, cada empresa tinha um modelo operacional radicalmente diferente quando se tratava de equipes de funcionários. Na Deloitte, a equipe profissional vinha de um grupo de pessoal geral pelo qual os parceiros tinham que competir, enquanto na BearingPoint os parceiros "possuíam" sua equipe dedicada.

A liderança da Deloitte tomou a decisão de prosseguir com o seu modelo operacional, entretanto avançar lentamente para evitar que os funcionários se sentissem forçados a qualquer coisa: "Precisamos que fiquem" foi um princípio orientador. A liderança se reuniu pessoalmente com cada líder dos sete setores da prática da BearingPoint — quase 75 — mostrando um interesse genuíno em seu desenvolvimento pessoal e de carreira na Deloitte, bem como em seu bem-estar geral. A Deloitte passou um ciclo inteiro de desempenho criando novas funções e metas, onde o foco estava em manter a equipe unida — ou seja, nem penalizada nem marginalizada, porque não vieram da Deloitte.

Outro princípio orientador importante foi evitar o uso de "nós contra eles". O "nós" agora tinha um banco de talentos que poderia recrutar melhores candidatos, atender clientes maiores, ter melhores relacionamentos e propor projetos muito maiores. Ao longo de três anos, a plataforma combinada cresceu rapidamente com profissionais recém-contratados representando quase um terço dos negócios.

Uma coisa que teve que ser rápida — muito rápida — foi a preparação para o Dia 1, apenas seis semanas após o anúncio. Esse grande empreendimento exigiu armar cerca de 4.250 novos funcionários da Deloitte com seus novos crachás, laptops, e-mails e credenciais de rede, além de pacotes de remuneração e benefícios no Dia 1. A integração no Dia 1 foi tão grande que a Deloitte alugou o centro de convenções de Washington D.C. para o evento. A prática federal da Deloitte se tornou conhecida como um dos principais personagens da consultoria federal. E o aprendizado dessa integração beneficiou os clientes, bem como os negócios subsequentes de serviços profissionais da empresa.

Aqui, você pode ver como uma abordagem e princípios fundamentados podem guiar o plano para uma integração bem-sucedida e rápida quando necessário. Esses princípios e a abordagem de integração vão além do mero planejamento. E afetam a experiência do funcionário e a preparação para o Dia 1 (tópicos que abordamos em profundidade no capítulo 7).

O Gabinete de Gestão da Integração*: O Condutor Supercarregado para o Planejamento da Integração

O IMO é a estrutura viva, que respira — embora temporária — e lidera os esforços de integração. Ele permanece separado do negócio em andamento por design e facilita a governança de baixo para cima e de cima para baixo. O IMO identifica o que deve ser feito no Dia 1 e no estado final (o que chamamos de Dia 1 e estado final "obrigatórios"). Ele identifica os riscos de fazer dentro desse escopo — e ajuda a chegar a um consenso sobre o que é uma prioridade não negociável para o Dia 1 ou o que pode ser deliberadamente adiado. Quando surgem conflitos ou há prioridades concorrentes, o IMO faz a ligação ou escala a questão para o SteerCo executivo. A estratégia de F&A, a due diligence, o valuation e o

---

* [N. do T.]: Em inglês, *Integration Management Office* — IMO.

anúncio estão focados na criação de valor para o adquirente. O objetivo do IMO é direcionar e acelerar a execução para realizar esse valor.[2]

O IMO deve ser uma máquina de priorização supercarregada para organizar e estabelecer fluxos de trabalho, coletando informações e ideias tanto do adquirente quanto da empresa-alvo, levantando questões e problemas que precisam ser resolvidos, estabelecendo metas de sinergia por negócio e função, desenvolvendo ideias que se traduzirão em projetos para entregar as metas, tomar decisões e identificar o Dia 1 versus os requisitos e interdependências do estado final que devem ser gerenciados em fluxos de trabalho para o Dia 1 e além.

O trabalho do IMO é cumprir a promessa da estratégia de negócios e do novo modelo operacional e evitar a confusão lamacenta das equipes sempre competindo entre si operando em seus silêncio. Ele deve impulsionar a nova organização até o Dia 1 em direção ao modelo operacional de estado final e além.

O ritmo e a quantidade de trabalho podem parecer esmagadores, especialmente devido ao curto período de tempo disponível. E é verdade: isso é um *sprint*. Respire fundo.

Integrar duas organizações por motivos que inicialmente podem não ser bem compreendidos ou onde há muitas opiniões sobre como as coisas devem ser feitas é muito parecido com ser o maestro de uma orquestra. O papel do IMO é — mais do que tudo — o de um maestro, orquestrando a atenção das equipes de integração sobre as coisas certas para se fazer na hora certa, dentro das orientações e regulamentos legais. Sem dúvida, há muito talento em ambos os lados. Os talentos da empresa-alvo não chegaram lá por acaso. E essa pode ser uma grande razão pela qual você os queria em primeiro lugar. Contudo a autopreservação, e o melhor para sua função ou negócio, será seu foco. Isso também vale para os talentos do adquirente. A liderança do IMO deve evitar isso, lançando um esforço coordenado.

A governança do IMO impede que as pessoas façam as próprias coisas e tomem as próprias decisões — o que leva ao caos e confusão, e às pessoas vibrando no lugar, cheias de ansiedade e incertas sobre o que fazer. Nesta função, o IMO é um órgão de sequenciamento e priorização, com o objetivo de obter os mínimos necessários para um Dia 1 sem falhas, sem impacto negativo no cliente ou funcionário. O IMO também desempenha uma função de controladoria. Ele monitora e desafia as estimativas de custos únicos e contínuos que surgem dos planos dos fluxos de trabalho para atividades de integração operacional, bem como sinergias.

O IMO permite que as decisões sejam recomendadas profundamente dentro dos fluxos de trabalho de integração (de baixo para cima) levando a decisões que serão ratificadas pelo SteerCo (de cima para baixo) em relação ao design e à liderança da organização, ao planejamento e rastreamento de sinergias (tanto trabalhistas quanto não trabalhistas), e à transição para execução pós-fechamento da visão de estado final para a empresa combinada. O IMO deve ser ágil para que a liderança possa tomar decisões rapidamente e revisá-las, se necessário, à medida que novas informações surgirem.

Embora a estrutura do IMO seja essencial para a integração, não pode ser superprojetado ou ter muitos processos, porque isso resultará no oposto do que se pretende alcançar — velocidade, agilidade, eficiência. Existe um perigo adicional em se concentrar demais no processo: o foco das equipes pode mudar, de definir e rastrear resultados para apenas publicar seus relatórios. Além disso, o IMO é transitório. Se durar muito, deixará um legado de processos que não são úteis para a nova organização. Não se esqueça: o IMO é dispensável ao fazer a transição para os negócios normais.

Na verdade, parte da missão do IMO é definir quando o próprio IMO será totalmente dissolvido. Definir o que significa "pronto" — quando a integração estiver concluída — é parte integrante do planejamento e varia entre as integrações, dependendo das complexidades e interdependências dos fluxos de trabalho. A equipe executiva e os líderes de integração precisarão saber quando tiverem cruzado a linha de chegada. No ideal, o estado final é definido como quando as duas empresas estão operando no mercado como uma só e o valor da tese do negócio está a caminho de ser plenamente realizado.

Liderança, fluxos de trabalho e pessoal

Liderar um programa tão complexo — mesmo temporário — requer seriedade. O chefe do IMO, o executivo de integração, deve conhecer os negócios e a sua estratégia. Também deve ser capaz de impor respeito e conseguir que os líderes de negócios do adquirente e da empresa-alvo façam o que for necessário para apoiar as atividades de integração necessárias. Executivos e outros líderes podem resistir à mudança à medida que a forma de vida profissional muda e, sem uma direção clara, podem fazer o que *eles* pensam ser do melhor interesse da organização combinada — o que pode estar em desacordo com a própria estratégia de integração.

Não há outra maneira de dizer isso: o executivo de integração fará ou não sucesso. Quanto mais isso deve ser feito, mais forte o IMO deve ser. Ter um chefe de programa fraco é um grande passo para o fracasso. O executivo de integração deve ser capaz de reunir recursos dedicados tanto em termos de equipe em tempo integral quanto em atenção de outros líderes da organização. Ele também deve ter acesso ao CEO.

Em uma das fusões mais bem-sucedidas em que estivemos envolvidos (que discutiremos com mais detalhes no final deste capítulo), o CEO escolheu o chefe da maior e mais bem-sucedida unidade de negócios para executar a integração. Essa nomeação de alto nível serviu como um sinal para toda a organização da importância dada à integração e também ajudou o IMO a obter os recursos e a atenção necessários para realizar o trabalho. Isso pode parecer paradoxal — pegar um líder forte e usar seus talentos no que parece ser um gerenciamento de projetos rotineiro —, mas executar um grande esforço de integração é tudo, menos rotineiro.

O líder do IMO deve ser um tomador de decisões eficazes. Ele refinará a narrativa principal — a visão convincente para o negócio — e impulsionará as mudanças e comunicações, definirá o ritmo das decisões relacionadas ao modelo operacional, supervisionará os esforços das equipes limpas, o design da organização e o planejamento de sinergias e identificará as principais iniciativas pós-fechamento que conduzirão a maior parte do valor do negócio.

A escolha do líder do IMO deve refletir a importância da integração. Dito isto, escolher o líder do IMO também significa limpar a agenda, porque ele precisará ter tempo suficiente para fazer o trabalho de forma significativa, com sucesso. A função será intensa.[3]

O IMO gerencia os fluxos de trabalho que compõem a estrutura de planejamento de integração. Além dos fluxos de trabalho funcionais típicos, como jurídico, RH, TI e finanças, pode haver outros fluxos de trabalho vinculados ao novo modelo operacional da empresa, como a internalização de atividades anteriormente terceirizadas ou a fusão de negócios. Para a Norwegian Cruise Lines Holdings, que discutimos no capítulo 5, isso significava fluxos de trabalhos como operações de navios, call centers e excursões em terra. Cada fluxo pode se dividir em vários subfluxos com a própria liderança, organogramas e metas de sinergia. Por exemplo, as finanças terão fluxos de trabalho de impostos, tesouraria e FP&A, que se reportam aos líderes funcionais de finanças. (Veja a figura 6-1.)

FIGURA 6-1

A estrutura de gestão de integração da Norwegian

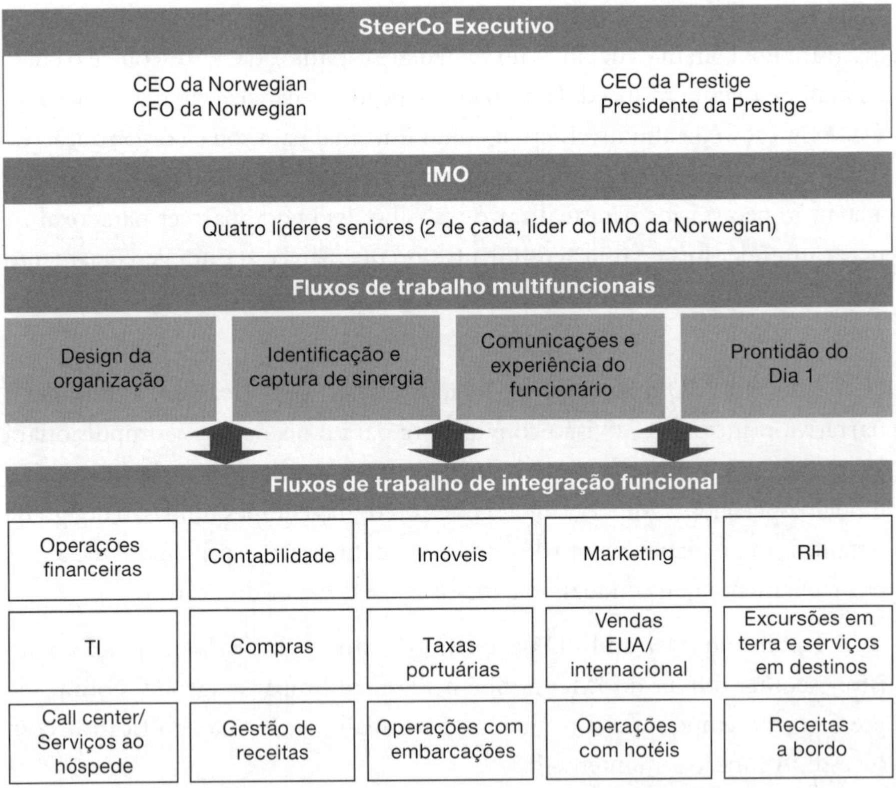

SteerCo Executivo	
CEO da Norwegian CFO da Norwegian	CEO da Prestige Presidente da Prestige

IMO
Quatro líderes seniores (2 de cada, líder do IMO da Norwegian)

Fluxos de trabalho multifuncionais			
Design da organização	Identificação e captura de sinergia	Comunicações e experiência do funcionário	Prontidão do Dia 1

Fluxos de trabalho de integração funcional				
Operações financeiras	Contabilidade	Imóveis	Marketing	RH
TI	Compras	Taxas portuárias	Vendas EUA/ internacional	Excursões em terra e serviços em destinos
Call center/ Serviços ao hóspede	Gestão de receitas	Operações com embarcações	Operações com hotéis	Receitas a bordo

Haverá também fluxos de trabalho que atravessam todos os outros. Essas equipes multifuncionais (o assunto do capítulo 7) normalmente se concentram em sinergias, design da organização, comunicações e experiência do funcionário e prontidão para o Dia 1. Para carve-outs, onde você está comprando um negócio de outra empresa, os acordos de serviços de transição [em inglês, *transition services agreements* — TSAs] seriam um fluxo de trabalho multifuncional comum. As equipes multifuncionais são essenciais não apenas porque permitem a colaboração entre as funções e cristalizam as interdependências, mas também porque reconhecem e ajudam a diminuir os conflitos políticos que geralmente surgem.

Definir a liderança dos fluxos e subfluxos de trabalho é um importante passo inicial no processo de aprendizado mútuo entre as duas organizações. Os fluxos de trabalho geralmente são compostos por líderes funcionais ou de negócios relevantes de ambas as partes — geralmente chamados de "dois em uma caixa*". A abordagem permite o benefício total da experiência, conhecimento e compartilhamento de ideias de ambos os lados — e a oportunidade de colaborar para obter ganhos rápidos. É um grande erro subestimar o que pode aprender com a experiência de negócios dos profissionais do outro lado.

Como um de nossos colegas brinca: "Você precisa escolher as pessoas certas, não as erradas". O que ele quer dizer é que você pode ficar tentado a escolher pessoas que não estão ocupadas para liderar os fluxos de trabalho e que, se forem destacadas para a estrutura do IMO, não atrapalharão os negócios normais. Isto é um erro. As melhores pessoas são, na verdade, as mais ocupadas; elas vão querer fazer as coisas para que possam voltar plenamente para suas unidades de negócios ou cargos corporativos. Essa abordagem não é isenta de perigo. Pode pôr em risco os negócios como de costume de hoje. Também pode haver tensão entre os empregos diários dos líderes e o IMO. Na verdade, mais do que tensão — os empregos que os líderes deixaram para participar do IMO podem não estar lá quando sua designação temporária for desfeita. Mas se estiver ciente desse risco, poderá garantir que esses funcionários talentosos retornem a ótimos empregos na nova organização após a conclusão do planejamento e da execução.

---

* [N. do T.]: Do inglês *"two-in-a-box"*, este é um termo usado para descrever como as organizações trabalham juntas/colaboram enquanto governam/gerenciam aspectos do negócio. Isso inclui ter relacionamentos ponto a ponto em vários níveis. É uma parte importante chamado de estrutura de gerenciamento em camadas.

Governança e cadência

A estrutura do IMO, em última análise, reflete as decisões que já foram tomadas sobre o novo modelo operacional. Ele projeta reuniões iniciais, a cadência de reuniões semanais com a liderança do IMO, consultores externos e SteerCo e workshops de interdependência. Ele define e atribui metas de sinergia, lidera o desenvolvimento de um conjunto priorizado de iniciativas e projetos que entregarão metas de sinergia, facilita as comunicações, sequencia as prioridades pós-fechamento e facilita as decisões e ações necessárias para um Dia 1 bem-sucedido. (Veja a o quadro abaixo, "Habilitando tecnologias na integração pós-fusão.")

Qual deve ser o tamanho da estrutura do IMO e do fluxo de trabalho? Como com qualquer pergunta similar a esta, a resposta é que isso varia. A dinâmica do IMO é orientada pelo escopo, escala e grau de integração — pela complexidade. E lembre-se: o tamanho do negócio nem sempre equivale à complexidade (embora muitas vezes sim). A complexidade depende da estratégia do negócio, do modelo operacional, do grau e dos tipos de mudança que serão necessários durante a integração.

Uma cadência semanal típica começa com uma reunião do líder de integração e outros membros da liderança do IMO, que normalmente inclui líderes financeiros seniores de ambos os lados. Nessa reunião, eles falarão sobre as áreas de foco do programa da semana: as principais decisões que precisarão ser tomadas e as ações que o líder de integração precisará tomar para impulsionar a agenda e mitigar riscos. Isso permite que o IMO atue como um mecanismo de força para que as equipes se concentrem nas coisas certas. Nesta reunião, a liderança revisa as atividades e relatórios da semana anterior para garantir que as questões certas estejam sendo levantadas e as questões prioritárias estejam sendo resolvidas, que as equipes tenham os recursos necessários e que o programa de sinergia esteja no caminho certo.

Parte disso pode parecer mundano — um fluxo de trabalho pode não cumprir suas metas semanais e estar fora de curso simplesmente porque tem recursos insuficientes —, porém essa revisão e definição de prioridades para a semana são essenciais para manter o programa nos trilhos até o Dia 1.

Habilitando Tecnologias na Integração Pós-Fusão

Várias tecnologias de PMI foram desenvolvidas para permitir que um adquirente entenda a enormidade dos fluxos de dados e informações existentes, identifique rapidamente decisões críticas, projete processos de estado futuro, planeje e acompanhe o progresso de planos de integração, meça o sentimento dos funcionários e gerencie complexidades inerentes a grandes negócios internacionais. Elas permitem que o adquirente acompanhe e gerencie uma imensa quantidade de dados, obtenha insights, modele possibilidades, se comprometa com um plano e acompanhe o progresso em relação a ele — e conecte todos os pontos para que as equipes não operem em silêncio. Tais tecnologias incluem:

- **Ferramentas de gestão de projetos,** que oferecem um cenário que permite a colaboração das equipes e compartilhamento das ideias, dos dados, planos, das dependências e decisões. Isso inclui servir como um sistema central de registro para o design de novos modelos operacionais, projetos, relatórios de status, planejamento e rastreamento de sinergia, decisões do SteerCo e do IMO, atas de reuniões, atualizações de planos com cronogramas e prazos futuros e interdependências contínuas.

- **Ferramentas de visualização da organização,** que dão às equipes a primeira visão real da força de trabalho combinada como ela existe hoje, além de uma lista de nomes em um arquivo de Excel ou organogramas em papel. Isso permite aos líderes a capacidade de confirmar a organização de linha de base e descobrir ineficiências estruturais (gerentes demais ou de menos) inerentes a cada organização antes que qualquer decisão de design seja tomada e modelar e contemplar muitas alternativas possíveis para a nova organização.

- **Ferramentas de diagnóstico de cultura,** que atuam como uma pesquisa que faz perguntas em várias dimensões, incluindo as diferenciadoras, como crenças compartilhadas, inclusão, colaboração, sentimento de orgulho e pertencimento, tolerância ao risco e ambiguidade e assim por diante. Essas ferramentas oferecem uma compreensão do estado atual de cada cultura,

(continua)

(continuação)

> onde existem semelhanças ou diferenças que podem criar complementaridade ou conflito. E como trabalhar melhor em conjunto.
>
> - **Ferramentas de gerenciamento de mudanças,** que atuam como um banco de dados para permitir o rastreamento de todas as mudanças que ocorrerão, para quem e quando. Essas ferramentas capturam impactos de mudanças, reações antecipadas a elas, intervenções planejadas, status de implantações, taxas de participação em intervenções de mudanças — essencialmente monitorando a eficácia dos programas de mudanças para que você possa corrigir o curso, se necessário. Todas essas informações podem ser integradas à ferramenta central de gerenciamento de projetos para permitir aos líderes visibilidade para grupos que podem estar despreparados para a mudança que está por vir.
>
> - **Ferramentas de gerenciamento de contratos,** que usam a PLN para identificar, extrair e revisar dados contratuais — termos, datas, partes e assim por diante — em uma fração do tempo e do custo que qualquer humano poderia. Os adquirentes podem priorizar rapidamente as oportunidades de renegociação proativa antes da renovação automática dos contratos, obter melhores condições com fornecedores e clientes e, por fim, acelerar a realização de sinergias.

Terça-feira pode envolver uma reunião individual com a equipe de liderança da IMO e cada fluxo de trabalho para entregar o relatório de status semanal, um instantâneo da saúde de um fluxo de trabalho. Este é um dia cansativo e pode ser desagradável porque alguns fluxos estão ficando para trás e podem ficar na defensiva. As reuniões se estendem o dia todo, uma após a outra. E podem ser exaustivas. Mas são vitais para garantir que cada fluxo de trabalho esteja no caminho certo. Além de permitir que a liderança do IMO tenha visibilidade de interdependências emergentes, inegociáveis do primeiro dia, obstáculos legais e regulatórios, progresso em sinergias e qualquer coisa que possa impactar o novo modelo operacional. Aqui ficará claro se o trabalho está no caminho certo e se os recursos certos estão de fato disponíveis.

Essas reuniões se concentram em três tópicos:

1. Progresso do planejamento.
2. Estratégias de mitigação propostas se não estiverem dentro do cronograma.
3. Decisões.

Os relatórios de status são especialmente úteis para identificar quando um risco ou problema importante está no horizonte, mas esses relatórios não devem exigir tantos detalhes a ponto de atrasar as equipes. Além das atualizações, a liderança da integração também tem uma visão geral que permite mostrar as interdependências entre os fluxos de trabalho e tomar as decisões necessárias. Tomar decisões cedo permite que sejam revisadas se não funcionarem conforme o planejado, à medida que o caminho a seguir se torna mais claro. Dependendo do número de fluxos de trabalho, essas reuniões podem levar alguns dias — ou a semana toda.

A quinta ou sexta-feira normalmente envolverá uma reunião geral entre todos os líderes do fluxo de trabalho e a liderança do IMO. Essa reunião se concentrará nos resultados das decisões multifuncionais que afetam o programa como um todo. Também envolverá decisões estratégicas que vão para o SteerCo (o próprio SteerCo pode ser mensal no início, porém se reunirá com mais frequência à medida que o fechamento legal da transação se aproxima.)

Sempre vai parecer que há muitas reuniões. As pessoas reclamarão, principalmente quando não forem bem orquestradas, significativas ou produtivas. Porém é vital que a cadência conduza comunicações abertas para que as pessoas não ajam em silêncio, em última análise, retardando o processo enquanto tomam decisões desalinhadas que inevitavelmente precisarão ser revistas. Tomar decisões em silêncio significa reunir as partes certas para rever as decisões e discutir alternativas, retroceder pela liderança da integração, avaliar outras decisões que foram baseadas nas tomadas em silêncio e assim por diante. Quando os líderes lutam para tomar decisões, a liderança do IMO deve influenciar esses líderes de fluxo de trabalho a agir.

Workshops e Tarefas

As reuniões iniciais [em inglês, *kick-off meetings*] marcam o lançamento oficial do planejamento de integração. O IMO reúne líderes de ambos os lados — pessoal ou virtual — que liderarão os fluxos de trabalho funcionais e interfuncionais. Eles fornecem uma plataforma para obter a adesão inicial e gerar entusiasmo sobre os princípios da estratégia do negócio, objetivos estratégicos, metas de sinergia, abordagem de integração e implicações funcionais da estratégia. Essas reuniões têm o objetivo de dinamizar as equipes e reunir as tropas que vão executar o novo modelo operacional e, ao mesmo tempo, dar o tom para o ritmo e a urgência que precisarão ser sustentados, ainda que próximos. As reuniões iniciais devem ser realizadas o mais cedo possível após o anúncio, para interromper conversas e rumores e fornecer fatos junto com a direção do que vem a seguir.

Independentemente da liderança do IMO exigir que os líderes de fluxo de trabalho escrevam minutas que definam direção e metas de alto nível para o que se espera que os fluxos de trabalho atinjam ou entreguem metas ao fluxo e aos líderes funcionais, todos devem sair dessas reuniões com um claro senso de propósito. Eles devem ser capazes de contar a mesma história quando receberem as perguntas inevitáveis de colegas que não fazem parte da estrutura do IMO — consistente com a narrativa principal da lógica e visão do negócio.

Os participantes saem de uma ótima reunião inicial sabendo o que precisam realizar nas arrancadas de 30, 60 e 90 dias, as metas de sinergia e quaisquer problemas iniciais, outros fluxos de trabalho com os quais precisarão colaborar (interdependências) e uma visão preliminar dos itens não negociáveis do Dia 1 e requisitos específicos para seu fluxo de trabalho (por exemplo, segurança, regulamentos específicos do país).

Essas reuniões também estabelecem diretrizes a serem seguidas e princípios orientadores para as formas de trabalho, que discutimos anteriormente neste capítulo. O adquirente está no controle total ou a fusão é mais uma colaboração entre o adquirente e a empresa-alvo? Os líderes do IMO estabelecerão os princípios orientadores de como as duas organizações trabalharão juntas, incluindo como as decisões serão tomadas, transparência, inquilinos da experiência do cliente, velocidade sobre a elegância, determinação sobre a perfeição, orientação humana como "não sofra em silêncio" e trade-offs aceitáveis.

As diretrizes a serem seguidas também incluirão o que fazer e o que não fazer no planejamento de integração relacionado a possíveis problemas antitruste. Qualquer coisa que envolva o compartilhamento de informações competitivas confidenciais é proibido, assim como tomar decisões comerciais conjuntas ou coordenar decisões de marketing ou preços. Salas limpas são necessárias para isso. No entanto, o compartilhamento e planejamento de espaço de escritório e otimização de instalações, sistemas de TI ou controles financeiros geralmente não têm restrições.

Isso é muito trabalho. E deve ser feito rapidamente. Muitas organizações não conseguem se mover rápido o suficiente, perdendo muito tempo antes e imediatamente após o Dia do Anúncio. Não seja um delas. *O tempo não está do seu lado.*

Após as reuniões iniciais, as equipes estarão focadas no projeto funcional: um mapa das mudanças do estado atual para o estado final futuro dos processos e requisitos de tecnologia — os itens obrigatórios. O outro foco será o planejamento detalhado para um Dia 1 sem problemas, desde o financiamento do negócio e quaisquer mudanças necessárias na estrutura da entidade legal para evitar impactos negativos sobre clientes e funcionários. E o que estes vão querer e precisam saber.

Uma vez que os fluxos de trabalho desenvolvem os principais marcos de planejamento para o fechamento, o IMO está pronto para um workshop de interdependência. Aqui, cada líder de fluxo de trabalho percorre os principais marcos de agora até o fechamento, mostrando o caminho de cada equipe para chegar ao fechamento legal e alinhando os marcos críticos nos fluxos de trabalho — chamamos isso de "fazer a ronda". Isso permitirá a liderança do IMO identificar interdependências entre, por exemplo, o fluxo de trabalho tributário, que determina as futuras estruturas de entidade legal, e o fluxo de trabalho legal, que conclui o processo de implantação dessas estruturas de entidade legal e arquivamento de documentos regulatórios apropriados para um fechamento legal. Quaisquer desalinhamentos potenciais nas próximas datas-chave podem causar grandes problemas. O tempo e as atividades de muitos fluxos de trabalho, como finanças, compras e RH, serão altamente dependentes da capacitação de TI para atividades como pagamento de fornecedores e funcionários em ambas as organizações no Dia 1. Haverá uma longa lista. Agora é a oportunidade de garantir que as equipes interdependentes estejam alinhadas e coordenadas.

A Ecolab Adquire a Nalco

Um dos nossos negócios favoritos, e de maior sucesso, é a aquisição da Nalco pela Ecolab. A abordagem da Ecolab ilustra o impacto de usar a tese do negócio para orientar o planejamento da integração. O IMO da Ecolab entregou as iniciativas e projetos que impulsionaram o valor do negócio e o futuro da empresa combinada.

Em 2011, a Ecolab, líder em limpeza, sanitização e prevenção de infecções, adquiriu a Nalco, uma empresa especializada em soluções de tratamento e processamento de água, em uma transação avaliada em US$8,3 bilhões. Antes da transação, tanto a Ecolab quanto a Nalco eram empresas em crescimento com reputação global de inovação e atendimento ao cliente. O forte portfólio de propriedade intelectual, base de clientes e modelo de vendas em campo da Nalco complementaram os da Ecolab, principalmente no negócio de água e em mercados emergentes. Você vê os produtos e caminhões de serviço em todos os lugares — desde carrinhos de limpeza em hotéis até campos de petróleo.

A Ecolab havia concluído cerca de 50 transações menores nos últimos anos, mas a Nalco era um meganegócio, muitas vezes maior do que a média, e apresentou a oportunidade de criar algo que poderia ser transformador. A aquisição posicionou a Ecolab à frente de várias megatendências: aumento da demanda de energia, aumento da escassez de água, crescente preocupação pública com a segurança alimentar e, finalmente, aceleração do crescimento em mercados emergentes. O tamanho do negócio também trouxe riscos maiores: que a Ecolab não realizasse as sinergias de custo nem a aceleração do crescimento que seria necessária para justificar o preço. O negócio era tudo, menos normal.

Para liderar a integração, Doug Baker, CEO da Ecolab, escolheu Christophe Beck, que liderou um dos maiores negócios da Ecolab — o negócio institucional. Christophe foi uma escolha surpreendente, dada a importância que ele tinha para a empresa, porém a nomeação foi um sinal claro para executivos e funcionários do quão importante era a integração para o futuro da empresa. Embora muitos líderes digam que terão um ótimo Dia 1, e capturarão ou excederão as sinergias, Christophe fez uma declaração ousada: "Esta será a melhor integração de todos os tempos."

Ele insistiu em uma equipe em tempo integral de líderes de ambas as empresas com linhas de relatórios e responsabilidades claras. Ele também insistiu que a equipe de integração fosse co-localizada, o que permitiu a resolução imediata de problemas e interdependências emergentes. Cada reunião começava com um lembrete de quantos dias haviam se passado desde o Dia do Anúncio e quantos dias faltavam até o Dia 1. Esse "cronômetro" ajudou a fornecer um senso de urgência e galvanizou as equipes para permanecerem na linha.

A Ecolab criou uma abordagem de integração personalizada com a marca "Vencendo como Um" [em inglês, "*Winning as One*"]. Assim, lançou o IMO com três prioridades abrangentes, cada uma com o foco de uma equipe dedicada: Capturar Corações, Entregar Sinergias e Acelerar o Crescimento:

- **Capturar Corações:** O planejamento dessa equipe antecipou a incerteza e a disrupção que surgiriam dentro e fora da organização. Seu planejamento se concentrou em reter 100% de seus clientes mais valiosos, mantendo um forte histórico de segurança. Eles também planejaram uma experiência tranquila para os funcionários para o Dia 1 e além.

- **Entregar Sinergias:** Com o objetivo de tornar o negócio combinado o mais ágil e eficiente possível, essa equipe supervisionou o planejamento de sinergias de custos. Grandes economias eram esperadas de serviços compartilhados globais, otimização de instalações e economias imediatas, pós-fechamento, aquisições (usando uma sala limpa).

- **Acelerar o Crescimento:** O objetivo dessa equipe era usar os recursos expandidos da empresa combinada e o acesso complementar ao mercado com as principais instituições para expandir os principais negócios existentes, trazer inovações ao mercado por meio de um novo jogo ousado, combinando produtos químicos como antimicrobianos em serviços de energia e acelerar a presença em mercados emergentes. Por exemplo, a Ecolab vendeu cortinas e desinfetantes para as mãos para grandes hospitais, enquanto a Nalco atendeu grandes hospitais fazendo a manutenção de caldeiras e refrigeradores. A equipe buscou grandes oportunidades de venda cruzada e criação de ofertas agrupadas para grandes conquistas de clientes. Essas sinergias de crescimento foram planejadas e seriam rastreadas tão meticulosamente quanto as sinergias de custos.

Com o mantra de oferecer a "melhor integração de todos os tempos", a Ecolab montou um escritório de integração global para conduzir a estratégia e o planejamento de integração, bem como equipes de integração regional na Europa, Ásia, Austrália e América Latina. Essa estrutura permitiu um rápido escalonamento de problemas e facilitou uma abordagem global consistente. Havia princípios de governança claros: as equipes funcionais abordavam questões específicas da função; as equipes de negócios abordaram prioridades multifuncionais, como sinergias, experiência do funcionário e design do modelo operacional; e equipes regionais lideraram a execução local.

O objetivo financeiro geral era entregar um LPA de US$3,00. O IMO e os fluxos de trabalho desenvolveram seus projetos e marcos com esse objetivo em mente. Em apenas 61 dias úteis, o IMO e os fluxos de trabalho entregaram várias camadas de iniciativas e projetos. Vinte mega-iniciativas impulsionaram as três prioridades (capturar corações, gerar sinergias e acelerar o crescimento). Essas iniciativas se traduziram em 115 grandes projetos (e 495 subprojetos). Cada projeto estabeleceu a atividade, data de início e término, pessoa responsável e os benefícios e custos correspondentes a serem alcançados — aprovados pelo SteerCo e preparados para iniciar a implementação no Dia 1.

A Ecolab ilustra o trabalho intenso e interligado do IMO e como as camadas de relatórios, fluxos de trabalho, iniciativas e projetos devem ser projetados para apoiar o objetivo geral enraizado na tese do negócio. Sem liderança forte, estrutura ponderada e orquestração constante, da arrancada até o Dia 1 não preparará um comprador para o sucesso.

Conclusão

Este capítulo focou nas estruturas necessárias para governar e controlar o processo de integração, principalmente o IMO e a liderança. O planejamento da integração não pode ser um processo em que os líderes preenchem modelos ou preparam pilhas de formulários destinados a uma série de pastas pesadas de três argolas — embora, anos atrás, costumava ser assim. Hoje, o planejamento de integração se concentra em fornecer uma visão orientadora e uma estrutura que orientará a tomada de decisões em toda a empresa e em todo o processo. O IMO tomará a lógica do acordo, o novo modelo operacional e os princípios orientadores e os traduzirá em um curso de ação rigidamente controlado em muitas equipes e fluxos de trabalho para alcançar a promessa da nova visão de estado final que fornecerá mais valor para clientes e acionistas.

O Capítulo 7 abordará os principais fluxos de trabalho multifuncionais que o IMO irá gerenciar. Isso inclui projetar a nova organização, planejamento de sinergia, comunicações e experiência do funcionário e a arrancada até o Dia 1 — e configurar a organização combinada para o sucesso no Dia 1 e além. Também discutiremos as complexidades de planejamento adicionais dos carve-outs de divisões e TSAs associados com o vendedor.

CAPÍTULO 7

Como Cumprirei Minha Visão e Promessas? Parte II

Fluxos de Trabalho Multifuncionais e Prontidão para o Dia 1

Muitas organizações saltam para informar os investidores sobre os grandes planos de integração, mas tropeçam quando chega a hora de criar a entidade combinada. O grande volume e ritmo de trabalho podem parecer esmagadores.

Enquanto o capítulo 6 se concentrou em como traduzir a tese do negócio usando o Integration Management Office (IMO), aqui nos concentramos nos fluxos de trabalho multifuncionais típicos da grande maioria das estruturas de integração pré-Dia 1 que o IMO supervisiona: o design da organização, o planejamento de sinergia, a experiência do funcionário e a prontidão para o Dia 1. Não tire o pé do acelerador.

Após o Dia 1, cada um desses fluxos de trabalho multifuncionais fará a transição, com o tempo, para os negócios normais, operando como uma empresa. A execução perfeita durante o planejamento de pré-fechamento preparará a organização fundida para o sucesso, pois reduzirá custos e lançará as novas ofertas no mercado. A aquisição de uma divisão apresenta outra camada de complexidade para o IMO e fluxos de trabalho devido aos acordos de serviços de transição (TSAs) com o vendedor. A questão fundamental, então, é como fazer a transição da teoria do negócio para a dura realidade de fechar o negócio para que a nova organização esteja pronta para entrar no mercado de forma diferente e criar valor de forma sustentada.

Design da Organização: Estrutura e Líderes Certos para o Futuro

O design da organização aborda a questão de saber se as funções certas estão preenchidas com as pessoas certas, com o conjunto de habilidades certo, que tomarão as decisões certas, com as informações certas, no momento certo — tudo em apoio ao novo modelo operacional.[1]

A maioria das equipes de liderança nunca se engajou no design organizacional nessa escala — e quase certamente não com os próprios trabalhos e os de seus colegas em jogo. Como consequência, o design da organização pode ser político, emocional e disruptivo, mesmo nas melhores circunstâncias. Se mal feito, pode ser paralisante e desmoralizante, arruinando as melhores intenções do negócio. Esse fator pessoal ("eu" [*me*] — as duas primeiras letras de "fusão" [*merger*], em inglês) pode ser difícil de superar. O design da organização é fundamentalmente sobre alocação de poder e influência na nova organização. Portanto, a liderança do IMO deve estar preparada para discussões politicamente carregadas.

Em um esforço para evitar esses problemas (e outros, incluindo compliance), quatro coisas devem estar em vigor antes de começar a pensar em design: o modelo operacional da empresa, líderes L1 nomeados (reportes diretos ao CEO), metas de sinergia que têm tanto o número de funcionários quanto o dinheiro associado no nível funcional ou de negócios e as opções de modelo operacional e funcional de negócios (para aqueles impactados pelo acordo). Isso pode parecer ambicioso, mas se lembre de que você já tem um caso de negócio e um modelo de avaliação que fez a maioria dessas suposições. Alguns executivos de adquirentes dizem que não querem atribuir metas porque acham que suas equipes voltarão com mais, mas nunca o fazem. Sem metas, você quase certamente criará frustração e trabalho corretivo adicional mais tarde.

Onde o modelo operacional da empresa e a liderança L1 são estabelecidos pela visão do CEO para a nova empresa, é a liderança L1 — os líderes de negócios funcionais e seniores — que determina o modelo operacional e define os parâmetros para o design das organizações. Por exemplo, o diretor de recursos humanos [em inglês, *chief human resources officer* — CHRO], juntamente com os líderes de planejamento de integração, implementaria o novo modelo de RH em um nível funcional. Os parâmetros do modelo operacional funcional devem ser consistentes com a filosofia e as escolhas feitas no nível da empresa, sejam elas envolvendo serviços compartilhados ou terceirização, por exemplo, e permitir que a função atinja a meta de sinergia atribuída. Sem essa orientação inicial, os líderes criarão estruturas organizacionais que *acham* que fazem sentido, porém provavelmente não atingirão as metas de sinergia ou realizarão os objetivos de transformação.

É quase inevitável que várias coisas que "funcionavam" para as antigas organizações não sejam ideais para o novo modelo operacional. Há uma tensão real aqui. E é por isso que a clareza da estratégia de negócios, o modelo operacional de suporte e as sinergias necessárias são tão importantes. Se uma função de contabilidade e finanças centralizada em vez de baseada em negócios fizer mais sentido para a organização combinada, faça isso acontecer mesmo que a empresa-alvo preferisse ter o suporte baseado em negócios antes. Contudo, o raciocínio deve ser claro e fácil de comunicar, porque muitos sentirão que "se não estiver quebrado, não precisa consertar."

Os subordinados diretos do CEO — líderes L1 — devem ser revelados no anúncio ou logo após, para que esses líderes possam ter um impacto significativo no planejamento e nas decisões de integração. Os adquirentes podem optar por adiar alguns anúncios de L1 para que pareça que foram dedicados tempo e pensamento suficientes aos talentos seniores do alvo. No entanto, essas decisões não podem demorar tanto que os líderes que não estarão envolvidos nas decisões de design da organização possam ser impactados. As nomeações para os próximos níveis de executivos, L2 e possivelmente L3, devem ser anunciadas pouco antes do fechamento (para algumas empresas, imediatamente depois) para que o restante da organização entenda a equipe de liderança sênior [2]. Para grandes fusões com várias unidades de negócios que estão sendo combinadas, achamos muito útil ter líderes L3 identificados já no Dia 1, se o tempo permitir, para dar aos funcionários uma direção mais clara, sabendo quem serão os líderes.[3]

Isso significa necessariamente que um pequeno grupo de líderes estará envolvido nesta fase. Equipes de liderança recém-formadas, que podem ter sido concorrentes anteriormente, podem levar tempo e esforço dedicado para encontrar um norte verdadeiro comum. As equipes podem ter dificuldades no alinhamento da estratégia de negócios, prioridades e cronograma, o que apenas retarda os esforços de design da organização. Há um constante puxa e empurra entre os objetivos de curto e longo prazo, equilibrando o desejo de construir uma organização transformadora com a necessidade de "manter os trens funcionando no horário". O IMO tem que gerenciar essa tensão. E isso enfatiza a necessidade de se obter um alinhamento rapidamente ao novo modelo operacional.

Em meio aos grandes planos para o design da organização, o seu coração — o restante da força de trabalho — pode estar cheio de medo e ansiedade. Uma das maneiras mais eficazes de reduzir a ansiedade da força de trabalho é por meio da transparência e da honestidade organizacional — não apenas comunicando a estratégia e a visão da empresa, mas as duras verdades sobre reduções de empregos, mudanças de funções e de local e outros impactos pessoais que alteram a vida das pessoas. Até que os líderes possam abordar totalmente as emoções pessoais dos indivíduos e como as mudanças afetarão diretamente o trabalho das pessoas, os funcionários provavelmente enfrentarão alta incerteza, o que pode levar a quedas de produtividade e riscos de retenção. (Iniciativas maiores para a força de trabalho ocorrerão antes e depois do fechamento. E vamos abordá-las mais adiante neste capítulo e no Capítulo 8.)

Os líderes devem se concentrar na comunicação de informações sobre o *processo* de design da organização na ausência de decisões finais, informando aos funcionários sobre o novo modelo operacional, o cronograma do design da organização, como as funções são desenvolvidas e como as decisões de nomeação e seleção estão sendo tomadas — e quando os funcionários podem esperar saber mais. Um pouco de clareza sobre o assunto pode produzir resultados muito melhores do que um buraco negro de silêncio.

Funções e não pessoas

O design da organização é onde os sentimentos são feridos. As pessoas seniores envolvidas e imediatamente afetadas por essas decisões podem ter investido toda a carreira no adquirente ou na empresa-alvo. A fusão pode revelar que seus talentos específicos não atendem às necessidades da organização combinada e, em seguida, eles recebem suporte de transição para a saída. É um trabalho duro e emocional.

Muitos executivos dirão que irão se concentrar nas "funções e não nas pessoas", para tirar um pouco da emoção e dissipar a ansiedade — mas poucos falam sério. Somos todos humanos. É natural que as funções tenham evoluído em torno das pessoas e suas capacidades à medida que a organização se expandiu de maneira bem-sucedida.

Por causa dessas emoções previsivelmente carregadas, os líderes podem pensar primeiro em seu pessoal e depois construir as funções que se encaixam em seu pessoal. Porém projetar novas organizações em torno de indivíduos não é apenas retrógrado, também pode ser extremamente arriscado. Não há garantia de que esses indivíduos permanecerão na empresa por mais do que alguns meses. Concentrar-se nas pessoas — seleção de talentos — em vez de nas funções primeiro pode limitar o potencial de valor do negócio.

Se você se concentrar em escolher primeiro as pessoas, estará sujeito a criar funções em torno delas que são ineficazes para dar vida ao modelo operacional. Essa abordagem "pessoas primeiro" se concentra no passado. O design da organização deve ter visão de futuro em apoio ao novo modelo operacional — tanto no nível corporativo quanto nas funções. Projetar em torno das pessoas erra ao reconhecer o fato de que o talento que a empresa precisa para avançar e prosperar no futuro pode não existir hoje em nenhuma das duas empresas.

Em vez disso, os líderes devem primeiro considerar as funções necessárias para apoiar a nova estratégia. Concentrar-se em "funções, não em pessoas" desde o início — em vez de tratar isso da boca para fora — permite a construção da organização e as funções constituintes com base nas capacidades e experiências específicas necessárias para apoiar o novo modelo operacional e alcançar as sinergias prometidas.

Por exemplo, uma empresa centrada no produto é incansavelmente focada em criar os melhores produtos de maneira econômica. Mas acabou de anunciar um grande negócio e o novo modelo operacional exige uma transformação para uma empresa mais centrada no cliente. A empresa tem um designer de produto de 30 anos que nunca precisou se colocar no lugar do cliente. Ele tem se concentrado nos produtos mais legais, mas não naquele que antecipa as necessidades do cliente. Todo mundo o ama e os executivos podem querer colocá-lo em um papel de destaque no produto, porém ele não tem as habilidades ou o conhecimento necessário do cliente que pode vir a usar o produto ou como antecipar suas necessidades.

Isso deveria estar claro agora: o processo de design da organização começa com uma visão clara dos novos modelos operacionais corporativos e funcionais (ou de negócios), metas de sinergia (do desenvolvimento corporativo ou da equipe de negócios que construiu os modelos) e liderança L1. O design da organização se baseia no suporte aos novos modelos operacionais — não aos antigos. (Consulte a barra lateral, "Elementos do design da organização Sign-to-Close*.")

Os primeiros workshops de design da organização com líderes L1 e líderes de equipe de integração funcional ("dois em uma caixa", conforme discutimos na seção IMO do capítulo 6) são para desenvolver uma imagem clara dos organogramas — as linhas e caixas — em ambos os lados. Isso significa não apenas contabilizar todas as pessoas que fazem parte de cada organização, porém também desenvolver clareza sobre suas funções atuais e entender o que elas fazem e quanto custam. Deve ficar claro quem participa de quais custos de taxa de execução. Esses workshops gerarão, imediatamente, discussões sobre quais áreas estão fora do escopo para reduções ou que podem precisar permanecer no local por algum tempo para dar suporte a plataformas temporárias e áreas que podem apresentar oportunidades para transformação em larga escala. Este também é o momento de documentar quais forças de trabalho funcionais usam trabalhadores temporários e contratados independentes que podem ser mais fáceis de impactar imediatamente para atingir as metas de sinergia (é claro, a

---

* [N. do T.]: Uma opção de tradução para o termo "*sign-to-close*" seria "da assinatura até o fechamento". E envolve o período entre a assinatura do contrato e o fechamento do negócio em si, visto que poderão haver condições precedentes a serem cumpridas.

desvantagem é que oferecem flexibilidade e provavelmente são mais efetivos em termos de custo em primeiro lugar).

> ## Elementos do Design da Organização Sign-to-Close:
>
> - Modelo operacional empresarial.
> - Líderes L1 nomeados.
> - Modelos operacionais funcionais e de negócios.
> - Metas de sinergia refinadas.
> - Linhas de base precisas de número de funcionários e custos.
> - Desenvolvimento de funções.
> - Seleção de talentos L2-L3.

Agora, os adquirentes têm uma escolha importante a fazer: projetar a organização camada por camada, escolhendo o talento para cada uma antes de prosseguir para a próxima, ou projetá-la diretamente e depois escolher o talento. Em ambos os casos, a equipe de design da organização deve atingir as metas de sinergia atribuídas, mas há implicações importantes para cada opção.

A *Opção 1* é um processo de design lento e constante em que a liderança L1, por exemplo, projeta as funções e talentos necessários para os subordinados diretos (L2) e, em seguida, seleciona as pessoas para essas funções. A abordagem camada por camada permite que os líderes recém-selecionados projetem a próxima camada dos subordinados diretos (funções, talentos e pessoas e assim por diante). Também permite chegar a um custo preciso para cada camada. Os parâmetros de design devem considerar as funções dentro dos limites das metas de sinergia para cada uma delas, parâmetros de seleção e tempo de transições (estender uma oferta e fazer a transição da pessoa para a função) para que a equipe possa projetar a próxima camada. A transição também inclui lembrar as pessoas que foram consideradas, porém não selecionadas, e que podem sair se não houver um papel mutuamente aceitável para elas [4] (L4 e abaixo geralmente ocorrem após o fechamento).

A vantagem dessa abordagem é que os líderes podem deixar as impressões digitais na próxima camada de funções e talentos. Essa abordagem pode criar uma adesão significativa, porque os líderes têm a responsabilidade de projetar as funções para a sua camada e, espera-se, escolherão sabiamente ao selecionar seus talentos. Eles dirão: "Tive a oportunidade de projetar minha organização e escolher meu pessoal". Nos níveis mais altos, a seleção pode ser baseada em entrevistas, em vez de critérios de seleção rígidos (discutimos a seleção de talentos no Capítulo 8). E, por ser feito camada por camada, a equipe terá uma visão precisa do custo de cada camada com base nas funções.

A desvantagem é que essa abordagem pode tomar muito tempo, pois os líderes trabalham camada por camada. Em um processo de design de organização típico, a velocidade de transformação pode ser menos importante, mas em F&A o relógio do custo de capital correrá sobre o prêmio, logo não há o luxo de dispor de tempo. Aqueles que selecionam a opção 1 também precisam ter cuidado para não sujeitar a força de trabalho a uma "morte lenta", pois isso força a saída de algumas pessoas, seguida por mais saída de pessoal, camada por camada, principalmente em organizações maiores, onde pode parecer que há ondas de saídas após o fechamento.

A *Opção 2* é desenhar os papéis e estruturas sem escolher as pessoas, até o último nível, com a estimativa das sinergias anexadas e o número de saídas e custos relativos para cada papel. Uma vez que a equipe de design da organização, juntamente com os L1 e líderes de fluxo de trabalho funcional, confirme que a estrutura atende às metas de sinergia e aborda os parâmetros de design que atendem aos modelos operacionais funcionais e que as funções planejadas estão geograficamente onde você espera que estejam, então a seleção de talentos pode começar.

A vantagem dessa opção é que fornece, desde o início, uma boa leitura se você atenderá à estrutura de custos necessária antes que quaisquer nomes sejam colocados nas caixas do organograma. Também é muito mais rápido que a opção 1. Portanto, após o Dia 1, você pode colocar as pessoas nessas caixas rapidamente. A equipe de design da organização oferece um retrato do estado final para que a equipe de sinergia possa confirmar que existe um caminho para alcançar o caso de negócios antes mesmo do fechamento.

A desvantagem, um tanto óbvia, é que pode parecer que tudo está sendo feito no vácuo. Poucos líderes L1 normalmente entendem o que realmente é feito nos níveis mais baixos da organização e podem estar perdendo informações importantes ao projetar as funções e a estrutura. Depois de fechar, pode soar como: "Ei, Ângela, esta é a estrutura que projetei para você, agora escolha seu pessoal". Esses novos líderes podem querer desafiar as recomendações. Você não terá a adesão desse pessoal porque não teve a opinião deles. Será importante projetar a estrutura de estado final com um fator de mais ou de menos se você usar essa opção, para que haja alguma liberdade para fazer ajustes na remuneração ou nas pessoas.

Com a opção 2, os adquirentes terão uma visão de perto da forma e das funções da nova organização. As funções serão projetadas no nível de remuneração necessário, com uma descrição do talento necessário – por exemplo, anos de experiência, habilidades, geografia e outros critérios mais importantes. Esse processo também documenta os rigorosos critérios que a seleção de talentos deve seguir posteriormente. No mundo de F&A, onde a velocidade de criação de valor é primordial, a opção 2 é uma abordagem popular entre muitas equipes executivas de adquirentes. Eles também evitam aquela "morte lenta" para que possam tirar rapidamente as pessoas sem criar estresse desnecessário, permitindo que aqueles que permaneçam se concentrem novamente em entregar o futuro (mais sobre isso no Capítulo 8).

A opção 2 tem dois outros benefícios: Primeiro, ajuda a iluminar potenciais áreas de risco desde o início — especialmente pontos singulares de falha em toda a organização — onde pode não haver redundância suficiente. Essa pode ser um papel de representante de vendas de uma grande conta corporativa para um cliente importante que deveria ter suporte de backup ou, digamos, um funcionário de contabilidade da folha de pagamento que reconhece que o seu trabalho será eliminado quando a folha de pagamento for consolidada. Indivíduos assim estarão procurando um novo emprego, então você precisa ter um plano de backup para alguém que tenha as habilidades necessárias, especialmente em locais estratégicos, onde uma saída representará um problema imediato.

Em segundo lugar, porque o adquirente está projetando a organização toda, a opção 2 oferece uma visão antecipada sobre se há alguma chance de alcançar sinergias de quadro de funcionários a partir do design da organização. É certo que as sinergias de número de funcionários serão aproximadas, porque a opção 2 não coloca nomes em caixas. Dito isso, ela é mais rápida do que a opção 1 na probabilidade de que as metas de sinergia se percam antes que quaisquer nomes sejam anexados ou expectativas sobre funções futuras sejam cimentadas.

Em qualquer uma das abordagens, a maioria das sinergias que economizam mão de obra são encontradas nos níveis 1 a 4 da organização, nos níveis de gerência sênior e liderança; se as sinergias não forem encontradas lá, você terá que se aprofundar na organização e potencialmente cortar a força organizacional. A verdade é que adiar esse tipo de decisão difícil tornará muito mais difícil tomá-la mais tarde e pode destruir a confiança e a legitimidade — antes mesmo de ter a chance de conquistá-las.

Em ambos os casos, quanto mais você determinar no topo, menor será a carga de economia de custos que se espalhará pelo resto da organização. Além disso, muitas vezes os funcionários mais produtivos ou qualificados correm maior risco de atrito durante um negócio. Eles provavelmente têm as melhores opções de saída e podem ser os mais impactados por mudanças em suas redes e capital político perdido dentro da organização. Eles geralmente se consideram muito respeitados e, de fato, são bem vistos na indústria. Eles não terão certeza se vão querer lidar com a confusão e o estresse em potencial criados pela fusão. Se essas pessoas são fundamentais para o futuro da nova organização, esses exercícios de design da organização ajudarão a identificá-las para que você possa incentivá-las a permanecer.

Um ponto final: o restante da força de trabalho está observando os acontecimentos, fazendo suposições sobre como a nova organização funcionará com base nas pessoas escolhidas. A clareza do processo, mesmo sem as respostas, ajudará o restante da força de trabalho a enfrentar essa inevitável incerteza.

Planejamento de Sinergia: O Diabo Mora nos Detalhes

As sinergias foram centrais para a tese do negócio e a justificativa do prêmio pago aos acionistas da empresa-alvo. Elas também foram apresentadas à diretoria, investidores e funcionários. O planejamento e a execução da integração é a hora de torná-las reais: defensáveis, alcançáveis, agressivas. O trabalho que os adquirentes fizeram durante a fase de due diligence deve estar na vanguarda. E deve existir uma forte conexão entre a equipe de diligence e a equipe de sinergia. Sem as suposições específicas desenvolvidas durante a diligence, a equipe de sinergia estará às cegas, ou pior, reinventando a roda.

A equipe de liderança de sinergia deve incluir um patrocinador executivo de finanças com seriedade suficiente para estabelecer pessoas em metas, planejamento financeiro e análise (FP&A) de ambos os lados que entendam a estrutura de custos e os sistemas contábeis e alguém do desenvolvimento corporativo que possa servir como elo entre a equipe de sinergia e a equipe original de diligence — uma pessoa que pode deixar claro o que foi assumido no negócio.

É fácil falar sobre sinergias, mas não vamos esquecer o que elas realmente são: ganhos operacionais sobre expectativas independentes. Os adquirentes devem gerar melhorias de desempenho que excedam o valor de crescimento incorporado nas ações de ambas as empresas. E se lembre, as sinergias não vêm de graça; quase toda sinergia tem um custo a ser alcançado. Pense nisso como o "princípio de correspondência de sinergia", onde consideramos o custo para alcançar cada benefício.

As sinergias assumem a forma de economia de custos — trabalhista e não trabalhista — ou aumento de receita. E muitas vezes há tensão entre os dois. As sinergias de receita normalmente envolvem mais risco do que sinergias de custo porque dependem da introdução de novas ofertas em um ambiente incerto. Os clientes apreciarão, desejarão e estarão dispostos a pagar por isso? Os concorrentes reagirão com uma oferta comparável com valor semelhante a um custo menor? A força de vendas pode realmente fazer vendas cruzadas de produtos que não conhece? Qualquer nova oferta é introduzida em um mundo de "se". Além disso, as sinergias de crescimento geralmente surgirão de novas ofertas e "co-especialização" — ou seja, o resultado da combinação de capacidades distintas de ambas as empresas. O vazamento aqui virá de uma falha das empresas em colaborar efetivamente no mercado após o Dia 1.

A economia de custos, por outro lado, está amplamente sob o controle do adquirente e, como consequência, é muito mais fácil de estimar e desenvolver. Embora algumas sinergias de custos potenciais, como sinergias de compras ou imobiliárias, possam exigir negociação e alinhamento executivo, os adquirentes ainda terão uma visão clara dos dados necessários para aproveitar as economias potenciais. É aqui que salas e equipes limpas podem gerar planos de sinergia que podem ser efetuados imediatamente após o fechamento, principalmente em economias de compras ou oportunidades imediatas de venda cruzada.

Todos os adquirentes enfrentarão um "fato da vida" em relação às sinergias: vazamento. O que é vazamento? É quando você pensou que receberia "X dólares" de sinergia, mas há uma razão perfeitamente boa para que isso não se concretize. Por exemplo, em um negócio, o comprador planejava vender alguns imóveis na Alemanha (e contava tanto com a receita quanto com as economias dos negócios imobiliários) apenas para descobrir bombas não detonadas da Segunda Guerra Mundial no porão do prédio, acabando com o plano imobiliário. Embora você possa não encontrar bombas britânicas no porão, algumas das sinergias com as quais estava contando serão difíceis ou impossíveis de realizar.

Todos terão motivos para não conseguir as sinergias. Portanto, o processo de sinergia deve testar se os motivos são reais ou não. Mais importante, as metas de sinergia precisarão exceder significativamente aquelas incorporadas ao modelo de negócio. Além de permitir vazamentos, metas agressivas forçarão os proprietários do fluxo de trabalho a pensar em um *portfólio* de projetos com uma série de riscos que permitirão coletivamente atingir metas agressivas. Eles terão que ser criativos para encontrar tanto projetos de baixo risco e fáceis de executar quanto projetos de alto risco e alta recompensa, que eles poderiam ter escolhido evitar com metas mais baixas.

Definindo uma linha de base

O primeiro passo no planejamento de sinergia é estabelecer uma linha de base combinada para custos, receitas e pessoas. Olhando adiante para acompanhar os benefícios após o fechamento, a linha de base será usada como referência para validar se as sinergias foram realizadas. É um exercício muitas vezes difícil, mas sempre necessário.

Enquanto a equipe de design da organização está focada em sinergias trabalhistas, a equipe de sinergia deve construir uma linha de base mapeando os custos, receitas e equivalentes em tempo integral [em inglês, *full-time equivalents* — FTEs] da empresa-alvo e do adquirente para uma taxonomia comum de funções (por exemplo, finanças) e subfunções (por exemplo, fiscal, tesouraria, FP&A, contabilidade). Por exemplo, na empresa-alvo, os custos da folha de pagamento podem ser acumulados no financeiro, enquanto no adquirente a folha de pagamento pode aparecer em RH. A linha de base combinada é importante, porque nem todas as empresas acumulam funções e subfunções da mesma maneira. É preciso planejamento e coordenação para garantir que os custos corretos sejam agrupados. Não importa o que você faça, as metas de sinergia devem estar saindo dessa linha de base. Na prática, costumamos dizer que "os custos seguem a meta" porque a linha de base define o "balde" ao qual uma meta de sinergia será atribuída.

A equipe de sinergia deve permanecer alinhada com a equipe de design da organização, usando a mesma taxonomia em iniciativas trabalhistas e não trabalhistas. Embora essas duas equipes possam trabalhar em paralelo, são as reduções de custos *combinadas* que permitem os adquirentes atingirem as metas de sinergia. É por isso é importante que a mesma taxonomia seja usada para acumular receitas, custos e FTEs para as mesmas funções e subfunções. Embora essas taxonomias possam não ser totalmente consolidadas antes do fechamento, elas certamente precisam ser logo após o Dia 1.

As linhas de base também servem como base para verificações de sanidade ao desenvolver metas de sinergia de cima para baixo [5]. Por exemplo, se o jurídico tiver uma meta de sinergia de US$2 milhões, a linha de base pode servir como uma comparação útil para garantir que a estrutura total de custos legais pareça razoável para este objetivo de redução de custos. Os benchmarks funcionais de empresas pares de alto desempenho também podem ser usados para testar se as empresas-alvo estão muito agressivas ou não o suficiente, oferecendo uma oportunidade para o adquirente transformar a organização combinada em uma empresa de desempenho superior enquanto realiza o negócio.

Metas de sinergia de cima para baixo

O modelo de negócio e a due diligence prévia do desenvolvimento corporativo, ou da equipe de negócios que impulsionou o preço da oferta, é o ponto de partida para definir as metas de sinergia.

As metas de cima para baixo devem ser entregues às equipes funcionais sem os detalhes de como alcançá-las — esse é o trabalho *delas*. Equipes funcionais e negócios impactados irão, em última análise, puxar as alavancas que proporcionam sinergias. Logo, precisam ser responsáveis por iniciativas de brainstorming, que evoluirão para projetos e planos de trabalho. O líder do programa de sinergia pode incluir exemplos de iniciativas para a função ou linha de negócios específica, mas é o trabalho dos líderes funcionais ou de negócios descobrir como alcançar essas sinergias. Exigir que as equipes desenvolvam um plano que irá desafiá-las propositalmente a construir a própria perspectiva sobre as oportunidades dentro de sua linha de negócios ou função.

Metas de cima para baixo devem dar às equipes funcionais ou de negócios metas de expansão significativas. Em nossa experiência, as metas de cima para baixo normalmente serão pelo menos 40 a 50% maiores do que as sinergias totais que necessitam ser alcançadas, e se espera que excedidas, os objetivos de sinergia comunicados externamente — para permitir vazamentos, sobreposições de iniciativas e previsões ruins. Metas estendidas de 75 a 100 por cento maiores do que as sinergias anunciadas não são incomuns. As equipes inevitavelmente experimentarão a sobreposição de iniciativas com outras funções à medida que forem desenvolvidas (outra fonte de vazamento). À medida que a liderança da sinergia desenvolve uma série de metas, ela compartilhará as de alto nível com as equipes. Compartilhar a faixa de alto nível fornece um amortecedor para ainda atingir os objetivos de sinergia declarados publicamente.

Metas de sinergia de baixo para cima

Desenvolver sinergias de baixo para cima é ainda mais trabalhoso — e o diabo mora nos detalhes. As iniciativas e os projetos que irão gerar sinergias específicas evoluem ao longo do tempo porque, a cada dia que passa, as equipes aprendem mais umas sobre as outras e têm melhor visão para iniciativas de sinergia e oportunidades de melhoria. O brainstorming de iniciativas não trabalhistas começa no início do IMO. Os chefes funcionais e de negócios identificam as iniciativas e fornecem uma faixa aproximada do valor dessas iniciativas. Esta é uma iniciativa grande ou pequena? Se for grande, qual é o tamanho? Está entre US$1 milhão e US$2 milhões, US$10 milhões e US$20 milhões? Mais? Menos? É útil exigir um intervalo aproximado que pode ser refinado mais tarde. Salas e equipes limpas serão extremamente valiosas onde a identificação e o planejamento de sinergias se baseiam em informações detalhadas que as regulamentações HSR não permitiriam que fossem compartilhadas.

Normalmente, esse processo terá envios iniciais, segundos e finais (com muitas iterações entre eles) que podem conter mais de 100 iniciativas distintas, cada uma em várias funções, empresas e proprietários individuais. Como existem tantas oportunidades potenciais, é necessário um formato padrão para capturar as iniciativas. Lembre-se, lixo dentro, lixo fora: a falta de uma estrutura, formato ou software padrão levará a uma baixa qualidade dos envios e desperdiçará muito tempo — e provavelmente atrasará o programa geral. Cada iniciativa de sinergia de baixo para cima deve ter um nome, data de início e término, valor específico, custo a ser alcançado e proprietário. Sem esses cinco requisitos mínimos, você não tem um plano de sinergia de baixo para cima.

Outro detalhe importante é a priorização antecipada de quais informações para cada iniciativa são necessárias e quando. As equipes simplesmente não saberão o suficiente para ter todos os detalhes desde o início, então o primeiro envio deve incluir itens como o nome da iniciativa, descrição, proprietário, equipe afetada, faixa aproximada de valor e complexidade (alta, média ou baixa). Os envios de acompanhamento fornecerão atualizações para campos enviados anteriormente e estimativas de valor mais detalhadas por período, com custos detalhados para atingir as estimativas por período — para que os intervalos iniciais se tornem mais estreitos e possam ser enviados para aprovação do IMO e, posteriormente, do SteerCo e, finalmente, incorporados aos planos executivos.

A liderança deve permanecer envolvida no processo de desenvolvimento da iniciativa para fornecer orientação estratégica e aprovar o financiamento quando necessário, pois algumas iniciativas serão caras. (Lembre-se, as sinergias não são de graça.)

Por fim, o líder de sinergia deve trabalhar com as finanças para entender quaisquer nuances que possam existir em torno do que conta como sinergia para relatórios externos. Por exemplo, em um cliente anterior, apenas as funções que estavam abertas por um determinado número de meses e depois fechadas podiam ser contadas ao gerar relatórios externos. Mas todas as equipes devem concordar com as regras básicas de sinergia da estrada. (Veja o quadro abaixo, "Regras de Sinergia da Estrada: Um Exemplo.")

Planos de trabalho

Um IMO exige planos de trabalho até o Dia 1 para que a execução possa começar imediatamente nos marcos de integração operacional de curto prazo e na realização de iniciativas de sinergia de ganho rápido. Os planos de trabalho podem priorizar o portfólio de captura de valor de iniciativas de sinergia e as rotular de "acerto rápido" que podem ser aceleradas para obter sinergias rapidamente no Dia 1 ou logo após, para que possam, como se diz, "ser um sucesso."

Regras de Sinergia da Estrada: Um Exemplo

Os adquirentes acharão valioso fornecer orientação geral a todos os fluxos de trabalho à medida que discutem e constroem os planos de trabalho de sinergia — para que todos sigam as mesmas regras.

O Que Conta como uma Sinergia?

- **Headcount:** Quaisquer eliminações de funções ou reduções de remunerações após o fechamento do negócio, incluindo rescisões voluntárias que não são preenchidas. As reduções nas funções abertas orçadas serão rastreadas e contadas como uma sinergia.*

---

* [N do T.]: Estas precisam ser funções abertas orçadas genuínas. Em ambos os lados, porém, a liderança deve estar atenta a funções abertas orçadas que aparecem magicamente. Isso também se aplica aos custos orçados em geral.

- **Non-headcoun:** Qualquer impacto financeiro positivo não trabalhista que aumente diretamente a receita acima do planejado ou reduza custos e/ou despesas de capital em relação aos custos de taxa de execução da linha de base e seja um resultado direto da aquisição.

O Que Conta como uma Desinergia?

- **Headcount:** Quaisquer funções adicionais não orçadas e não aprovadas ou aumentos de remuneração após o fechamento do negócio.

- **Non-headcount:** Qualquer aumento recorrente de custos não trabalhistas devido à adoção de novas políticas operacionais, tecnologias, processos ou procedimentos.

O que Conta Como um Custo Único?

Um custo único incluirá os custos necessários para implementar e realizar sinergias.

- **Headcount:** Alguns exemplos incluem demissão, realocação, bônus de retenção e recrutamento.

- **Non-headcount:** Alguns exemplos incluem custos de compra de hardware ou software, quebra de aluguel ou taxas de desativação de fornecedores, taxas de viagens e consultoria.

O Que São Sinergias de Custos?

As sinergias de custos são economias de custos alcançadas por meio da consolidação dos processos e sistemas das duas empresas por meio de iniciativas que alavancam economias de escala, eliminam custos e departamentos duplicados e melhoram a eficiência na linha de base combinada. Isso inclui economia de custos associada à eliminação de projetos de capital previamente orçados ou custos de projeto únicos.

(continua)

(continuação)

O Que São Sinergias de Receita?

As sinergias de receita são aumentos de receita em relação ao plano de receita prospectivo como resultado de iniciativas de receita específicas (por exemplo, novas propostas de valor agrupadas para clientes), alcançadas por meio de maior penetração no cliente, melhor presença geográfica, venda cruzada e aceleração do tempo de entrega do produto mercado.

Como Devo Pensar nas Melhorias dos "Negócios Normais" ao Definir Sinergias?

As sinergias da integração não devem incluir nenhuma melhoria dos "negócios normais" (por exemplo, uma atualização planejada ou contínua de um sistema ERP não relacionado à integração). O impacto no orçamento das iniciativas de redução de custos existentes deve ser incluído como parte da linha de base. O excesso de economias de custos planejadas com a transformação em andamento pode ser considerado uma sinergia.

Quem Recebe Crédito por uma Sinergia Reconhecida?

- **Headcount:** Quando as funções corporativas ou os negócios identificam sinergias, o crédito irá para a função ou negócio correspondente, com atenção especial para não contar em duplicidade as sinergias.
- **Non-headcount:** Sinergias para custos corporativos, como custos financeiros ou jurídicos, que ficam em uma empresa seriam de propriedade da empresa.

As Transferências entre Funções Contam como uma Sinergia?

Não, os movimentos entre funções não têm impacto de sinergia.

As iniciativas exigirão projetos com marcos associados — e proprietários — em envios finais para tornar cada iniciativa real. Uma iniciativa de insourcing* de US$ 100 milhões, envolvendo várias linhas de produtos e instalações, será muito mais complexa do que uma iniciativa de US$300.000 consolidando estandes em feiras comerciais globais. Mas todos precisarão somar as sinergias prometidas. Algumas iniciativas de sinergia — digamos, 5 a 10 — normalmente geram mais de dois terços do valor total da sinergia. Essas grandes iniciativas devem ter planos de trabalho completos para apoiá-las.

A equipe de sinergia compartilhará esses planos de trabalho com a liderança do IMO, juntamente com um cronograma para quando as sinergias serão realizadas. Isso permitirá que a liderança forneça direção estratégica, impulsione as iterações e avalie a prioridade, o tempo, o sequenciamento e assim por diante. Uma vez que as sinergias são priorizadas, elas devem ser financiadas. Por exemplo, mudar de cinco ERPs para um envolveria custos únicos significativos. Por fim, o SteerCo aprovará a lista restrita e o financiamento de iniciativas que gerarão a maior parte do valor.

Os planos de trabalho também ajudarão as equipes e a liderança a manter o ímpeto, o que é vital durante o planejamento da integração. Lembre-se, há muito trabalho e pouco tempo. O trabalho não para quando o negócio é fechado. É aí que o trabalho de integração realmente começa.

As perspectivas de sinergias trabalhistas e não trabalhistas se unirão no rastreamento e relatórios (que discutimos no Capítulo 8). Até este ponto, sinergias trabalhistas (reduções de pessoal) e iniciativas de sinergias não trabalhistas serão frequentemente desenvolvidas em paralelo. No entanto, no rastreamento e relatórios internos, as sinergias trabalhistas e não trabalhistas terão que ser formalmente acumuladas para relatórios financeiros. Isso também ajudará a construir a base de fatos para comunicações externas.

Em resumo, a sequência do programa de sinergia é:

- Nomear o patrocinador executivo certo para sinergias.
- Estabelecer a linha de base.
- Atribuir metas de sinergia agressivas.

---

* [N. do T.]: "Insourcing" é a estratégia de manter todos os serviços de uma empresa operando internamente, sem a contratação de fornecedores para terceirizar serviços e projetos.

- Fazer um brainstorming de ideias iniciais para economia e crescimento.
- Criar iniciativas e projetos reais e documentar como você cumpriu o compromisso.
- Refinar e priorizar projetos e financiá-los.
- Obter a aprovação do IMO e SteerCo.
- Criar metas responsáveis para executivos.

Sinergias da Ecolab

De sua parte, a Ecolab enfatizou as sinergias de crescimento além dos US$150 milhões que viriam de reduções de custos, o que significava focar em conquistar os corações e as mentes dos clientes e equipes internas de vendas e marketing. Do início ao fim, isso significou confirmar as estimativas de sinergia de crescimento da diligence em uma sala limpa.

A equipe de sinergia analisou as sinergias de crescimento de oportunidades de vendas cruzadas e soluções agrupadas para clientes, alavancando novas infraestruturas compartilhadas e o desenvolvimento conjunto de novos produtos e serviços. A maioria das sinergias veio das 50 principais contas sobrepostas.

A sala limpa foi crucial para confirmar, expandir e acelerar as metas de sinergia de crescimento. Isso permitiu que a equipe usasse adequadamente mais dados de ambas as empresas e aproveitasse a experiência de cada um dos líderes de clientes de ambas as organizações para o fluxo de trabalho de sinergia de crescimento. Também ajudou no planejamento para a realização de sinergias por meio de metas em cascata para contas, negócios e regiões. Reconhecendo a importância da sala limpa, os líderes de ambos os lados se engajaram em um diálogo atencioso e focado na sala limpa.

A outra razão crítica para o sucesso da Ecolab foi o forte apoio do C-suite para as estimativas de sinergia de crescimento e programa de execução. Essa atenção do C-suite criou adesão em ambas as organizações. Por exemplo, as equipes de vendas e marketing planejaram reuniões "Top to Top" em contas-chave, o que ajudou a facilitar a execução e a realização de sinergias de crescimento.

No Dia 1, a equipe de sinergia de crescimento da Ecolab havia produzido estimativas de sinergia por tipo, negócio, região e conta. Eles criaram planos de comunicação para as 50 principais contas. E produziram uma agenda e um plano para uma conferência de vendas logo após o fechamento, para garantir que todos os profissionais de vendas e serviços fossem bem versados nas novas capacidades e ofertas go-to-market combinadas.

Comunicação e Experiência do Funcionário: Reduzindo a Incerteza, Proporcionando Engajamento

Comunicações para as partes interessadas e a experiência dos funcionários não são duas coisas que pode ter ao mesmo tempo. Você já teve a chance de comemorar no Dia do Anúncio e o fará novamente no Dia 1. O que as partes interessadas realmente querem é reduzir a incerteza e ter expectativas claras — e engajamento. Como um de nossos colegas diz: "Você está pegando emprestado uma confiança que ainda não conquistou". Então comece a conquistá-la agora — e uma conversa fiada sobre uma "fusão de iguais" não funcionará.

As comunicações para todas as partes interessadas — funcionários, sindicatos, aposentados, clientes, fornecedores, contratados e, claro, investidores – devem ser elaboradas intencionalmente. Crie mensagens para cada grupo de partes interessadas visando transparência e franqueza. Se as respostas para as perguntas não existirem, informe ao grupo quando existirão. Pense no plano de comunicação em torno dos preparativos do Dia 1 como semelhante ao do Dia do Anúncio: coordenado, calendarizado, ensaiado diligentemente e informativo. Lembre-se: todo mundo vê além dos e-mails bonitinhos.

Embora a clareza seja essencial em todas as comunicações sobre os planos relativos à integração, a experiência do funcionário se concentra exclusivamente nas necessidades dos funcionários e inclui tudo, desde o âmago da questão da definição de novos papéis até o planejamento de gerenciamento de mudanças e liderança necessários para alcançar a nova estrutura organizacional. É muito mais do que apenas comunicações: abrange todas as mudanças em toda a empresa em todos os departamentos de ambas as empresas, que terão impactos multifuncionais em larga escala. Deve viver como um fluxo de trabalho gerenciado pelo IMO e não com líderes funcionais. É uma parte vital da integração: estabiliza a organização, ajuda os funcionários a entender a nova estratégia e estimula o entusiasmo sobre seus papéis dentro dela, além de criar um feedback forte e consistente e um ciclo de comunicação. (Consulte o quadro abaixo, "Visão da Experiência do Funcionário.")

Há também o potencial de conflito real decorrente de escolhas profundas sobre cultura e experiência dos funcionários — e eles sabem disso. Se o adquirente fala sobre "família", "confiança", "trabalho em equipe" e "união", enquanto a empresa-alvo diz que "faz as coisas de forma rápida, ágil e quebrando as coisas" enquanto diz privadamente a seus funcionários: "Se você quer algo fofinho e bonitinho, melhor arranjar um cachorro" — bem, provavelmente tem algum trabalho a fazer. Você não será capaz de estabelecer uma nova cultura — como o trabalho é feito, valores e normas compartilhados e o que é recompensado — até saber o que já existe. Antes do Dia 1, os líderes precisam começar a entender como as culturas das organizações são semelhantes e diferentes e estabelecer como trabalhar em conjunto para que as organizações possam operar com sucesso após o fechamento (discutimos mudança e cultura no Capítulo 8).

Visão da Experiência do Funcionário

A visão da experiência do funcionário deve servir como princípio orientador para todas as atividades de gerenciamento de mudanças ao longo da integração. Assim, precisa abranger:

- Construção de confiança nos funcionários, ajudando-os a entenderem a intenção por trás do negócio.
- Estabelecimento de uma liderança confiável para inspirar confiança no futuro da organização combinada.
- Redução da incerteza e ansiedade dos funcionários sobre o futuro de suas funções por meio de comunicações direcionadas.
- Alavancamento da força coletiva de cada uma das empresas e permanência das culturas que possibilitem o sucesso.
- Permissão dos mecanismos de feedbacks bidirecionais para entendimento dos pontos fortes e fracos por meio da integração.

Mesmo sem um profundo choque cultural, as mudanças que inevitavelmente acompanham uma fusão podem desencadear uma resposta emocional. As fusões viram o mundo dos funcionários de cabeça para baixo, empurrando-os para a base da pirâmide da hierarquia de necessidades. Eles deixam de se preocupar com a autorrealização no trabalho e na vida para se preocuparem com as necessidades fisiológicas e de segurança: se têm um emprego, se estão seguros, de onde virá seu próximo salário. Pode ser assustador. A fusão também trará novas demandas sobre o tempo dos funcionários e potencialmente interromperá sua experiência cotidiana. O trabalho da equipe de experiência do funcionário é "se antecipar à dor", não minimizá-la ou eliminá-la, para que os funcionários sintam que o plano é atencioso e autêntico.

Como resultado, o trabalho da equipe de experiência do funcionário durante o sinal para fechar se resume a três coisas:

1. Identificar quais mudanças estão por vir.
2. Planejar o que a nova organização fará para apoiar as mudanças.
3. Confirmar que os funcionários estão prontos para as mudanças ao longo do ciclo de vida do negócio.

A equipe de experiência do funcionário definirá as mudanças para cada grupo de partes interessadas em um cronograma e planejará de acordo com ele. Depois de identificar as mudanças que estão por vir, deve começar a ser desenvolvido um conjunto cuidadosamente orquestrado de palavras e ações pelos líderes e um conjunto de experiências com curadoria que pode incluir programas de aprendizado ou rotatividade. Os funcionários também devem ter opções para participar de experiências de aprendizado, no curso normal de seu dia, que ajudarão a prepará-los para o Dia 1 e além.

Por exemplo, um representante de atendimento ao cliente pode ter 15 grandes mudanças nos próximos 12 a 18 meses, com uma cadência de mudanças associadas ao encerramento de sistemas antigos e implementação de novos, aprendendo novos produtos e novos scripts e descobrindo onde obter respostas para perguntas frequentes. Algumas equipes também terão modelos operacionais provisórios à medida que fazem a transição da forma antiga para a nova (por exemplo, navegando em sistemas ERP que serão consolidados ao longo de um ano).

No Dia 1, ambos os sistemas estarão funcionando, mas as equipes devem saber como a transição ocorrerá. Se Sérgio gerenciou o antigo sistema ERP e sabe que será transferido, ele deve saber porque deve continuar ajudando e como será recompensado por permanecer e se esforçar quando souber que ficará obsoleto dentro de um ano. Haverá outras funções de transição também em toda a organização. O gerenciamento bem-sucedido da experiência do funcionário se baseia na identificação de todos os "Sérgios" da organização e no gerenciamento de cada um.

Lembre-se de que nem todas as funções ou negócios serão impactados da mesma forma, por isso é necessário entender como diferentes grupos de funcionários com necessidades diferentes terão experiências únicas — e criar a experiência apropriada para cada um. Por exemplo, as finanças podem sofrer cortes substanciais enquanto as vendas começarão a contratar agressivamente. Essas aparentes disparidades exigirão conversas sérias com cada função para que a equipe entenda o que está mudando, o que não está e porquê.

Os gerentes de ambos os lados com novas relações de subordinação cruzada precisarão estar equipados com procedimentos a serem seguidos quando tiverem que gerenciar esses novos funcionários. Você não quer que alguém entre uma manhã lamentando: "Tenho outras 45 pessoas se reportando a mim em diferentes locais. O que eu faço? Eu nem tenho as descrições de trabalho!" Dê-lhes ferramentas para lidar com essa situação de rápida mudança.

Com uma visão completa de toda a organização, a equipe de experiência do funcionário determinará como ajudar cada grupo em cada uma das mudanças. Como vamos apoiá-los? Quando precisaremos de líderes para conversar com eles? Quando enviaremos mensagens que os façam se sentir apoiados? Como obtemos o feedback deles? Como vamos recompensá-los? Essa é a essência de se antecipar à dor — conhecer e antecipar as mudanças, muitas vezes minúsculas, às vezes grandes, mas sempre significativas na vida dos funcionários.

Claramente, a experiência do funcionário não pode ser apenas mais um e-mail — ou uma série deles. Saber o que mudará (e o que não mudará) significa que a equipe de experiência do funcionário pode traçar as experiências de mudança ao longo do tempo com base na antecipação das necessidades. A equipe deve entender não apenas os planos de integração, porém como esse esforço de transformação afetará os colaboradores ao longo do ciclo de vida da integração. Isso inclui conhecer a força de trabalho e as personalidades amplas (incluindo as saídas, novas funções, atribuições de vendas cruzadas e outras mudanças ao longo do ciclo de vida de cada área funcional) e trabalhar para criar a experiência e suavizar o impacto. O Dia 1 deve revelar uma linha de visão clara para o estado final, o que significa que grande parte do trabalho de pré-fechamento está desenvolvendo essa visão.

A primeira coisa é antecipar todos os processos que são uma parte previsível da vida cotidiana do trabalho que mudará por causa da fusão. Isso inclui noções básicas, como fornecer treinamento em novos processos e procedimentos em que o trabalho será feito de maneira diferente (por exemplo, planejamento de viagens e diárias). Princípios como esse afetam o trabalho diário de um funcionário.

Mas essa avaliação vai além dos processos básicos. Também significa avaliar quais áreas funcionais e equipes exigem visitas aos locais de liderança e avaliar como os funcionários se sentirão em relação a grandes eventos e quem deve ter as conversas para ajudá-los a orientá-los. Contudo, de forma mais geral, uma vez que as mudanças são conhecidas, o próximo passo é planejar o que a nova organização fará para apoiar cada grupo de funcionários durante esse processo.

Em uma fusão particularmente bem-sucedida, o adquirente realmente visitou a equipe de P&D de produto da empresa-alvo — e transformou a visita em um evento. A empresa-alvo montou barracas no campus corporativo, fez um churrasco e fez com que a equipe de P&D mostrasse do que mais se orgulhava. A equipe colocou os 5 principais produtos em destaque durante um "passeio pela galeria" e falou sobre os "filhos" com um ar de solenidade — e porque ela estava orgulhosa.

Ao mesmo tempo em que este evento fez com que todos se sentissem bem, também demonstrou para a equipe da empresa-alvo o comprometimento do adquirente em conhecê-los e respeitar as realizações. Ambos os grupos puderam compartilhar sua história, falar sobre o que os motivou e trocar conhecimento sobre os produtos e futura colaboração. Isso permitiu que eles desenvolvessem um senso de camaradagem. Porém não se trata apenas de fazer as pessoas se sentirem bem — tais trocas também aumentam a capacidade de vender melhor e atingir metas de sinergia de receita.

Nem toda fusão terá uma festa no campus de origem, mas criar a experiência do funcionário com o mesmo nível de cuidado é uma necessidade absoluta. Se os funcionários não se sentirem bem atendidos, eles não cuidarão dos clientes. Assim como acontece com os outros fluxos de trabalho de integração que estão se encaminhando para o Dia 1, é imperativo planejar a experiência global do funcionário. Essa abordagem de planejamento, que deveria refletir os princípios fundamentais da integração, inclui um calendário para o tempo coordenado de treinamento e recursos para aqueles que estão transmitindo as mensagens, incluindo, por exemplo, plataformas personalizadas para executivos e sessões de preparação para reuniões gerais no Dia 1.

Não importa o quão bem planeje e execute, ainda será preciso confirmar que os funcionários têm as ferramentas de que precisam para os novos trabalhos e que adquiriram o conhecimento necessário ou sabem onde encontrá-lo quando precisarem. E que se sintam prontos para a mudança. Durante o sinal para fechar, uma avaliação de prontidão normalmente é feita por meio de uma pesquisa. A equipe de experiência do funcionário usa os resultados para identificar bolsões de risco e coordena com o IMO para abordar cada um deles antes do Dia 1. Muitas vezes, isso assume a forma de uma equipe de prontidão sendo implantada em equipes menos preparadas nos dias que antecedem o Dia 1.

Engajamento

Lembre-se, os adquirentes não estão integrando os funcionários da empresa-alvo. Eles não são novas contratações. Os funcionários da empresa-alvo não decidiram ingressar na organização. Na verdade, em algumas fusões, eles podem muito bem ter tido a oportunidade de trabalhar para você e, ao invés disso, escolhem a empresa-alvo. A questão é que eles escolheram trabalhar para a empresa-alvo, o que significa que o esforço deve se concentrar em engajá-los, não em integrá--los. Crie entusiasmo e um sentimento de pertencimento e identidade para os funcionários.

O que os funcionários querem — na verdade, precisam — é uma narrativa clara e razão para pertencer. Os funcionários odeiam ambiguidade e incerteza. Se for dada a chance, eles vão assumir o pior. Aqueles no nível mais alto se preocuparão em alcançar as sinergias prometidas, mas os funcionários estão preocupados se o crachá funcionará, se a internet estará ligada, se o laptop está funcionando, com a qualidade do café e seus cartões de visita, quando eles serão pagos e se os benefícios estão mudando. Não se esqueça, a palavra "sinergias" pode aterrorizar os funcionários — porque sinergias significam demissões, mudanças e trabalho duro.

Ao mesmo tempo, as pessoas podem receber más notícias. Em vez de dizer a eles: "Vocês são todos importantes para nós, informaremos sobre as mudanças mais tarde", diga a eles: "Seremos transparentes e avisaremos com seis meses de antecedência com serviços otimizados de rescisão e recolocação". Mesmo que detalhar tudo o que vai acontecer esteja fora do escopo, definir expectativas sobre quando os funcionários terão todas as respostas é possível e necessário. O "obrigatório" é deixá-los saber *quando* eles saberão, dando alguma garantia sobre o futuro. Além disso, se certifique de que o contato com os funcionários seja coordenado para que não se distraiam, se desviem e sejam sobrecarregados por mensagens múltiplas e possivelmente conflitantes de TI, RH e finanças, porém obtenham uma visão holística de novos procedimentos por meio de comunicações orquestradas.

Essa abordagem à experiência do funcionário não é apenas ser gentil por razões humanitárias. Isso ajudará a evitar que narrativas falsas vazem para concorrentes, fornecedores e clientes. Além disso, ter os novos funcionários ao lado significa que, no futuro, eles não enfiarão uma faca no seu pescoço quando tiverem a chance.

Tudo isso ressalta a necessidade de anunciar o novo CEO e a alta administração o mais rápido possível, fornecendo algum sinal da direção que a empresa seguirá e como será gerenciada. A reputação dos executivos pode tê-los precedido, então os funcionários vão querer saber o que estão recebendo — novamente, reduzindo a incerteza. Use esses anúncios para mostrar a liderança para criar um entusiasmo sobre o futuro.

Os líderes por si só não podem fazer tudo. A equipe de experiência do funcionário identificará e recrutará funcionários influentes — pessoas em quem os outros confiam — para conectar pessoas e informações. Esses integradores podem ser extremamente valiosos para dar suporte a uma mensagem clara sobre a transformação e ajudar a definir os valores, crenças e direcionadores comportamentais compartilhados da organização combinada. Atingir esses objetivos exigirá saber como as diferentes áreas funcionais serão afetadas e quem são os "agentes de mudança" dentro da organização.

Entre o Dia do Anúncio e o Dia 1, a Ecolab, por exemplo, planejou a iniciativa de gestão de mudanças que lançaria após o fechamento. Eles identificaram cerca de 500 "parceiros culturais" em ambas as organizações e criaram o ambiente para o diálogo voluntário com grupos de 8 a 10 funcionários. Esses grupos foram projetados para discutir a fusão, determinar a melhor forma de alavancar os pontos fortes de ambas as empresas herdadas e internalizar mensagens nas redes. Os parceiros de cultura não apenas propagaram e reforçaram as comunicações em todas as organizações, mas também forneceram um ciclo de feedback inestimável para a equipe de planejamento de integração e a equipe de liderança executiva sobre o que estava funcionando, bem como sobre preocupações específicas da organização. A equipe de prontidão para mudança usou ferramentas padrão, como pesquisas de pulso, bem como outras mais inovadoras, como conselhos de mudança e fóruns de equipe multifuncional que foram encarregados de criar um ambiente de mudança e discutir táticas de mudança relacionadas à integração.

O objetivo geral das comunicações era disseminar informações claras e transparentes em cada organização e alinhar as principais mensagens focadas no caso de negócios, nos negócios normais e no que está nos corações e mentes dos funcionários. Para isso, era necessário conhecer e ter a mensagem-chave para cada área e, para toda a organização, um plano e cronograma de comunicação interna e um mecanismo de feedback. Os recursos necessários incluíam alinhamento de liderança em toda a empresa na narrativa principal e metamensagens, bem como o suporte das equipes de comunicação corporativa na criação e entrega de conteúdo. Na Ecolab, as comunicações internas se concentraram na metamensagem de quais eram as três prioridades principais do acordo: Capturar Corações, Gerar Sinergias e Acelerar o Crescimento (veja o Capítulo 6).

Ser claro e transparente, e trabalhar ativamente para engajar os funcionários, ajudará bastante para dizê-los como suas vidas provavelmente serão. No Dia 1, cada funcionário deve saber onde está alocado; o que ou se algo mudou para a sua função; quem é o chefe; e quais são as remunerações e os benefícios. Um processo estruturado de engajamento de funcionários deve levar cada funcionário ao longo do primeiro dia, mês e ano. E os momentos críticos associados a cada período de tempo. E se lembre, se não puder dar detalhes específicos, dê-lhes a data em que fará isso.

Como dissemos no Capítulo 5, "A cultura começa no anúncio". Você começou priorizando comunicações claras, consistentes e transparentes no Dia do Anúncio — e deseja continuar a filosofia dessa experiência por meio da integração e além. Ao posicionar o valor das duas empresas juntas e declarar claramente como os funcionários se encaixam, você dará a eles a certeza de que pagará dividendos.

Prontidão do Dia 1: do Planejamento à Execução

O Dia 1 pode parecer um marco assustador. E a prontidão para esse marco pode parecer uma lista interminável de decisões complexas e atividades de integração. Mas chegar e executar com sucesso o Dia 1 é menos sobre querer fazer tudo ao mesmo tempo e mais sobre colocar um foco de laser em um pequeno número de tarefas mínimas e inegociáveis. Algumas empresas fazem muito mais no Dia 1, anunciando novas iniciativas ou novos e ousados programas. Pode ser bom avançar para coisas grandes — especialmente se você tiver tempo extra. Mas atender às necessidades básicas é uma obrigação.

Aqui está a versão curta: você deseja fechar o mais rápido possível. Evite o escrutínio regulatório e esteja preparado para obter sinergias rapidamente. Os objetivos do Dia 1 são minimizar o que pode dar errado — especialmente algo que pode levar alguém à prisão — e preservar a continuidade dos negócios. Um ótimo Dia 1 também inclui garantir que todos estejam empolgados com um marco tão grande — o primeiro dia da nova organização. Mantenha as luzes acesas, se prepare para um novo modo de operação e tenha planos para lançar a empresa combinada ("botar para quebrar", como um de nossos colegas coloca).

Embora a prontidão do Dia 1 possa representar apenas um punhado de atividades, não é simples, de forma alguma. As consequências de alcançar qualquer coisa que não seja a perfeição podem ser mortais. A falha em atingir a prontidão do Dia 1 pode destruir um negócio da noite para o dia, pois as operações na empresa-alvo e no adquirente são interrompidas e a capitalização de mercado é destruída. Qualquer coisa que não seja um Dia 1 impecável também pode complicar a execução pós-fechamento, pois as percepções internas (funcionários e diretoria) e externas (clientes e fornecedores) do negócio azedam, enquanto as interrupções são destacadas na mídia e na narrativa em torno da capacidade da administração de executar nessa integração azedada. Além disso, a falta de prontidão do Dia 1 atrasa a execução pós-fechamento, levando ao vazamento do valor da sinergia e prejudicando o relacionamento com o cliente.

Um de nossos colegas gosta de dizer: "O primeiro dia é como ter um bebê. Vai chegar, você sabe a data limite do parto, mas não sabe exatamente quando vai acontecer." Tenha um plano para o que você deve realizar se chegar mais cedo do que o esperado e o que mais você pode fazer se o Dia 1 for mais tarde. Uma maneira de adicionar os "essenciais" é perguntar se um objetivo é central para a estratégia de negócio. Se a resposta for sim, você pode perguntar ainda se é prático completar e se o escopo é adequado para ser alcançado no Dia 1. Se você puder responder sim a ambas, ele pode permanecer na lista.

O que significa "mínimo"? As tarefas do Dia 1 se concentram em permitir que o adquirente e a empresa-alvo realizem negócios após o fechamento sem qualquer interrupção. Alcançar esses objetivos necessários significa garantir aprovações legais e regulatórias em todas as regiões, receber as autorizações necessárias para que funcionários e fornecedores continuem as operações e receber pagamentos e confirmar que as operações relacionadas à segurança permaneçam em vigor. Errar o alvo nessas três áreas não apenas interrompe as operações, contudo, no extremo, pode levar a consequências legais. Como tal, a perfeição do Dia 1 deve ser vista como uma aposta da mesa para qualquer negócio bem-sucedido. O primeiro dia, como um bebê, *pode* chegar mais cedo, caso em que os mínimos se tornam ainda mais importantes.

Como resultado, o Dia 1 é um exercício de priorização — e o que deseja priorizar são as metas essenciais para fechar o negócio e criar o maior valor. Você pode criar uma lista de verificação de condições de fechamento para fechar no prazo, incluindo planos de mitigação para o que acontece se você perder uma determinada meta. Se houver itens em sua lista que não são para o Dia 1, eles são para o estado final. Isso não quer dizer que não sejam importantes; é só que não são necessários para o Dia 1. Isso pode incluir decisões que exigem mais dados (por exemplo, aquelas relacionadas ao comportamento do cliente). E é por isso que o Dia 1 exige um foco a laser no que você precisa para fechar o negócio sem consequências legais negativas.

A Ecolab se preparou cuidadosamente para o Dia 1, criando projetos e painéis para garantir que a nova Ecolab funcionasse sem problemas, que os reguladores ficariam satisfeitos, os clientes ficariam encantados e os funcionários estariam prontos e capazes de cuidar dos clientes e animados para continuar com o negócio do dia. Lembre-se, Christophe Beck pretendia fazer dessa "a melhor integração de todos os tempos". E ele queria cumprir essa promessa.

Crucial para esse esforço foi a criação de quatro centros de comando em todo o mundo que eram pontos centrais de contato na Ecolab e na Nalco, capacitando as regiões a resolver problemas em nível local. Os centros de comando foram projetados para responder rapidamente para resolver quaisquer problemas pendentes. Eles identificaram riscos comuns e estratégias de mitigação compartilhadas e forneceram visibilidade de liderança executiva em tempo real. Em vez de criar algo novo, usaram processos de negócios existentes (por exemplo, *help desk* de RH, *service desk* de TI) para identificar problemas e compartilhar o progresso.

O IMO criou cronogramas para preparar líderes e funcionários. Os líderes nomeados nas comunicações de liderança L2 e L3 receberam o anúncio, o organograma e os pontos de discussões antes do anúncio para todos os funcionários em 21 de novembro, oito dias antes do Dia 1. Uma semana depois, as equipes executivas da Ecolab e da Nalco foram convidadas a participar de um webcast para prepará-los para entregar as principais mensagens e entender seu papel no Dia 1. Após o webcast, os líderes de nível E da Ecolab e os diretores da Nalco e superiores receberam os "Guias do Dia 1 para Líderes e Funcionários". Após o webcast geral no Dia 1, esses mesmos líderes receberam slides personalizáveis para usar com as equipes. A preparação dos funcionários seguiu um caminho semelhante.

A Ecolab também identificou seis itens essenciais para o Dia 1: Certificação do Dia 1 para sistemas (RH, ERP, TI e assim por diante), sinergias, design da organização, planos de comunicação, prioridades de 2012 e governança de implementação. Estes foram apresentados ao IMO para aprovação e finalização.

O Dia 1 da Ecolab foi um grande sucesso. Na sede, eles alugaram o St. Paul Convention Center, completado com um enorme arco de balões nas cores da Ecolab, para uma celebração com todos os funcionários onde a estratégia de avançar e o novo propósito, missão e valores foram compartilhados. Eventos semelhantes foram realizados em todo o mundo. Além disso, parte da cultura da Ecolab e da Nalco — valorizada pelos funcionários — era dar broches para comemorar marcos de 5, 10 e 15 anos e assim por diante. No primeiro dia, todos receberam um pin Ecolab recém-projetado representando seu respectivo tempo no cargo.

A Ecolab também lançou o novo programa de segurança e o plano de entrada no mercado para vendas cruzadas e abordagem de clientes como uma empresa combinada na primeira semana após o fechamento. O Dia 1 criou um grande impulso para o sucesso pós-fechamento, por estar focado em cuidar de clientes e funcionários.

Contratos de Carve-Outs e de Serviços de Transição

Saindo da due diligence, os compradores terão estimado os custos únicos e de taxa de execução para manter as atividades alienadas. Agora, os compradores também devem desenvolver uma visão completa das verdadeiras despesas operacionais para administrar o negócio no primeiro dia, com os serviços de transição que serão fornecidos pelo vendedor.

Esse estado provisório criará custos adicionais porque o comprador está confiando nos TSAs do vendedor antes que eles possam começar a perceber as sinergias. As equipes de negociação e os advogados de ambos os lados geralmente concordam com uma estrutura jurídica de alto nível (por exemplo, uma folha de termos não vinculativa) para quais serviços o vendedor fornecerá para a continuidade dos negócios. A folha de termos fornece um mecanismo para que ambos os lados continuem suas negociações sobre TSAs mesmo após a assinatura do acordo sobre exatamente quais serviços serão fornecidos, por quanto tempo e a que custo. Assinado, o mecanismo da folha de termos é útil porque o comprador estará preocupado em ser cobrado em excesso sem entender todos os detalhes do serviço do vendedor. Como resultado, muitas vezes haverá um teto de custo negociado incluído: "Você não deve me cobrar mais do que a alocação de custo atual para as atividades alienadas da controladora."

Durante a fase de due diligence, o vendedor será o melhor amigo do comprador. Mas, uma vez que o acordo é assinado, os interesses divergem imediatamente. O vendedor não quer mais o negócio; não era um negócio principal, então eles não querem gastar mais tempo ou dinheiro. Não há incentivo para o vendedor fornecer os TSAs além de concluir o negócio. O vendedor agora tem custos retidos de infraestrutura compartilhada, serviços e acordos de compras com as atividades alienadas. O foco será remover esses custos o mais rápido possível, em vez de apoiar o comprador. Portanto, eles podem não dar ao comprador as melhores pessoas e provavelmente jogarão duro na duração e no escopo dos TSAs. É importante reconhecer essa dinâmica, porque o comprador desejará mais tempo para abrir a caixa e entender quais pessoas, processos e sistemas está realmente recebendo. E pode precisar exigir mais tempo e flexibilidade para que possa tomar uma decisão informada sobre TSA escopo, preço e duração.

Durante o período sign-to-close, os TSAs devem ser definidos, custeados e negociados de maneira coordenada e multifuncional. Normalmente, o líder de integração, que tem essa visão multifuncional e conhecimento e experiência operacional, pode servir como ponto central de contato para negociar com o vendedor. O momento das saídas da TSA apresenta uma interdependência funcional única, muito além que comprar uma empresa por completo. Por exemplo, a saída de TSAs de RH para folha de pagamento, benefícios e sistemas de gerenciamento de desempenho (HRIS) pode ser altamente dependente do cronograma de integração de TI e dos sistemas de RH relacionados. Até que o comprador possa sair dos TSAs de TI, ele terá que continuar pagando por esses TSAs de RH, o que significa que esses TSAs podem se tornar muito mais caros do que se imaginava.

As implicações do Dia 1 para carve-outs também são únicas. Os TSAs fornecerão continuidade de negócios onde o vendedor não tiver desembaraçado o negócio até o Dia 1. Dito isso, haverá áreas em que a separação acontecerá e essas devem ser exaustivamente testadas pelo comprador. Por exemplo, o vendedor precisará transferir a empresa como uma entidade operacional legal. Isso exigirá a separação de coisas como contas bancárias, transições de funcionários legais, registros fiscais federais e estaduais e contratos de terceiros. Desenvolver um plano de separação abrangente com o vendedor é o primeiro passo para um Dia 1 sem problemas. Participar ativamente das atividades de prontidão do Dia 1, incluindo ensaios gerais (dry runs), que levam à transição da entidade legal, ajudará a testar a pressão de que o vendedor está pronto para mudar a chave e entregar um negócio totalmente funcional.

Conclusão

As integrações costumavam parecer diferentes. Elas eram sobre modelos e burocracia. Um CEO teria um fichário de uma empresa de consultoria com os logotipos das duas empresas na frente. Nele haveria uma cartilha — uma um tanto quanto engessada. O fichário teria páginas que apresentariam a equipe do IMO, princípios orientadores, tabelas, prontidão do Dia 1, comunicações de sinergia, visão pós-fechamento, os nomes das resmas de trabalho e assim por diante. Os consultores reuniriam todos para um pontapé inicial e dariam a eles os modelos com os quais inevitavelmente teriam dificuldades em lidar. Pior, fariam os líderes se sentirem juvenis, forçados a cumprir relatórios de status e roteiros sobre os quais não teriam controle ou investimento. E isso foi seguido por meses de posicionamento e postura.

A abordagem que apresentamos nos Capítulos 6 e 7 requer investimento e adesão iniciais, onde os líderes podem tomar muitas das principais decisões juntos. Em vez de reunir as equipes de TI para disputar as principais escolhas ao longo de seis meses, esses líderes podem tomar decisões facilitadas logo de cara. Isso fornece a estrutura e o enquadramento certos para os times prosseguirem com seu planejamento e fornecerem diretrizes claras aos funcionários e aos subordinados ao chefe do IMO.

Esse nível de planejamento de integração prepara a nova organização para entregar imediatamente as decisões operacionais de planejamento pré-fechamento, obter ganhos iniciais em sinergias e concluir o planejamento pós-fechamento para a visão do estado final.

No Capítulo 8, discutiremos como essa enorme quantidade de planejamento passa do estado de transição para se tornar um negócio normal após o Dia 1, cumprindo a promessa da tese do negócio.

CAPÍTULO 8

Meus Sonhos Se Tornarão Realidade?

Execução Pós-Fechamento

O Dia 1 é um marco empolgante. Mas, operacionalmente, deve ser relativamente tranquilo, envolvendo comunicação com funcionários e clientes, garantindo que os obstáculos regulatórios sejam atendidos e as contas bancárias estejam prontas para serem usadas. Porém, uma vez que o negócio foi fechado, e as comemorações do Dia 1 chegaram e se foram, o caminho para a integração e o estado futuro da nova empresa começa. Aperte o cinto, porque tudo isso estará sob escrutínio público quando você começar a relatar os resultados.[1]

A execução pós-fechamento deve receber o mesmo nível de atenção da administração que o Dia do Anúncio e o planejamento pré-fechamento receberam. A chave para o sucesso pós-fechamento é manter o ímpeto. Milhares de decisões já foram tomadas antes do Dia 1, mas não foram testadas e implementadas pela nova organização. Este capítulo se concentra em como melhorar as chances de uma execução bem-sucedida da tese do negócio e o cumprimento de todo o planejamento de pré-fechamento sem tropeçar — e como fazê-lo de forma rápida e eficiente. Mas antes, algumas palavras sobre os riscos.

Novos riscos significativos começam a entrar no negócio após o primeiro dia. Questões como interdependências negligenciadas ou programas de mudança sem autoridade de liderança adequada podem crescer lentamente até chegar ao ponto em que a alta administração toma conhecimento. Funcionários críticos podem sair, levando junto seu conhecimento legado e causando danos aos negócios subjacentes — mesmo que algumas sinergias sejam realizadas. O resultado pode levar não apenas à perda de confiança dos investidores, mas também à perda de relacionamentos vitais com clientes, funcionários e fornecedores.

O pós-fechamento também é o período em que muitos adquirentes também começam a transferir a atenção dos executivos que viram um negócio desde o início de volta para suas funções operacionais. Executivos começarão a transferência para gerentes que estarão focados no programa de integração. Essa mudança de foco pode apresentar desafios reais para preservar a atenção das equipes na execução.

O maior erro que temos visto é que a aquisição de líderes desvia a atenção do negócio, às vezes até colocando parte da integração de volta nas mãos dos gerentes da empresa-alvo — pedindo, por exemplo, que mudem seus processos ou para alcançar sinergias nas quais não estão investidos ou para lidar sozinhos com questões de gestão de mudanças. Podemos garantir que é improvável que a empresa-alvo tenha os mesmos objetivos que o adquirente. E seus gestores vão preferir continuar operando da mesma forma que faziam antes da aquisição.

Outra questão premente é não ter uma definição clara do estado final — isto é, não saber quando a transição está completa, quando as duas organizações estão realmente operando no mercado como uma entidade combinada.

Outros entraves também existem. Entre eles estão a falha em ter uma compreensão clara dos projetos de sinergia em jogo, levando a uma falha subsequente em rastrear adequadamente as sinergias. Francamente, todos estão cansados da arrancada até o Dia 1. E essa fadiga pode levar a más decisões, incluindo a dissolução do IMO cedo demais. A disciplina do IMO será necessária após o fechamento, quando ele mudar para uma estrutura diferente.

Quais são os sinais e sintomas das "rodas saindo do trilho"? Pode ser uma longa lista, porém os sinais indicadores incluem quando gerentes integrais, se sentindo descontentes e não envolvidos, começam a sair; quando a satisfação e a moral dos funcionários sofrem porque eles não se sentem pertencentes e não estão sendo adequadamente integrados; quando clientes insatisfeitos vão para os concorrentes porque as necessidades não foram atendidas ou promessas não foram cumpridas; e quando as metas do negócio perdem a prioridade, pois os responsáveis pela execução se sentem afastados do planejamento e acham as metas muito desafiadoras para serem alcançadas. Tudo isso resulta em uma falha de desempenho financeiro, quando o negócio fica aquém, em 12 a 18 meses, das sinergias que foram anunciadas.

O fato é que quanto mais tempo a execução pós-fechamento demorar, menos provável será que a administração seja capaz de entregar o valor detalhado na tese original do negócio e prometido aos acionistas e clientes. Em um mercado implacável, isso pode levar não apenas a ajustes nas expectativas de lucros, mas também à perda de capacidade da administração de alcançar os resultados financeiros esperados para ambas as empresas antes do negócio. Além disso, à medida que as atividades de integração pós-fechamento continuam, o tempo e o dinheiro que a empresa poderia ter usado para o crescimento continuam sendo consumidos, desviando a atenção de outras oportunidades e limitando as aquisições e o crescimento subsequentes.

A maioria das atividades de execução pós-fechamento deve ocorrer dentro de um ano após o fechamento — certamente não mais do que 18 meses. Muito mais do que isso e o interesse certamente diminuirá. A incapacidade de executar grandes tarefas de integração no primeiro ano não apenas reduz o valor do negócio à medida que o valor presente das sinergias previstas diminui, porém também significa que o rastreamento de ganhos operacionais se torna mais complexo. A execução lenta também complica o gerenciamento de mudanças, pois os comportamentos de gerentes e funcionários se calcificam e eles começam a tratar a forma de transição de fazer negócios como "o novo normal."

Então o primeiro passo para uma integração pós-fechamento bem-sucedida é garantir que haja uma equipe de transição dedicada — normalmente o IMO — que se concentre nas atividades de integração com um grupo claro de líderes e líderes funcionais e de negócios confiáveis, focados exclusivamente na integração e transições e com autoridade de decisão.

A tarefa pós-fechamento crucial é conduzir a nova empresa a cumprir a tese inicial do negócio e implementar os planos e decisões tomadas antes do Dia 1. A execução pós-fechamento deve, portanto, se centrar em fazer com que o negócio integrado e o novo modelo operacional voltem aos negócios habituais o mais rápido possível. Juntas, há cinco transições principais para gerenciar:

1. Do IMO para os negócios normais.
2. Do design da organização à seleção de talentos e transição da força de trabalho.
3. Do planejamento de sinergias ao rastreamento e relatórios de sinergias.
4. Da sala limpa à experiência e crescimento do cliente.
5. Da experiência do funcionário à mudança de gestão e cultura.

Elas serão abordadas individualmente nas seções abaixo, que se concentram nos detalhes — a essência — de como rastrear as transições necessárias que levam a uma excelente execução pós-fechamento.

Transição 1: Do IMO para os Negócios Normais

O IMO e a estrutura que ele governa não terminam no Dia 1, mas passam por uma mudança definitiva. Correndo em direção ao Dia 1, o IMO gerenciou e supervisionou os fluxos de trabalho, prestando especial atenção às interdependências e prioridades que eram maiores do que qualquer área funcional. Após o Dia 1, o IMO começa a transformar funções em negócios normais. Enquanto o IMO pré-fechamento se concentra na definição do estado final e na criação de planos e projetos de sinergia, o IMO pós-fechamento se concentra na execução, transição e orientação de estruturas para atingir os objetivos prometidos.

Como o Dia 1 pode trazer uma calmaria nos esforços — causada pelo cansaço do sprint combinado, com a sensação de que o Dia 1 constitui uma espécie de linha de chegada — o IMO deve preservar o impulso para que a integração não saia dos trilhos à medida que as pessoas se distraem. Lembre-se, este é apenas o começo da execução de todo o planejamento pré-fechamento. Soluções de curto prazo ou alternativas que o levaram a um Dia 1 sem problemas agora devem ser confrontadas à medida que você faz a transição da estrutura do IMO para os negócios normais.

Após o fechamento, o planejamento da integração confrontará as realidades da execução. Embora a ideia de "perceber o valor da tese do negócio" seja uma regra prática muito elegante, um dos principais aspectos do IMO pós-Dia 1 é, na prática, gerenciar as interdependências contínuas entre os planos de trabalhos e a sobreposição no dia a dia entre fluxos de trabalhos, garantindo que os planos e marcos estejam no caminho certo e a máquina de integração esteja funcionando sem problemas. É somente quando o trabalho de integração não requer mais esse nível extra de coordenação que é hora de um fluxo de trabalho se formar e passar para os negócios normais.

O que realmente significa "negócios normais"? Para nossos propósitos, se refere às formas típicas que as funções trabalham juntas e continuarão assim no futuro sem a coordenação adicional entre os fluxos de trabalho fornecidos por um órgão como o IMO.

Os objetivos da progressão gradual para os negócios normais são três:

1. Permitir que as equipes façam a transição da execução para as unidades de negócios e saiam da participação na cadência regular das reuniões do IMO.

2. Garantir que existe um caminho claro para que os fluxos de trabalho completem todos os objetivos de integração e atinjam as metas de sinergia.

3. Mostrar aos patrocinadores executivos e ao SteerCo que um fluxo de trabalho não requer mais coordenação e esforços ativos do IMO.

Um erro comum é vincular a obtenção do status de negócios normais para um fluxo de trabalho à obtenção de certa quantidade de realização de sinergia. Por exemplo, TI ou finanças podem ter realizado 100% das sinergias, mas ainda podem ser impedidos de progredirem porque outros fluxos de trabalho ainda dependem de suas outras atividades de integração. Assim, TI e finanças podem permanecer no caminho crítico para que outros fluxos de trabalho realizem as sinergias ou os requisitos de integração operacional. A progressão para os negócios normais deve realmente significar não precisar mais coordenar as atividades de integração.

Depois que um fluxo de trabalho se forma, o IMO não supervisionará mais a gestão do programa para o fluxo de trabalho. Isso significa que a participação nas reuniões do IMO não é mais necessária — o objetivo das reuniões, lembre-se, era contribuir para os esforços de coordenação e relatórios de status sobre marcos e planos de trabalho gerais. Após a transição para negócios normais, os fluxos de trabalho de integração não existirão mais à medida que seus projetos e suas atividades forem adicionados ao portfólio existente de projetos e iniciativas dos negócios ou funções em andamento. Os orçamentos são integrados ao processo normal de planejamento operacional e orçamento anual. E os gerentes de projeto se tornam responsáveis por dar suporte à documentação e às entregas do fluxo de trabalho.

Como consequência dessa progressão, os líderes do fluxo de trabalho assumirão a responsabilidade pelos compromissos restantes relacionados à integração, incluindo a contratação de recursos necessários para executar os planos.

Os fluxos de trabalho ainda precisarão atualizar os projetos de prontidão de integração em uma ferramenta de planejamento central para rastreamento e relatórios, enquanto o rastreamento de captura de sinergia e gastos de integração será contínuo, liderado pelo IMO e FP&A.

As taxas de migração do IMO para os negócios normais diferem por função. Muitas vezes, as operações de back office, como RH, TI e finanças, exigem mais atenção do IMO, pois são os "postes compridos na barraca" — as iniciativas que levam mais tempo para serem realizadas e das quais outras funções dependem. A integração do adquirente e da empresa-alvo pode começar com sistemas heterogêneos nessas áreas (TI, RH), que devem ser normalizados à medida que a nova organização muda para os negócios normais, um processo que normalmente pode levar mais de um ano. Em um carve-out, a transição para os negócios normais acontece quando os TSAs são cumpridos e encerrados. Os desinvestimentos exigidos pelo HSR também devem ser resolvidos antes que os negócios normais sejam alcançados.

Como um exemplo proveitoso, considere o fluxo de trabalho multifuncional de sinergia. Ele fará a transição formal para os negócios normais quando os fluxos de trabalho individuais tiverem metas aprovadas e os planos ascendentes tiverem sido incorporados ao orçamento financeiro funcional ou comercial (que agora terá um gasto menor ou expectativas de receita mais altas). O acompanhamento dos resultados acaba se tornando o trabalho do FP&A — como normalmente seria o caso do acompanhamento do desempenho dos negócios. Para algumas empresas, a equipe de sinergia será dissolvida quando a empresa cumprir ou exceder os compromissos de taxa de execução assumidos no anúncio do negócio. Outras empresas têm usado marcadores, como quando a realização de sinergia está bem encaminhada e tendendo ou acima das expectativas antes de fazer a transição para FP&A.

Até essa transição formal para FP&A, o IMO deve se certificar de que as sinergias estão sendo documentadas e rastreadas, caso contrário, uma unidade de negócios ou funcional pode manipular o sistema no primeiro ano para que o IMO pare de incomodá-los. Sem metas de sinergia estabelecidas e um mecanismo para validar as realizações, a unidade de negócios pode impor os números de sinergia para o IMO que ela pode facilmente superar, contando-a como sinergia quando na verdade não é.

Saber quando o próprio IMO será totalmente dissolvido faz parte da visão inicial do estado final da integração. Definir o que "pronto" significa é parte integrante do planejamento e varia de integração para integração e as complexidades dos fluxos de trabalho. Contudo a equipe executiva precisa saber quando eles chegaram para cada função e negócio. No ideal, o estado final é definido como quando as duas empresas estão operando no mercado como uma só e o valor da tese do negócio é plenamente realizado.

Como os fluxos de trabalho serão descontinuados ao longo do tempo, a estrutura do IMO será flexível, diminuindo de tamanho e em importância — seja reduzindo o número de membros, o número e a frequência de reuniões ou permitindo que os fluxos de trabalho deixem a estrutura de governança. A cadência das reuniões e dos relatórios executivos se tornará exclusivamente relacionada à captura de sinergia e não à integração processual. O fim do IMO é normalmente indicado pelo líder do IMO assumindo outra função e muitos membros da equipe retomando funções de negócios pré-IMO ou encontrando novas posições. Muitas vezes, há uma pessoa menos sênior da equipe do IMO, que assume o controle para lidar com as tarefas finais de fechamento.

Mas se lembre que até que a integração seja feita, o IMO de alguma forma ainda está intacto. (Veja a barra lateral, "Processo Ilustrativo de Transição de Negócios Normais.")

Transição 2: Do Design da Organização à Seleção de Talentos e Transição da Força de Trabalho

Seguindo o design da organização e as decisões de função, é hora de escolher os talentos que ajudarão a liderar e executar os planos da nova empresa, para fazer a transição do restante da força de trabalho.

Seleção de talentos

A seleção de talentos — liderada pela equipe de design da organização — é mais do que apenas escolher os talentos certos. É fundamentalmente sobre quem permanece e quem sai de qualquer das empresas e quem recebe qual papel. Além disso, também se trata da aplicação fiel dos critérios de seleção acordados e priorizados — experiência relevante; habilidades; remuneração (custo); classificações de desempenho; localização geográfica; metas de diversidade, equidade e inclusão [em inglês, *diversity, equity, and inclusion* — DEI]; e assim por diante. No primeiro dia, os líderes de L0 a L2 (ou até L3) foram escolhidos no topo da pirâmide e anunciados — sinais importantes para a direção futura da empresa combinada. O trabalho agora é selecionar, notificar e fazer a transição de líderes L3 ou L4 e abaixo — uma força de trabalho muito maior.

> ## Processo Ilustrativo de Transição de Negócios Normais
>
> 1. O IMO central identifica fluxos de trabalho que são candidatos à transição. Os fluxos de trabalho podem entrar em contato com o IMO se sentirem que estão prontos.
> 2. O IMO trabalha com fluxos de trabalho elegíveis para completar os documentos necessários para a transição.
> 3. Após a conclusão, a liderança do fluxo de trabalho reconhece a organização.
> 4. O IMO e os fluxos de trabalho elegíveis participam de uma revisão combinada dos documentos necessários e buscam a aprovação do respectivo patrocinador do fluxo de trabalho.

Agora é a hora de executar qualquer opção escolhida durante o processo de planejamento de pré-fechamento descrito no Capítulo 7: opção 1 (onde cada líder selecionado projeta a organização e as funções e então seleciona o pessoal, camada por camada) ou opção 2 (normalmente, os líderes L3 projetam a estrutura e as funções do topo até a base e a seleção de talentos segue). Qualquer uma das abordagens será guiada pelas metas de sinergia para cada função ou negócio impactado, onde é muito mais fácil atingir as metas de sinergia no topo mais caro da pirâmide (L0–L3) do que buscar economias mais profundas na organização.

Seja qual for a opção escolhida, porém, a tarefa agora é combinar as vagas a serem preenchidas com o grupo de candidatos — a lista de candidatos. As equipes de design da organização e de RH devem garantir que os líderes de negócios que estão selecionando talentos estejam familiarizados com os critérios acordados e os apliquem de forma consistente (e que as pessoas certas sejam consideradas). Quase sempre haverá tensão entre adequação, critérios e custo em qualquer uma das opções.

A *Opção 1* pode oferecer aos líderes de ambos os lados a oportunidade de contribuir com os talentos, o que pode ser inestimável, devido ao conhecimento histórico. Dito isso, a opção pode ser influenciada pelas relações que os líderes têm com os candidatos. A opção 1 é propensa à "campanha de corredor" porque é feita camada por camada. Isso pode levar a resultados tendenciosos, porque fica mais difícil (talvez não intencionalmente) aplicar os critérios de talento acordados de forma clara e justa. Todos nós temos colegas de trabalho que possuímos em alta conta o suficiente para imaginar que podem fazer praticamente qualquer trabalho, mas mesmo que tenham experiência, não têm a experiência "certa".

No entanto, a opção 1 também tem vantagens. Ou seja, o custo de cada camada pode ser verificado para garantir que está rastreando as metas de sinergia antes de prosseguir para a próxima camada. Os problemas surgem porque pode haver a tentação de manter os talentos mais caros (geralmente os mais produtivos) que os líderes acreditam que não podem viver sem, porém então os cortes devem ser encontrados nas camadas subsequentes — e isso pode levar a uma "morte lenta."

Vamos colocar isso em prática: Mark é escolhido como líder L2, vice-presidente executivo de divisão. E um dos subordinados diretos de sua escolha é Ami. Mark notifica Ami e a insere. Então Ami projeta funções, escolhe seu pessoal, os notifica e os insere. Em seguida, eles escolhem as próprias equipes e assim por diante. Se os líderes no topo não estiverem alinhados com suas metas de sinergia, eles empurrarão a carga de economia para a próxima camada e a próxima, para o fundo da casa. À medida que fica mais difícil encontrar economias mais profundas na organização, eles podem ter que voltar e passar pelo processo novamente — às vezes várias vezes. Quando isso acontece, os líderes podem voltar atrás e fazer escolhas difíceis que não fizeram na primeira vez ou desistir da meta de sinergia, o que não é incomum (este é um exemplo de vazamento que discutimos no Capítulo 7). E como os talentos já foram informados, pode ser doloroso e difícil de desfazer isso.

A *Opção 2* permite uma abordagem mais orientada por dados para a seleção de talentos que é supervisionada normalmente por líderes L3 junto com os parceiros de negócios de RH até a camada mais inferior da organização. Uma vantagem aqui é que ela pode facilitar a aplicação justa e rigorosa dos critérios acordados para chegar a decisões de seleção em toda a empresa, não apenas departamento por departamento. A fase de design já considerava o custo médio de uma função, mas a fase de seleção agora envolve o custo específico do talento individual. É possível que uma aplicação tão direta possa resultar em escolhas abaixo do ideal ou muito cara porque, por exemplo, os que produzem mais nas posições mais altas costumam ser os mais caros. Isso significa que, no final, as pessoas mais caras podem ser escolhidas porque o custo foi priorizado por último. Por outro lado, a nova organização corre o risco de ficar *sem* os melhores talentos, porque priorizou o custo sobre qualquer outra coisa — resultando não em uma questão de custo, mas de talento (o que pode ser bom, se o grupo consistir em talentos mais jovens, de alto potencial, que podem crescer com a função).

Mais tensão surge quando os líderes não querem aceitar prontamente os resultados da aplicação estrita de critérios. Os líderes podem sentir que não apenas não desenharam a organização, porém também não conseguiram escolher as melhores pessoas. Embora a opção 2 tenha menos risco de injustiça ou inconsistência em geral, as pessoas podem se sentir ressentidas ou infelizes com quem ficou. A meta de sinergia foi atingida, mas eles não conseguiram a equipe que teriam escolhido. Se a gerência de nível superior estiver insatisfeita com os resultados, ou se os gerentes de nível inferior se revoltarem, ajustes podem ser necessários. Os critérios podem ser revistos em caso de não cumprimento da meta de sinergia. Se os gerentes de nível inferior estiverem insatisfeitos, a organização pode ajudá-los a ter sucesso com a equipe que têm — o que pode significar tempos de transição mais longos, programas de treinamento ou mais tempo com a liderança.

Independentemente de qual abordagem seja usada, ela deve incluir análises da equipe jurídica e de sinergia. O departamento jurídico está procurando uma aplicação consistente dos critérios sem injustiça ou preconceito. A equipe de sinergia procura confirmar que os líderes não se desviaram — intencionalmente ou não — das estimativas e metas de sinergia aprovadas. As equipes jurídicas e de sinergia muitas vezes estão na posição nada invejável de serem as que executam as regras.

Uma revisão de toda a força de trabalho pode fornecer uma chance de entender onde os processos podem ter criado desigualdades (por exemplo, por meio de um viés inconsciente) e resolver (ou reinventar) esses processos para promover metas de DEI de longo prazo. O Dia 1 pode dar um tempo para a nova organização ser transparente sobre onde e como cada empresa enfrentou desafios e abordar proativamente essas desigualdades nas decisões de seleção. No mínimo, redesenhar a força de trabalho não deve desvendar nenhum progresso que nenhuma das empresas fez e deveria — com expectativa — criar planos de carreira consistentes com objetivos maiores de DEI.

Transição da força de trabalho

Há dois temas principais na transição da força de trabalho. O primeiro é a notificação de todos os empregados, bem como órgãos reguladores, conselhos de trabalhadores, sindicatos, etc., em relação à natureza de como serão impactados. A maioria dos países terá os próprios requisitos de notificação de funcionários para fechamento de fábricas e demissões que devem ser seguidas, como a Lei de Notificação de Ajuste e Reciclagem de Trabalhadores [em inglês, *Worker Adjustment and Retraining Notification* — WARN] nos Estados Unidos. A notificação inclui a apresentação de ofertas aos funcionários que estão ficando (em novas funções), apresentando àqueles que são necessários a curto prazo acordos de retenção e apresentando aos funcionários que estão saindo um plano de saída e serviços de recolocação. Também é importante que os colaboradores não impactados entendam as principais mudanças organizacionais acontecendo ao seu redor.

O segundo é a transferência de conhecimento que deve ocorrer para o bom funcionamento do negócio à medida que os funcionários assumem as novas funções. Alguns colaboradores possuem um conhecimento tão valioso que podem precisar de incentivos financeiros além do reconhecimento e elogio ao seu valor, até mesmo para estarem simplesmente "de sobreaviso" durante as transições. Mas o número total de funcionários que recebem esses bônus de retenção deve ser mínimo.

Outras considerações importantes para orquestrar uma transição ordenada da força de trabalho incluem questões de timing, logística e sequenciamento — novamente, em horizontes de 30, 60 e 90 dias. Uma decisão importante é sobre quais funções devem fazer a transição ao mesmo tempo e quais não devem. A equipe de design da organização pode avaliar os relacionamentos, documentos, grandes mudanças na conta e as mudanças tecnológicas que estão chegando e como afetarão diferentes populações. Por exemplo, a força de vendas pode estar aprendendo um CRM totalmente novo em cima de uma nova base de clientes e novas métricas para contas, bem como formando novos relacionamentos internamente com pessoas de suporte que *também* estão aprendendo coisas novas. As questões de sequenciamento giram em torno da quantidade certa de tempo e suporte para minimizar a interrupção do cliente e o estresse do funcionário.

Como consequência, a transição da força de trabalho parece diferente função por função, com base no nível de risco associado a uma transição ruim. A abordagem mais comum é notificar rapidamente as funções de habilitação e realinhar os funcionários o mais rápido possível antes de fazer a transição das pessoas voltadas para o cliente. No primeiro dia, pode não ficar claro quem é o dono dos principais relacionamentos com os clientes, porque esse conhecimento residia no planejamento da sala limpa. As empresas normalmente veem esses relacionamentos como sensíveis à concorrência, bem como seus principais talentos. Portanto, os líderes precisam absorver totalmente a carteira de clientes e os relacionamentos de vendas antes de tomar decisões importantes.

É comum saber como as funções de habilitação de back office serão afetadas, porque o planejamento pré-Dia 1 incluiu decisões sobre terceirização, centros de serviços compartilhados e escolhas de sistemas de TI. Dito isso, essas mudanças podem precisar de 12 a 18 meses para serem totalmente implementadas, o que significaria reter uma parte substancial das pessoas de suporte (por exemplo, administradores de sistemas para folha de pagamento) durante o tempo em que os sistemas estiverem sendo aposentados.

Timing, logística e sequenciamento também são fatores importantes na transferência de conhecimento. Com notificações e saídas rápidas, o conhecimento vital que vem de anos de experiência pode sair pela porta. Se um funcionário de saída quiser ajudar, retê-lo pode exigir um bônus de estadia curta de 30 dias ou mais. Os bônus podem ser baseados na transferência bem-sucedida de conhecimento, apresentações a relacionamentos importantes ou transmissão de documentos valorosos conforme enumerado no contrato de transição ou no de retenção.

Por exemplo, se Ellen for escolhida para ficar e Michael não, o planejamento de transferência de conhecimento deve garantir que as operações normais não sejam impactadas negativamente quando Michael sair e Ellen continuar. As conversas que estimulam a autorreflexão devem levar em conta o conhecimento, os relacionamentos, a documentação — o histórico do envolvimento de Michael com o trabalho e as informações que Ellen precisa para continuar a servir perfeitamente o cliente, interna ou externamente (o que chamamos de modelo de prestação de serviços no Capítulo 6). O objetivo é criar uma entrega de serviço consistente, se não melhorada.

Esse processo pode ser oneroso para a força de trabalho, por isso é necessário levar em conta também o tempo e o esforço extras que a transição cria. Este momento pode ser tumultuado para os clientes de um funcionário, enquanto, ao mesmo tempo, o funcionário está perdendo o parceiro de negócios de finanças ou RH e se envolvendo com alguém efetivamente estranho e também não familiarizado com os novos processos (sem vínculo de confiança ou histórico compartilhado) — e isso pode ser esmagador para alguns talentos. A equipe de transição da força de trabalho deve gerenciar a sequência e o tempo dessas mudanças.

A equipe de design da organização também precisará avaliar quais funções podem ser mais rápidas do que outras. Garantir que as transições ocorram de uma maneira menos disruptiva para funcionários e clientes é vital. Claro, há momentos em que uma cultura está tão quebrada e tóxica que a ruptura pode ser bem-vinda como uma solução imediata, mas isso é raro. Uma janela mais normal para saídas pode ser de duas semanas para muitos funcionários de back office; funções de contato com o cliente que estão sendo reimplantadas, porém não encerradas, podem durar alguns meses. Contudo, novamente, a mensagem principal aqui é que tanto a transição da força de trabalho quanto a transferência de conhecimento devem ser tão cuidadosamente sequenciadas quanto o restante da aquisição.

Transição 3: Do Planejamento de Sinergias ao Rastreamento e Relatórios de Sinergias

Antes do Dia 1, a equipe de sinergia impulsionou os fluxos de trabalho para desenvolver iniciativas e planos de trabalho, com um roteiro de marcos para cada iniciativa. Esses planos devem ter como objetivo atingir, pelo menos, as metas de sinergia de custos ou receitas que foram atribuídas. O SteerCo aprovou os planos e foram incorporados aos planos e as metas executivas com códigos de projeto reais anexados a eles. Essa foi a parte fácil. Ainda há um longo caminho a percorrer.

Agora, as salas limpas estão abertas, os dados estão prontamente disponíveis e as duas empresas podem operar como uma só. A nova empresa deve começar a cultivar a confiança do investidor no negócio porque o adquirente acaba de comprar formalmente as ações da empresa-alvo com um prêmio. Os planos de sinergia, tanto trabalhistas quanto não trabalhistas, devem ser revistos e confirmados à luz do dia pela equipe de sinergia e pelos fluxos de trabalho e imediatamente avaliados para iniciativas adicionais em cada função que possam ser possíveis, pois a nova equipe de gestão está em funcionamento.

Mais importante, o IMO, juntamente com a equipe de sinergia, iniciará um processo agressivo de reporte e rastreamento financeiro, projetado e aprovado antes do Dia 1, garantindo que as sinergias reivindicadas sejam auditáveis e diretamente atribuíveis às iniciativas e aos planos de trabalho que gerarão essas sinergias. As sinergias reais são itens de linha discretos, que acabarão por impactar a DRE. Elas devem ser distintas dos planos operacionais já estabelecidos para ambas as empresas ("se não fosse pelo negócio"). E a afirmação de que foram alcançadas deve ser capaz de resistir aos desafios de que são, de fato, reais.

Em nossa experiência, os adquirentes se beneficiarão de uma cadência de acompanhamento — de preferência semanal — que mantém um foco no progresso e celebra as conquistas "tocando a campainha". Na Ecolab, eles conseguiram tocar a campainha na primeira semana após o Dia 1, pois reconheceram mais de US$21 milhões em sinergias de compras. Embora a cadência possa se extinguir com o tempo, as funções precisam se preparar para o longo prazo até que pelo menos a taxa de execução anunciada para as sinergias líquidas (melhorias financeiras brutas menos custos contínuos incrementais a serem alcançados) seja alcançada.

Planos e resultados de sinergia que não são gerenciados e rastreados agressivamente provavelmente sairão do planejado. Os líderes de negócios vão querer fazer o mínimo para atingir metas que não eram sua ideia em primeiro lugar — e que eles podem secretamente acreditar que não são realistas, mesmo que tenham entregue iniciativas e planos para alcançá-las. Eles podem ser tentados a apostar as metas de sinergia excedendo o plano operacional (por exemplo, não gastando seu orçamento no curto prazo e contando-o como uma sinergia). As pessoas não deixam de honrar os planos porque não entendem. Elas falham em honrar os planos porque isso é difícil. Elas podem tentar soluções alternativas para que possam voltar às antigas formas de fazer as coisas. É por isso que estabelecer um processo para monitorar os planos e reconhecer as sinergias alcançadas é tão importante, assim como comunicar e enfatizar os incentivos financeiros significativos para atingir e exceder as metas de sinergia imediatamente após o Dia 1.

Por exemplo, quando duas grandes empresas de serviços ambientais se fundiram, a nova empresa anunciou até US$70 milhões em bônus de conquista de sinergia para executivos de alto escalão e quase 700 funcionários, se eles pudessem atingir uma meta de sinergia de EBIT de US$150 milhões. Eles também seriam bem recompensados se cumprissem a meta mais baixa anunciada para o público, que renderia uma faixa de 25% a 100% do prêmio máximo, desde que os custos únicos e os contínuos para alcançar as sinergias não crescessem acima de um valor acordado. Incentivos como este importam excessivamente.

Conforme discutimos no Capítulo 7, o programa de sinergia é composto por um portfólio de iniciativas priorizadas. Cada uma dessas iniciativas tem um proprietário e requer um plano de trabalho — uma série de marcos com base no número de projetos que serão necessários para realizar a iniciativa e alcançar as sinergias líquidas associadas. Após o Dia 1, o IMO precisará integrar os planos de trabalho e marcos de sinergia com os planos de integração operacional funcional de estado final para destacar quais sinergias dependem das atividades gerais de integração.

Isso pode soar como um grande e complexo empreendimento. E é.

Apenas o IMO, no entanto, tem a visão completa de todos os planos de trabalho. E a realização de sinergias deve ser coordenada com a integração operacional da qual os planos de sinergia dependem. Isso inclui marcos como o primeiro fechamento trimestral combinado ou consolidação de imóveis ou instalações. Alcançar esses marcos leva a economias de custos direto para a organização recém-combinada.

Em última análise, este é um exercício crítico de priorização para o IMO porque algumas sinergias podem ter menos dependências, porém oferecem maior valor em relação àquelas que são mais complexas e menos valiosas (e que também levarão mais tempo para serem realizadas). Além disso, o sequenciamento de planos de trabalho de sinergia e atividades de integração operacional devem estar alinhados com o novo modelo operacional e prioridades de liderança além daquelas do acordo (por exemplo, prioridades contínuas dos negócios); portanto, as mudanças nas prioridades exigirão a aprovação do SteerCo.

Um programa de relatórios e acompanhamento de sinergias bem-sucedido terá três componentes de reforço:

1. **Relatórios financeiros,** que estabelecem o mecanismo de rastreamento de benefícios e custos associados de cada iniciativa de sinergia, que é marcada para um centro de custo interno, departamento ou código de projeto.

2. **Rastreamento de marcos,** que é conduzido pelo IMO e acompanha os marcos do projeto para cada iniciativa para garantir que as datas e dependências sejam cumpridas conforme o planejado e estejam no caminho certo.

3. **Indicadores de liderança,** que são KPIs desenvolvidos com base nos principais geradores de sinergia para monitorar proativamente as dependências e fornecer uma abordagem voltada para o futuro (vs. reativa) para a correção do curso. Os principais indicadores são uma "verificação de saúde" contínua que gera um sinal de alerta antecipado de que as iniciativas de sinergia provavelmente estão fora do caminho e provavelmente não atingirão seus marcos. Grandes iniciativas com grandes retornos e vários marcos importantes são os principais candidatos ao uso de indicadores antecedentes. Essas iniciativas geralmente levam mais tempo, são mais complexas e podem precisar de monitoramento contínuo para mantê-las no caminho certo.

Você se lembra do nosso CEO favorito, Chas Ferguson, da Homeland Technologies? Bem, a Homeland foi em frente com a aquisição da Affurr Industries. Eles tiveram um Dia 1 sem problemas e agora estão implementando o programa de relatórios e rastreamento de sinergia. Consolidar a participação e os patrocínios em feiras e outros eventos é uma iniciativa em que a Homeland acredita que pode obter milhões em economia de custos com a Affurr, porque ambas as empresas vão a muitas delas. Os marcos para tal iniciativa incluiriam determinar quais feiras eles tinham em comum e os gastos alocados; acordar uma estratégia para a presença de feiras combinadas e quais feiras ou conferências ofereciam as melhores oportunidades de consolidação; negociação de novos termos; e a sequência de consolidação. Um indicador importante pode ser quantas feiras do total a ser consolidado foram negociadas com sucesso.

Ou considere a fusão das empresas de cosméticos que destacamos no Capítulo 6. A empresa-alvo havia terceirizado sua produção de fragrâncias para quatro fabricantes contratados. Uma importante fonte de sinergia foi a internalização da produção de fragrâncias usando as instalações do adquirente. Os principais marcos incluíram a reconfiguração das instalações de fabricação do adquirente, a compra de novos equipamentos que misturam produtos químicos e enchem contêineres, a realização de execuções de produção piloto, o aumento da produção e a contratação de mão de obra adicional e a desvinculação dos fabricantes contratados. Os principais indicadores incluíam preparar as especificações técnicas e fazer os pedidos das novas máquinas (que levariam pelo menos seis meses para serem entregues), monitorar o andamento da contratação e treinamento de novos funcionários e o andamento da saída dos arranjos existentes de terceirização.

Isso nos deixa com relatórios e rastreamento financeiros, que envolvem seis conceitos principais: a linha de base, as metas de sinergia atribuídas, os planos financeiros funcionais ou de negócios, a previsão periódica, os dados reais e a análise de variações para identificar problemas e refazer previsões em qualquer direção.

A Figura 8-1 ilustra como esses seis itens se combinam para formar o relatório financeiro e o processo de acompanhamento. O ponto de partida é a linha de base combinada do plano futuro sem sinergias. As metas estendidas atribuídas são as metas mínimas para as funções ou negócios atingirem na taxa de execução. O plano é o plano financeiro de baixo para cima desenvolvido pelas funções ou negócios no Dia 1; e deve, pelo menos, atingir as metas, mas muitas vezes as excederá, especialmente com incentivos. A previsão será igual ao plano no Dia 1 e será reavaliada a cada mês ou trimestre com base nos dados reais — o custo registrado ou as sinergias de receita verificadas pela FP&A. A variação entre o plano e a previsão precisará ser entendida à medida que a nova previsão para sinergias trabalhistas e não trabalhistas for refinada para o próximo período.

FIGURA 8-1

Ilustração do relatório financeiro de sinergia e rastreamento

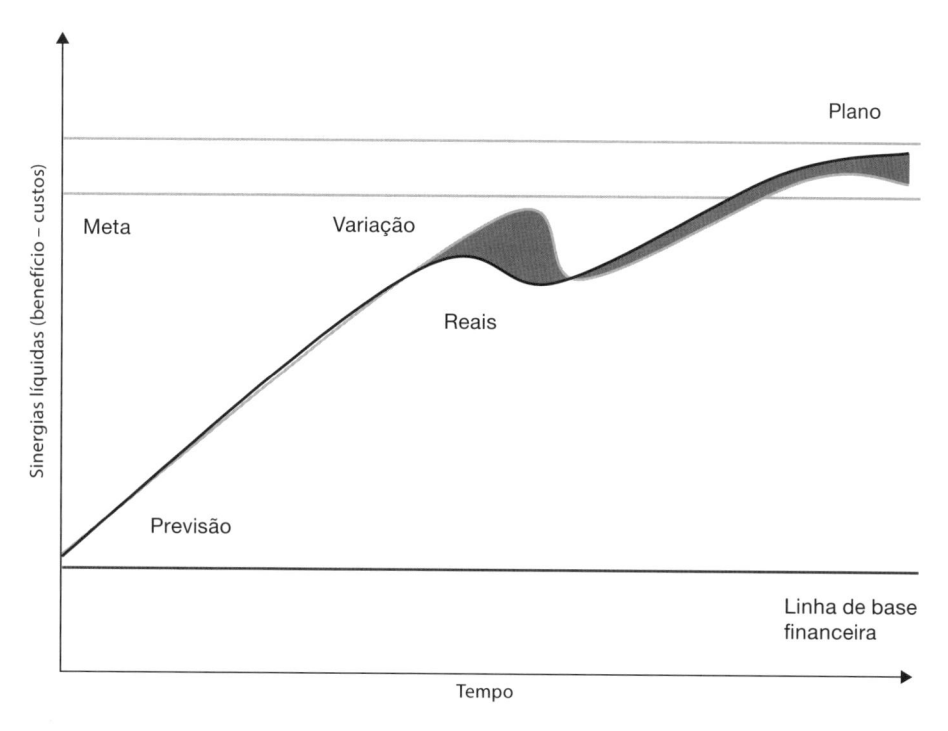

Eixo Y: Sinergias líquidas (benefício – custos)
Eixo X: Tempo

Rótulos no gráfico: Plano, Meta, Variação, Reais, Previsão, Linha de base financeira

Observação: Para simplificar, mantivemos a linha de base, a meta e o plano fixos para focar na previsão, nos dados reais e na variação no caminho para alcançar o plano.

É esse processo de relatório e rastreamento financeiro, juntamente com o rastreamento de marcos e os principais indicadores que a equipe de sinergia, o IMO e a alta administração, usarão para gerenciar os programas de sinergia de receita e custo para cumprir as promessas feitas pelo adquirente.

Na prática, a equipe de sinergia e o IMO têm que incutir uma cadência de rastreamento mensal de reais; uma avaliação e nova previsão trimestral; uma análise de variação em relação à previsão e ao plano para entender por que a empresa está excedendo ou não atendendo as expectativas; e relatórios executivos para o IMO, SteerCo e conselho. A realização da iniciativa será agregada em ambas as sinergias, trabalhistas e não trabalhistas. Isso significa que o IMO e a equipe de sinergia trabalham juntas para desenvolver uma abordagem padrão e um cronograma que todos irão aderir, em uma cadência regular, para consolidar dados sobre o número de funcionários e sinergias operacionais (custo e receita).

Não ter uma linha de base combinada acordada antes do Dia 1 é outro convite para confusões. Lembre-se, a linha de base funcional combinada apresenta o plano futuro para custos e receitas que estariam em vigor sem a fusão. É o ponto de partida para o programa de acompanhamento de sinergias, pois estas passarão a fazer parte dos novos orçamentos e nos negócios normais para a empresa combinada. Não pressionar por essa linha de base antes do Dia 1 permitirá apostas significativas, pois ambos os lados podem enfeitar seu orçamento, a partir do qual as sinergias serão medidas e recompensadas.

Observe algumas distinções importantes: custo único versus custos contínuos para obter sinergias e a diferença entre sinergias de taxa de execução e impacto na DRE. Os custos únicos normalmente serão consultores externos, quebra de aluguel ou taxas de encerramento do fornecedor, novos equipamentos ou custos de inicialização de novos sistemas de TI. O custo incremental contínuo viria de uma força de vendas em crescimento, por exemplo, para gerar sinergias de crescimento. Lembre-se, as sinergias líquidas são as melhorias brutas menos os custos contínuos para alcançá-las e resultam em aumentos no EBIT e NOPAT.

No Capítulo 4, discutimos o aumento das sinergias e assumimos o impacto total na DRE para um determinado ano. A "taxa de execução de sinergias" é um termo frequentemente usado e é a economia anualizada projetada para o futuro, em que o impacto na DRE é o total real do ano (equiparamos a taxa de execução com o impacto na DRE no Capítulo 4). Considere o seguinte exemplo de um engenheiro que recebe US$200.000 por ano que sai no meio do ano. O impacto trimestral é ilustrado a seguir:

2020	T1	T2	T3	T4
Economia de sinergia esperada	US$0	US$0	US$50.000	US$50.000

Neste exemplo, temos uma taxa de execução esperada no final do ano de US$200.000 (4x50.000), mas o impacto na DRE para o ano é de apenas US$100.000 (a soma das melhorias do ano). O impacto na DRE será igual à taxa de execução quando os aumentos de sinergia se estabilizarem e estiverem em vigor por um ano inteiro.

A equipe de sinergia precisará permanecer no local até que haja confiança suficiente de que as funções estão cumprindo (ou estão no caminho certo para cumprir) com os compromissos que foram comunicados no Dia do Anúncio e podem ser transferidos para o escritório de FP&A como parte dos planos executivos em andamento e orçamentos.

Transição 4: Da Sala Limpa à Experiência e Crescimento do Cliente

Embora as sinergias de custos representem o eixo de valor para muitas fusões, muitos negócios também se concentram no crescimento. O valioso crescimento da receita de F&A depende da preservação da receita atual, do alcance das expectativas de crescimento futuro já nas metas financeiras dos negócios independentes e da obtenção de receita adicional como resultado dos benefícios competitivos do negócio — as sinergias de receita. As sinergias de receita normalmente levam mais tempo para serem realizadas do que as de custo, porque estão sujeitas às reações de concorrentes e clientes e geralmente dependem de novos sistemas de vendas, ofertas e realinhamento das forças de vendas.

Essas melhorias geralmente são facilitadas por mudanças no modelo operacional que tornarão a empresa combinada mais focada no cliente, o que significa que o novo crescimento depende de clientes que acreditam receber um melhor atendimento com ofertas de maior valor pela empresa combinada do que antes do acordo.

Uma experiência do cliente eficaz, dentro e fora de F&A, pode aumentar a retenção de consumidores, estimular gastos maiores e mais frequentes por cliente ou diminuir a sensibilidade ao preço. Ela se baseia em entregar as mensagens e produtos ou serviços certos através dos canais certos, no momento certo, a um preço que as pessoas estão dispostas a pagar. Quaisquer planos de crescimento devem ser construídos em torno do aprimoramento da experiência do consumidor.

A estratégia de experiência do cliente e o planejamento de crescimento de receita começaram durante a fase de due diligence e foram realizados durante o período de sign-to-close na sala limpa. As considerações iniciais deveriam ter incluído os fatores do comportamento de compra do cliente; melhorar as ofertas atuais; como as mudanças nas ofertas afetarão os clientes e como eles provavelmente responderão; quais clientes estão em maior risco de mudar para um concorrente e porquê; e o que será comunicado aos clientes no anúncio durante o sign-to-close, no Dia 1 e além.

A rotatividade de clientes é um perigo real durante a fusão. Isso se dá por vários motivos: interrupção de serviços, falta de informação, comportamentos competitivos entre as forças de vendas (muitas vezes devido a incentivos desalinhados) e reações previsíveis da concorrência com comunicações agressivas sobre o quão ruim será o negócio. Grande parte dessa rotatividade é evitável avaliando a experiência atual do cliente por segmento e canal, ouvindo o que dizem e priorizando as oportunidades de melhoria da experiência ao longo do roteiro de pontos de contato.

Envolver-se diretamente com os clientes antes mesmo do Dia 1 também é uma opção real. Por exemplo, quando um fabricante de equipamentos semicondutores adquiriu um negócio de limpeza complementar, os principais clientes do adquirente anteriormente tinham um relacionamento ruim com a força de vendas e a liderança da empresa-alvo. O trabalho para mitigar esses problemas antes do Dia 1 incluiu extensas reuniões com clientes para explicar a aquisição, a nova equipe de liderança e como as equipes de contas seriam afetadas. A abertura desse diálogo antes do fechamento do negócio (contanto que não vá comercializar como uma empresa combinada antes que seja permitido legalmente) permitiu que os clientes expressassem as preocupações e o adquirente trabalhou para mitigar o vazamento de receita e permitir o crescimento relacionado à combinação de esforços de vendas imediatamente após o fechamento explicando os maiores benefícios da combinação.

Mesmo sem as conversas diretas, uma enorme quantidade de dados sobre clientes e o seu comportamento deve estar prontamente disponível. A força de vendas combinada e os dados de todos os canais de vendas são ativos extremamente valiosos para entender completamente as necessidades do cliente. Com dados corretos suficientes, o setor de análises e IA poderão desenvolver de algoritmos que têm se mostrado muito valiosos para oferecer mais valor aos clientes.

A força de vendas, especificamente, é o ponto de conexão com os clientes. Os relacionamentos e conhecimento são a base do crescimento da receita. Grandes vendedores entendem porque os clientes compram ou não, quando e o quanto compram, bem como satisfações e insatisfações ou necessidades não atendidas, que preço estão dispostos a pagar e porque mudariam — e até sobre o que eles reclamam durante o almoço ou em campo. Como tal, os membros da força de vendas devem estar prontos para responder a perguntas e se sentirem à vontade para representarem a voz do cliente para a liderança à medida que o planejamento na sala limpa transita para a execução de novas oportunidades de crescimento.

Da sala limpa às oportunidades de crescimento

Durante o período *sign-to-close*, a sala limpa ofereceu um ambiente estéril para avaliar a carteira de produtos e serviços em ambas as empresas, incluindo clientes, produtos e serviços sobrepostos; preços; abordagens diretas versus distribuidoras; e lucratividade do cliente e trajetórias de vendas por cliente e áreas geográficas — tudo para dimensionar e priorizar oportunidades potenciais para impulsionar o crescimento da receita e a lucratividade.

Mas voltemos ao básico. Na verdade, as sinergias de receita são apenas um caso especial das questões gerais que todas as empresas enfrentam quando avaliam e consideram mudanças em sua estratégia go-to-market para melhorar a trajetória de crescimento. Em termos gerais, melhorar a estratégia *go-to-market* se resume a expandir a quantidade de mercado endereçável que pode ser atendida (além do que chamamos de "mercado aproveitável" no Capítulo 3) ou fazer melhores ofertas com base na melhoria da experiência do cliente, criando novas ofertas, ou uma combinação dessas duas que os clientes valorizam.

A expansão do mercado aproveitável começa com o foco nos pontos de captura ou nos momentos que permitem uma empresa chegar à frente do cliente — a "sua chance", por assim dizer. Nos serviços financeiros, por exemplo, a agência bancária é um ponto de captação tradicional, um local concreto para atrair os depositantes e oferecer produtos ou serviços novos, relevantes e valiosos. É onde os clientes — mesmo os *millennials* — ainda preferem aparecer e se envolver.[2]

As mudanças na estratégia *go-to-market* geralmente se concentram em "temas de vitória", que focam em fortalecer ou expandir pontos de captura de clientes (segmentos de clientes, áreas geográficas, canais) ou abordar preferências de clientes que não está fazendo hoje (serviço, capacidade de resposta, qualidade do produto) ou oferecendo pacotes de produtos existentes que eles realmente desejam e podem criar menos sensibilidade ao preço devido aos novos benefícios. Internamente, isso pode significar redesenhar os incentivos de vendas e as equipes de vendas, agilizando o processo de vendas ao oferecer aprovações de preços mais rápidas, usando um melhor CRM ou melhores sistemas de vendas desde o pedido e faturamento até a entrega.

Em F&A, as questões não são diferentes, porém certamente podem ser mais complexas. As aquisições trazem consigo um portfólio inteiro de novas possibilidades e oportunidades — uma infinidade de novos pontos de captura e ofertas potenciais que presumivelmente não estavam disponíveis como empresas separadas. A empresa A pode ter relacionamentos mais fortes em grandes contas ou melhores canais digitais do que a empresa B. Esta pode ter melhor presença geográfica ou internacional do que a empresa A. Coletivamente, elas têm uma carteira de produtos ou serviços que podem ser vendidos juntos, permitindo uma venda cruzada de produtos existentes, novos pacotes atraentes, maior presença geográfica ou novos produtos ou serviços.

Vamos começar com um exemplo de crescimento orgânico que os possíveis adquirentes deveriam ter em conta: a transformação bem-sucedida da IDEXX, uma empresa de diagnóstico veterinário e gestão de informações. É uma ótima ilustração de uma mudança dramática na estratégia go-to-market, que envolveu uma combinação de vendas cruzadas e ofertas novas e melhores.

Em 2013, Jay Mazelsky, líder da North American Companion Animal Group da IDEXX, realizou uma transformação do modelo comercial para envolver os clientes de maneira mais atraente. A transformação envolveu a mudança da ênfase em produtos individuais para um modelo de mercado baseado em soluções para clínicas veterinárias de animais de companhia. Essa tese deu início a uma transição de estratégia *go-to-market* de vários anos e duas etapas para redefinir como a IDEXX tocou os clientes.

O modelo comercial original incluía uma força de vendas especializada organizada por produto ou serviço e três grandes distribuidores nacionais, que atendiam a mesma base de clientes veterinários. Isso significava que analisadores de diagnóstico, serviços de laboratório e um rápido exame de sangue "SNAP" para diagnóstico precoce eram grupos de produtos separados, muitas vezes vendidos por vendedores diferentes. Essa abordagem segmentada para o envolvimento do cliente impedia oportunidades de vendas cruzadas que poderiam tirar proveito de várias ofertas para o mesmo comprador, e os vendedores tinham planos de carreira isolados com pouco movimento entre os segmentos de produtos. Isso também significava que havia recursos comerciais insuficientes da IDEXX que tivessem tempo ou cobertura de conta para construir relacionamentos de consultoria confiáveis com seus clientes. Qualquer venda cruzada que ocorresse exigia uma coordenação complexa.

A IDEXX primeiro reestruturou o modelo comercial em um modelo de gerente de contas com profissionais de vendas que possuíam contas em um território designado, em vez de vender apenas produtos ou serviços individuais. E isso permitiu que os clientes escolhessem o que era melhor — produtos únicos ou uma solução integrada — para as clínicas. Permitiu, por exemplo, que as vendas de equipamentos de diagnóstico incluíssem discussões sobre suporte laboratorial, testes SNAP e uma nova oferta que facilitou uma solução de software IDEXX integrada, incluindo um software que servia como um *data warehouse* de todos os resultados históricos de testes para um paciente animal individual.

Os impactos imediatos incluíram um aumento do nível de vendas de produtos cruzados em um ponto de venda; maior acesso à clínica veterinária, pois o modelo de solução permitiu que os vendedores atuassem como "consultores estratégicos", com uma visão mais ampla dos desafios de negócios enfrentados pelas clínicas (essencialmente pequenas empresas); e uma estrutura de operações comerciais mais coordenada, que deu suporte a precificação, contratação e visitas de serviço. Essa mudança de estratégia de mercado — que efetivamente combinou vendas cruzadas com ofertas novas e aprimoradas — foi tão bem-sucedida no primeiro ano que, para o segundo grande passo, a IDEXX anunciou uma estratégia de saída do distribuidor no final de 2014, substituindo os contatos de distribuição por sua própria força de vendas. Uma pegada comercial maior, com especialistas no assunto em diagnóstico, resultou em um crescimento de receita muito mais rápido, índices mais altos de satisfação do cliente e, por fim, uma implantação global bem-sucedida após o sucesso do novo modelo operacional norte-americano.

Os adquirentes devem ter a mesma, ou até uma maior, oportunidade que a IDEXX para repensar as estratégias *go-to-market*. Em negócios de F&A, qualquer análise de sinergias de crescimento deve revelar uma longa lista de oportunidades que variam em grau de valor antecipado, tempo de realização, complexidade e investimento necessário. A priorização dessas oportunidades deve permitir ganhos rápidos para obter impulso inicial e investimento em projetos de longo prazo, como novos produtos inovadores, para atingir plenamente a promessa da tese do negócio.

A venda cruzada — vender mais produtos da Empresa A por meio dos canais ou relacionamentos da Empresa B e vice-versa — pode proporcionar ganhos rápidos ao expandir imediatamente o mercado aproveitável. Também apoia a construção da marca da nova empresa. A liderança deve definir claramente essas oportunidades para que as forças de vendas saibam quem vende o quê para quem (para que ambas as empresas não estejam ligando para o mesmo cliente) e como alcançá-los — e estejam prontas para anunciar um plano de compensação de vendas que incentive a venda cruzada no Dia 1.

As forças de vendas geralmente ficam empolgadas com a oportunidade de vendas cruzadas, porém muitas perguntas precisam ser respondidas. A Empresa A consegue realmente vender os produtos da Empresa B? Os profissionais de compras são os mesmos para os produtos individuais onde vendem? Onde houver forças de vendas sobrepostas em uma conta, o setor de compras estará procurando descontos, assim como está tentando fazer com seus fornecedores para obter sinergias de custos após o Dia 1? As empresas podem conciliar diferentes termos de contratação e preços? As equipes de vendas podem ser suficientemente incentivadas e treinadas para vender os produtos da outra empresa?

Quer seja pura venda cruzada de produtos existentes ou considerações de novos pacotes ou novos produtos, inevitavelmente o termo que surgirá nas discussões de sinergia de receita é "complementar": "Temos forças de vendas complementares" ou "Temos produtos complementares" ou "Os clientes vão adorar nossas ofertas em pacote" e assim por diante. A conclusão é que os pontos de captura, ou produtos ou serviços, não são complementares apenas porque os líderes dizem que são. A nova empresa deve ser capaz de penetrar melhor nos clientes existentes, alcançar mais clientes e fazer ofertas que os encantem de novas maneiras.

Abundam exemplos de ofertas agrupadas bem-sucedidas que unem de forma inteligente produtos e serviços existentes. Uma oferta simples, mas poderosa, que muitas famílias jovens adoraram foi quando a Amazon comprou a Quidsi (controladora da Diapers.com) e ofereceu um desconto em fraldas combinado com uma assinatura gratuita de três meses para o Amazon Prime — resultando em maiores vendas em ambos os lados.

Um pacote mais envolvente foi um negócio que reuniu transmissões e motores para caminhões pesados. Com alguma modificação, a combinação trouxe um propulsor com maior eficiência de combustível do que se os clientes os comprassem separadamente ou de outros fornecedores (qualquer outra transmissão com um motor específico). Outro exemplo é quando uma empresa química adquiriu uma empresa de serviços de dados, o que permitiu automatizar os pedidos para que os clientes não precisassem mais prestar atenção ao estoque, reduzindo o risco de ficarem sem os principais componentes químicos. As ofertas agrupadas podem desbloquear um segmento de clientes menos sensível ao preço e mais focado em outros benefícios, como quando duas companhias aéreas consolidaram rotas e ofereceram melhor acesso a mais destinos com mais opções, o que atraiu o viajante de negócios mais lucrativo.

Produtos novinhos em folha geralmente terão o maior tempo de espera para a realização do valor e surgirão da inovação conjunta, onde as empresas reimaginam o que os produtos ou serviços podem ser além do pacote de ofertas. As duas empresas já terão os próprios roteiros de inovação em vários estágios de progresso. A inovação conjunta deve ser liderada pelo exame de um roteiro conjunto de desenvolvimento de produtos, combinando propriedade intelectual e capacidades tecnológicas e explorando a "arte do possível", que não estaria disponível se não fosse o negócio. Esse exercício também ajudará os líderes em uma visão de futuro e decisões sobre quais produtos em desenvolvimento avançar, quais esforços de P&D precisam ser racionalizados e qual será o pipeline futuro. A inovação conjunta pode ser tão simples quanto criar um novo aplicativo para um processo de negócios normal por meio de novas químicas ou tecnologias.

Um crescimento da receita de F&A valioso é desafiador e complicado — contudo está longe de ser impossível.

O novo crescimento depende de clientes que acreditam que estão sendo mais bem atendidos com ofertas de maior valor da empresa combinada do que antes do negócio. Aproveitar o trabalho da equipe de sala limpa, focar incansavelmente nas necessidades do cliente e alavancar o conhecimento sobre o comportamento do cliente formarão a base sólida para criar oportunidades de crescimento que de outra forma não existiriam. Venda cruzada, novos pacotes e novos produtos podem fornecer caminhos para um crescimento real e sustentado.

Crescimento na Ecolab

Os produtos e serviços complementares da Ecolab e da Nalco foram a base da estratégia de crescimento da empresa combinada, apresentando oportunidades de vendas cruzadas, ofertas em pacote e novos produtos e serviços. A Ecolab definiu o sucesso como a construção e o crescimento do impulso do mercado e o aumento da penetração em contas-chave, alavancando canais e relacionamentos existentes.

Com esses e outros objetivos de crescimento em mente, a Ecolab realizou uma conferência global de vendas de três dias nos primeiros 10 dias após o fechamento. A conferência incluiu os 50 principais líderes de contas (de ambas as empresas), bem como os principais líderes de negócios. A pauta incluiu demonstrações de produtos, treinamentos cruzados, reuniões de líderes de contas e o desenvolvimento de planos de ação para cada conta, incluindo propostas de valor integradas em conjunto.

Os participantes discutiram sinergias e oportunidades de crescimento no contexto da reorganização da força de vendas, modelos de cobertura revisados e desenho de novos territórios e responsabilidades. Essas discussões revelaram novas oportunidades para fazer a empresa combinada crescer e os proprietários foram designados. Especialistas em produtos de ambos os lados ofereceram sessões de treinamento para explicar o roteiro conjunto de produtos e identificar oportunidades de inovação.

A Ecolab e a Nalco também se concentraram em suas principais contas e necessidades dos clientes, certificando-se de usar as forças de vendas para determinar os objetivos de longo prazo de suas principais contas e entender como a empresa combinada poderia responder melhor às necessidades dos clientes. De acordo com a *Harvard Business Review*, "o modelo da empresa era fornecer avaliações e treinamento no local para os clientes e construir portfólios personalizados de produtos e serviços com base nessas visitas." Muitos de seus clientes trabalhavam com as duas empresas há anos. E era essencial manter esses relacionamentos fortalecidos.

A venda cruzada foi uma oportunidade importante para a Ecolab após o fechamento. Uma das maiores redes hoteleiras do mundo foi uma conta chave da Ecolab. Eles usavam produtos de limpeza da marca em todas as operações, desde a lavagem de toalhas até a limpeza de escritórios corporativos. A Nalco, no entanto, não conseguiu penetrar nessa conta e fornecer seus amplos serviços de solução de água. As equipes de vendas combinadas trabalharam para articular como a combinação da Ecolab com os serviços da Nalco poderia aprimorar os serviços de água existentes e criar uma solução de ponta a ponta mais completa. Juntos, os "novos" recursos aprimorados da Ecolab também forneceram serviços de campo específicos com foco no cliente. Por exemplo, a água usada para lavar toalhas de hotel agora pode ser usada para regar a área de paisagismo no local — uma solução combinada como resultado da fusão.

A Ecolab também se concentrou em novos produtos e serviços. Por exemplo, um dos serviços existentes da Nalco incluía monitoramento de sensores em torres de aquecimento e resfriamento. Esses sensores coletavam dados para ajudar a monitorar as operações e identificar as necessidades de manutenção preventiva. Como meta de desenvolvimento de produtos de longo prazo, a Ecolab explorou a criação de um novo serviço de monitoramento que usava os sensores da Nalco para rastrear a eficácia do produto in situ. Por exemplo, a Ecolab ofereceu produtos químicos descalcificantes usados para limpar e higienizar tubos que ficavam bloqueados devido ao acúmulo de resíduos. Usando a tecnologia de sensores da Nalco, a Ecolab derivou um método para monitorar a progressão desse acúmulo, rastreando posteriormente a eficácia dos produtos quando usados por seus clientes para descalcificar os tubos, permitindo manutenção preditiva e tempo de inatividade reduzido.

Transição 5: Da Experiência do Funcionário à Mudança de Gestão e Cultura

No Capítulo 7, escrevemos sobre como parte do planejamento da experiência do funcionário se concentra em "se antecipar à dor" — ou seja, antecipar mudanças importantes para os funcionários, função por função, em todos os grupos de funcionários e atender às necessidades para que estejam prontos para as mudanças e transições que estão por vir. De fato, este capítulo detalhou muitas mudanças pós-Dia 1. Elas podem parecer simples de planejar, mas a gestão de mudanças é difícil. Como Todd Jick, professor da Columbia Business School, escreve em sua peça clássica *On the Recipients of Change* (Os Destinatários da Mudança, em tradução livre):

> Para a maioria das pessoas, a reação negativa à mudança está relacionada ao *controle* — sobre sua influência, seu entorno, sua fonte de orgulho, como se acostumaram a viver e trabalhar. Quando esses fatores parecem ameaçados, a segurança está em risco. E uma energia considerável é necessária para entender, absorver e processar as reações de uma pessoa. Não só tenho que lidar com a mudança em si; tenho que lidar com minhas reações a ela! Mesmo que a mudança seja aceita intelectualmente ("as coisas estavam realmente indo mal aqui"), ou represente um avanço ("finalmente consegui a promoção"), a aceitação imediata geralmente não ocorre. Em vez disso, a maioria se sente fatigada; precisamos de tempo para nos adaptar.[4]

A natureza da gestão de mudanças em F&A é ainda mais complexa, porque há muitas partes móveis — planejamento e transição da força de trabalho, execução do plano de experiência do funcionário, implementação do novo modelo operacional e design organizacional e gerenciamento da fusão não apenas de dois negócios, porém de duas culturas e formas aceitas de trabalhar.[5]

Espera-se que as equipes executivas criem rapidamente pontos de vista inspiradores sobre as possibilidades para o futuro que investidores e clientes consideram verossímeis, ao mesmo tempo em que precisam acalmar os anseios da força de trabalho e inspirar os funcionários. Esses dois objetivos exigem duas mensagens cuidadosamente elaboradas — mas diferentes — o que cria uma tensão natural e exige a priorização de caminhos paralelos de trabalho para os executivos. Na primeira, eles gerenciam requisitos externos de nível empresarial. Na segunda, eles abordam metodicamente a força de trabalho, elevando-a por meio de sua hierarquia de necessidades: segurança no emprego, recompensas, pertencimento e crescimento.

No nível corporativo, os executivos devem "inspirar, despertar e acalmar". Inspiração e faísca começam no Dia do Anúncio e vão até o Dia 1. O mercado externo quer conhecer a estratégia e a visão: como o valor será criado, onde estão as sinergias e o novo modelo operacional para atingir esses objetivos. As mensagens despertam a crença ao compartilhar mais detalhes de como o negócio melhorará a experiência do cliente e criará crescimento e valor. Mais tarde, os executivos acalmam o mercado e o conselho demonstrando como a empresa incorporada está navegando no futuro após o Dia 1, à medida que começa a perceber os benefícios esperados.

Os funcionários têm um conjunto diferente de expectativas. Para eles, os executivos devem "acalmar, despertar e inspirar" — aparentemente o oposto das necessidades do mercado. Os funcionários se preocupam menos com a visão no início. Eles querem se acalmar sabendo que têm um emprego e benefícios — um processo que começa antes do fechamento. A faísca acontece após o fechamento. Uma vez que sabem que têm um emprego, os funcionários querem ser estimulados explorando a visão da empresa e marca, desenvolvendo sua curiosidade sobre o futuro. E então eles querem inspiração que os ajude a se afiliar à nova empresa e a se imaginar permanecendo e crescendo na empresa pelo resto de suas carreiras com um sentimento de pertencimento e propósito.

As tensões podem surgir porque os dois grupos — o mercado e os funcionários — estão procurando informações concorrentes ao mesmo tempo. Um pequeno grupo de executivos está operando a 9 mil metros de altitude, mas milhares ou dezenas de milhares ou mais funcionários veem a organização a um metro do chão. A equipe de experiência do funcionário geralmente faz a transição para se concentrar na gestão de mudanças. E, como equipe de gestão de mudanças, é responsável por continuar a ajudar a resolver essa tensão. Eles devem abordar sua tarefa refinando e executando as iniciativas de gestão de mudanças que foram consideradas e desenvolvidas antes do fechamento.

Durante o planejamento pré-Dia 1, a equipe de experiência do funcionário trabalhou para abordar os anseios dos funcionários sobre o futuro — explicando o processo de seleção de funcionários, comunicando cronogramas, anunciando novos líderes e esclarecendo benefícios — o essencial para reduzir a incerteza para os funcionários ao enfrentarem a realidade da fusão para que possam se concentrar melhor em sua função. Após o Dia 1, perguntas como "Tenho um emprego?", "A quem me reporto?", "Tenho que me mudar?", "Como serei pago?" e "Meus benefícios serão alterados? " devem ser respondidas rapidamente. Ninguém deve estar se perguntando se o crachá de identificação funcionará, quem é o provedor de seguros, a quem eles reportam e onde eles se sentam no Dia 1. Esta é a tranquilidade.

Uma vez que os funcionários estejam seguros, os problemas começam a mudar. É hora de acender a faísca. A equipe de gestão de mudanças se concentrará em criar um senso de pertencimento, abordando questões como "Os valores desta empresa, o compromisso com a comunidade e a marca estão alinhados com minhas crenças?" À medida que os funcionários desenvolvem um senso de conexão e pertencimento à organização, chegam os momentos de inspiração. A equipe de mudança deve iluminar as possibilidades para o futuro dos funcionários. Ela oferecerão aos funcionários a possibilidade de crescimento, abordando questões como "Quais são as oportunidades de avanço, mobilidade e liderança?" para que se sintam realizados nos próximos anos.

A abordagem, no entanto, requer um nível de detalhe semelhante: ao entender os principais marcos e comunicá-los de uma maneira "dia na vida", a equipe de gestão de mudanças ajudará os funcionários (agora níveis 3 ou 4 e abaixo; uma população de funcionários muito maior) constroem um senso de pertencimento e os capacitam a ver uma carreira desejada na nova organização.

As organizações que não se engajam em uma gestão de mudanças robusta — aquelas que dependem da mera comunicação de quem são os novos líderes ou que apenas transferem os funcionários para novas funções — veem taxas de atrito e níveis de insatisfação muito altos. Por quê? Porque os funcionários simplesmente não sabiam onde pertenciam e, posteriormente, foram embora ou se tornaram infelizes e frustrados e continuaram lá. Outros erros incluem reduzir a autonomia dos funcionários ou fazer outras mudanças importantes sem uma explicação clara. Se os funcionários sentirem que seus direitos estão sendo retirados, eles ficarão infelizes e confusos sobre seu papel e seu futuro. Por exemplo, se alguém perder os subordinados diretos, ainda podem optar por mandar nessas pessoas, se acharem melhor. As pessoas vão se lembrar seletivamente do que querem e agir de acordo com isso. Lembre-se, as pessoas não deixam de fazer a transição porque não entendem — portanto, parte do esforço da gestão de mudanças é dedicar um tempo para ajudá-las a sentir que a mudança é do seu interesse.

As táticas de gestão de mudanças podem incluir sessões de treinamento, comunicações bidirecionais e oportunidades rotativas. Também pode incluir um engajamento mais pesado da liderança, com atenção pessoal de líderes e gerentes para reconhecer e motivar os funcionários. Cada ponto de contato é uma chance de demonstrar valores fundamentais e torná-los tangíveis. A experiência deve ser justa para todos, mas pessoal para cada funcionário — incluindo não apenas recompensas monetárias, porém também gestos de gratidão que mostram que o trabalho é valorizado. Se você não antecipou como algumas comunidades de funcionários irão experienciar as mudanças, elas o rejeitarão. Portanto, a gestão de mudanças pós-fechamento deve ser tão cuidadosamente elaborada quanto a experiência do funcionário: com marcos definidos em 30, 60 e 90 dias que reconheçam as mudanças que os funcionários estão enfrentando, especialmente aquelas vinculadas aos marcos de integração.

O processo inteiro deve ser justo para todos, incluindo aqueles que estão saindo — para ajudar aqueles que permanecem a trabalhar com qualquer possível culpa de sobrevivente. Como mostrou Joel Brockner, psicólogo social da Universidade de Columbia, um processo de alta qualidade ("justiça processual") que inclui informações, consistência e responsabilidade pode ajudar todos a se sentirem melhor sobre o resultado.[6]

Cultura

Qualquer discussão sobre gestão de mudanças em F&A irá convergir para a cultura. Discussões sobre cultura podem parecer bonitinhas. Mas, na realidade, as questões associadas à fusão de culturas são problemas complexos e significativos. Crenças compartilhadas sobre "como o trabalho é feito por aqui" envolvem direitos de decisão, acesso a informações, recompensas e incentivos que podem ser dramaticamente diferentes entre as empresas. Esses valores e expectativas compartilhados não aconteceram da noite para o dia. Eles levaram anos para evoluir e foram transmitidos através das gerações de gerentes e funcionários.

As culturas das empresas são tão tidas como certas que alguém de uma cultura diferente pode ver as práticas e crenças do outro como absurdas, criando as sementes do chamado choque cultural. Em sua essência, a cultura permite que os comportamentos se tornem razoavelmente previsíveis. Como consequência, é imperativo prestar atenção ao desenvolvimento de uma cultura compartilhada desde o início. Vimos clientes terem problemas quando dizem: "Vamos lidar com a cultura depois que o trabalho da integração tiver diminuído e tivermos mais tempo". Nessa hora, é tarde demais.

As organizações podem diferir em muitas dimensões que precisam ser avaliadas sobre o que importa para o novo modelo operacional e a visão para elaborar a cultura da nova organização. As avaliações de cultura revelarão diferenças em um sentimento de orgulho e propriedade na organização, atitudes em relação à inclusão, riscos e processos de governança, o apetite por mudança e inovação, foco em clientes versus produtos, como os funcionários colaboram e trabalham em equipe, a importância das redes informais e até mesmo rotinas e rituais diários que afetam como o trabalho é feito e quais são os comportamentos aceitáveis.

A cultura também é uma haste de apoio que pode manter a organização unida e impulsionar o desempenho. Veja o exemplo extremo de um CEO que se concentrou incansavelmente em maximizar o lucro. Nas reuniões, ao tomar decisões, primeiro vinha o que ela e sua equipe de liderança pediam. Quando aprovavam novos produtos, só o faziam se atingissem um limite de margem operacional claramente definido. Os funcionários internalizaram isso e fizeram de tudo para diminuir os custos, até mesmo procurando em lixeiras por fiação de cobre para usar em seus novos projetos de produtos. A cultura de maximização de lucros e consciência de custos foi reforçada por um mecanismo de participação nos lucros que pagava mais de 35% de seu salário base todos os anos. Pense em quão bem integrado é esse aspecto da cultura: da estratégia à execução, apoiado por um mecanismo reforçador de incentivos com uma visão definida pela liderança.

Ou considere o cuidado que a Disney teve para preservar a cultura quando adquiriu a Pixar em 2006 para dar vida nova, tecnologia e inovação em sua divisão de animação. Não apenas o chefe criativo da Pixar, John Lasseter, foi nomeado para liderar a Walt Disney Animation, reportando-se diretamente a Robert Iger, então CEO da Walt Disney Company, mas ambas as partes negociaram um "pacto social" de questões culturalmente significativas. A Disney prometeu preservar tudo para que os funcionários sentissem que ainda eram da Pixar — endereços de e-mail e placas no prédio ainda eram da Pixar e rituais, como as cervejadas mensais e as boas-vindas aos novos funcionários foram mantidos. Como Iger escreve em seu livro, *Onde os Sonhos Acontecem*, "Se não protegermos a cultura que você criou, estaremos destruindo aquilo que o torna valioso."[7]

Sinais e símbolos culturais que começaram no Dia do Anúncio, e foram reforçados antes do fechamento, agora estão se tornando incorporados após o fechamento, quer você queira ou não. Quais líderes são escolhidos e seus estilos e valores enviam sinais importantes sobre a nova cultura. Os funcionários também observarão e terão sentimentos sobre as novas prioridades, quem tem influência e como as decisões serão tomadas, o que é recompensado, quem tem voz e participa das decisões e até mesmo quais sistemas serão usados para administrar o negócio. Cada um deles é um sinal para os funcionários sobre a cultura compartilhada que está se desenvolvendo por meio da fusão. O período pós-fechamento também apresenta a oportunidade de celebrar publicamente as primeiras vitórias — como novas contas ou vendas cruzadas bem-sucedidas — para mostrar aos funcionários o que é importante para o sucesso futuro.

E, no entanto, cada um deles está sob controle e deve ser abordado deliberadamente com uma avaliação do efeito que terão nos funcionários: não apenas na cultura, porém no senso de pertencimento e crescimento dos funcionários, chaves para mantê-los satisfeitos e produtivos e verem a si mesmos como parte da empresa por muito tempo. Se a cultura são as normas compartilhadas sobre como o trabalho é feito, e como o trabalho é feito vai mudar, então a oportunidade é tomar um papel ativo na formação de novas normas compartilhadas, em vez de chegar a elas tarde demais quando os funcionários já decidiram e seus novos comportamentos se calcificaram.[8]

Cultura na Ecolab

Na edição de abril de 2016 da *Harvard Business Review*, Jay Lorsch, da Harvard Business School, e a associada, Emily McTague, entrevistaram o CEO da Ecolab, Doug Baker, sobre como ele moldou a cultura da empresa. Baker assumiu a Ecolab em 2004, quando a receita era de US$4 bilhões e aumentou para US$14 bilhões em 2014, completando mais de 50 aquisições, incluindo a Nalco como a maior delas. A força de trabalho mais que dobrou durante o mandato.[9]

À medida que a Ecolab absorveu novas aquisições, a complexidade e as camadas organizacionais cresceram e as divisões e os gerentes ficaram isolados. Como Lorsch e McTague escreveram: "A burocracia em expansão estava consumindo a cultura centrada no cliente da Ecolab e isso estava prejudicando os negócios."

Baker tinha como objetivo restaurar o foco no cliente e as ofertas personalizadas como um ponto forte central - e isso significou um grande esforço de mudança. Ele se concentrou em levar a tomada de decisões para a linha de frente, para os funcionários mais próximos dos clientes. A Ecolab também se envolveu com esses funcionários da linha de frente, treinando-os em todos os produtos e serviços da Ecolab, para que estivessem mais bem capacitados para descobrir por conta própria quais soluções melhor atendem às necessidades dos clientes.

Embora parecesse arriscado adiar as decisões, Baker "descobriu que as decisões ruins eram detectadas e corrigidas mais rapidamente dessa maneira. Eventualmente, os gerentes começaram a soltar e confiar em seus funcionários — o que foi uma grande mudança cultural." Em última análise, isso estimulou a responsabilidade na linha de frente e permitiu que a Ecolab permanecesse conectada com os clientes à medida que as necessidades evoluíssem.

> Baker também enfatizou a importância da meritocracia para motivar os funcionários a cumprirem as metas de negócios. "As pessoas observam quem é promovido", diz ele. Avanços e outras recompensas eram usados para sinalizar o tipo de comportamento

que era valorizado na empresa. Baker descobriu que o reconhecimento público importava ainda mais do que incentivos financeiros ao longo do tempo. 'Por que você chama as pessoas, o que você celebra, como as pessoas são reconhecidas por seus pares? O cheque de bonificação não deixa de ser importante, mas é silencioso e não é público', ressalta. Os elogios eram para desde os gerentes que delegaram decisões a funcionários voltados para o cliente e os encorajaram a assumir a liderança quando mostraram iniciativa.

A abordagem colaborativa entre as divisões teve efeitos positivos duradouros na nova Ecolab:

> À medida que os funcionários da linha de frente eram recompensados por possuir relacionamentos com clientes e coordenar uns com os outros, surgiu uma cultura de autonomia. (Isso também liberou o tempo da alta administração, permitindo que os executivos se concentrassem em questões mais amplas.) Uma vez que as pessoas em todos os níveis se sentiram confiáveis, elas, por sua vez, passaram a confiar mais na empresa e começaram a ver seu trabalho e sua missão — tornar o mundo mais limpo e seguro, e também mais saudável — como contribuições reais para a sociedade. E em suas funções mais aprimoradas, eles puderam ver em primeira mão como estavam melhorando a vida dos clientes. Essa mudança levou tempo, porém, porque o processo teve que acontecer repetidas vezes a cada aquisição.

"Quando compramos negócios, eles não vão adorar a nova empresa imediatamente", diz Baker. "O amor demora um pouco."

Conclusão

Levar até o Dia 1 é um sprint. O pós-fechamento, uma maratona. Embora o Dia 1 seja um marco emocionante — e importante —, e deva ser comemorado com razão, ainda há muito trabalho a fazer após o Dia 1 — mas é finito. O objetivo, lembre-se, é criar uma organização totalmente integrada e alinhada estratégica e operacionalmente — que possa cumprir a promessa da tese do negócio. Com planejamento completo e execução disciplinada, esse objetivo é alcançável — ajudando a organização a obter maiores retornos e criar valores ainda maior do que funcionários, investidores, clientes e conselho esperam.

CAPÍTULO 9

O Conselho Consegue Evitar a Armadilha da Sinergia?

Ferramentas para o Conselho

Os diretores têm os deveres fiduciários primários de lealdade e cuidado no cumprimento das responsabilidades. O dever de cuidado pede que eles ajam como "pessoas comuns e prudentes agiriam em circunstâncias semelhantes". Os conselhos recebem rotineiramente um livro do conselho que revisa a estratégia e o *valuation* do negócio que a administração está promovendo. E os diretores certamente farão várias perguntas com base nas informações que recebem. Mas estão fazendo as perguntas certas ou tendo as discussões certas, já que tantos negócios ruins saem da sala de reuniões?[1]

Conquanto os conselhos de aquisição sejam protegidos pelas amplas proteções da regra de julgamento de negócios e se os diretores fizessem as perguntas que as pessoas comuns prudentes poderiam fazer em relação a essas grandes decisões de investimento de capital? Por exemplo, quanto de valor para o acionista estamos colocando em risco se as sinergias não se concretizarem? Faz diferença para os investidores se pagarmos em dinheiro ou em ações? Que redução percentual no custo ou aumento percentual nas receitas estamos prometendo aos investidores (e informando ao mercado)? E essas crenças são sensatas ou plausíveis? Sabemos quanto custará a integração e quantas pessoas estarão envolvidas? Temos uma estrutura clara que orientará o processo de planejamento da integração antes de fechar com um plano de negócios real? E se houvesse ferramentas que pudessem levantar rapidamente grandes alertas vermelhos que levassem a questões específicas à administração sobre a viabilidade do acordo proposto e ajudassem a identificar os perdedores de alta probabilidade?

Os diretores precisam de mais e melhores informações sobre os negócios propostos antes de votar. Lembre-se de que as reações negativas do mercado geralmente são motivadas por uma lacuna entre o que a administração acredita e o que os investidores percebem. Portanto, presumivelmente, os conselhos vão querer lentes úteis para testar a economia dos negócios, as mensagens que os CEOs estão prestes a dar ao mercado e o nível de preparação necessário para imediatamente começar a cumprir as promessas. De fato, nenhum conselho que se preze confiaria apenas na opinião de um banqueiro de investimento para justificar o pagamento de um prêmio de aquisição significativo.

Este capítulo oferece várias ferramentas analíticas simples e perguntas diretas, que podem ajudar os conselhos a identificarem os negócios que provavelmente resultarão em reações negativas do mercado e gerar discussões mais informadas sobre possíveis negócios relevantes. As ferramentas incluem:

- *Valor para o Acionista em Risco* [em inglês, *Shareholder Value at Risk* — SVAR], que é uma medida da materialidade de um negócio.

- O *Board Pack** de PMI, que acompanha o valuation e a lógica estratégica dos *board packages* de F&A.

---

* [N. do T.]: Esse conceito se refere ao conjunto de informações encaminhadas ao Conselho de Administração e comitês para dar suporte às discussões e decisões tomadas durante as reuniões. O material é uma ferramenta crítica para a performance da governança corporativa. E é através disso que os conselheiros terão acesso aos dados sobre o tema a ser discutido.

- A *Linha de Alcance do Prêmio* [em inglês, *Meet the Premium — MTP*] e a *Caixa de Plausibilidade*, que traçam o ponto de sinergias de custo e receita conforme será refletido na apresentação ao investidor, para verificar se o negócio proposto está acima ou abaixo da linha e se a combinação é plausível com base no histórico da empresa e do setor de realização de sinergia.
- A *Matriz de Capacidades/Acesso ao Mercado* e a *Combinação de Sinergia*, que são outra verificação de sanidade sobre se a combinação proposta de sinergias de custo versus receita faz sentido, dada a natureza dos ativos reunidos.

Essas ferramentas ajudarão a fechar a lacuna entre o que a administração acredita e o que os investidores provavelmente perceberão *antes* do mercado. A alta administração — nem é preciso dizer — deveria saber a resposta para todas essas perguntas antes que o conselho se envolva. Com essas ferramentas, os conselhos poderão responder melhor à pergunta fundamental: *como essa transação afetará o preço de nossas ações e por quê?*

Valor para o Acionista em Risco

No Capítulo 4 argumentamos que o preço de compra de uma aquisição é tipicamente determinado pelo preço de outras aquisições comparáveis ("compaqs" ou transações precedentes) — muitas vezes sem uma avaliação rigorosa de onde, quando e como a administração pode gerar resultados reais. No mínimo, os conselhos devem ser capazes de articular quanto valor para o acionista é imediatamente colocado em risco pela decisão de aprovar um acordo. Além disso, outras escolhas que a administração recomenda — principalmente usar dinheiro em vez de ações para pagar o negócio — afetam os riscos que os conselhos deveriam ser capazes de entender.[2]

Antes de se comprometer com um grande negócio, ambas as partes precisarão avaliar o efeito no valor para o acionista de cada empresa, caso as expectativas de sinergia incorporadas ao prêmio não se concretizem. Em outras palavras, os conselhos devem perguntar "Qual porcentagem do valor de mercado de nossa empresa estamos apostando no sucesso ou fracasso da aquisição?"

Uma ferramenta útil para os adquirentes que avaliam a magnitude relativa do risco de sinergia é um cálculo simples que chamamos de Valor para o Acionista em Risco (SVAR). O SVAR é o prêmio pago pela aquisição dividido pelo valor de mercado da empresa adquirente antes do anúncio ser feito.

Esse índice também pode ser calculado como o percentual do prêmio multiplicado pelo valor de mercado da empresa-alvo em relação ao adquirente. Pensamos nele como um índice de "aposte a sua empresa", ou uma medida da materialidade de um negócio, que mostra quanto do valor para o acionista da empresa está em risco se nenhuma sinergia pós-aquisição for realizada. Quanto maior o percentual de prêmio pago aos vendedores e quanto maior seu valor de mercado em relação à empresa adquirente, maior o SVAR. Como discutimos, é possível que os adquirentes percam ainda mais do que seu prêmio (se houver dano ao valor de crescimento autônomo de qualquer empresa). Nesses casos, o SVAR *subestima* o risco.

O uso de dinheiro em vez de ações como método de pagamento tem profundas ramificações para os acionistas da empresa alvo e adquirentes e um impacto substancial no SVAR. Em um negócio em dinheiro, os papéis das duas partes são bem definidos e a troca de dinheiro por ações completa uma simples transferência de propriedade. Mas uma troca de ações apresenta uma imagem muito menos clara de quem é o comprador e quem é o vendedor. Em alguns casos, os acionistas da empresa-alvo podem acabar por deter a maior parte do adquirente que comprou as ações.[3]

As empresas que pagam por suas aquisições com ações compartilham o valor e o risco da transação com os acionistas da empresa que adquirem. A decisão de usar ações em vez de dinheiro também pode afetar os retornos dos acionistas. Pesquisas anteriores sobre F&A descobriram consistentemente que, no momento do anúncio e além, os acionistas das empresas adquirentes se saem pior em transações de ações do que em transações em dinheiro. Além disso, as descobertas do nosso estudo de F&A confirmam isso e mostram que as diferenças iniciais de desempenho entre transações em dinheiro e ações ficam maiores — muito maiores — ao longo do tempo.[4]

Apesar da óbvia importância, essas questões são frequentemente tratadas com pouca atenção. Conselhos, executivos e jornalistas tendem a se concentrar principalmente nos preços pagos pelas aquisições. Não é errado focar no preço; o preço é certamente uma questão importante para os dois grupos de acionistas. Mas quando as empresas estão pensando em fazer — ou aceitar — uma oferta de troca de ações, o valuation da empresa em jogo se torna apenas um dos vários fatores que administradores e investidores precisam considerar. Vejamos as diferenças básicas entre ações e transações em dinheiro.

De volta ao básico: trade-offs de dinheiro versus ações

A principal distinção entre transações em dinheiro e ações é a seguinte: nas transações em dinheiro, os acionistas adquirentes assumem todo o risco de que o valor presente das sinergias incorporadas ao prêmio de aquisição não se materialize. Nas transações de ações, esse risco é compartilhado com os acionistas da empresa-alvo. Mais precisamente, nas transações de ações, o risco de sinergia é compartilhado na proporção da porcentagem da empresa combinada que os acionistas adquirentes e das empresas-alvo detêm cada um.

Para ver como isso funciona, vamos dar uma olhada em um exemplo hipotético. A Homeland Technologies quer adquirir a Affurr Industries. A Homeland tem uma capitalização de mercado de US$5 bilhões, composta por 50 milhões de ações ao preço de US$100 por ação. A capitalização de mercado da Affurr agora é de US$2,8 bilhões — 40 milhões de ações, cada uma valendo US$70. Os executivos da Homeland estimam que, ao fundir as duas empresas, eles podem criar um valor adicional de sinergia de US$1,7 bilhão. Eles anunciam uma oferta para comprar todas as ações da Affurr ao preço de US$100 por ação. O valor colocado na Affurr é, portanto, de US$4 bilhões, representando um prêmio de US$1,2 bilhão sobre o valor de mercado de pré-anúncio da empresa de US$2,8 bilhões.

O ganho líquido esperado para o adquirente de uma aquisição, o valor presente líquido (VPL), é a diferença entre o valor presente estimado das sinergias obtidas através da aquisição e o prêmio de aquisição (como definimos no Capítulo 1). Se a Homeland optar por pagar em dinheiro pelo negócio, então o VPL para os acionistas é simplesmente o valor presente esperado da sinergia, de US$1,7 bilhão, menos o prêmio de US$1,2 bilhão, ou um ganho esperado de US$500 milhões.

Porém, se a Homeland decidir financiar a aquisição emitindo novas ações, o VPL dos acionistas existentes será reduzido. Vamos supor que Homeland ofereça uma de suas ações para cada uma das ações da Affurr. A nova oferta coloca o mesmo valor na Affurr que a oferta em dinheiro. Mas na conclusão do negócio, os acionistas adquirentes descobrirão que sua propriedade na Homeland foi reduzida. Eles deterão apenas 55,5% de um novo total de 90 milhões de ações em circulação (50 milhões originais mais 40 milhões novas) após a aquisição. Sua participação no VPL esperado da aquisição é de apenas 55,5% de US$500 milhões, ou US$277,5 milhões. O restante vai para os acionistas da Affurr, além do prêmio, que agora são acionistas de uma Homeland aumentada.

A única maneira dos acionistas originais da Homeland obterem o mesmo VPL de um acordo de ações e de um acordo em dinheiro será oferecendo à Affurr uma menor quantidade de novas ações. Ela poderia tentar justificar essa abordagem apontando que cada ação valeria mais com as sinergias esperadas incluídas. Em outras palavras, as novas ações refletiriam o valor que os executivos da Homeland acreditam que a empresa combinada vale, em vez do valor de mercado pré-anúncio de US$100 por ação.

Contudo, embora esse tipo de acordo pareça justo em princípio, na prática os acionistas da Affurr provavelmente não aceitarão menos ações, a menos que estejam convencidos de que o valuation da empresa incorporada será ainda maior do que a estimativa da Homeland. À luz do histórico decepcionante dos adquirentes, principalmente em transações envolvendo ações, é uma venda difícil.

Diante disso, então, as transações de ações oferecem aos acionistas da empresa-alvo a chance de lucrar com os potenciais ganhos de sinergia que o adquirente espera obter acima e além do prêmio. Isso é certamente o que os adquirentes vão dizer a eles. O problema é que os acionistas da empresa-alvo também terão que compartilhar os riscos.

Vamos supor que a compra da Affurr pela Homeland seja concluída com uma troca de ações, mas nenhuma das sinergias esperadas se materialize. Em um acordo em dinheiro, os acionistas da Homeland arcariam com toda a perda do prêmio de US$1,2 bilhão pago pelo Affurr. Porém, em um acordo de ações, sua perda é de apenas 55,5% do prêmio. Os 44,5% restantes do prejuízo — US$534 milhões — são arcados pelos acionistas da Affurr.

Em muitas situações de aquisição, o adquirente será tão maior do que a empresa-alvo que os acionistas desta acabarão por possuir apenas uma proporção insignificante da empresa combinada. Nesse caso, o conselho da empresa-alvo deve decidir se recomendaria a decisão de possuir as ações do adquirente em primeiro lugar (e se preocupar menos com o plano).

Então, vamos ver quais são os números SVAR para o acordo hipotético. A Homeland estava propondo pagar um prêmio de US$1,2 bilhão e o próprio valor de mercado era de US$5 bilhões. Em um negócio em dinheiro, o SVAR seria, portanto, 1,2 dividido por 5, ou 24% (ou o tamanho relativo de 56% [US$2,8 bilhões/US$ 5 bilhões] vezes o prêmio percentual de 43%). Mas, se os acionistas da Affurr receberem ações, o SVAR da Homeland diminui, porque parte do risco é transferido para os acionistas da empresa-alvo. Para calcular o SVAR da Homeland para uma transação de ações, você deve multiplicar o SVAR em dinheiro de 24% pela porcentagem que a Homeland possuirá na empresa combinada, ou 55,5%. O SVAR da Homeland para um acordo de ações é, logo, de apenas 13,3% (veja a tabela 9-1).

TABELA 9-1

% DE SVAR DO ADQUIRENTE EM NEGÓCIOS TOTALMENTE EM DINHEIRO VERSUS TOTALMENTE EM AÇÕES

*Proporção do valor independente da empresa-alvo para o valor independente do adquirente**

Negócio totalmente em dinheiro	Prêmio (%)	0,25	0,50	0,75	1,00
	30	7,5	15	22,5	30
	40	10	20	30	40
	50	12,5	25	37,5	50
	60	15	30	45	60

(continua)

* [N do T.]: Adquirente detém 50% da empresa combinada.

(continuação)

NEGÓCIO TOTALMENTE EM AÇÕES

	30	3,75	7,5	11,25	15
	40	5	10	15	20
Prêmio (%)					
	50	6,25	12,5	18,75	25
	60	7,5	15	22,5	30

O SVAR para uma mistura de dinheiro e ações é a média ponderada da porcentagem do valor do negócio em dinheiro vezes o SVAR de todo dinheiro, mais a porcentagem do valor do negócio de ações, vezes o SVAR de todo o estoque. Logo, o SVAR para um negócio combinado estará em algum lugar entre o SVAR para um negócio totalmente em dinheiro ou em ações com base na combinação de dinheiro e ações. Usando os dados acima para a Homeland, com uma mistura de 50% em dinheiro e 50% em ações, resultaria em um SVAR de 18,7% ((0,5 × 24%) + (0,5 × 13,3%)).

Uma variação do SVAR, o que chamamos de "Prêmio em Risco", pode ajudar os acionistas e o conselho de uma empresa vendedora a avaliarem seus riscos se as sinergias não se concretizarem. A questão para os vendedores é: qual porcentagem do prêmio está em risco em uma oferta de ações? A resposta é simplesmente a porcentagem de propriedade que o vendedor terá na empresa combinada. Em nosso acordo hipotético, o Prêmio em Risco para os acionistas da Affurr é de 44,5% (40 milhões de novas ações, divididas por 90 milhões de ações totais em circulação). Mais uma vez, o cálculo do Prêmio em Risco é, na verdade, uma medida conservadora de risco, pois pressupõe que o valor dos negócios independentes está seguro e apenas o prêmio está em risco. Mas, como muitos adquirentes têm demonstrado, negócios malsucedidos podem custar a ambas as partes mais do que apenas o prêmio.

Como as Empresas Podem Escolher?

Dado os efeitos dramáticos sobre o valor que o método de pagamento pode ter, os conselhos de ambas as empresas têm a responsabilidade fiduciária de incorporar esses efeitos em seus processos de tomada de decisão. Os adquirentes devem ser capazes de explicar aos acionistas porque terão que compartilhar os ganhos de sinergia da transação com os acionistas da empresa-alvo. Estes, por sua vez, que estão recebendo ações da empresa combinada, devem ser levados a entender os riscos do que é, na realidade, um novo investimento. Tudo isso torna o trabalho dos membros do conselho mais complexo.

Questões para o adquirente

A administração e o conselho de uma empresa adquirente devem abordar duas questões econômicas antes de decidirem sobre uma forma de pagamento. Primeiro, as ações da empresa adquirente estão subavaliadas, bem avaliadas ou superavaliadas? Em segundo lugar, qual é o risco de que as sinergias esperadas necessárias para pagar o prêmio de aquisição não se concretizem? As respostas a essas perguntas ajudarão a orientar as empresas na tomada de decisão entre uma oferta em dinheiro e uma oferta de ações. Vamos analisar cada questão por vez.

Valuation das ações do adquirente. Se o adquirente acredita que o mercado está subvalorizando suas ações, não deve emitir novas ações para financiar a operação, pois isso penalizaria os atuais acionistas. Pesquisas mostram consistentemente que o mercado considera as emissões de ações por uma empresa como um sinal de que a administração — que está em melhor posição para conhecer as perspectivas de longo prazo — acredita que as ações estão *supervalorizadas*. Assim, quando a administração opta por usar ações para financiar uma aquisição, há muitas razões para esperar que as ações dessa empresa caiam.

Além disso, as equipes de administração, que oferecem o que acreditam ser ações subvalorizadas para pagar uma aquisição, geralmente baseiam o preço das novas ações no preço de mercado atual "subvalorizado" e não no valor mais alto que acreditam que as ações valem. Isso pode fazer com que uma empresa pague mais do que pretende e, em alguns casos, mais do que a aquisição vale. Suponha que a Homeland acreditasse que suas ações valem US$125 por ação, em vez de US$100. Seus gerentes devem avaliar as 40 milhões de ações que planeja emitir para os acionistas da Affurr em US$5 bilhões, não US$4 bilhões. Então, se a Homeland achar que a Affurr vale apenas US$4 bilhões, ela deveria oferecer aos acionistas não mais do que 32 milhões de ações.

No mundo real, porém, não é fácil convencer um vendedor incrédulo a aceitar menos ações, porém "mais valiosas". Se os executivos de uma empresa adquirente acreditam que o mercado desvaloriza significativamente as ações, seu curso lógico é prosseguir com uma oferta em dinheiro. No entanto, os mesmos CEOs que declaram publicamente que o preço das ações de sua empresa está muito baixo emitirão alegremente grandes quantidades de ações a esse preço "muito baixo" para pagar pelas aquisições. Qual sinal é mais provável que o mercado siga?

Riscos de sinergia. A decisão de usar ações ou dinheiro também envia sinais sobre a estimativa do adquirente dos riscos de não conseguir as sinergias esperadas do negócio. Espera-se que um adquirente realmente confiante pague pela aquisição em dinheiro para que os acionistas não tenham que dar nenhum dos ganhos de sinergia previstos aos acionistas da empresa-alvo além do prêmio.

Mas se a administração acredita que o risco de não atingir o nível de sinergia necessário é substancial, pode-se esperar que tente proteger as apostas oferecendo ações. Ao diluir a participação acionária da empresa, também limitará a participação em quaisquer perdas incorridas antes ou depois da conclusão do negócio. Mais uma vez, porém, o mercado é bem capaz de tirar suas próprias conclusões. De fato, pesquisas empíricas, incluindo a nossa, constatam consistentemente que o mercado reage significativamente mais favoravelmente a anúncios de transações em dinheiro do que transações de ações.

As ofertas de ações, então, enviam dois sinais poderosos ao mercado: que as ações do adquirente estão supervalorizadas e que a administração não tem confiança na aquisição. Em princípio, portanto, um adquirente que está confiante em integrar uma aquisição com sucesso e que acredita que as próprias ações estão subvalorizadas, deve sempre proceder com uma oferta em dinheiro. Uma oferta em dinheiro resolve perfeitamente o problema de avaliação para os adquirentes que acreditam que estão subvalorizados, bem como para os vendedores que não têm certeza do verdadeiro valor da empresa adquirente.[5]

Contudo, nem sempre a coisa é assim tão simples e direta. Muitas vezes, por exemplo, um adquirente não possui recursos de caixa suficientes — ou capacidade de endividamento — para financiar uma oferta à vista. Nesse caso, a decisão é muito menos clara e o conselho deve julgar se os custos adicionais associados à emissão de ações subvalorizadas ainda justificam a aquisição.

Questões para o vendedor

No caso de uma oferta em dinheiro, o conselho da empresa vendedora tem uma tarefa simples e direta. Basta comparar o valor da empresa como negócio independente com o preço oferecido. O único risco é que ela possa se sustentar por um preço mais alto ou que a administração possa criar mais valor se a empresa permanecer independente. O último caso certamente pode ser difícil de justificar.

Vamos supor que os acionistas da Affurr recebam US$100 por ação, representando um prêmio de 43% sobre o preço atual de US$70. Vamos supor também, sem considerar os impostos, que possam obter um retorno de 10% colocando esse dinheiro em investimentos com nível de risco semelhante. Após cinco anos, os US$100 seriam compostos por US$161. Se a oferta fosse rejeitada, a Affurr teria que obter um retorno anual de mais de 18% sobre as ações atualmente avaliadas em US$70. Um retorno tão incerto deve competir contra um pássaro certo na mão.

Mais do que provavelmente, porém, o conselho da empresa-alvo receberá ações ou alguma combinação de dinheiro e ações. E, portanto, também terá que avaliar as ações da empresa combinada que estão sendo oferecidas a seus acionistas. Em essência, os acionistas da empresa-alvo serão sócios na empresa pós-fusão e, logo, terão tanto interesse em realizar as sinergias quanto os acionistas do adquirente. Se as sinergias esperadas não se concretizarem ou se outras informações decepcionantes se desenvolverem após o fechamento, os acionistas da empresa-alvo podem perder uma parte significativa do prêmio recebido por suas ações.

Se o conselho de uma empresa-alvo aceita uma oferta de troca de ações, está endossando não apenas a oferta como um preço justo pelas ações da empresa, mas também a ideia de que a empresa combinada é um investimento atraente — portanto, precisa avaliar a lógica do negócio e o plano de integração (veja o Board Pack de PMI abaixo). Essencialmente, então, o conselho deve atuar tanto no papel de comprador quanto de vendedor e deve passar pelo mesmo processo de decisão que a empresa adquirente segue antes de recomendar uma decisão de investimento em nome dos acionistas.

Não importa como uma oferta baseada em ações seja feita, os acionistas da empresa-alvo nunca devem presumir que o valor anunciado é o valor que eles realizarão antes ou depois do fechamento. A venda antecipada pode limitar a exposição, porém essa estratégia acarreta custos, porque as ações das empresas--alvo normalmente são negociadas abaixo do preço de oferta durante o período de pré-fechamento. É claro que os acionistas que esperam até depois da data de fechamento para vender as ações da empresa incorporada não têm como saber quanto valerão essas ações naquele momento.

As questões que discutimos aqui — Quanto vale o adquirente? Qual é a probabilidade de que as sinergias esperadas sejam realizadas? — abordam as questões econômicas associadas às decisões de oferecer ou aceitar um método específico de pagamento para uma fusão ou aquisição. Há outras questões de tratamento tributário e contábil que os conselheiros de ambos os conselhos procurarão trazer à atenção. Mas essas preocupações não devem desempenhar um papel fundamental na avaliação do SVAR.

Os Cinco Elementos do Board Pack de PMI

Como discutimos detalhadamente nos capítulos 6, 7 e 8, a integração pós-fusão (PMI) é um processo altamente complexo. O ritmo, a importância e o grande número de decisões que precisarão ser tomadas para uma fusão superam em muito a taxa normal de tomada de decisão. Combinar duas organizações com culturas distintas ao tentar gerenciar os negócios normais e proteger o fluxo de caixa do dia a dia é assustador. Na maioria das organizações, a PMI não é uma habilidade central.[6]

Os diretores devem se sentir confiantes de que as reivindicações da administração são apoiadas, pelo menos, pelos fundamentos de um plano de integração antes de aprovar um negócio — e os executivos seniores, sabendo disso, devem estar preparados por todo o trabalho que fizeram para avaliar o negócio. Em última análise, os investidores vão querer se sentir confiantes de que a administração tem um plano.

Os conselhos são regularmente apresentados a uma revisão da estratégia e avaliação do negócio, muitas vezes apoiadas por uma opinião justa, contudo, geralmente há pouco sobre como as empresas serão integradas. O *Board Pack* de PMI foi desenvolvido para ajudar o conselho a garantir que a alta administração esteja pronta para evitar as armadilhas comuns da PMI. Como resumo para os membros do conselho, há quatro razões principais pelas quais os esforços da PMI falham em cumprir o que foi prometido:

1. **Perda de foco:** Há pouca estrutura na PMI, de modo que executivos e funcionários são distraídos de administrar os negócios e se preocupar com clientes e concorrentes. Os funcionários passam muito tempo procurando outras oportunidades.

2. **Tempo perdido:** A organização não parece capaz de começar a gerar sinergias no fechamento, então o valor presente de quaisquer sinergias eventualmente obtidas é bastante reduzido. À medida que os atrasos continuam, os funcionários perdem a confiança na lógica estratégica do negócio e os concorrentes têm tempo para responder. A administração falha em priorizar e tomar decisões difíceis, seja não abordando as grandes e difíceis decisões antecipadamente ou ficando atolada em processos lentos de tomada de decisão.

3. **Reações da concorrência e ambiente de negócios em mudança:** A PMI é cuidadosamente planejada, mas carece de uma estrutura que permita a organização revisar e modificar rapidamente os planos conforme necessário. Em suma, a PMI se torna tão focada internamente que a organização não está preparada para responder às mudanças nas condições de negócios.

4. **Falha em seguir os planos:** A PMI se concentra em projetar a nova organização e fornecer sinergias iniciais, porém não em

resolver os milhares de problemas de baixo para cima para fazer a transição da organização para a visão do estado final. O resultado é uma falha na entrega da nova organização necessária para apoiar os negócios e atingir as metas de sinergia.

Durante a revisão do acordo, o conselho está em uma posição única para garantir não apenas que uma transação proposta faça sentido estratégica e financeiramente, mas também que as bases tenham sido estabelecidas para entregar os resultados prometidos. Sem esses planos, o valor do negócio pode começar a vazar. Ao fazer demandas específicas da alta administração, os diretores podem ter uma tremenda influência no resultado. Antes que um acordo seja aprovado pelo conselho e anunciado publicamente, a alta administração deve apresentar os cinco elementos essenciais a seguir:

1. Um *calendário dos processos de PMI* mostrando o escalonamento das atividades e decisões.
2. As *principais decisões de modelagem de alto nível* a serem feitas antecipadamente.
3. Uma *abordagem de integração personalizada* que é claramente articulada.
4. A *estrutura, as equipes e os recursos* para entregar a PMI.
5. O *plano de negócios* que entrega as promessas de desempenho para o negócio.

Calendário dos processos de PMI

Uma PMI bem-sucedida é uma série estruturada de eventos que começa muito antes e continua muito depois do fechamento do negócio. Um calendário de atividades proposto, juntamente com um cronograma do que deve ser seguido, deve dar ao conselho uma boa visão das fases das atividades da PMI. Em muitas transações desastrosas, os CEOs declararam para registro que havia pouco em termos de planejamento da PMI. Ao revisar um calendário e um cronograma, o conselho poderia facilmente ter visto os problemas que estavam por vir. Na verdade, quando os diretores considerarem uma proposta de F&A, o planejamento do processo da PMI já deve estar bem encaminhado. Nesta fase, existem centenas, senão milhares de decisões importantes ainda a serem tomadas. No entanto, a alta administração deve ser capaz de discutir os elementos básicos de um plano de PMI.

A gerência sênior não será capaz de tratar de todos detalhes que apresentamos anteriormente neste livro, porém pode orientar o conselho através de uma visão geral das fases de uma PMI típica, como elas serão abordadas e em que cronograma. Essas fases são:

- Planejamento antecipado e definição de direção.
- Coleta de dados.
- Projeto e tomada de decisão.
- Implementação.

O planejamento antecipado e a definição de direção coincidem com o trabalho de due diligence e valuation. Em transações hostis, ele terá que ser concluído apenas com informações publicamente disponíveis sobre a empresa-alvo. Nesse ponto, a alta administração determina a abordagem de integração e as linhas gerais do novo modelo operacional (que conecta a tese do negócio de uma empresa e os objetivos de negócios com seus processos, capacidades e estrutura organizacional) e toma decisões importantes sobre tempo, estruturas de equipe e funções, alocação de recursos e metas de desempenho. Esses elementos, que formam o restante do Board Pack de PMI, devem estar em vigor antes que o acordo seja anunciado.[7]

A coleta e análise de dados, que começou durante a diligence, e agora pode ser prontamente facilitada, deve começar imediatamente após o Dia do Anúncio. Os fluxos de trabalho de integração coletarão informações sobre as operações atuais das duas organizações, depois as compartilharão e compararão para identificar as principais diferenças e semelhanças — principalmente visando as principais atividades de integração e sinergias. Diretrizes claras devem ser estabelecidas, com a ajuda de assessoria jurídica, sobre quais dados podem e não podem ser compartilhados entre as duas empresas antes do fechamento e quais dados competitivos sensíveis terão que ser colocados em uma sala limpa. A análise examinará questões como estabelecer a linha de base financeira para a organização combinada e como estabilizar o negócio durante a PMI.

O design e a tomada de decisões incluirão questões como oportunidades de integração consistentes com o novo modelo operacional, design da organização, as metas de sinergia e os planos de trabalho de integração, que produzirão os resultados. Isso começará à medida que os dados forem compartilhados e, dependendo da velocidade da aprovação regulatória, provavelmente continuará após o fechamento, quando as salas limpas estiverem abertas. Nesta fase crítica, que começará a moldar a nova empresa, as equipes ganham uma compreensão mais profunda de história, cultura, estratégias e estilos de tomada de decisão de cada empresa. Esse entendimento deve emergir à medida que as opções de integração para a nova empresa são desenvolvidas, avaliadas e debatidas. As recomendações desenvolvidas nesta fase precisam entregar as sinergias desejadas.

A implementação começa no fechamento do negócio e continua até que todas as principais etapas de integração sejam executadas — o que pode levar de 1 ano a 18 meses após o fechamento. Neste ponto, uma prioridade de gestão é liderar a transição de uma estrutura de equipe de integração para negócios normais na nova organização. Isso deve incluir integração rigorosa e o rastreamento de sinergia que mantenha alta visibilidade dos compromissos de sinergia e responsabilidade pelas ações necessárias para entregá-los, além de preservar o impulso dos negócios subjacentes.

O ponto aqui é, novamente, que a equipe de gestão não terá todas as respostas. Porém, ela deve ser capaz de apresentar um calendário e um cronograma descrevendo todas essas etapas, bem como os princípios iniciais que orientarão a fusão.

Principais decisões de modelagem

No início, várias decisões importantes precisam ser tomadas — ou deliberadamente adiadas — pela equipe sênior para que a PMI avance. Essas decisões de modelagem se concentram no escopo da integração e em questões organizacionais de alto nível. Elas incluem quais partes das duas empresas estão sendo totalmente integradas, por exemplo, e outras decisões de alto nível, como quem será o CEO

(L0), seus subordinados diretos (L1) e detalhes iniciais de mudanças no modelo operacional e no estrutura da nova organização.

A extensão e a natureza dessas decisões iniciais dependerão da situação, mas, em geral, essas decisões não são facilmente delegadas a uma estrutura de tomada de decisão de integração. Algumas dessas decisões podem ter sido uma parte crítica da negociação do acordo.

Algumas decisões importantes podem ter que ser deliberadamente adiadas. Em uma recente fusão de serviços financeiros, por exemplo, a questão de como fundir as duas redes de agências foi adiada por algum tempo devido a importantes questões estratégicas de marca que precisavam de tempo para serem resolvidas e por causa de leis de proteção de dados que restringiriam o compartilhamento de dados do cliente. Mais uma vez, nem todos os detalhes estarão disponíveis, mas essas decisões de modelagem, que ajudam a definir a direção da nova organização e têm impacto significativo, devem estar claras para o conselho.

Abordagem de integração personalizada

Poucas questões permeiam a vida organizacional durante a PMI mais do que a incerteza. Se essa incerteza não for bem administrada, ela se tornará destrutiva e quase certamente prejudicará o processo. Como todos os negócios de F&A são diferentes, a equipe sênior deve concordar com uma abordagem clara e personalizada para a PMI e estar preparada para comunicar isso claramente ao conselho. Essa abordagem incluirá o escopo da integração, bem como o ritmo, tom, as prioridades iniciais de integração e como as principais decisões serão comunicadas e quando.

Se expectativas estão sendo estabelecidas para a nova organização — e estão —, o conselho deve saber quais são. A equipe sênior deve se certificar de que a abordagem seja lógica, dada a tese do negócio que está orientando a aquisição e constitui o cerne do negócio. E que as ações subsequentes sejam consistentes com as expectativas que ela estabeleceu para sua organização.

Em tempos de tensão, a gerência e os funcionários precisarão se sentir confiantes de que a equipe sênior está "na mesma página". Erros de abordagem podem levar a falhas na PMI que, mais tarde, provavelmente serão atribuídas ao choque cultural.

Ao exercer uma supervisão cuidadosa, o conselho pode testar a abordagem e ajudar a administração a evitar essa armadilha.

Estrutura, equipes e recursos

Depois que as principais decisões são tomadas e a abordagem da integração é clara, é necessária uma estrutura de integração discreta, separada da administração dos negócios individuais, para gerenciar a PMI. A alta administração não pode estar totalmente envolvida nas milhares de decisões, grandes e pequenas, que devem ser tomadas durante a PMI. Portanto, equipes de PMI capacitadas devem ser criadas com funções, responsabilidades e relacionamentos de reportes claros para fazer recomendações claras para a alta administração ratificar.

Para essa gestão, o central é o IMO e os fluxos de trabalho que ele supervisiona. O IMO e as equipes de fluxo de trabalho facilitam a coleta estruturada de informações sobre as empresas e criam relações de trabalho iniciais entre elas que possibilitarão alguns sucessos iniciais. As equipes dentro da estrutura do IMO também conduzem a abordagem de baixo para cima que, combinada com um calendário apertado, força a alta administração a tomar ou ratificar decisões difíceis e manter o ritmo do processo. O conselho deve ter uma visão do IMO e dos principais fluxos de trabalho, e quem será retirado dos negócios do dia a dia para focar a integração, quantos outros funcionários ajudarão, por quanto tempo e quanto custará qualquer suporte externo.

A alta administração também deve considerar como fornecer recursos para as equipes da PMI, especialmente o IMO. Não é incomum que 10% ou mais da alta e média gerência estejam fortemente envolvidos no processo de PMI. Como esses gerentes devem ser as pessoas mais talentosas de qualquer organização, quem e quanto tempo será necessário deve estar claro para que o foco não seja perdido em manter os negócios em andamento competitivos durante a PMI.

Em resumo, o conselho deve entender essa estrutura, os principais executivos dentro da estrutura e o tempo provável e o nível de RH necessário para conduzir o processo de integração — consistente com a abordagem de integração escolhida.

O plano de negócios

A alta administração deve elaborar e apresentar ao conselho um plano de negócios confiável para a nova entidade que defina as metas de sinergia, as principais iniciativas e metas e os custos únicos do esforço de integração. É claro que tudo isso pode ser apresentado no valuation. Logo, o conselho deve entender essas metas mais amplas e como a administração espera alcançá-las — incluindo o novo modelo operacional e quaisquer mudanças potenciais na estratégia de entrada no mercado que gerem sinergias de crescimento ou redução de custos e justificar o prêmio. Deve ficar claro para o conselho que essas metas de sinergia excedem uma "linha de base" do que as duas empresas deveriam alcançar se a fusão nunca tivesse ocorrido. Os detalhes do plano de negócios evoluirão à medida que a PMI avança das metas iniciais de sinergia de cima para baixo até os compromissos de sinergia finais incorporados aos orçamentos e planos internos.

As sinergias muitas vezes não são desenvolvidas com rigor suficiente e podem ficar soterradas nos planos financeiros, ou mesmo no valuation, com pouca clareza ou visibilidade. Isso pode tornar praticamente impossível saber 6 a 12 meses depois se alguma sinergia foi realmente alcançada. Para dar mais visibilidade às metas de desempenho, o conselho deve ver algumas medidas e marcos de integração adicionais, como o momento das sinergias projetadas trabalhistas e não trabalhistas, fechamento de instalações ou novas ofertas de produtos, para que o conselho possa avaliar posteriormente o progresso do esforço de integração em futuras reuniões.

O plano de negócios é uma operacionalização do caso de negócio e da tese do negócio: porque as organizações fundidas superarão as trajetórias de desempenho já incorporadas nos preços das ações de ambas as empresas e como oferecerão mais do que os clientes desejam e não podem obter em nenhum outro lugar, de maneira que não seja facilmente replicado pelos concorrentes. O processo de integração envolve o refinamento e o comprometimento com o plano de negócios. O conselho deve ver não apenas um plano amplo, mas um processo para testar, ajustar e depois manter uma pontuação em relação ao plano durante a fase de implementação.

O Board Pack de PMI oferece ao conselho uma oportunidade em cada negócio para avaliar esses cinco elementos — o calendário e as fases das atividades; decisões de modelagem de alto nível; a abordagem de integração; estrutura, equipes e recursos; e o plano de negócios que cumpre as promessas de desempenho para o negócio.

Até o último ponto — o plano de negócios — oferecemos um conjunto de ferramentas para ajudar o conselho a testar se os objetivos financeiros do negócio são sólidos e plausíveis antes de serem apresentados aos investidores no Dia do Anúncio.

A Linha de Alcance do Prêmio e a Caixa de Plausibilidade

Embora muito tenha sido escrito sobre as insuficiências de depender do acréscimo de lucros e de múltiplos de mercado para tomar decisões de aquisição, o acréscimo de lucros de curto prazo para o adquirente continua sendo um dos limites mais populares para julgar se deve ou não fazer um negócio. Também é normalmente a primeira ordem de negócios em apresentações para investidores. Portanto, em vez de apresentar mais um argumento contra o uso popular de lucros na avaliação de transações de F&A, mostramos aqui como usar informações financeiras baseadas em lucros de uma forma que seria muito mais útil para executivos seniores e conselhos antes que eles concordem em pagar uma quantia significativa de prêmio para outra empresa.[8]

Para qualquer transação com um SVAR significativo (com a significância a ser definida pelo conselho), apresentamos um modelo simples de "ganhos" para a empresa-alvo que produz combinações de reduções de custos e aumentos de receita que justificariam um determinado prêmio. Dessa forma, qualquer conversa sobre um negócio que aumenta os lucros — junto com a lógica do negócio — pode ser prontamente escrutinado em termos operacionais que são familiares à maioria dos gerentes e investidores corporativos. Embora isso não substitua uma avaliação de FCD executada adequadamente, é outra maneira de permitir que os conselhos evitem erros óbvios — especialmente quando os negócios parecem ser "acretivos" (acumulativos). Nossa abordagem também produz algumas métricas simples que permitem uma verificação de sanidade do plano de negócios da PMI.[9]

O valor de mercado de ações de uma empresa-alvo pública (MV_T) antes do anúncio da aquisição pode ser expresso como um múltiplo (P/E_T) de seu lucro após impostos (E_T) da seguinte forma:

(1) $MV_T = E_T \times P/E_T$

Quando um adquirente oferece um prêmio (%P) para a empresa-alvo, o valor em dólares do prêmio oferecido é simplesmente o produto do prêmio (%P) e o valor de mercado de ações-alvo pré-anúncio (MV_T).

Esse prêmio de oferta também pode ser declarado em termos do lucro após impostos da empresa-alvo (E_T) e seu múltiplo preço-lucro (P/E_T):

(2a) $\% P \times MV_T = \% P \times (E_T \times P/E_T) = (\% P \times E_T) \times P/E_T$

A equação (2a) implica que, para ganhar o prêmio em dólar oferecido para o alvo, o lucro após impostos (E_T) da empresa-alvo deve aumentar em %P, e então, ser mantido *em perpetuidade*. Porém, isso pressupõe que o múltiplo de lucro (P/E_T) da empresa-alvo permaneça inalterado.[10] A atribuição do mesmo P/E também pressupõe que qualquer melhoria de lucro de sinergias será atribuída ao mesmo P/E que o P/E pré-negociação.[11]

Para ilustrar: se um adquirente oferecer um prêmio de 20% sobre o valor de mercado pré-anúncio da empresa-alvo (e desde que assumamos um P/L), a empresa-alvo deve gerar um aumento de 20% nos lucros após os impostos. Assim, substituindo margem de lucro antes dos impostos ($\prod$), da receita (R), e alíquota efetiva de imposto (T) por E_T, temos uma expressão necessária: do lucro incremental após impostos.

(2b) $\%P \times E_T = \%P \times (R \times \prod) \times (1 - T)$

Como esse aumento no lucro após impostos deve ser gerado por meio da geração de sinergias *antes* de impostos, essas sinergias antes de impostos — %P × (R × $\prod$) — são o nosso foco.

Alguns adquirentes se concentram exclusivamente na redução de custos ou na melhoria da receita, contudo a abordagem mais comum é buscar uma combinação dos dois.

No caso em que um adquirente pretenda ganhar o prêmio de aquisição inteiramente por meio de reduções de custo, definimos *%SynC* como igual à melhoria do lucro antes de impostos exigida como uma porcentagem da base de custo operacional endereçável pré-aquisição da empresa-alvo. Consideramos o *%SynC* uma medida útil do quão desafiador será para um adquirente justificar o prêmio de aquisição de uma perspectiva operacional. Ao colocar a redução de custos em termos percentuais, um CEO ou líder de negócios precisaria defender a viabilidade da redução.

$$(3a) \quad \%SynC = \frac{\text{Sinergias antes dos impostos necessárias}}{\text{Base de custo operacional}}$$

Alternativamente, usando a margem de lucro operacional antes dos impostos (Π) e as receitas (R) para refletir a base de custo operacional no denominador, chegamos à seguinte expressão:

$$(3b) \quad \%SynC = \frac{\%P \times (\Pi \times R)}{(1 - \Pi) \times R} = \%P \times \frac{\Pi}{1 - \Pi}$$

A Equação (3b) mostra que, considerando apenas o prêmio percentual de aquisição e a margem de lucro operacional antes dos impostos (que definimos como EBIT), a melhoria proposta nos lucros antes dos impostos de um negócio pode ser avaliada rapidamente apenas a partir das reduções de custos percentuais. Assim, por exemplo, um acordo proposto com um prêmio de 35% sobre uma empresa-alvo, com uma margem antes de impostos de 18%, exigirá uma redução de 7,7% (0,35 × (0,18/(1-0,18)) nos custos operacionais para alcançar melhoria no lucro antes de impostos, o suficiente para justificar o prêmio e atingir o ponto de equilíbrio. E se lembre, para que essas reduções de custos representem os ganhos sinérgicos da fusão, a economia de custos teria que vir acima de quaisquer reduções já esperadas nos planos independentes das duas empresas.

Embora isso possa ser intuitivamente óbvio, o modelo sugere um %SynC mais agressivo para negócios de margem mais alta para um determinado prêmio de aquisição. Isso reflete o simples fato de que um negócio de margem mais alta tem uma base de custo percentual menor. Um %SynC agressivo em tal negócio requer ir mais fundo para fazer a diferença no resultado final. E ir mais fundo pode significar cortar gordura e músculo — o que torna mais desafiador atingir o prêmio por meio da redução de custos.[12]

Em casos com receita potencial e sinergias de custos, um simples ajuste na equação (3b) pode ser feito para estimar as reduções de custo que seriam necessárias após levar em conta os benefícios do aumento percentual esperado na receita ou sinergias de receita (*%SynR*). Em outras palavras, quanto mais sinergia de ganhos de receita, menor o ônus na redução de custos.

$$\text{(4a)} \quad \%SynC = \frac{\%P(\Pi \times R) - (R \times \%SynR \times \Pi)}{R(1 - \Pi)}$$

$$\text{(4b)} \quad \%SynC = \frac{\%P\Pi - \%SynR \times \Pi}{1 - \Pi} = \frac{\Pi}{1 - \Pi} \times (\%P - \%SynR)$$

Usando a equação (4b), podemos calcular as sinergias de custo necessárias para ganhar o prêmio da oferta para qualquer negócio, dadas três variáveis: o prêmio oferecido, a margem operacional antes dos impostos (EBIT) e as sinergias de receita percentual esperadas.[13] Se *%SynR* é igual à porcentagem de prêmio, então nenhuma sinergia de custo seria necessária neste modelo para um determinado prêmio de aquisição.

A equação produz o que chamamos de Linha de Alcance do Prêmio (MTP). A Figura 9-1 mostra a Linha MTP que descreve as combinações de *%SynC* e *%SynR* que geram sinergias antes de impostos suficientes para igualar — mas não exceder — a barreira representada por um prêmio de 35% e uma margem de lucro operacional antes de impostos de 18%. Se o percentual de aumento esperado da receita for igual ao percentual do prêmio (35% neste exemplo), nenhuma redução de custo será necessária para justificar o prêmio. E, como já mostramos, na ausência de qualquer aumento de receita esperado, as reduções de custo necessárias para atender ao prêmio são de 7,7%. (Esses pontos finais representam efetivamente o *%SynC* ou *%SynR* necessário para atender ao prêmio na ausência do outro.)

FIGURA 9-1

A Linha MTP

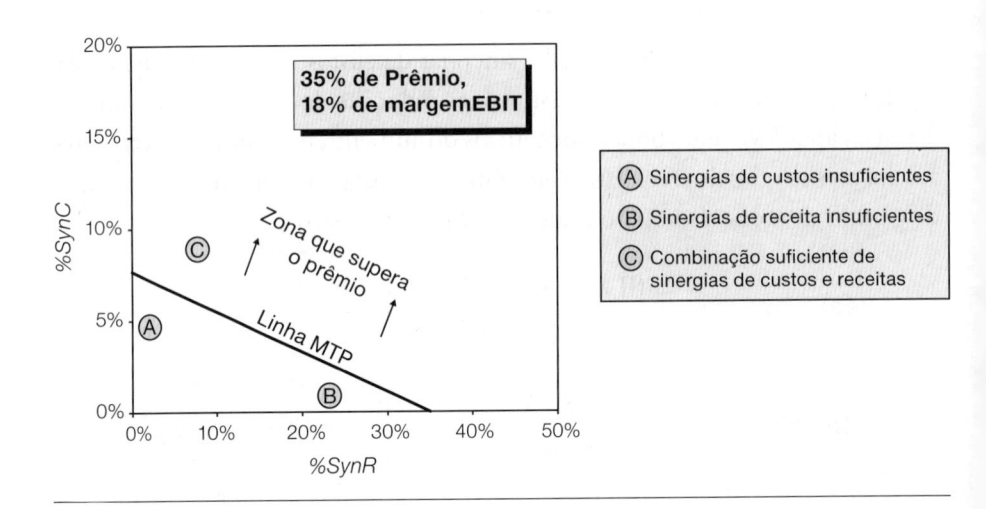

```
20% │
    │        ┌─────────────────────┐
    │        │ 35% de Prêmio,      │
15% │        │ 18% de margemEBIT   │
    │        └─────────────────────┘
    │                              Ⓐ Sinergias de custos insuficientes
10% │   Ⓒ   Zona que supera       Ⓑ Sinergias de receita insuficientes
    │           o prêmio           Ⓒ Combinação suficiente de
    │              Linha MTP          sinergias de custos e receitas
 5% │ Ⓐ
    │              Ⓑ
 0% └────────────────────────────
     0%  10%  20%  30%  40%  50%
              %SynR
```

A importância da Linha MTP para as equipes de gestão sênior e conselhos é direta: negócios cujos benefícios os coloquem abaixo da linha devem ser evitados — ou pelo menos submetidos a um maior escrutínio. Os pontos A e B são negócios que um adquirente deve evitar, enquanto as expectativas para o negócio representadas pelo ponto C mais do que justificariam o prêmio usando essa abordagem. E quanto maior o prêmio pago pela empresa-alvo, maior a combinação de *%SynC* e *%SynR* necessária para ganhar o prêmio. (Em termos da Figura 9-1, qualquer aumento proposto no prêmio acima de 35% exigiria um deslocamento ascendente paralelo na Linha MTP.)

Essa simples imagem pode ser usada para informar e orientar discussões detalhadas sobre a combinação de sinergias de receita e custos que a administração acredita alcançar em um negócio potencial — que deve se tornar o foco da comunicação da administração aos investidores. O resultado: *se não puder traçar um ponto, o que dirá aos investidores?*

Além de testar as premissas competitivas que impulsionariam as sinergias de receita projetadas, várias outras perguntas precisam ser respondidas. Por exemplo, qual é a base de custo endereçável — além de testar as premissas competitivas que impulsionariam as sinergias de receita projetadas, várias outras perguntas precisam ser respondidas. Por exemplo, qual é a base de custo endereçável.

Em nossa experiência, as empresas geralmente são mais bem-sucedidas na redução de custos do que no aumento da receita. É mais fácil eliminar custos, digamos, fechando instalações e reduzindo o número de funcionários; essas são questões internas controláveis, visíveis e tangíveis. As considerações de custo também geralmente vêm em primeiro lugar. Elas tendem a ser abordadas por novas tropas com toda a energia focada em fazer algo e alcançar vitórias rápidas na redução de custos.

As receitas, por outro lado, são afetadas pelas reações dos concorrentes e dos clientes. Por esse motivo, são mais difíceis de antecipar e controlar, principalmente nos casos em que se espera que os benefícios venham de iniciativas de venda cruzada. Além disso, a análise e os compromissos necessários para aumentar a linha de receita são, muitas vezes, adiados até que os negócios estejam estabilizados e as questões de custos estejam sob controle. (Consulte o Capítulo 8 para uma discussão mais detalhada sobre o crescimento da receita.)

Esse atraso, no entanto, muitas vezes tem consequências indesejadas. Os concorrentes têm tempo para reagir no mercado protegendo seus clientes e abordando os da nova empresa combinada. Eles anteciparão os movimentos do adquirente e cortejarão os melhores clientes do adquirente e da empresa-alvo, jogando com a desordem da nova empresa e a falta de atendimento ao cliente que provavelmente se seguirá. Atrasar o foco nas sinergias de receita também permite muito tempo para *headhunters* e concorrentes para caçarem os melhores vendedores. E, muitas vezes, também significa que a organização está cansada das demandas da PMI no momento em que se preocupa com a nova estratégia de entrada no mercado e como atenderá os clientes de maneiras que antes não conseguia. Além disso, quando as reduções de custos têm prioridade sobre o crescimento da receita — ou são apenas vistas independentemente dela — a infraestrutura necessária para suportar o crescimento potencial da receita pode acabar sendo cortada.

Ao avaliar as sinergias projetadas, definir limites razoáveis acima dos quais a redução de custos bem-sucedida e a melhoria da receita se tornem implausíveis é crítico para avaliar a extensão dos desafios operacionais associados a qualquer negócio contemplado. Na figura 9-2, mostramos como esses limites formam uma "Caixa de Plausibilidade", que pode ser usada para avaliar se a combinação prevista de sinergias necessárias para um determinado alvo é razoável, mesmo quando esse ponto está na Linha MTP ou acima dela.

FIGURA 9-2

A Caixa de Plausibilidade

35% do Prêmio, 18% da margemEBIT

Ⓐ Sinergias de custos insuficientes
Ⓑ Sinergias de receita insuficientes
Ⓒ Combinação suficiente de sinergias de custos e receitas

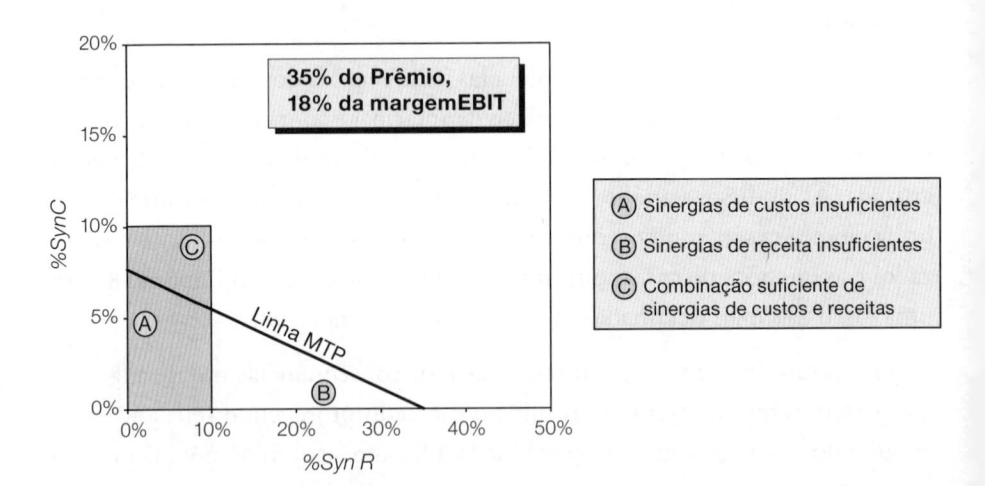

Linha MTP

%SynC / %Syn R

A Figura 9-2 ilustra uma caixa hipotética com uma faixa superior de 10% de redução de custos operacionais e 10% de sinergias de receita.[14] (Somente o ponto C é plausível e suficiente para atender ao prêmio.) Na prática, um adquirente pode definir os parâmetros desta caixa da forma que desejar, *desde que tenha as evidências que os suportem*. A evidência pode ser extraída da experiência de um adquirente ou de *benchmarks* de sinergia do setor. Essa também é uma ferramenta útil de verificação de sanidade para avaliar uma faixa de preço sensata, dadas várias combinações de sinergias de custo e receita.

A suposição é que as sinergias começarão imediatamente, portanto, quaisquer diferenças esperadas no momento das sinergias de receita versus sinergias de custo devem ser explicitadas e tratadas. Qualquer atraso projetado na realização das sinergias necessárias para justificar qualquer prêmio significativo fará com que os investidores reduzam o preço das ações do adquirente para refletir esses atrasos logo no anúncio. Como nosso estudo de F&A mostra claramente, essa redução de preço coloca o adquirente em um buraco e define um tom negativo que pode afetar a moral organizacional, especialmente aqueles funcionários cujos ativos de previdência estão nas ações do adquirente.

Em suma, os conselhos devem considerar estas duas questões ao avaliar um acordo proposto:

1. A combinação proposta de redução percentual de custos e aumento percentual de receita (as sinergias) fica acima da Linha MTP?
2. Esse ponto também se encontra dentro de um intervalo que é plausível?

A Matriz de Capacidades/Acesso ao Mercado e a Combinação de Sinergia

Tendo preparado o cenário para essas duas perguntas, o próximo passo na análise é considerar se a combinação proposta de sinergias de custo e receita — mesmo que esse ponto esteja dentro da caixa de plausibilidade — faz sentido operacional, dada a intenção estratégica do negócio e os ativos que a transação reúne. Nesta seção, apresentamos uma estrutura para essa discussão. Em seguida, usamos quatro grandes negócios para ilustrar como isso pode ser aplicado.

Existe uma vasta literatura sobre os efeitos da diversificação e do relacionamento no valor agregado por F&A.[15] O objetivo dessa literatura tem sido classificar os negócios em uma única categoria — normalmente "relacionados", "não relacionados" ou alguma categoria intermediária — e, em seguida, compara o desempenho médio das categorias para julgar qual é melhor ou pior. Essa literatura também reflete uma longa história de debate acadêmico, com um fluxo de descobertas conflitantes.[16] Mas, embora o debate tenha fornecido matéria-prima para o moinho acadêmico, deu pouca ajuda aos profissionais na avaliação de acordos específicos. E, infelizmente, a literatura prática sobre o assunto também recorreu a essa "categorização". Neste corpo de trabalho, os negócios são normalmente referidos como "central", ocupando um espaço "adjacente" ou constituindo um movimento "diversificador".[17]

O problema de colocar os negócios em tais categorias é a falha em considerar a possibilidade muito real de que um determinado negócio irá abranger uma série de categorias, dependendo das capacidades e acesso ao mercado que são reunidos na combinação.

A Figura 9-3a apresenta uma matriz de três por três que consideramos muito mais útil nas discussões operacionais e no nível do conselho do que atribuir negócios a uma única categoria com base em uma vaga ideia de relacionamento. Usando a estrutura, os negócios podem se enquadrar em diferentes combinações de categorias, dependendo da estratégia de criação de valor e dos ativos que estão sendo combinados.[18]

Com a ajuda da Figura 9-3a, qualquer negócio pode ser caracterizado em termos de 1) as partes de ambos os negócios que oferecem as *mesmas* capacidades (por exemplo, P&D, design de produto, carteira de produtos, operações, estrutura de custos, cadeia de suprimentos, sistemas) e acesso ao mercado (por exemplo, canais como força de vendas e relacionamentos com terceiros, presença geográfica, marca, poder do canal); 2) as partes dos negócios em que uma empresa tem uma clara vantagem sobre a outra e é simplesmente *melhor*; e 3) as partes dos negócios que reúnem capacidades *novas* ou não sobrepostas, ou acesso ao mercado.

As zonas sombreadas no gráfico de Combinação de Sinergia na figura 9-3b ilustram como diferentes espaços na matriz de capacidades/acesso ao mercado se traduzem em diferentes tipos de sinergias potenciais. E, portanto, mapeiam para uma variedade de combinações de sinergias de custo e receita diferentes no gráfico *%SynR/%SynC* (no qual mostramos a Linha MTP na figura 9-1). O resultado formará a base para a combinação de expectativas de sinergia que a administração manterá para os investidores.

FIGURA 9-3A E 9-3B

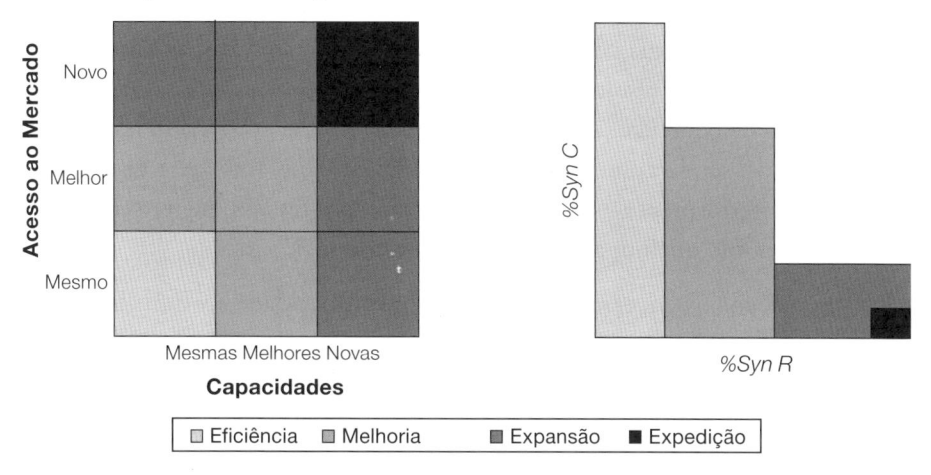

Matriz de Capacidades/Acesso ao Mercado e Combinação de Sinergia

□ Eficiência   ▨ Melhoria   ▩ Expansão   ■ Expedição

Diferentes espaços na matriz de capacidades/acesso ao mercado sugerem o potencial de gerar, principalmente, sinergias de custo ou de receita, ou uma combinação de ambas. Os negócios que reúnem as mesmas capacidades e acesso ao mercado renderão, principalmente, benefícios de custo ("eficiência") devido ao potencial de escala e redundâncias. Os negócios que se sobrepõem, porém trazem melhores capacidades ou acesso ao mercado, podem gerar sinergias de receita e sinergias de custo ("melhoria"). E os negócios que reúnem novas capacidades ou acesso ao mercado, com pouca sobreposição, deverão agregar valor, principalmente, por meio de aumentos de receita (chamados de "expansões" nos casos em que há alguma sobreposição e como "expedições" onde não há). Os negócios mais significativos envolverão alguma combinação dos nove espaços da matriz. Agora é o momento de ter essas discussões.

Alguns exemplos

A transação de 1991, do Chemical Bank/Manufacturers Hanover, é um caso clássico de um acordo de eficiência "no mercado" que ficaria exatamente no canto inferior esquerdo da figura 9-3a. Assim, também estaria representado, na figura 9-3b, na área de sinergias predominantemente de custos. No extremo oposto, no canto superior direito, está um acordo expedicionário como a aquisição da Time Warner pela AOL, que uniu a internet e a mídia tradicional — e seria esperado que gerasse, principalmente, sinergias de receita, conforme indicado na figura 9-3b. Quando um negócio abrange uma variedade de espaços diferentes na matriz, a combinação de sinergia será a média ponderada dessas combinações de sinergia de receita e custo subjacentes com base em proporções individuais. O ponto resultante — todos os custos, todas as receitas ou alguma combinação de benefícios — é o ponto *%SynR/%SynC* apropriado consistente com os ativos, sendo combinados, que ficará acima ou abaixo da Linha MTP mostrada anteriormente na Figura 9-1. Os investidores vão querer ser capazes de traçar o ponto que um adquirente está sugerindo.[19]

Ver os negócios em termos de "espaços" de capacidade/acesso ao mercado como sendo os mesmos, melhores e/ou novos, têm dois benefícios principais: os negócios podem ser divididos e avaliados por seus componentes individuais; e, talvez mais importante, a plausibilidade das sinergias de receita e custo projetadas podem ser avaliadas com base na avaliação da probabilidade de esses espaços gerarem sinergias de custo ou receita. Isso força a administração a abordar a seguinte questão: no caso de um acordo proposto, qual ponto acima da Linha MTP faz sentido, dada a natureza das peças individuais que compõem a transação geral? E se a administração apresentar uma combinação de sinergias de receita e custos claramente inconsistente com os espaços que um determinado negócio ocupa na matriz, isso deve enviar um sinal de alerta. Por exemplo, se um negócio está em grande parte na caixa superior direita da Figura 9-3a e a administração está projetando economias de custos significativas, sem sinergias de receita ou mal descritas, o negócio deveria estar sob intenso escrutínio.

Além da razoabilidade da Combinação de Sinergia, a figura 9-3a também nos permite obter algumas informações sobre a probabilidade de obter melhor desempenho em vários negócios. A concentração dos componentes da matriz que um negócio abrange na Figura 9-3a fornece essencialmente o que pode ser visto como o *centro de gravidade* do negócio. Conforme observado anteriormente, as projeções de sinergias de custos são geralmente mais confiáveis do que as projeções de sinergias de receita. E assim, para um determinado prêmio, negócios com um centro de gravidade mais próximo do canto inferior esquerdo são geralmente mais propensos a alcançar sinergias projetadas e são mais fáceis de justificar um prêmio — essa, pelo menos, provavelmente será a perspectiva dos investidores.

Essa análise estratégica tem implicações importantes para um conselho que avalia o valor de um negócio, para o planejamento de integração e para orientação na redação de uma apresentação sedutora para o investidor. Quando uma grande transação é anunciada, os investidores estão tentando entender de onde virá o valor e se o adquirente tem um plano para atingi-lo. Muitas vezes, os negócios são trazidos ao mercado com um grande número de sinergia, sem um cronograma, com uma declaração de que o negócio será um acréscimo aos lucros. O problema, no entanto, é que os investidores não conseguem entender ou rastrear um número. Ir ao mercado com apenas um número também sugere que o adquirente não tem um plano confiável, o que, por sua vez, dá aos investidores mais motivos para vender ações do que comprar, principalmente quando um prêmio significativo está sendo oferecido.

Um Modelo de Como Fazer isso

Um bom exemplo de uma transação que deu aos investidores previsões de sinergia rastreáveis e defensáveis, sinalizando assim que o adquirente realmente tinha um plano, foi a aquisição da Quaker Oats pela PepsiCo por US$13,4 bilhões anunciada em dezembro de 2000.[20] (Discutimos a apresentação ao investidor da PepsiCo para o negócio no Capítulo 5.)

A administração da PepsiCo descreveu em detalhes onde esperava sinergias, distinguindo ganhos altamente prováveis daqueles que antecipou, mas não incluiu no modelo de investidor. Lembre-se de que identificaram um total de US$230 milhões em sinergias, que expressaram em termos nas seguintes contribuições para o lucro operacional: US$45 milhões do aumento das receitas da Tropicana (mesma capacidade com melhor acesso ao mercado); US$34 milhões de receitas de lanches da Quaker vendidos através do sistema Frito-Lay (mesma capacidade com melhor acesso ao mercado); US$60 milhões de economia de compras (igual/mesmo); US$65 milhões de economia de custos derivada de despesas SG&A, logística e fabricação de enchimento a quente (igual/mesmo); e US$26 milhões economizados eliminando redundâncias corporativas (igual/mesmo).

Assim, o negócio tinha um centro de gravidade relativamente próximo dos negócios principais (e dos espaços inferiores esquerdos da Figura 9-3a). E ficou claro o que os investidores — e funcionários — poderiam esperar nas partes do negócio de onde as sinergias viriam. Eles podiam ver facilmente como o negócio produziria melhorias no lucro operacional e um uso mais eficiente do capital que mais do que justificaria o modesto prêmio de aquisição de 22%.

A equipe de gestão também articulou claramente como planejava integrar a Quaker Oats e várias das marcas na PepsiCo. Tal como os recursos de ambas as empresas seriam aproveitados para alcançar um crescimento adicional. Além disso, Roger Enrico, presidente demissionário da PepsiCo, enfatizou que a administração usou estimativas conservadoras para economia de custos e sinergias de receita.

O anúncio da PepsiCo foi recebido de maneira positiva pelos investidores. As ações subiram mais de 6% (ou quase US$4 bilhões) nos dias seguintes ao anúncio e continuaram a superar as ações de seus pares do setor ao longo da década após o fechamento da transação, em agosto de 2001.

Assim como a PepsiCo, a aquisição da Tribune Media por US$6,4 bilhões (com dívida assumida) pela Nexstar Media, com um prêmio de 20%, ofereceu uma apresentação atraente ao investidor com sinergias rastreáveis de US$20 milhões em economias corporativas, US$65 milhões de redução de despesas de estações e US$75 milhões de sinergias da receita líquida de retransmissão aplicando as taxas Nexstar às contagens de assinantes do Tribune — ou US$160 milhões em sinergias, todas realizadas no primeiro ano após o fechamento. (Também abordamos a aquisição da Nexstar no Capítulo 5.) O CEO da Nexstar, Perry Sook, enfatizou a equipe de gestão disciplinada da empresa com um forte histórico de integração de F&A e entrega de sinergias (no final, a Nexstar aumentou seu número de sinergias para US$185 milhões).

Colocar essas projeções de sinergia na figura 9-3a mostra que a Nexstar tinha um centro de gravidade próximo ao canto inferior esquerdo com US$85 milhões (mesmo/mesmo) de eficiência e US$75 milhões (mesma capacidade/melhor acesso ao mercado) de receita. Isso gerou uma combinação de sinergia consistente com os ativos reunidos e facilitou para os investidores traçar o ponto da combinação de sinergias de receita e custo que estava acima da linha MTP para a transação.[21]

E Um Pouco de Contraste

Uma imagem diferente aparece na aquisição da Time Warner pela AOL, anunciada em janeiro de 2000. E pela aquisição da BetzDearborn pela Hercules, anunciada em julho de 1998. O acordo AOL/Time Warner envolveu um prêmio de US$51 bilhões (56%), que reuniu negócios radicalmente diferentes. E, ainda, a apresentação ao investidor projetou US$1 bilhão em sinergias de custos — sem qualquer indicativo sobre de onde viriam. Esse acordo foi o que classificaríamos como uma "expedição". Portanto, não havia base plausível para projetar esse nível de sinergias de custos.

A transação inicial em dinheiro da Hercules/Betz envolveu um prêmio colossal de 95% (quase US$1 bilhão). E reuniu negócios que pareciam ter alguma sobreposição em produtos químicos de processo de papel, onde US$100 milhões de sinergias de custos foram projetados na apresentação ao investidor. Mas um olhar mais atento mostra que a Hercules competia em produtos químicos funcionais que melhoravam as propriedades do papel, enquanto a BetzDearborn vendia produtos químicos de processo de papel que melhoravam o desempenho das máquinas de papel. Além disso, mais da metade da receita de US$1,3 bilhão da BetzDearborn veio de um grande negócio de tratamento de água, no qual a Hercules não tinha qualquer presença.

Embora tanto a Hercules quanto a BetzDearborn tivessem uma sobreposição significativa de canais com clientes de papel, o negócio teria mapeado principalmente os espaços de expansão e expedição no lado direito da matriz na Figura 9-3a. Assim, de acordo com o diagrama da Combinação de Sinergia na Figura 9-3b, esperaríamos ver projeções de gestão principalmente de sinergias de receita de iniciativas de vendas cruzadas, porém apenas uma quantidade modesta de redução de custos (por exemplo, despesas gerais corporativas).

A Figura 9-4 ilustra o caso de cada uma das quatro transações.[22] As linhas no gráfico representam as Linhas MTP conforme observado para cada transação e os pontos representam a combinação correspondente de sinergias de receita e custo que foram apresentadas nas respectivas apresentações aos investidores.[23] Embora todos esses quatro pontos estejam dentro da caixa de plausibilidade hipotética da Figura 9-2, apenas as Combinações de Sinergia propostas para os negócios PepsiCo/Quaker e Nexstar/Tribune estão acima da Linha MTP. Mais importante, os pontos para PepsiCo/Quaker e Nexstar/Tribune indicam uma combinação de sinergias de custos e receitas consistente com a estratégia de negócio e os ativos que foram reunidos.

290 A SOLUÇÃO DA SINERGIA

FIGURA 9-4

SynR % Anunciado / SynC % pontos relativos às Linhas MTP

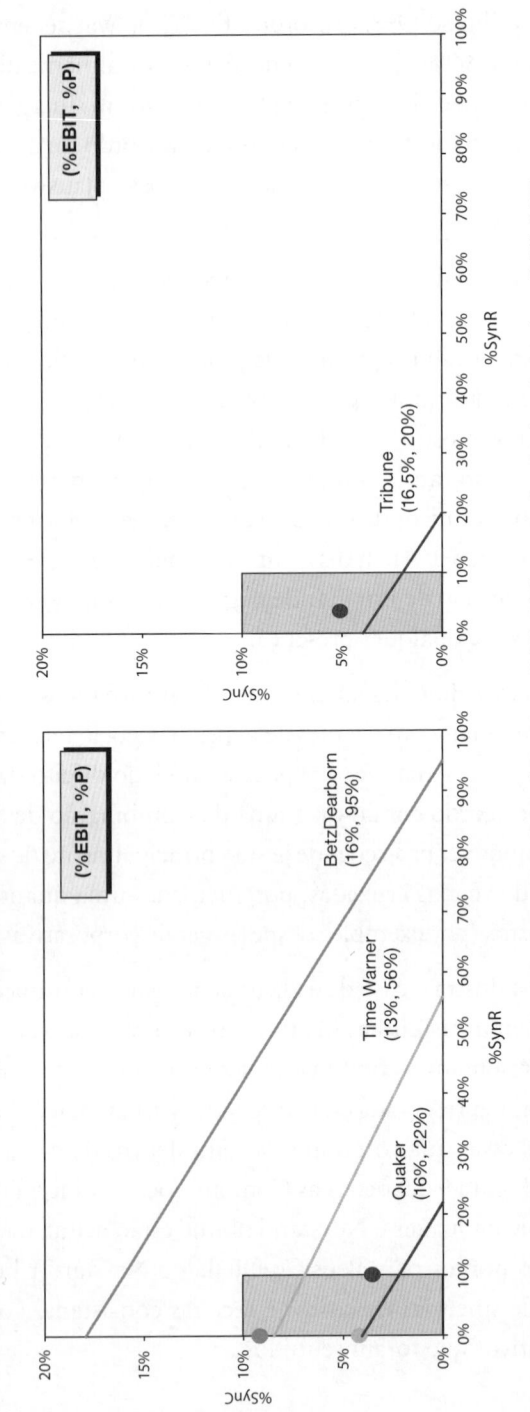

Observação: O ponto Quaker é plotado em (10,0%, 3,6%), o ponto Time Warner é plotado em (0,0%, 4,2%), o ponto BetzDearborn é plotado em (0,0%, 9,2%); o ponto Tribune é plotado em (3,7%, 5,1%).

O US$1 bilhão em sinergias antes dos impostos anunciados para a AOL/Time Warner colocam o negócio bem abaixo da Linha MTP na Figura 9-4. No entanto, o *%SynC* projetado resultante de, aproximadamente, 5% é difícil de comprovar, dada a natureza expedicionária do acordo (ou seja, "novo/novo" na figura 9-3a). Não surpreendentemente, a reação inicial do mercado ao anúncio do acordo AOL/Time Warner foi significativamente negativa — uma queda de 15% (ou mais de US$30 bilhões) — e as sinergias foram reduzidas a quase zero quando o acordo foi fechado.[24]

Da mesma forma, os US$100 milhões de sinergias antes de impostos projetadas para o acordo Hercules/BetzDearborn colocam essa transação muito abaixo da Linha MTP. O anúncio do acordo foi recebido com uma redução de quase 14% (ou US$485 milhões, quase metade do prêmio) no preço das ações da Hercules e as ações da empresa continuaram a cair a partir daí.

Conclusão: O Imperativo do Dever de Cuidar

Grandes aquisições são apenas um dos muitos problemas de governança no prato dos conselhos de hoje, mas é grande. Os diretores agora entendem que serão responsabilizados pelos acionistas, especialmente por decisões de "apostar na empresa". Aquisições mal planejadas e executadas quase certamente destruíram muito mais valor para o investidor do que atos de fraude gerencial. (Veja o quadro abaixo, "Perguntas do Conselho.")

Perguntas do Conselho

Oferecemos a seguinte lista de perguntas diretas que qualquer conselho pode fazer ao CEO em um acordo proposto. Se o CEO não puder responder a essas perguntas, então claramente ele não está preparado para conversar com investidores — ou o conselho.

- Há evidências de que este negócio surgiu de um processo estratégico claro?
- Como o negócio é consistente com os objetivos de longo prazo para clientes, mercados e produtos ou tecnologias?

(continua)

(continuação)

- Quais são as expectativas independentes do adquirente e da empresa-alvo?
- Onde os ganhos de desempenho surgirão como resultado da fusão?
- Os ganhos de desempenho projetados estão alinhados com o prêmio que está sendo pago?
- Quais concorrentes provavelmente serão afetados pelo acordo?
- Como esses e outros concorrentes provavelmente responderão?
- Quais são os marcos em um plano de implementação de 12 a 18 meses?
- Que investimentos adicionais (custos únicos) serão necessários para dar suporte ao plano?
- Quem são os principais executivos responsáveis pela implementação do plano?
- Quais partes de qualquer das duas empresas são boas candidatas para sell-off ou spin-off?
- Por que esse acordo é melhor do que investimentos alternativos ou outros acordos?

Embora a metodologia apresentada aqui não seja de forma alguma um substituto para a due diligence da tese do negócio, uma análise adequada do FCD de um valor de negócio proposto (consulte o capítulo 4 para nossa análise das avaliações do FCD) e o planejamento inicial da PMI, é um complemento útil. E esperamos que possa ser usado para fornecer aos CEOs e conselhos uma orientação relativamente simples, porém confiável. E como base para discussões ativas com a liderança sênior. Quando os resultados de nossos métodos estiverem em desacordo com a análise FCD (ou avaliação do EVA) e a lógica das entradas, as suposições da análise FCD devem ser investigadas.

A questão-chave que os conselhos devem abordar é: *como esse acordo afetará o preço das ações e por quê?* A hora de testar a estratégia do negócio, os benefícios propostos, a avaliação, a preparação da integração e os planos de comunicação da equipe sênior não é depois do anúncio. A implementação da abordagem pode parecer desafiadora, contudo se traduz em algumas considerações básicas mínimas para os diretores. Antes de aprovar um acordo e recomendá-lo aos acionistas, os diretores devem garantir que a alta administração ofereça um caso de negócios claro e tenha um modelo operacional — e um plano — em vigor. E, sabendo disso, os executivos seniores devem estar preparados para resistir a esse escrutínio.

CAPÍTULO 10

Conclusão

Acertando na F&A

Às vezes, parece que as empresas têm uma política de aprovação mais rígida para despesas de T&E* do que para F&A. Isso é um pouco exagerado, mas certamente é verdade que a maioria tem processos de aprovação de alocação de capital em que até mesmo pequenos investimentos podem levar meses de revisão para serem aprovados, enquanto negócios multibilionários de fusões e aquisições são aprovados em uma fração do tempo — sem os mesmos controles, processos ou disciplina.

O excesso de vontade de conquistar uma empresa-alvo durante um processo de oferta quase inevitavelmente leva a um resultado decepcionante. Querer fazer um acordo — onde qualquer acordo pode parecer estratégico e não há outras alternativas na mesa — pode levar a vontade de correr para a linha de chegada. A *due diligence* encobre os problemas e existe uma avaliação em algum lugar que justifica o preço. É a "Locomotiva de aquisição. Uau! Agarre isso!"

---

* [N do T.]: O termo T&E, do inglês *"Travel and Expenses"*, se refere a viagens e despesas corporativas das empresas.

Previsivelmente, o Dia do Anúncio leva a um declínio no preço das ações quando os investidores (incluindo funcionários) percebem que os números não batem. O adquirente perde o foco após a celebração no anúncio e não pode executar efetivamente o planejamento pré-fechamento, levando a uma execução pós-fechamento confusa, funcionários desmoralizados e clientes e acionistas decepcionados.

Pode parecer loucura, porém este é o mundo das F&A — mesmo que um mau negócio possa desfazer décadas de gestão e crescimento inteligentes. E tudo isso acontece muito abertamente.

As reações iniciais dos investidores, positivas ou negativas, são persistentes e indicativas de retornos futuros. Os investidores fazem um bom trabalho ao avaliar os negócios no anúncio, porque esse é o trabalho deles. Os retornos das carteiras de transações de reação positiva e transações de reação negativa permanecem assim, respectivamente. E embora alguns negócios individuais mudem, e um início positivo não seja *garantia* de sucesso futuro, um início negativo é muito difícil de reverter, com quase dois de três negócios ainda sendo negativos um ano depois.

Na verdade, a descoberta prática mais importante de nossa pesquisa é o "spread de persistência" de quase 60 pontos percentuais que separa os retornos de um ano em negócios persistentemente positivos — negócios que têm uma reação positiva do mercado e rendem — dos persistentemente negativos que confirmam a previsão inicial negativa dos investidores. O imenso benefício de começar na direção certa e cumprir essa previsão deve ser algo que abra os olhos de qualquer adquirente.

O problema de uma má aquisição não é apenas a reação inicial do mercado e a persistência desse resultado negativo. É também o fato de que você arrastará toda a organização pela dor da aquisição por anos antes de um desinvestimento decepcionante — juntamente com altos custos de saída para reverter o erro. Essa é uma maneira dura de aprender.

Não somos assassinos de negócios — muito pelo contrário. A promessa de F&A é um crescimento lucrativo sustentado, uma força de trabalho energizada, clientes satisfeitos e retornos superiores para os acionistas. Confie em nós: se não acreditássemos na promessa de F&A, não teríamos gastado o nosso tempo escrevendo este livro.

Portanto, se estiver claro que deva preferir uma reação positiva sustentada a uma negativa, a questão é como alcançá-la. Argumentamos que as falhas, no geral, são o resultado de falta de preparação, metodologia e estratégia. A maioria dos adquirentes faz negócios apenas esporadicamente. Como consequência, eles não têm nenhum sistema para gerenciá-los. Eles não têm um processo estratégico que atualize regularmente seu pipeline dos negócios mais importantes e uma abordagem de integração detalhada para realizar o valor projetado.

A resposta proposta por nós é que você se torne um adquirente preparado durante toda a cadeia de F&A. Nossa abordagem se aplica independentemente de sua experiência em F&A e o ajudará a obter essa reação positiva inicial e sustentada ao pagar adiantado para jogar o jogo da aquisição.

Ao trabalhar através da nossa cadeia e se preparar, você aumenta muito suas chances de evitar os erros comuns da *armadilha da sinergia* — quando os adquirentes misturam sinergias que só podem ser alcançadas como resultado do acordo com melhorias de desempenho já esperadas para empresas independentes. Como vimos, sinergias confusas com esse caso básico assombrarão você e os funcionários durante todo o processo. Os adquirentes que não entendem completamente as melhorias de desempenho pelas quais estão pagando — as antigas e as novas — terão problemas desde o início. É preciso ter as capacidades, recursos, disciplina e um plano confiável para cumprir essas promessas desde o primeiro dia, porque é quando o relógio do custo de capital começa a contar para esse novo e luxuoso capital, esteja você preparado ou não. Lembre-se, uma aquisição não o fará um concorrente mais forte ou eficiente só porque você diz que é assim. E as sinergias não vêm de graça.

É apenas entendendo todo o processo *antes mesmo de começar a listar as empresas-alvo* que há, realmente, preparação. Como deve ter ficado claro nos capítulos 6 a 8, que se concentraram no planejamento pré-fechamento e na execução pós-fechamento, você deve saber no que está se metendo antes de dar luz verde a um negócio como um caminho para o crescimento. A última coisa que quer ouvir no dia seguinte ao Dia do Anúncio é o refrão muito comum: "Estou chegando a um acordo sobre quanto trabalho isso vai dar."

Apesar da enorme quantidade de trabalho envolvida na preparação, a boa notícia é que não é um processo único — ele é repetível, portanto, se você fizer isso corretamente, poderá continuar seu programa de F&A. Você não terminou depois de absorver a nova aquisição. Se estiver executando a tese de crescimento geral, já terá em sua lista de observação outros negócios importantes, com os conjuntos certos de ativos, que devem fazer parte de seu programa de F&A em andamento e cumprir a tese.

Recapitulando

Apresentamos o livro de forma lógica e coerente: desde a estratégia de F&A e a tese do negócio até a *diligence*, os imperativos de sinergia impulsionados pela avaliação do FCD, o Dia do Anúncio, o planejamento pré-fechamento, a execução pós-fechamento e as implicações para os conselhos. Cada passo é construído sobre as lições e decisões que vieram antes.

No capítulo 1 nomeamos cinco premissas fundamentais para aquisições bem-sucedidas. Vale a pena revisitá-las, agora que trabalhamos em toda a cadeia:

1. Aquisições bem-sucedidas devem permitir que uma empresa vença os concorrentes e, ao mesmo tempo, recompense os investidores.

2. Processos de crescimento corporativo bem-sucedidos devem permitir que uma empresa encontre boas oportunidades e evite as ruins *ao mesmo tempo*.

3. Adquirentes preparados (o que chamamos de empresas "sempre ligadas") não são necessariamente adquirentes ativos. Eles podem ser pacientes porque sabem o que querem e estão preparados para agir quando uma empresa-alvo prioritária estiver disponível.

4. Uma boa integração pós-fusão (PMI) não salvará um mau negócio, mas uma má PMI pode arruinar um bom (ou seja, um que seja estrategicamente sólido e com preço realista).

5. Os investidores são inteligentes e vigilantes. Eles podem sentir o cheiro de uma transação mal pensada desde o anúncio e acompanharão os resultados.

A questão é, uma F&A bem-sucedida é desafiadora, porém há princípios claros que diferenciarão como os adquirentes bem-sucedidos pensam sobre F&A desde o início. Agora que trabalhamos com a cadeia, as armadilhas devem ser aparentes e as lições claras e passíveis de ações.

Estratégia de F&A

A cadeia existe a serviço da preparação de todo o processo. Isso começa com o desenvolvimento de uma estratégia proativa de F&A — a antítese de ser uma empresa reativa que salta em negócios que podem parecer superficialmente bons sem considerar os outros e desperdiça muito tempo e dinheiro em diligence para negócios que não deveriam ter considerado em primeiro lugar. As empresas reativas têm poucas prioridades.

Adquirentes preparados ou "sempre ligados" jogam para ganhar, em vez de apenas jogar para não perder.

Eles usam plenamente o poder de escolha para trazer integridade estratégica para F&A, desenvolvendo uma agenda ponderada para o capital. E não terceirizam as estratégias para banqueiros. Adquirentes preparados tratam o capital como se fosse luxuoso — caro ao toque. Eles desenvolveram um processo disciplinado que permite encontrar boas oportunidades e evitar as previsivelmente ruins ou inferiores. Mais importante, os adquirentes preparados estabeleceram prioridades para seu programa de F&A: eles sabem o que querem — e porquê — e como criarão valor.

Em suma, eles determinaram qual o papel de F&A no crescimento da empresa. Eles têm uma lista de observação de empresas ou divisões que desejam comprar e sabem porque cada empresa-alvo está na lista. Eles também sabem o que *não* querem comprar e que tipo de negócios procuram evitar. Eles têm hipóteses sobre as estratégias de seus concorrentes e, com base nisso, sabem em quais leilões podem precisar entrar por motivos estratégicos. Por fim, eles conhecem o *próximo passo* em seus planos de crescimento de F&A, independentemente do acordo atual ser fechado ou não.

Armados com uma estratégia identificável de F&A, e uma lista de observação de suas empresas-alvo mais importantes, os adquirentes preparados se habilitam a atingir o duplo objetivo do desenvolvimento corporativo bem-sucedido: vencer os concorrentes e recompensar os investidores.

Tornar-se "sempre ligado" pode ser aprendido, contudo você deve dedicar tempo e recursos ao processo. Isso inclui a realização de uma avaliação do seu crescimento orgânico versus as expectativas dos investidores e a atividade de F&A dos concorrentes, alinhando a equipe principal nas prioridades estratégicas e os caminhos mais importantes para F&A, desenvolvendo uma lista principal de empresas-alvo ao longo dos caminhos prioritários e selecionando iterativamente essa lista com base em critérios que permitem determinar uma lista de observação das empresas-alvo mais atraentes e plausíveis.

Seguindo esses passos, se não os seguiu antes, você terá perfis detalhados das empresas-alvo mais importantes e documentará as decisões ao longo do tempo, especialmente para aqueles negócios que não merecem sua atenção. Ao longo do caminho, você identificará as lacunas de capacidade para crescimento futuro e decidirá quais caminhos (negócios, produtos ou serviços, mercados finais etc.) são os mais importantes para F&A — ajudando a evitar a realidade do problema "pague-me agora ou pague-me depois", onde os caminhos se misturam com critérios de triagem mais refinados e, mais tarde, surgem questões sobre qual era a estratégia em primeiro lugar. Você saberá o que deseja e como criará valor. E poderá revisitar e atualizar as decisões (assim como suas estratégias de negócios). E estará pronto para a due diligence.

Due diligence

Uma vez que tenha desenvolvido uma estratégia de F&A, e perseguido as empresas-alvo priorizadas na lista de observação, você deve estar preparado para testar o potencial de uma empresa-alvo em relação à tese de investimento (o caso de negócio). Às vezes, estará errado sobre a atratividade de uma empresa-alvo, mas tudo bem. Afinal, não está procurando apressar os negócios. Cada negócio potencial é uma oportunidade para aprender e aprimorar a tese e as prioridades para F&A. Alguns dos nossos melhores conselhos têm sido identificar problemas que levaram nossos clientes a se afastarem desses negócios.

Os vendedores apresentarão a você fotos de suas receitas e margens futuras — douradas, e é por isso que uma diligence robusta é necessária. O futuro está repleto de incertezas tanto para a estabilidade dos negócios atuais da empresa-alvo e o crescimento lucrativo da receita, quanto para o potencial da entidade combinada. Como consequência, você deve fazer diligence tanto no negócio atual da empresa-alvo quanto em seu crescimento futuro, porque você pagará não apenas por ambos, porém também pelo prêmio, que é baseado em uma série de resultados potenciais.

Além disso, você deve obter um retorno de custo de capital sobre todo esse luxuoso capital investido para satisfazer os investidores. Lembre-se, no Dia do Anúncio, os investidores multiplicarão quase instintivamente o prêmio pelo custo de capital para ver se as promessas de sinergia fazem sentido.

Como consequência, leve a diligence a sério. Um processo de due diligence estratégico se concentra em entender o negócio de uma empresa-alvo, confirmar como o candidato se encaixa em seus objetivos estratégicos, descobrir quais sinergias de custo e receita existem entre as duas entidades e como elas podem ser capturadas e definir um preço de compra. Você tem como objetivo criar uma entidade combinada que atenda melhor aos clientes e produza resultados que superem o custo de capital do seu investimento.

No capítulo 3 nos concentramos em três tipos de due diligence que estão no centro de um processo estratégico: financeira, comercial e operacional. A FDD vai além da mera linha de base financeira auditada do alvo para entender o desempenho financeiro normalizado do negócio da empresa-alvo — a linha de base a partir da qual as previsões serão construídas. Os adquirentes precisam ter convicção sobre a precisão dos números históricos e entender as implicações comerciais desses números.

A CDD testa a tese de crescimento do negócio, abrangendo as premissas de receita futura para receitas recorrentes, margens de preços, crescimento autônomo e os benefícios da combinação por meio de uma nova estratégia de *go-to-market*. A pesquisa primária é o segredo da CDD porque, como dizemos, todas as respostas estão no mercado.

A ODD testa a oportunidade de capturar sinergias de custos — e se elas realmente são possíveis. Isso significa avaliar a eficiência atual da estrutura de custos de uma empresa-alvo e suas iniciativas contínuas de redução de custos e construção de um modelo de sinergia de baixo para cima, incluindo custos únicos, tempo de sinergias e interdependências com as operações do adquirente que desafiarão ou apoiarão os "10% mágicos" oferecidos pelos banqueiros da empresa-alvo.

A diligence não se destina a deixá-lo "confortável" — os resultados direcionarão os dados de entrada para o valuation e planejamento inicial de integração. Em sua essência, a diligence se destina a revelar se *este* é o negócio *certo*. A diligence permitirá que descubra os bastidores e identifique questões relacionadas ao mercado e ao cliente, bem como problemas operacionais críticos e oportunidades. Ela também é — praticamente — destinada a melhorar a sensibilidade do preço da oferta, identificar o modelo operacional e as prioridades de integração, aumentar a confiança em seu lance máximo e minimizar o risco de queda. Se isso o deixa confortável ao longo do caminho, isso é ótimo.

De quanto você precisa? Não, de verdade

A análise de fluxo de caixa descontado (FCD) é importante, mas extremamente sensível às premissas incorporadas à análise. Como consequência, pode levar tanto a preços inflacionados da empresa-alvo quanto à conclusão de que a análise do FCD suporta o que *tem* que pagar para fazer o negócio, em vez do máximo que você *deveria* pagar.

As evidências de nosso estudo sugerem que o grupo negativo persistente em nossa amostra paga um prêmio mais alto do que aqueles com resultados positivos persistentes. O prêmio médio pago pelos desempenhos negativos persistentes foi de 33,8%, enquanto os desempenhos positivos persistentes pagaram um prêmio médio de apenas 26,6%. E a diferença é ainda mais pronunciada nas transações totalmente em dinheiro e totalmente em ações. A avaliação adequada é essencial porque as premissas do modelo se tornam as promessas.

Em vez de confiar apenas na análise do FCD, introduzimos o conceito bem aceito de valor econômico adicionado (EVA) como uma espécie de verificação de sanidade do FCD. A abordagem do EVA permitirá que você examine tanto o adquirente quanto a empresa-alvo como empresas independentes — o valor presente das operações (COV) e valor de crescimento futuro (FGV) — para entender a trajetória de desempenho já esperada pelos investidores.

A abordagem do EVA também permitirá que você entenda o que significa pagar o valor total de mercado das ações da empresa-alvo mais um prêmio de aquisição — um acréscimo direto ao FGV. A análise também deixa claro como as melhorias anuais que está prometendo (as sinergias) se traduzem em lucro operacional líquido após impostos (NOPAT). Tudo isso colocado, os resultados devem mostrar que você está usando o capital de forma adequada — o que significa que as sinergias prometidas são suficientes para pelo menos atender ao retorno do custo de capital do prêmio. Entender exatamente o que você está prometendo financeiramente na mecânica do negócio é uma necessidade absoluta, pois seus investidores podem, e vão, fazer esses cálculos — em segundos. Essa análise também alimentará a narrativa contada por você ao conselho quando busca a sua aprovação, e ao público, no Dia do Anúncio.

Lidando com o conselho

Colocamos o capítulo sobre o conselho no final do livro, em parte como um conjunto de "ferramentas para conselhos" fácil de buscar, mas também como um resumo do tipo de informação que você precisará compilar, analisar e apresentar durante o processo — informações que são incorporadas à cadeia de F&A. Contudo é claro que o conselho precisará aprovar o acordo antes de você finalizá-lo e anunciá-lo. Tanto a aprovação do conselho quanto o Dia do Anúncio — e os materiais que você prepara para eles — são resultados das etapas anteriores: formulação da estratégia de F&A, avaliação do cenário, identificação de empresas-alvo e due diligence, incluindo sinergias, avaliação e planos preliminares de PMI.

O conselho já deve estar "por dentro" da sua estratégia de F&A, para que não seja pego de surpresa pelos negócios que você traz para ele. *Nesse* negócio específico, ele vai querer saber as respostas para as perguntas que apresentamos no Capítulo 9, perguntas que o CEO e a equipe sênior devem estar preparados para responder. Se você não puder responder a essas perguntas bem antes da reunião do conselho, não deverá apresentar o negócio ao conselho — ou aos investidores.

O conselho também deve usar as ferramentas do Capítulo 9 para aprofundar no negócio — não tanto nos detalhes de baixo para cima, porém se o negócio faz sentido estratégico e financeiro e se você tem um plano sensato. É assim que o conselho acha que você deveria gastar seu capital em relação a outras possibilidades?

Fundamentalmente, o conselho deve saber quanto valor para o acionista o negócio colocará em risco. Eles devem ser tranquilizados sobre o escopo e a viabilidade dos planos para a PMI. Também devem fornecer outra verificação de sanidade do negócio como um todo, usando a Linha de Alcance do Prêmio (MTP) e a Caixa de Plausibilidade, analisando se a combinação de sinergia de reduções de custos e aumentos de receita proposta é sensata, considerando os ativos que estão chegando juntos e avaliando como os investidores sintetizarão as informações apresentadas.

Anunciando o negócio

O processo de valuation, que foi o assunto detalhado do Capítulo 4, e também contribui para a apresentação do conselho, entra direto no Dia do Anúncio. Esse plano de negócios é uma narrativa que, agora, você pode contar aos investidores. Esteja pronto.

De muitas maneiras, o Dia do Anúncio cria a atmosfera do negócio: é quando você vai a público e aborda as perguntas dos acionistas, tanto as que perguntam quanto as que estão apenas pensando. Suas perguntas estão relacionadas às que o conselho faz, mas os acionistas estão especialmente interessados na lógica do negócio e nas metas de sinergia, no plano para alcançá-las e no prêmio pago. Funcionários e clientes também terão dúvidas. Se você não consegue, ou não pode, abordar essas questões fundamentais, está em apuros. E o problema só vai aumentar.

Três perguntas são de suma importância ao explicar um negócio para os investidores e outras partes interessadas:

1. Existe um caso verossímil com metas de sinergia defensáveis e rastreáveis que podem ser alcançadas pelo adquirente e monitoradas ao longo do tempo pelos investidores?

2. A história ajuda a reduzir a incerteza e orienta a organização para que os funcionários possam entregar efetivamente?

3. A apresentação vincula de forma convincente os planos de PMI à economia da transação?

Lembre-se, se você *não* responder, os investidores vão supor que *não consegue* responder e não tem um plano — e eles vão penalizá-lo por isso. No fundo, as três perguntas tratam de uma questão primordial que a alta administração e o conselho devem ser capazes de abordar: *como esse acordo afetará o preço de nossas ações e por quê?*

O Dia do Anúncio é sua primeira e melhor chance de envolver a todos — para explicar a lógica do acordo e como beneficia todas as partes — e sinalizar que tem um plano. As relações com investidores em F&A devem enfrentar e ajudar a resolver um problema clássico de informação assimétrica: a administração sabe mais sobre a transação do que os investidores, de modo que os investidores só podem seguir o que a administração diz. Dito de outra forma, *você* conhece a tese do acordo, avaliou o cenário, passou pela lógica desse acordo repetidamente, escreveu uma apresentação para o conselho, teve discussões aparentemente intermináveis, fez as contas, preparou o prêmio — porém ninguém na extremidade receptora da apresentação do investidor tem.

Tudo isso significa uma preparação tática significativa, incluindo documentar a tese do negócio e definir as partes interessadas para selecionar os canais de comunicação e estabelecer o momento e a presença de seus líderes. Comece cedo e antecipe as críticas.

Todas as partes interessadas estarão prestando atenção — esse é o zênite de atenção que o negócio receberá. Não desperdice este momento crucial. Use a atenção com cuidado.

Planejamento pré-fechamento

O Dia do Anúncio não é a linha de chegada, mas o bloco de partida. Se você conseguir uma reação inicial positiva — parabéns! Agora começa o trabalho intenso: o planejamento pré-fechamento e a execução pós-fechamento são como você alcança e sustenta a criação de valor a longo prazo.

O planejamento pré-fechamento está enraizado na mesma narrativa que começou com a tese do negócio e que se estende à apresentação do conselho e ao Dia do Anúncio. Os próprios tópicos envolvidos no planejamento pré-fechamento devem ser considerados antes de tornar o negócio público. Saber de onde virão as sinergias e como, na prática, elas podem ser alcançadas deve ser central para o processo de aprovação do negócio, assim como o novo modelo operacional — como a organização combinada administrará os negócios de maneira diferente e como gerará valor de maneira diferente do que qualquer uma das organizações fez antes da fusão. Contudo o planejamento dá um grande passo em direção à realização prática de todas as coisas que serão necessárias para integrar o funcionamento de ambas as empresas para criar a nova organização — levando-a da teoria à prática.

O fato de termos gastado dois capítulos no planejamento pré-fechamento deve dizer algo sobre o volume de trabalho a ser feito e sua importância.

Como, devido à natureza, uma aquisição está criando algo novo, poucas das decisões de planejamento pré-fechamento são rotineiras. Desde a revelação dos detalhes de um novo modelo operacional até a determinação de como a estrutura e as funções de liderança devem ser criadas para atender aos objetivos do negócio até o planejamento para o Dia 1, os adquirentes enfrentarão uma série de questões de grande porte e operacionais, como a implementação de uma nova gestão empresarial de sistemas, a outros aparentemente menores, como o que acontece com o horário das sextas-feiras de verão e a qualidade do café.

Muitas dessas decisões não rotineiras não vão quebrar o acordo, mas todas elas se somam. Junto com as grandes decisões, elas precisarão ser gerenciadas e rastreadas: aqui entra o Escritório de Gestão de Integração (IMO). O IMO exige líderes influentes que entendam os negócios. Ele orienta o planejamento para o modelo operacional do estado futuro, prioriza as decisões, minimiza as interrupções e preserva o impulso. Ele define a cadência da reunião para todo o processo. O IMO acompanha os planos feitos antes do anúncio do acordo (que foram desenvolvidos durante e após a *due diligence*) e produz um roteiro mais detalhado para o sucesso em toda a nova organização para o Dia 1 e a visão do estado final. Ele supervisiona os fluxos de trabalho — onde o trabalho real é feito — e estabelece as metas de sinergia para cada um, identifica interdependências críticas e interage com o SteerCo executivo em decisões e aprovações maiores e mais importantes.

Sob a estrutura do IMO, haverá fluxos de trabalho individuais, como finanças, TI, imobiliário e marketing, cada um com a própria liderança e quadros do que devem realizar à medida que constroem planos para suas novas organizações funcionais ou negócios e como eles entregarão ou excederão suas metas de sinergia atribuídas.

Passamos um capítulo inteiro nos principais fluxos de trabalhos multifuncionais que envolverão coordenação regular entre os fluxos de trabalho individuais. O design da organização funciona com o novo modelo operacional da empresa, a nova liderança L1, metas de sinergia e as opções de modelos operacionais e funcionais de negócios à medida que projetam a estrutura e as funções. O design da organização escolherá entre duas opções de processo: 1) designar funções e escolher as pessoas camada por camada; ou 2) projetar a estrutura e os papéis da organização até o fim e depois escolher as pessoas.

O planejamento de sinergia — o cerne da economia da lógica do negócio — começa com a transferência da equipe de negócios que fez a due diligence comercial e operacional e construiu o modelo de avaliação. Essas sinergias projetadas serão convertidas em planos de trabalho reais de baixo para cima para cada fluxo de trabalho que tenha metas de sinergia. A equipe de sinergia trabalha com FP&A de ambas as empresas para desenvolver um orçamento básico funcional combinado; o plano de sinergia é construído em cima dessa linha de base. Os planos de sinergia evoluem de ideias iniciais para iniciativas priorizadas e planos de projeto detalhados com o objetivo de enfrentar o temido vazamento que pode inviabilizar os programas de sinergia.

A comunicação e a experiência do funcionário funcionam sob a presunção de que você emprestou a confiança que ainda não conquistou. A equipe de comunicação desenvolverá planos para todas as partes interessadas relevantes – funcionários, clientes, fornecedores, sindicatos, aposentados e, claro, investidores. O planejamento da experiência do funcionário reconhece que você não está integrando funcionários; eles não são novos recrutas. A equipe visa construir a confiança dos funcionários, estabelecer confiança precoce na liderança, reduzir a ansiedade por meio de comunicações direcionadas e permitir um mecanismo de feedback para que os funcionários se sintam ouvidos durante toda a jornada e prontos para as mudanças vindouras.

Tudo isso leva à prontidão do Dia 1. O Dia 1 pode parecer um marco intimidador e uma lista interminável de decisões e atividades. E enquanto for, deve ser silencioso, operacionalmente falando. É um exercício com um foco tipo laser que separa os itens obrigatórios indispensáveis daqueles nem tanto. O Dia 1 é um exercício de priorização. E deve ser impecável porque qualquer contratempo maior pode significar sérias consequências para a moral e para iniciar o trabalho de execução pós-encerramento.

Execução pós-fechamento

Todo esse planejamento pré-fechamento compensa. Ele forma a base para uma série de transições pós-fechamento, quando os planos são colocados em prática.

Após o fechamento, a estrutura do IMO diminui com o tempo à medida que os fluxos de trabalho se encerram e a organização combinada faz a transição para os negócios normais. A graduação significa que os fluxos de trabalhos não exigem mais coordenação ativa do IMO — e os líderes do fluxo de trabalho não precisam ir a mais reuniões do IMO. Os fluxos de trabalhos devem completar todos os objetivos de integração e atingir as metas de sinergia, e as interdependências devem ser concluídas de tal forma que nada mais dependa deles.

A equipe de design da organização, que vem considerando e planejando como combinar as duas forças de trabalho, passa para a fase de seleção de talentos e transição da força de trabalho. Depois que a liderança L2 ou L3 for anunciada, a seleção de talentos será baseada na aplicação de critérios acordados para as novas funções consistentes com a opção de design escolhida e não em desacordo com as diretrizes legais. O processo deve evitar ser "uma morte lenta". A equipe também desenvolve planos de transição de liderança e funcionários que facilitam a transferência de conhecimento que deve acontecer para o bom funcionamento dos negócios à medida que os funcionários assumem as novas funções.

O planejamento de sinergia passa para rastreamento e relatórios. Planos e resultados de sinergia que não são gerenciados e rastreados agressivamente provavelmente sairão do planejado. A equipe de sinergia instala três mecanismos principais: relatórios financeiros que rastreiam os benefícios obtidos e custos associados, rastreamento de marcos para cada iniciativa e indicadores principais que servem como uma verificação de saúde prospectiva de que as principais iniciativas estão no caminho certo. O IMO e a equipe de sinergia promovem uma cadência agressiva para relatar resultados e bônus financeiros significativos para alcançar sinergias podem ser um incentivo muito valioso.

A equipes de crescimento se concentrarão nas oportunidades de crescimento e no design da experiência do cliente, alcançando resultados que nenhuma empresa poderia ter alcançado por conta própria. As sinergias de receita apresentam um caso especial de desafios de estratégia de entrada no mercado e as fusões e aquisições podem oferecer inúmeras oportunidades para abordar os clientes e obter um novo crescimento a partir da venda cruzada de produtos existentes, novas ofertas valiosas em pacote e novos produtos inovadores que irão encantar os clientes.

Por fim, a equipe de experiência do funcionário passa a gerenciar mudanças e criar uma nova cultura para orientar todas as outras atividades. Espera-se que as equipes executivas criem rapidamente pontos de vista inspiradores sobre as possibilidades para o futuro que investidores e clientes considerem verossímeis e demonstrem progresso. Elas devem, simultaneamente, acalmar as ansiedades da força de trabalho e inspirar os funcionários à medida que sobem na hierarquia de necessidades e veem a si mesmos e a seu futuro com a nova organização. Esses dois objetivos exigem duas mensagens cuidadosamente elaboradas, mas diferentes. Dissemos que "a cultura começa no anúncio". Os adquirentes precisam ter cuidado porque eles, percebendo ou não, enviam sinais sobre a nova cultura — como o trabalho é feito por aqui — com suas ações.

A execução pós-encerramento se move da teoria ao empírico, do planejar ao fazer. A fusão tem tudo a ver com a gestão de inúmeras decisões guiadas por todo o trabalho que veio antes para cumprir a promessa do negócio.

Promessa Cumprida

Em M&A, você está comprando o futuro — receitas recorrentes, margens e crescimento. Pode ser uma quantidade monumental de trabalho fazer isso direito, entretanto vale a pena. As aquisições podem criar um valor tremendo, que persiste.

Há algo que ouvimos com muita frequência quando somos chamados para ajudar com a PMI ou para analisar um negócio que deu errado: "Eu levantei isso antes de fecharmos o negócio". Essa frase representa a recriminação que vem de não ter um processo eficaz, ou não ouvir a equipe executiva que está sendo contratada para liderar e executar sua visão.

Com *A Solução da Sinergia* você terá esse processo, que irá levantar e resolver problemas. E irá ajudar a fazer os negócios certos, tornando sua visão realidade. Ao trabalhar com o livro, e levar a sério a cascata, estará informado e preparado — e será capaz de cumprir a promessa de F&A. Porém acertar em F&A não é apenas um projeto. É uma mudança de estado, uma transformação que afetará a maneira como aborda as aquisições daqui para frente, melhorando suas chances de acertar. As aquisições podem e devem produzir valor — para o adquirente e as partes interessadas. E, também, para a economia como um todo.

AGRADECIMENTOS

Escrever *A Solução da Sinergia* foi, em muitos aspectos, um trabalho de amor durante nossa jornada de 3 anos. Contemplar a abrangência e temas essenciais para conselhos, executivos e gerentes; desenvolver o conteúdo e exemplos; avaliar a vasta literatura sobre F&A e completar um estudo importante era uma tarefa cansativa. No entanto, *não fizemos a viagem sozinhos*. Nós nos beneficiamos muito da profundidade da experiência na prática de F&A e Reestruturação da Deloitte e de vários especialistas externos que voluntariamente ofereceram seu tempo, sabedoria e, muitas vezes, críticas dos muitos rascunhos.

Temos uma enorme dívida de gratidão com nossa equipe principal, cujas contribuições inestimáveis tornaram este livro diferente: Ami Rich, Anupam Shome, Ben Kotek, David Nathan, James Rabe, John Forster, Madhavi Rongali, Philip Garbarini e Sauvik Kar.

Porém há mais — quando dissemos que não fizemos essa jornada sozinhos, estávamos falando sério. Os seguintes profissionais contribuíram com os insights, as perspectivas e práticas de liderança. Nós realmente apreciamos trabalhar com eles:

Alfredo Sakar	Jayant Katia	Pete Dyke
Amarjot Singh	Jeffrey Canon	Phil Colaço
Andrew Grimstone	Jennifer Lee	Rachel McGee
Barb Renner	Jiak See Ng	Raghav Ranjan
Bhuvy Abrol	Jim Murrin	Ram Sriram
Bob Glass	Joe Ucuzoglu	Randall Hottle
Brian Pinto	Joel Schlachtenhaufen	Richard Bell
Brice Chasles	John Peirson	Richard Houston
Cesar Kastoun	Jonathan Cutting	Richard Paul
Chris Gilbert	Joost Krikhaar	Ronaldo Xavier
Chris Hsu	Jörg Niemeyer	Ryan Gordon

Agradecimentos

Chris Hutnick	Julia Rutherford	Saadat Khan
Danielle Feinblum	Karen Werger	Samantha Parish
Danny Tong	Karsten Hollasch	Sandeep Gill
Dave McCarthy	Karthik Krishnamoorthy	Shashi Yadavalli
David Hoffman	Kazuhiro Fukushima	Simon
Howard David Lashley	Kim Wagner	Sridhar Kollipara
Deepak Subramanian	Lara Treiber	Stephanie Dolan
Derek Lai	Lisa Iliff	Stephen Dapic
Enrique Gutierrez	Liz Fennessey	Stephen O'Byrne
Enrique Lores	Maeghan Sulham	Steve Lipin
Eric Overbey	Mark Jamrozinski	Steven Wolitzer
Franz Hinzen	Martin Reilly	Sumit Sahni
Gary Levin	Matt McGrath	Susan
Goldsmith Gillian Crossan	Mengyuan Hou	Tanay Shah
Guillermo Olguin	Michael Jeschke	Toby Myerson
Ian Lundahl	Mohammad Obeidat	Uday Bhansali
Ian Turner	Monika Rolo	Vincent Batlle
Jared Bricklin	Orlando Taylor	William Engelbrecht

Além disso, nos últimos 25 anos tivemos a sorte de trabalhar em estreita colaboração com muitos líderes da Deloitte na prática de F&A e Reestruturação, que atuaram coletivamente em dezenas de milhares de negócios e projetos complexos de reestruturação. Esses líderes incluem Andy Newsome, Andy Wilson, Angus KnowlesCutler, Anna Lea Doyle, Asish Ramchandran, Chris Caruso, Dan Gruber, David Carney, Glen Witney, Iain Macmillan, Ian Thatcher, Jack Koenigsknecht, Jay Langan, Jason Caulfield, Jeff Bergner, John Powers, Larry Hitchcock, Mark Walsh, Mike Dziczkowski, Olivier May, Punit Renjen, Rob Arvai, Russell Thomson, Sandy Shirai, Susan Dettmar, Tom Maloney, e Trevear Thomas — nossos sinceros agradecimentos por sua sabedoria, incentivo e senso de parceria.

Devemos agradecimentos especiais ao nosso editor da *Harvard Business Review Press*, Kevin Evers, pelas revisões completas e sugestões úteis; à incrível editora de produção, Angela Piliouras, pela assistência incansável; e às excepcionais assistentes executivas, Diane Kavanaugh e Kari Liljequist. E à chefe de gabinete, Sharon Piech, por sua paciência e suporte impecável.

Mark L. Sirower

Jeffery M. Weirens

APÊNDICE A

Retornos aos Acionistas de F&A

Houve centenas de estudos de M&A publicados nos últimos 40 anos. Os artigos publicados no volume 11 do *Journal of Financial Economics* (1983) lançaram uma enxurrada de trabalhos acadêmicos em muitas disciplinas, resultando em vasta literatura de F&A em finanças, economia, administração, contabilidade e outras. Os acadêmicos estudaram tudo, desde o desempenho dos acionistas para os adquirentes e metas, passando por incentivos e motivações dos gerentes, até o impacto da experiência de aquisição e diferentes tratamentos contábeis.

Embora os estudos de desempenho de F&A tendam a se concentrar nos retornos do acionista do adquirente em torno do anúncio (medido com diferentes períodos de dias), alguns estudos medem o desempenho em períodos de tempo mais longos. Além disso, a mensuração dos próprios retornos dos acionistas variou de retornos brutos a retornos ajustados ao mercado, retornos ajustados à média e os retornos anormais cumulativos [em inglês, *cumulative abnormal returns* — CARs] comuns gerados a partir dos chamados estudos de eventos. Os estudiosos também estudaram extensivamente antes e depois de retornos baseados em contabilidade, como retorno sobre ativos (ROA) ou retorno sobre patrimônio (ROE).

Também é importante reconhecer que diferentes estudos examinam os diferentes períodos de tempo, o que é natural porque vivemos várias grandes ondas de F&A. E há muitas opções de quantos anos cobrir, o que pode gerar resultados variados.

Para nosso estudo, nos propusemos a explorar como os investidores dos adquirentes se saíram em torno do anúncio do negócio, que medimos como o retorno de 11 dias com 5 dias de negociação antes e depois do anúncio. Bem como eles se saíram ao longo de um ano após o anúncio (incluindo o período de anúncio). Ambas as medidas foram ajustadas por um índice de pares (ou seja, ajustadas pelo setor), conforme classificado pela plataforma Capital IQ. Usamos os retornos dos acionistas porque as empresas são frequentemente julgadas pelo desempenho superior com base nessa medida. Relatamos os retornos médios ajustados pelo setor, muitas vezes chamados de retornos totais relativos aos acionistas [em inglês, *relative total shareholder returns* — RTSRs].

Extraímos de bancos de dados amplamente utilizados e usamos medidas diretas, que caracterizam os retornos dos investidores de F&A, prontamente replicáveis. (Observe que nosso retorno geral de anúncio para os adquirentes, de -1,6%, está próximo da descoberta de Graffin, Haleblian e Kiley de 2016, de -1,4%, em um estudo que usou CARs de 770 negócios.[1])

Decidimos começar de onde Mark havia parado em *The Synergy Trap* (A Armadilha da Sinergia, em tradução livre) com acordos anunciados de 1º de janeiro de 1995 a 31 de dezembro de 2018 — um período de 24 anos. Reunimos uma amostra preliminar de aproximadamente 2.500 negócios no valor de mais de US$100 milhões usando o Thompson ONE, onde aplicamos os seguintes critérios: ambas as empresas tinham que ser listadas em uma bolsa de valores dos EUA, o tamanho relativo do vendedor ao comprador tinha que ser pelo menos 10% com base na capitalização de mercado pré-negociação; e o comprador não poderia ter concluído outro negócio relevante no ano seguinte, de modo que o período de medição de desempenho de um ano não foi afetado por outros negócios relevantes.

Esses critérios renderam uma amostra de 1.267 negócios representando US$5,37 trilhões em valor patrimonial e US$1,13 trilhão em prêmios pagos. O Capital IQ foi a fonte para preços de ações de compradores e vendedores, as capitalizações de mercado e os dados de retorno de acionistas e da indústria (ajustados para desdobramentos de ações e dividendos). Todos os dados e resultados são relatados na média (valor médio).[2]

Retorno dos Acionistas para os Adquirentes: Resultados Gerais

Adicionando acordos combos (combinação de dinheiro e ações) na tabela de resultados gerais sobre retornos dos acionistas para os adquirentes do Capítulo 1, encontramos um padrão semelhante ao dos negócios baseados totalmente em dinheiro ("dinheiro") e totalmente baseados em ações ("ações"), conforme mostrado na tabela A-1.

TABELA A-1

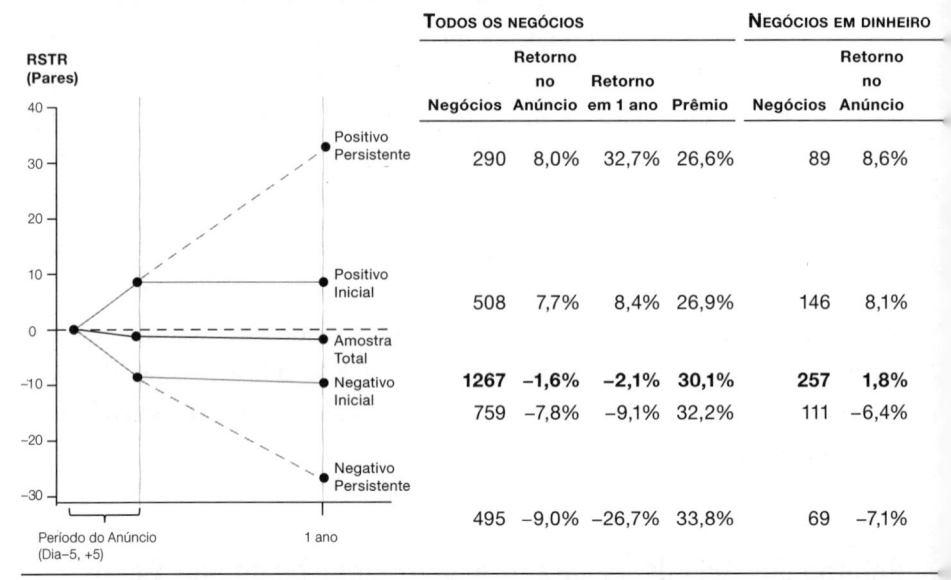

Devolução do acionista para os adquirentes

RSTR (Pares)		Todos os negócios				Negócios em dinheiro	
		Negócios	Retorno no Anúncio	Retorno em 1 ano	Prêmio	Negócios	Retorno no Anúncio
Positivo Persistente		290	8,0%	32,7%	26,6%	89	8,6%
Positivo Inicial		508	7,7%	8,4%	26,9%	146	8,1%
Amostra Total		**1267**	**−1,6%**	**−2,1%**	**30,1%**	**257**	**1,8%**
Negativo Inicial		759	−7,8%	−9,1%	32,2%	111	−6,4%
Negativo Persistente		495	−9,0%	−26,7%	33,8%	69	−7,1%

Período do Anúncio (Dia−5, +5) — 1 ano

Destaques

- Para os 1.267 negócios, os retornos de anúncio ajustados pelo setor são negativos (-1,6% de retorno), com 60% dos negócios tendo uma reação negativa (porcentagem de reação negativa [em inglês, *percent negative reaction* — PNR] de 60%); 56% dos negócios têm retornos negativos de um ano (-2,1% de retorno). No geral, quase 40% de todos os negócios são persistentemente negativos, enquanto 23% de todos os negócios são persistentemente positivos.

- As transações em dinheiro superam significativamente as transações de ações e combo no anúncio (+1,8% contra -2,9% e -2,1%, respectivamente) e retornos de um ano (+3,8% contra -5,7% e -1,9%, respectivamente). Esse desempenho superior para negócios em dinheiro também é refletido pelo PNR em dinheiro de apenas 43% contra 65% e 64% para negócios de ações e combo, respectivamente. Esse contraste também é mostrado pela porcentagem de negócios persistentemente negativos em dinheiro,

		Negócios em ações				Negócios combinados			
Retorno em 1 ano	Prêmio	Negócios	Retorno no Anúncio	Retorno em 1 ano	Prêmio	Negócios	Retorno no Anúncio	Retorno em 1 ano	Prêmio
36,2%	27,6%	92	7,3%	31,1%	22,5%	109	8,0%	31,0%	29,3%
12,6%	28,6%	160	8,1%	7,2%	23,3%	202	7,2%	6,4%	28,4%
3,8%	31,1%	451	-2,9%	-5,7%	28,2%	559	-2,1%	-1,9%	31,1%
-7,8%	34,5%	291	-8,9%	-12,8%	30,9%	357	-7,4%	-6,5%	32,6%
-29,1%	36,6%	207	-9,9%	-27,4%	32,8%	219	-8,7%	-25,3%	33,7%

ações e combo (27%, 46% e 39%, respectivamente) contra negócios persistentemente positivos (35%, 20% e 20%, respectivamente).[3]

- As carteiras inicialmente positivas e negativas permanecem significativamente positivas e negativas ao longo de um ano, respectivamente, para cada tipo de negócio — *as reações do mercado são importantes*. Por exemplo, em geral, a carteira inicialmente positiva com um retorno de +7,7% mantém um forte retorno positivo de um ano de +8,4% e a carteira inicialmente negativa com um retorno de -7,8% mantém um forte retorno negativo de -9,1%.

- As reações negativas são mais persistentes do que as reações positivas, com 65,2% dos negócios inicialmente negativos permanecendo negativos e 57,1% dos negócios inicialmente positivos permanecendo positivos. Os negócios de ações de reação negativa são os mais persistentes, com 71,1% permanecendo negativos.[4]

- O spread de persistência (a diferença entre os retornos de um ano das carteiras persistentemente positivas e persistentemente negativas) é de 59,4% no geral, com os negócios à vista tendo o maior spread de persistência de 65,3%.

- Os prêmios pagos aumentam progressivamente à medida que passamos de carteiras persistentemente positivas para carteiras persistentemente negativas. No geral, o prêmio pago por negócios persistentemente negativos é 27% maior (33,8% contra 26,6%)

TABELA A-2

Visão geral dos dados de amostra

Detalhes gerais da amostra (em milhões de US$)

	Nº de negócios	% de negócios	Retorno no anúncio	Retorno em 1 ano	Reação negativa PNR-%	Spread de persistência	Prêmio
Todos os negócios	1267	100%	-1,6%	-2,1%	60%	59,4%	30,1%
Dinheiro	257	20%	1,8%	3,8%	43%	65,3%	31,1%
Ações	45	36%	-2,9%	-5,7%	65%	58,5%	28,2%
Combinado	559	44%	-2,1%	-1,9%	64%	56,3%	31,1%

Destaques

- No geral, o tamanho médio dos compradores é de US$9,3 bilhões e o dos vendedores, US$3,3 bilhões.

- Os compradores em dinheiro são menores (US$7,2 bilhões) do que os compradores em ações e combinados (US$10,8 bilhões e US$9 bilhões, respectivamente).

- O tamanho do negócio (Dia - 5 — cinco dias úteis antes do anúncio — valor de mercado do vendedor mais o prêmio em dólar) para compradores à vista é muito menor (US$2,3 bilhões) do do que aqueles pagos por negócios persistentemente positivos. Esse contraste é ainda mais pronunciado para transações em dinheiro e ações, com prêmios 33% maiores (36,6% contra 27,6%) e 46% maiores (32,8% contra 22,5%) pagos, respectivamente, para as carteiras de transações persistentemente negativas contra persistentemente positivas.[5]

A Tabela A-2 oferece algumas características esclarecedoras dos 1.267 negócios, adicionando detalhes por trás dos resultados gerais.

Valor de mercado do comprador Dia -5	Valor de mercado do vendedor Dia -5	Prêmio em dólar	Tamanho do negócio	Tamanho relativo	PP/IP	PN/IN	TSVA%
US$9.289	US$3.341	US$902	US$4.244	46%	57%	65%	1,45%
US$7.220	US$1.722	US$549	US$2.272	37%	61%	62%	3,73%
US$10.806	US$4.218	US$1.041	US$5.259	49%	58%	71%	0,07%
US$9.017	US$3.379	US$952	US$4.331	48%	54%	61%	2,05%

que os tamanhos dos negócios para ações e combo (US$5,3 bilhões e US$4,3 bilhões, respectivamente).

- O prêmio pago é de 30,1%, ou US$902 milhões no total. Os prêmios em dólares pagos por negócios de ações e combos são muito mais altos do que por negócios em dinheiro, porque são muito maiores, assim como seu tamanho relativo.
- O tamanho relativo (valor de mercado do vendedor para o comprador 5 dias antes do anúncio) é de 46%. As transações em dinheiro têm um tamanho relativo muito menor (37%) do que as transações em ações e combo (49% e 48%, respectivamente).

- Os negócios em ações são os mais persistentes para reações inicialmente negativas (Persistentemente Negativas/Inicialmente Negativas ou PN/IN de 71%) e as transações à vista são as mais persistentes para reações inicialmente positivas (Persistentemente Positivas/Inicialmente Positivas ou PP/IP de 61%%).

- A porcentagem total de valor agregado ao acionista (TSVA%) — a soma dos retornos do anúncio em dólar para compradores e vendedores como uma porcentagem de suas capitalizações de mercado combinadas — a soma dos retornos do anúncio em dólar para compradores e vendedores como uma porcentagem de suas capitalizações de mercado combinadas - é positiva (+1,45%), com os negócios em dinheiro tendo o maior TSVA% (+3,73%). *As fusões criam valor no geral*; veja a seção sobre TSVA abaixo.

TABELA A-3

Retorno de acionista para os adquirentes ao longo dos três períodos

	Todos os negócios				1995–2002			
	Negócios	% de negócios	Retorno no anúncio	Retorno em 1 ano	Prêmio	Negócios	% de negócios	Retorno no anúncio
Positivo Persistente	290	23%	8,0%	32,7%	26,6%	83	20%	6,5
Positivo Inicial	508	40%	7,7%	8,4%	26,9%	149	36%	7,2
Amostra Total	1267	100%	–1,6%	–2,1%	30,1%	410	100%	–3,7
Negativo Inicial	759	60%	–7,8%	–9,1%	32,2%	261	64%	–10,0
Negativo Persistente	495	39%	–9,0%	–26,7%	33,8%	174	42%	–11,5

Retornos de Acionista para os Adquirentes ao Longo do Tempo

O período de tempo é uma consideração importante, então dividimos a amostra em três períodos de 8 anos: 1995–2002, 2003–2010 e 2011–2018. Reconhecidamente esses três períodos são arbitrários, mas cada período contém uma onda de atividade de F&A e há uma distribuição bastante uniforme de negócios nos três períodos (410, 415, 445, respectivamente). A Tabela A-3 mostra os resultados gerais para os 1.267 negócios nos três períodos.

		2003–2010					2011–2018				
Retorno em 1 ano	Prêmio	Negócios	% de negócios	Retorno no anúncio	Retorno em 1 ano	Prêmio	Negócios	% de negócios	Retorno no anúncio	Retorno em 1 ano	Prêmio
40,7%	27,7%	101	24%	8,0%	31,5%	24,7%	106	24%	9,1%	27,5%	27,6%
9,9%	29,6%	166	40%	7,5%	10,7%	23,5%	193	44%	8,4%	5,2%	27,6%
−3,3%	35,5%	415	100%	−1,3%	1,3%	26,4%	442	100%	0,1%	−4,2%	28,4%
−10,9%	38,9%	294	60%	−7,1%	−5,0%	28,4%	249	56%	−6,4%	−11,5%	29,1%
−28,2%	40,6%	153	37%	−7,8%	−25,4%	30,1%	168	38%	−7,4%	−26,3%	30,0%

Destaques

- Os retornos nos anúncios melhoraram ao longo do tempo (uma tendência consistente com a descoberta de Alexandridis, Antypas e Travlos em 2017), de -3,7% no primeiro período para quase zero no terceiro.[6] No entanto, os retornos em um ano, após uma melhora significativa de -3,3% a +1,3% no primeiro para o segundo período, continuam desafiados no terceiro período com um retorno de -4,1%.

- Os PNRs melhoraram nos três períodos (64%, 60%, 56%, respectivamente).

- As carteiras inicialmente positivas e inicialmente negativas permanecem significativamente positivas e negativas, respectivamente, conforme representado por seus retornos de um ano nos três períodos (+9,9%, +10,7%, +5,2% contra -10,9%, -5,0%, -11,5 %, respectivamente) — *as reações do mercado importam*.

- A persistência para negócios inicialmente positivos nos três períodos (56%, 61%, 55%, respectivamente) enfatiza a necessidade

TABELA A- 4

VISÃO GERAL DOS DADOS DE AMOSTRA NOS TRÊS PERÍODOS

Detalhes da amostra: 1995–2002 (em milhões de US$)

	Nº de negócios	% de negócios	Retorno no anúncio	Retorno em 1 ano	Reação negativa PNR-%	Spread de persistência	Prêmio
Todos os negócios	410	100%	−3,7%	−3,3%	64%	68,9%	35,5%
Dinheiro	39	10%	2,1%	15,6%	38%	81,7%	35,7%
Ações	212	52%	−4,9%	−10,2%	68%	64,5%	33,2%
Combinado	159	39%	−3,6%	1,2%	64%	68,5%	38,6%

de os adquirentes entregarem e relatarem resultados de forma eficaz. A persistência para reações inicialmente negativas, em contraste, permanece contundentes nos três períodos (67%, 61%, 67%, respectivamente), apoiando ainda mais a particularidade de que as reações negativas são difíceis de reverter.

- O spread de persistência diminuiu de 68,9% no primeiro período para 56,9% no segundo, para 53,8% no terceiro período — permanece um enorme spread de retornos entre as carteiras persistentemente positivas e persistentemente negativas.

- A relação de prêmios mais altos pagos à medida que passamos de carteiras persistentemente positivas para carteiras persistentemente negativas se manteve, embora as diferenças nos extremos tenham diminuído e os prêmios em geral tenham diminuído de seus máximos gerais de 35,5% no primeiro período para 28,4% no terceiro período.

A Tabela A-4 fornece uma visão geral de detalhes adicionais da amostra de 1.267 negócios nos três períodos de tempo.

Valor de mercado do comprador D -5	Valor de mercado do vendedor D -5	Prêmio em dólar	Tamanho do negócio	Tamanho relativo	PP/IP	PN/IN	TSVA%
US$12.156	US$4.549	US$1.327	US$5.876	46%	56%	67%	−0,26%
US$5.766	US$2.366	US$634	US$3.000	48%	75%	53%	4,94%
US$15.253	US$5.962	US$1.636	US$7.598	46%	56%	74%	−1,47%
US$9.594	US$3.199	US$1.086	US$4.285	45%	47%	58%	1,59%

DETALHES DA AMOSTRA: 2003–2010 (EM MILHÕES DE US$)

	Nº de negócios	% de negócios	Retorno no anúncio	Retorno em 1 ano	Reação negativa PNR-%	Spread de persistência	Prêmio
Todos os negócios	415	100%	−1,3%	1,3%	60%	56,9%	26,4%
Dinheiro	106	26%	0,8%	2,6%	43%	59,6%	27,2%
Ações	109	26%	−1,5%	4.4%	62%	63,4%	24,8%
Combinado	200	48%	−2,2%	−1,1%	68%	50,7%	26,9%

DETALHES DA AMOSTRA: 2011–2010 (EM MILHÕES DE US$)

	Nº de negócios	% de negócios	Retorno no anúncio	Retorno em 1 ano	Reação negativa PNR-%	Spread de persistência	Prêmio
Todos os negócios	442	100%	0,1%	−4,2%	56%	53,8%	28,4%
Dinheiro	112	25%	2,7%	0,8%	45%	63,8%	33,3%
Ações	130	29%	−0,7%	−7,0%	61%	44,1%	22,9%
Combo	200	45%	−0,9%	−5,1%	60%	54,3%	29,2%

Destaques

- No geral, o tamanho médio dos compradores e o tamanho do negócio diminuiu desde o primeiro período, em grande parte atribuível aos negócios em ações, que caíram acentuadamente de US$15,3 bilhões e US$7,6 bilhões no primeiro período para US$4,3 bilhões e US$2,6 bilhões no terceiro, respectivamente. Também notável, na outra direção, o tamanho dos compradores em dinheiro e o do negócio mais que dobrou de US$4,1 bilhões e US$1,3 bilhão no segundo período para US$10,7 bilhões e US$2,9 bilhões no terceiro período, respectivamente.

- Os negócios em dinheiro aumentaram como porcentagem do total de negócios, de apenas 10% durante o boom de fusões dos anos 1990 para 26% e 25% no segundo e terceiro períodos, respectivamente.

Valor de mercado do comprador D-5	Valor de mercado do vendedor D-5	Prêmio em dólar	Tamanho do negócio	Tamanho relativo	PP/IP	PN/IN	TSVA%
US$8.096	US$2.687	US$646	US$3.333	48%	61%	61%	1,41%
US$4.129	US$1.034	US$290	US$1.325	36%	58%	65%	3,85%
US$9.880	US$3.209	US$646	US$3.855	53%	66%	57%	1,21%
US$9.226	US$3.279	US$835	US$4.113	51%	60%	62%	1,00%

Valor de mercado do comprador D-5	Valor de mercado do vendedor D-5	Prêmio em dólar	Tamanho do mercado	Tamanho relativo	PP/IP	PN/IN	TSVA%
US$7.750	US$2.836	US$748	US$3.584	45%	55%	67%	4,00%
US$10.651	US$2.149	US$764	US$2.914	34%	58%	62%	3,41%
US$4.329	US$2.219	US$0.02	US$2.621	50%	53%	77%	6,33%
US$8.349	US$3.621	US$963	US$4.584	49%	54%	63%	3,53%

- Os retornos nos anúncios melhoraram para os negócios em ações e combos, embora ainda negativos, de -4,9% e -3,6% no primeiro período para -0,7% e -0,9% no terceiro período, respectivamente. Os retornos nos anúncio para transações em dinheiro foram positivos nos três períodos (+2,1%, +0,8%, +2,7%, respectivamente).

- Os retornos em um ano variaram por tipo de negócio e por período, mas estão mostrando declínios acentuados nos retornos no terceiro período para todos os tipos de negócio, especialmente para negócios em ações e combo (-7,0% e -5,1%, respectivamente). Isso reflete nosso ponto no Capítulo 1 de que não estamos fora de perigo no desempenho do comprador; veja também os gráficos gerais, ano a ano, em seguida.

- Os PNRs aumentaram para negócios em dinheiro de 38% no primeiro período para 43% no segundo e 45% no terceiro período, mas ainda são significativamente menores do que os PNRs para ações e combo em cada período. Os PNRs para negócios em ações são 68%, 62% e 61% nos três períodos, respectivamente. E para combos são 64%, 68% e 60%.

- Os prêmios pagos caíram em geral de sua alta de 35,5% (US$1,3 bilhão) no primeiro período para 28,4% (US$748 milhões) no terceiro, especialmente para negócios de ações e combos, que caíram de suas altas de 33,2% e 38,6% no primeiro período para 22,9% e 2,2% no terceiro período, respectivamente. Os prêmios para negócios em dinheiro se aproximaram dos níveis do primeiro período (35,7%) no terceiro período em 33,3% — juntamente com um PNR mais alto.

- As reações positivas de negócios em dinheiro foram as mais persistentes (PP/IP de 75%) no primeiro período, em contraste com os negócios em ações de reação negativa, que foram forte e persistentemente negativas (PN/IN de 74%) no mesmo período. Os negócios de ações, após uma melhora no segundo período levando a seus melhores retornos de um ano de +4,4%, com um PP/IP melhorado (66%) e PN/IN (57%), caíram acentuadamente para um retorno de -7,0% no terceiro período e foram novamente os persistentemente negativos mais fortes (PN/IN de 77%) e os persistentemente positivos mais fracos (PP/IP de 53%) no terceiro período.

- O estreitamento do spread de persistência de retornos para negócios persistentemente positivos versus persistentemente negativos ocorreu para transações em dinheiro, ações e combo de 81,7%, 68,5% e 64,5% no primeiro período para 63,8%, 44,1% e 54,3% no terceiro período, respectivamente — os spreads de persistência permanecem enormes entre os "mocinhos" e os "bandidos" no conselho.

- O TSVA% geral melhorou nos três períodos para +4,0% geral no terceiro período, com a maior melhoria em negócios de ações, de -1,5% no primeiro período (graças em grande parte à grande perda no negócio AOL/Time Warner) para +6,3% no terceiro período — apoiando a interpretação de que as fusões continuam a criar valor em geral e aumentou ao longo do tempo.

Resultados Ano a Ano para Dados Selecionados

Os resultados gerais, e nos três períodos, são informativos, porém a análise de alguns dados ano a ano oferece uma visão mais granular da variação ao longo do tempo e oferece uma perspectiva adicional. Mesmo com variações ano a ano (como seria de se esperar), nossas principais descobertas são sustentadas.

A Figura A-1 indica que o anúncio e os retornos dos acionistas em um ano para os adquirentes, após uma melhoria, estão em tendência de queda nos últimos 4 anos do período de estudo.

FIGURA A-1

Retornos no anúncio e em 1 ano para os adquirentes

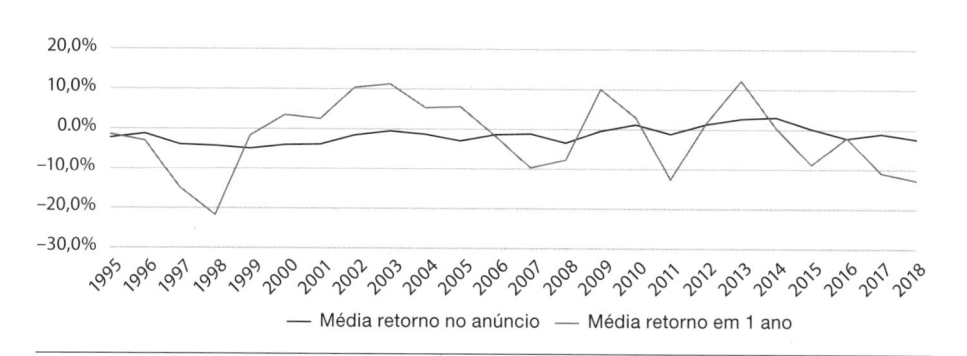

— Média retorno no anúncio   — Média retorno em 1 ano

A Figura A-2 mostra que os PNRs e as porcentagens de retornos negativos em um ano para os acionistas dos adquirentes aumentaram significativamente, de 43,3% e 46,3% em 2014 para 64,6% e 76,9% em 2018, respectivamente — após alguma melhora depois da desaceleração de 2008 — uma tendência negativa e decepcionante.

FIGURA A-2

Porcentagem de reação negativa e porcentagem de retornos negativos em 1 ano para os adquirentes

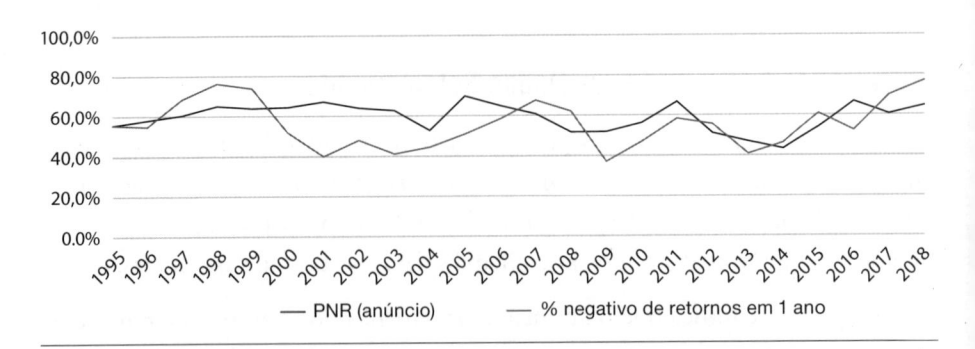

— PNR (anúncio)   — % negativo de retornos em 1 ano

Os resultados na figura A-3 mostram que os retornos no anúncio para os adquirentes nas carteiras inicialmente positivas e inicialmente negativas (as reações do mercado) permaneceram não apenas notavelmente diferentes, mas também relativamente estáveis e próximos de suas médias gerais ao longo do tempo, respectivamente (+ 7,7% para a carteira inicialmente positiva e -7,8% para a carteira inicialmente negativa).

FIGURA A-3

Retornos no anúncio para adquirentes nas carteiras inicialmente negativas e inicialmente positivas

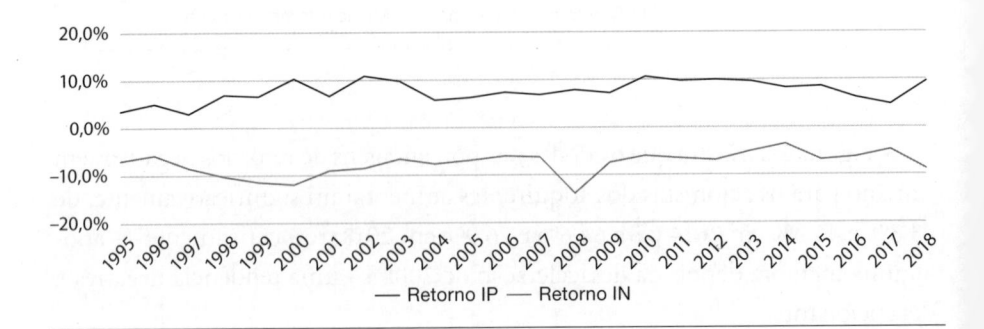

— Retorno IP   — Retorno IN

Embora a reação positiva do investidor não seja garantia de retornos subsequentes, se não houver notícias e resultados positivos, a reação negativa é muito difícil de reverter. A persistência crescente de reações negativas e a decrescente de reações positivas nos últimos 2 anos (2017 e 2018) na figura A-4 é explicação parcial do declínio correspondente nos retornos gerais em um ano (mostrado na figura A-1). Combinado com o aumento de PNRs (mostrado na figura A-2), o aumento de PN/IN cria um quadro preocupante. É importante notar que, mesmo com as variações nos níveis de persistência ao longo do tempo, para as carteiras inicialmente positivas e inicialmente negativas, os retornos dos acionistas permanecem como indicativos das respectivas carteiras de reação de mercado dos retornos dessas carteiras ao longo de um ano (em grande parte devido ao tamanho dos retornos das carteiras persistentes), conforme analisamos nas seções anteriores.

FIGURA A-4

Negócios persistentemente positivos/inicialmente positivos e persistentemente negativos/inicialmente negativos (PP/IP e PN/IN)

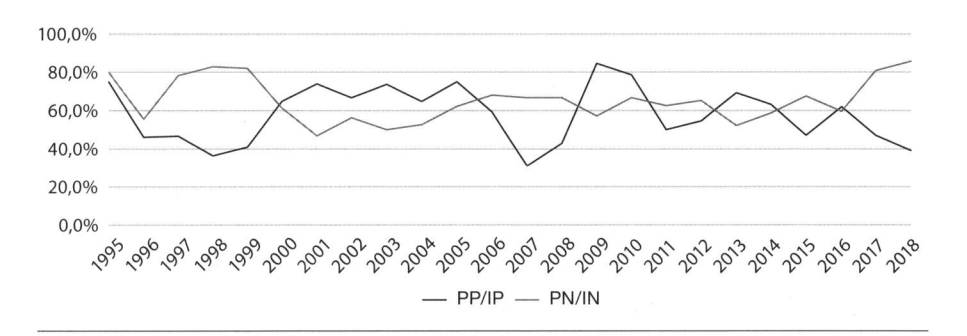

Embora o spread de persistência — a diferença entre os retornos dos acionistas em um ano ajustados pelo setor para os adquirentes nas carteiras de negócios persistentemente positivas e persistentemente negativas — tenha variado (com 1999 tendo um punhado de negócios persistentes muito positivos), está claro que enormes benefícios se acumulam para ser um executor persistentemente positivo versus um persistentemente negativo.

A Figura A-5 ilustra o spread de persistência ao longo do tempo.

FIGURA A-5

O spread de persistência

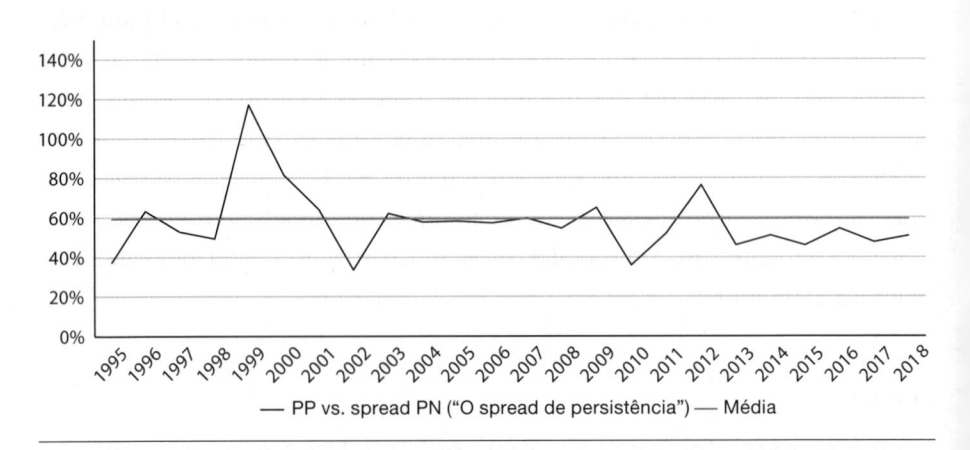

— PP vs. spread PN ("O spread de persistência") — Média

Distribuição de Retornos

A visão de que as reações iniciais do mercado são uma previsão do futuro e os efeitos da persistência positiva e negativa, com o spread de persistência, são ilustrados na Figura A-6. Esses dois gráficos ilustram como os retornos no anúncio — as reações dos investidores — parecem ser uma previsão do futuro. E que os retornos se espalham ao longo de um ano à medida que informações adicionais são divulgadas e os investidores reconsideram a previsão inicial. Não surpreendentemente, 71% dos retornos em um ano mais negativos (aqueles com retornos inferiores a 10% negativos no gráfico de retorno em um ano, representando 42% da amostra total) foram inicialmente negativos.

FIGURA A-6

Distribuição de retornos no anúncio e em 1 ano para os adquirentes

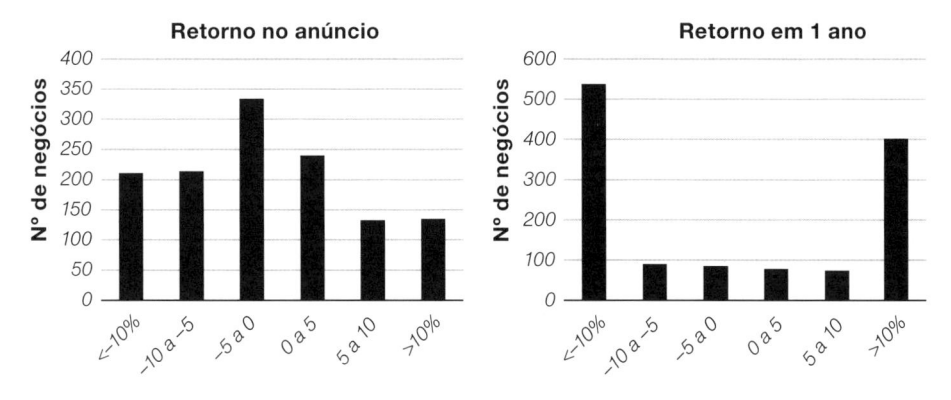

Retorno no anúncio (Nº de negócios, eixo vertical 0–400; faixas: <−10%, −10 a −5, −5 a 0, 0 a 5, 5 a 10, >10%)

Retorno em 1 ano (Nº de negócios, eixo vertical 0–600; faixas: <−10%, −10 a −5, −5 a 0, 0 a 5, 5 a 10, >10%)

Embora haja variação nas métricas ano a ano, nossos principais achados se mantêm ao longo do período do estudo: os retornos nos anúncios melhoraram, mas os retornos em um ano permanecem desafiadores em geral, as reações iniciais do mercado são previsões significativas do futuro, as reações negativas dos investidores são muito difícil de reverter e o spread de persistência tem sido enorme ao longo dos anos.

Valor Adicionado Total para os Acionistas

Muitas vezes, quando as fusões são debatidas, o nível de análise da discussão fica confuso. Há uma diferença entre se a F&A é boa para os compradores ou para os vendedores e se a F&A cria valor em geral. Em outras palavras, as fusões podem não beneficiar os compradores, em média, porém a questão é: somar os ganhos ou as perdas ao comprador e os ganhos ao vendedor resulta em um número positivo no nível agregado? A resposta parece ser positiva.

Calculamos o TSVA como a soma do retorno em dólar ajustado por pares em 11 dias em torno do anúncio do negócio para todos compradores e vendedores. Com efeito, o TSVA é a soma dos SVAs do comprador e vendedor (os retornos individuais no anúncio em dólar). Resumimos os retornos médios em dólares para a amostra completa e por método de pagamento e tipo de carteira (reações iniciais e persistência subsequente) para o período de 24 anos do nosso estudo na tabela A-5.

TABELA A-5

TSVA para negócios por método de pagamento e tipo de carteira (em milhões de US$)

Método de pagamento	SVA do adquirente	SVA da empresa-alvo	TSVA
Todos os negócios	−285,15	468,67	183,52
Dinheiro	−55,03	388,14	333,11
Ações	−434,51	446,63	11,12
Combinado	−270,44	524,28	253,83

| | Tsva | | | |
Tipo de carteira	Todos os negócios	Dinheiro	Ações	Combinado
Positivo persistente	005,33	669,88	1082,10	1214,44
Positivo inicial	995,49	671,06	1194,78	1072,14
Amostra total	**183,52**	**333,11**	**11,12**	**253,83**
Negativo inicial	−359,94	−111,40	−639,69	−209,19
Negativo persistente	−446,72	−35,60	−650,96	−383,20

Em seguida, usamos os valores em dólares de TSVA, para a amostra completa e por método de pagamento e tipo de carteira (que informamos na tabela A-5), e divididos por dois denominadores diferentes para duas perspectivas: 1) TSVA dividido pelo valor de mercado combinado de pré-negociação dos compradores e vendedores para mudança percentual no valor total de mercado combinado e 2) TSVA dividido pelo valor de mercado do vendedor pré-anúncio mais o prêmio pago (ou preço total pago) para uma medida de retorno sobre o investimento (ROI). Isso gera um TSVA% com base na mudança total de capitalização de mercado e um TSVA% como ROI baseado no preço total pago pela empresa--alvo, respectivamente. Os resultados usando ambas as medidas são mostrados na tabela A-6.

TABELA A-6

TSVA% para negócios de duas perspectivas por método de pagamento e tipo de carteira

Tipo de carteira	Valor de mercado empresa combinada pré-negociação				Valor de mercado do vendedor pré-negociação mais prêmio			
	Todos os negócios	Dinheiro	Ações	Combinado	Todos os negócios	Dinheiro	Ações	Combinado
Positivo persistente	9,42%	8,88%	8,79%	10,27%	26,23%	38,53%	20,39%	28,27%
Positivo inicial	9,11%	9,40%	8,28%	9,85%	25,10%	39,07%	20,45%	26,11%
Amostra total	1,45%	3,73%	0,07%	2,05%	4,32%	14,66%	0,21%	5,86%
Negativo inicial	−2,61%	−0,98%	−4,17%	−1,58%	−8,13%	−3,71%	−12,95%	−4,69%
Negativo persistente	−3,08%	−0,35%	−4,29%	−2,52%	−9,76%	−1,34%	−13,16%	−7,94%

Também calculamos o TSVA% em uma base igualmente ponderada. Ou seja, usando o TSVA para cada negócio (a soma do SVA do comprador e o SVA do vendedor) e dividindo pelos dois denominadores (para as duas perspectivas) para cada negócio separadamente. E, em seguida, tirando uma média para a amostra completa, por forma de pagamento e tipo de carteira. Encontramos um padrão de resultados muito semelhante, conforme na tabela A-7.

TABELA A-7

TSVA% igualmente ponderado para negócios de duas perspectivas por método de pagamento e tipo de carteira

Tipo de carteira	VALOR DE MERCADO EMPRESA COMBINADA PRÉ-NEGOCIAÇÃO				VALOR DE MERCADO DO VENDEDOR PRÉ-NEGOCIAÇÃO MAIS PRÊMIO			
	Todos os negócios	Dinheiro	Ações	Combinado	Todos os negócios	Dinheiro	Ações	Combinado
Positivo persistente	11,26%	11,58%	9,97%	12,09%	38,33%	44,34%	32,33%	38,48%
Positivo inicial	10,98%	11,30%	10,49%	11,15%	36,90%	41,85%	33,83%	35,76%
Amostra total	3,63%	6,95%	1,33%	3,96%	10,44%	23,77%	3,28%	10,08%
Negativo inicial	–1,29%	1,24%	–3,71%	–0,11%	–7,28%	–0,02%	–13,52%	–4,44%
Negativo persistente	–2,21%	0,87%	–4,41%	–1,10%	–9,53%	–0,47%	–15,68%	–6,56%

A principal lição desta seção sobre TSVA, com base em nossos resultados de anúncio-retorno, é que as F&A, em geral, criam valor no agregado, mas as carteiras de negócios inicialmente e persistentemente negativas não.

APÊNDICE B

M&M em 1961 e as Origens do Valor Econômico Agregado

Praticamente todos nos negócios estão familiarizados com a famosa equação 11, a abordagem do fluxo de caixa descontado (FCD) para valuation, do artigo de Miller e Modigliani (M&M) de 1961 no *Journal of Business* article, "Dividend Policy, Growth, and the Valuation of Shares" [Política de Dividendos, Crescimento e Valuation de Ações, em tradução livre]. A equação 11 é a seguinte:

$$VM_0 = \sum_{t=1}^{\infty} \frac{X_t - I_t}{(1 + \rho)^{t+1}}$$

Onde VM_0 é o valor de mercado hoje; X_t é o lucro operacional líquido depois dos impostos (NOPAT) no final do ano t; I_t é o novo investimento no final do ano t; X_t I_t são os fluxos de caixa livres (FCLs) no ano t; e ρ é o custo de capital. Mas M&M também descreveram sua chamada Abordagem de Oportunidades de Investimento [em inglês, *Investment Opportunities Approach* — IOA], equação 12, que eles provaram ser equivalente ao FCD (equação 11). De fato, M&M acharam que o IOA era o mais natural do ponto de vista de um investidor que considera uma aquisição, porque oferecia uma visão de valor baseada no retorno de novos investimentos exceder o custo de capital.[1]

O IOA propunha que o valor de uma empresa pode ser dividido no valor das operações comerciais recorrentes hoje e expectativas de valor adicional que será criado a partir de novos investimentos no futuro — ou seja, os componentes conhecidos e esperados do valor de mercado atual. Essa abordagem é a base do que ficou conhecido como conceito de valor econômico agregado (EVA), popularizado por Bennett Stewart na década de 1990 e refinado e ampliado por Stephen O'Byrne.[2]

Profissionais sérios de finanças conhecerão a equação IOA, equação 12:

$$VM_0 = \frac{X_0}{\rho} + \sum_{t=1}^{\infty} \frac{I_t(\rho^*(t) - \rho)}{\rho(1 + \rho)^{t+1}}$$

Onde X_0 é o "ganho" perpétuo uniforme sobre a base de ativos atual, é o novo investimento no final do ano t; $\varrho^*(t)$ é a taxa constante de retorno de I_t no ano imediatamente após o investimento; e ϱ o custo de capital. A Equação 12 assume que o retorno sobre os investimentos atuais é constante.

A equação 12 separa essencialmente o valor de mercado atual em dois componentes: o valor da manutenção das operações atuais (o valor da perpetuidade do fluxo perpétuo uniforme de "ganhos" na base de ativos atuais) e o valor do crescimento futuro *esperado* de novos investimentos, expresso como o valor presente capitalizado dos spreads anuais constantes entre o retorno sobre o capital investido e aquele para cada novo investimento (no ano seguinte ao investimento). Reformular o que os investidores estariam dispostos a pagar por uma empresa dessa maneira nos permite considerar cuidadosamente o desempenho esperado de uma empresa, em termos de criação de valor adicional, do que tem hoje.

Mantendo o desempenho atual, o fluxo perpétuo uniforme de lucros produzirá apenas um retorno de custo de capital sobre o valor de perpetuidade desse fluxo ($X_0/\varrho \times \varrho = X_0$) a cada ano, porém não justificaria nenhum valor adicional para um investidor. Assim, a única maneira de uma empresa justificar o valor acima do das operações atuais é obter *melhorias* de desempenho que excedam o custo de capital em novos investimentos. Essa lógica forma a base da abordagem EVA.

Do ponto de vista estratégico, isso implicaria criar ou explorar vantagens em relação aos concorrentes. Essa é a essência econômica de um plano de negócios para o futuro, como a dupla M&M explicou em 1961:

> A Fórmula (12) possui uma série de características reveladoras e merece ser mais amplamente utilizada nas discussões de avaliação. Por um lado, lança uma luz considerável sobre o significado desses termos muito abusados "crescimento" e "ações de crescimento". Como pode ser facilmente visto em (12), uma corporação não se torna uma "ação de crescimento" com uma alta relação preço-lucro simplesmente porque seus ativos e lucros estão crescendo ao longo do tempo. Para entrar na categoria glamour, também é necessário que $\varrho^*(t) > \varrho$. se $\varrho^*(t) = \varrho$, então, por maior que seja o crescimento dos ativos, o segundo termo em (12) será zero e os índices preço-lucro da empresa não passarão de um monótono $1/p$. A essência do "crescimento", em suma, não é a expansão, mas a existência de oportunidades para investir quantidades significativas de recursos com taxas de retorno acima do "normal".

A Equação 12 oferece várias qualidades excepcionalmente úteis. Primeiro, permite que o valor de perpetuidade dos "ganhos" recorrentes seja facilmente separado do valor de crescimento. Em segundo lugar, permite que o valor agregado do crescimento seja considerado periodicamente, tomando uma cobrança explícita por quaisquer adições de capital em cada ano. Finalmente, e mais fundamentalmente, deixa duas coisas perfeitamente claras: 1) manter o desempenho atual apenas justifica o valor de uma empresa igual ao valor presente das operações atuais (seu valor de perpetuidade), e 2) investimentos futuros devem gerar um retorno sobre o investimento maior do que o custo de capital desses investimentos para justificar um valor de mercado maior que o valor presente das operações atuais.

APÊNDICE C

Desenvolvimento do Modelo de Valor Econômico Agregado

No Capítulo 4 definimos o valor de mercado atual (MV_0) como o capital inicial mais o valor presente dos EVAs futuros. Muitos reconhecerão como consistente, com o conceito popular de MVA (valor de mercado adicionado), em que o MVA de uma empresa é o valor de mercado menos o capital investido. Nós temos:

$$MV_0 = \text{Capital Investido} + \text{Valor Presente de EVAs Futuros}$$

Dividimos os EVAs futuros em duas partes: manter o EVA atual e alcançar melhorias no EVA (ΔEVAs). Empregamos a seguinte expressão para o valor de mercado atual com base no capital investido inicial, EVA atual capitalizado e o valor presente capitalizado das melhorias de EVA esperadas:

$$VM_0 = Cap_0 + \frac{EVA_0}{c} + \frac{1+c}{c} \times \sum_{t=1}^{\infty} \frac{\Delta EVA_t}{(1+C)^t}$$

Referimo-nos à soma dos dois primeiros termos como "valor presente das operações" (COV) e o terceiro termo como "valor de crescimento futuro" (FGV). Os investidores esperam um retorno de custo de capital (c), o CMPC, tanto no COV quanto no FGV. A mera manutenção do EVA atual (EVA_0) produzirá um retorno de custo de capital sobre o COV, mas nenhum retorno sobre o FGV. Assim, justificar a FGV exigirá melhorias no EVA.

Embora a equação EVA para valor de mercado seja uma adaptação direta da equação 12 de M&M (revisada no Apêndice B), é útil desenvolver a intuição da equação EVA.[1] Digamos que uma empresa tenha hoje EVA de EVA_0 que se espera que variação de ΔEVA no primeiro período. O que isso significa? Isso significa que o EVA final deste período (ou seja, o EVA inicial do próximo período) é $EVA_1 = EVA_0 + \Delta EVA$.

Se assumirmos FGV constante e definirmos ΔEVA como uma melhoria anual igual, e cada mudança persistir na perpetuidade, o EVA em cada período deve ser maior em ΔEVA do período anterior. Então:

$$EVA_1 = EVA_0 + \Delta EVA,$$

$$EVA_2 = EVA_1 + \Delta EVA = EVA_0 + 2 \times \Delta EVA,$$

$$EVA_3 = EVA_2 + \Delta EVA = EVA_0 + 3 \times \Delta EVA,$$

$$EVA_4 = EVA_3 + \Delta EVA = EVA_0 + 4 \times \Delta EVA, \text{ e assim por diante.}$$

Em termos de EVA, o valor presente líquido (VPL) de uma empresa é o valor presente de seus EVAs por período (o valor presente de EVAs futuros) porque tomamos um encargo de capital para investimentos. Usando esse conceito, temos:

$$VPL = EVA_1/(1 + c) + EVA_2/(1 + c)^2 + EVA_3/(1 + c)^3 + EVA_4/(1 + c)^4 + \ldots$$

Expandindo EVA_1, EVA_2, EVA_3, e assim por diante, nos dá o seguinte:

$$VPL = (EVA_0 + \Delta EVA)/(1 + c) + (EVA_0 + 2 \times \Delta EVA)/(1 + c)^2$$
$$+ (EVA_0 + 3 \times \Delta EVA)/(1 + c)^3 + (EVA_0 + 4 \times ilEVA)/(1 + c)^4 + \ldots$$

Podemos separar todos os termos EVA_0 dos termos ΔEVA para agrupar os termos EVA_0 Fazemos o mesmo para os termos ΔEVA. Isso cria duas séries da equação:

(1) $VPL = EVA_0/(1 + c) + EVA_0/(1 + c)^2 + EVA_0/(1 + c)^3 + EVA_0/(1 + c)^4 + \ldots$

$+$

(2) $\Delta EVA/(1 + c) + 2 \times \Delta EVA/(1 + c)^2 + 3 \times \Delta EVA/(1 + c)^3 + 4 \times \Delta EVA/(1 + c)^4 + \ldots$

A primeira série representa o valor presente de uma perpetuidade de dólares EVA_0 iniciando o pay-off no final do primeiro período (onde hoje é o tempo zero). Assim, o valor convergirá para EVA_0/c, o valor presente de uma perpetuidade de nível. Então, agora temos:

$VPL = EVA_0/c + \Delta EVA/(1 + c) + 2 \times \Delta EVA/(1 + c)^2$
$+ 3 \times \Delta EVA/(1 + c)^3 + 4 \times \Delta EVA/(1 + c)^4 + \ldots$

A segunda série envolvendo ΔEVA também é bastante intuitiva, uma vez que é simplificada e decomposta em seus componentes.

Vamos reescrever a segunda série (a série de ΔEVA) de uma maneira mais inteligente, que ajude a obter uma expressão de forma fechada:

$\Delta EVA/(1 + c) + \Delta EVA/(1 + c)2 + \Delta EVA/(1 + c)3 + \Delta EVA/(1 + c)4 + \ldots +$

$\Delta EVA/(1 + c)2 + \Delta EVA/(1 + c)3 + \Delta EVA/(1 + c)4 + \ldots +$

$\Delta EVA/(1 + c)3 + \Delta EVA/(1 + c)4 + \ldots +$

$EVA/(1 + c)4 + \ldots$

Você notará que esta nova série reescrita é idêntica à série ΔEVA anterior. No entanto, é mais fácil de resolver. Observe a primeira linha da série acima: ela representa o valor presente de uma perpetuidade de ΔEVA dólares iniciando seu pagamento no final do primeiro período. Da mesma forma, a segunda linha representa uma perpetuidade de ΔEVA dólares começando no final do segundo período, e assim por diante.

Já conhecemos as formas fechadas para esse tipo de perpetuidade. O valor presente de uma perpetuidade de US$1 começando o retorno no final do primeiro período é US$1/c. O valor presente de uma perpetuidade de US$1 começando no final do segundo período é (US$1/c)/ (1 + c), sendo exatamente o mesmo valor de perpetuidade da perpetuidade anterior, mas com um período extra de desconto para levar em conta o atraso de um período no início do pagamento. Da mesma forma, o valor presente de uma perpetuidade de US$ 1 começando no final do terceiro período é (US$1/c)/(1 + c)^2, e assim por diante.

Substituindo esses valores, obtemos uma segunda série simplificada:

$$\Delta EVA/c + \frac{\Delta EVA/c}{(1+c)} + \frac{\Delta EVA/c}{(1+c)^2} + \frac{\Delta EVA/c}{(1+c)^3} + \frac{\Delta EVA/c}{(1+c)^3} + \ldots$$

Agora, precisamos de mais um passo para obter uma expressão simplificada para esta série. Como assumimos que os ΔEVAs são melhorias anuais iguais, então, excluindo o primeiro termo, vemos o segundo termo em diante representar uma perpetuidade de perpetuidades de ΔEVA, começando no final do segundo período. Assim, o valor presente será $(\Delta EVA/c)/c$.

Assim, o valor total desta série se torna:

$$\Delta EVA/c + \frac{\Delta EVA/c}{(1+c)} = \frac{\Delta EVA \times (1+c)}{c \times c}$$

Combinamos essa expressão para a segunda série (a série EVA_0) para chegar a uma fórmula simplificada, que descreve o VPL de um negócio em termos de EVA atual e melhorias anuais futuras esperadas de EVA:

$$VPL = \frac{EVA_0}{c} + \frac{\Delta EVA \times (1 + c)}{c \times c}$$

ou

$$VPL = \frac{EVA_0}{c} + \frac{(1 + c)}{c} \times \left(\frac{\Delta EVA}{c}\right)$$

Relaxando a suposição de FGV constante, e permitindo diferentes mudanças de EVA em cada ano, t produz o segundo e terceiro componentes da equação de EVA para valor de mercado:

$$VPL = \frac{EVA_0}{c} + \frac{1 + c}{c} \times \sum_{t=1}^{\infty} \frac{\Delta EVA_t}{(1 + C)^t}$$

Então, por exemplo, se cada ΔEVA_t é US$100 em perpetuidade, e com FGV constante, logo que $\sum_{t=1}^{\infty} \frac{\Delta EVA_t}{(1 + C)^t}$ simplesmente se reduziria a $\left(\frac{\Delta 100}{c}\right)$ ou $\left(\frac{\Delta EVA}{c}\right)$.

A adição de capital investido inicial (Cap_0) produz nossa equação de EVA para MV_0 — capital investido mais o valor presente de EVAs futuros (ou VPL de investimentos):

$$VM_0 = Cap_0 + \frac{EVA_0}{c} + \frac{1 + c}{c} \times \sum_{t=1}^{\infty} \frac{\Delta EVA_t}{(1 + C)^t}$$

Agora, vamos revisar e resolver para $\Delta EVAs$, ou melhorias de EVA necessárias, para justificar um determinado FGV. O valor de mercado atual de uma empresa pode ser expresso como a soma de COV e FGV:

$$VM = COV + FGV$$

Os dois primeiros termos em nossa fórmula geral VM_0 acima do capital inicial (Cap_0), e EVA atual capitalizado (EVA_0/c) — ou capital investido mais o EVA atual capitalizado, que uma empresa está gerando hoje, representam o COV:

$$COV = Cap_0 + \frac{EVA_0}{c}$$

O terceiro termo contém os ΔEVAs futuros necessários e captura o FGV do negócio (o valor presente capitalizado das melhorias esperadas do EVA). Assim, assumindo melhorias anuais iguais no EVA e FGV constante:

$$FGV = \frac{\Delta EVA \times (1 + c)}{c \times c} = \frac{(1 + c)}{c} \times \left(\frac{\Delta EVA}{c}\right)$$

Resolvendo o ΔEVA nos dá:

$$\Delta EVA = \frac{\frac{FGV \times c}{(1 + c)}}{c}$$

Este é o método para calcular as melhorias perpétuas necessárias do EVA(ΔEVAs uniformes), assumindo FGV constante, que introduzimos no Capítulo 4. Permitindo diferentes ΔEVAs, por exemplo, o aumento para a realização de sinergia necessária para justificar o FGV criado pagando um prêmio, relaxa a suposição de FGV constante e produz a expressão geral (como discutimos acima). Em ambos os casos, essas mudanças de EVA (ΔEVAs) se tornam acréscimos ao COV. Não alcançar essas melhorias de EVA exigidas pode levar os investidores a duvidar do crescimento futuro projetado e reduzir o valor da empresa de acordo. Mudanças no valor de mercado em qualquer direção refletem mudanças nas expectativas dos investidores.

Relação entre ΔEVA e ΔNOPAT

Sabemos que ΔEVA é a variação do EVA em relação ao ano (ou período) anterior, portanto, se o EVA da empresa hoje é EVA_0 e o EVA daqui a um ano é EVA_1, então, por definição:

$$\Delta EVA_1 = EVA_1 - EVA_0$$
$$= (NOPAT_1 - Cap_0 \times c) - (NOPAT_0 - Cap_{-1} \times c)$$

$NOPAT_0$ e $NOPAT_1$ são os números NOPAT para o ano anterior e ano 1, respectivamente. Cap_{-1} e Cap_0 se referem ao capital investido no início desses períodos, respectivamente. Reorganizando os termos nos dá a seguinte expressão para ΔEVA_1:

$$\Delta EVA_1 = (NOPAT_1 - NOPAT_0) - (Cap_0 \times c - Cap_{-1} \times c)$$
$$= \Delta NOPAT_1 - (Cap_0 - Cap_{-1}) \times c$$

$Cap_0 - Cap_{-1}$ o novo capital líquido (ou seja, novo investimento bruto menos despesas de depreciação) investido no negócio. Podemos representá-lo por ΔCap_0:

$$\Delta EVA_1 = \Delta NOPAT_1 - \Delta Cap_0 \times c$$

Este também é um resultado intuitivo. Quando não há nenhum novo capital líquido investido no negócio ($\Delta Cap = 0$), o ΔEVA será igual ao ΔNOPAT, porque o EVA só poderá mudar quando houve uma mudança no NOPAT neste casi. O nosso objetivo aqui é colocar em destaque o futuro NOPAT — o coração dos resultados operacionais.

No entanto, quando há um novo investimento líquido, o ΔEVA é o ΔNOPAT menos o custo adicional de capital sobre o novo investimento líquido feito no período anterior. Se uma empresa capta novos fundos (por exemplo, através de novos capitais próprios ou dívidas) ou reinveste o dinheiro do NOPA como novos investimentos líquidos no negócio, então ela deve criar um retorno adicional do custo de capital sobre esse novo investimento antes de poder agregar valor econômico.[2]

NOTAS

Capítulo 1

1. Veja, por exemplo, Mark L. Sirower, "Bankruptcy as a Strategic Planning Tool," *Academy of Management Best Papers Proceedings* (1991): 46–50.
2. Philip L. Zweig, "The Case Against Mergers," *BusinessWeek*, 29 de outubro de 1995. O valor de 65% vem de Mark L. Sirower, *The Synergy Trap: How Companies Lose the Acquisition Game* (New York: Free Press, 1997).
3. É interessante notar que essas questões são conhecidas e reconhecidas há décadas. Por exemplo, um anúncio do JPMorgan, do início dos anos 1990 intitulado "O que significa encontrar o preço certo se não é a coisa certa a fazer?", encerrava com a afirmação: "Virar as costas para a diferença entre preço e valor é como dar as costas à realidade", sugerindo que muitos CEOs podem estar seguindo maus conselhos ou simplesmente não entender as promessas que estavam fazendo quando pagaram mais do que qualquer outra pessoa no mundo que estava disposta a pagar por um conjunto de ativos já existente, as pessoas e tecnologias.
4. Esta citação vem de Charles Shoemate, former CEO da Bestfoods.
5. David Henry, "Why Most Big Deals Don't Pay Off," *BusinessWeek*, 13 de outubro de 2002.
6. Veja, por exemplo, Mark L. Sirower e Stephen F. O'Byrne, "The Measurement of Post-Acquisition Performance: Toward a Value-Based Benchmarking Methodology," *Journal of Applied Corporate Finance* 11 (Verão de 1998): 107–121; Jim Jeffries, "The Value of Speed in M&A Integration," *M&A Blog*, 17 de novembro de 2013, https://www.macouncil.org/blog/2013/11/17/value-speed-ma-integration; Decker Walker, Gerry Hansell, Jens Kengelbach, Prerak Bathia, e Niamh Dawson, *The Real Deal on M&A, Synergies, and Value*, BCG Perspectives, 16 de novembro de 2016, https://www.bcg.com/publications/2016/merger-acquisitions-corporate-finance-real-deal-m-a-synergies-value.
7. Os retornos são semelhantes aos do benchmark S&P 500 em geral. E todos os valores são estatisticamente significativos em $p < 0.05$ ou melhor.
8. Em torno do anúncio, os retornos dos adquirentes ajustados por pares variaram de -50% a 60%. E os retornos em um ano variaram de -116% a 281%. Veja também Scott D. Graffin, Jerayr (John) Haleblian, e Jason T. Kiley, "Ready, AIM, Acquire:

Impression Offsetting and Acquisitions," *Academy of Management Journal* 59, n. 1 (2016): 232–252. Usando uma amostra de 770 negócios acima de US$ 100 milhões no período de 1995 a 2009, esses autores encontraram retornos de anúncio de -1,4% com base na metodologia de retornos anormais cumulativos, que é semelhante ao nosso retorno de anúncio de -1,6%.

9. Veja, por exemplo, Roger L. Martin, "M&A: The One Thing You Need to Get Right," *Harvard Business Review*, Junho de 2016, 42–48, https://hbr.org/2016/06/ma-the-one-thing-you-need-to-get-right. Martin afirma: "Mas essas são as exceções que comprovam a regra confirmada por quase todos os estudos de F&A: F&A é uma furada, no qual normalmente 70% a 90% das aquisições são falhas abismais". Veja também Graham Kenny, "Don't Make This Common M&A Mistake," hbr.org, 16 de março de 2020, https://hbr.org/2020/03/dont-make-this-common-ma-mistake. Kenny começa com "De acordo com a maioria dos estudos, entre 70 e 90 por cento das aquisições falham."

10. Para dados sobre a onda de fusões das décadas de 1980 e 1990, consulte Sirower, *Synergy Trap*, Capítulo 7 e apêndices.

11. Nossos resultados fornecem suporte adicional ao resumo da literatura de Greg Jarrell em "University of Rochester Roundtable on Corporate M&A and Shareholder Value," *Journal of Applied Corporate Finance* 17 (Outono de 2005): 64–84, onde ele afirma: "A evidência que temos sugere que a resposta inicial do mercado é um preditor bastante confiável de como os negócios vão acabar" (p. 70).

12. Para ser claro, "fechamento" é o evento em que a transação é concluída e a transferência de propriedade ocorre. O processo de fechamento pode ser um dia ou, ocasionalmente, vários dias em negócios muito grandes ou complexos. "Dia 1" é a primeira data das operações combinadas, o dia em que a transferência de propriedade entrou em vigor, normalmente logo após o fechamento. Para empresas de capital aberto, o Dia 1 é frequentemente indicado como o dia em que o código de ações entra em vigor referente à empresa combinada e o dia em que as responsabilidades da folha de pagamento e do fornecedor são assumidas pela entidade controladora. Usaremos "Dia 1" e "fechar" de forma intercambiável.

Capítulo 2

1. Mark L. Mitchell e Kenneth Lehn, "Do Bad Bidders Become Good Targets?," *Journal of Political Economy* 98, n. 2 (1990): 372–398. Veja também Jeffrey W. Allen, Scott L. Lummer, John J. McConnell, e Debra K. Reed, "Can Takeover Losses Explain Spin-Off Gains?," *Journal of Financial and Quantitative Analysis* 30, n. 4 (1995): 465–485.

2. Para a história mais completa da Amazon, veja Brad Stone, *The Everything Store: Jeff Bezos and the Age of Amazon* (New York: Little, Brown, 2013). Fonte de dados

para negócios: mecanismo de busca AlphaSense, em agosto de 2020. Veja também Zoe Henry, "Amazon Has Acquired or Invested in More Companies Than You Think," *Inc.*, Maio de 2017, https://www.inc.com/magazine/201705/zoe-henry/will-amazon-buy-you.html; "Infographic: Amazon's Biggest Acquisitions," *CBInsights*, 19 de junho de 2019, https://www.cbinsights.com/research/amazon-biggest-acquisitions-infographic/.

3. Laura Stevens e Annie Gasparro, "Amazon to Buy Whole Foods for 13.7 Billion," *Wall Street Journal*, 16 de junho de 2017, https://www.wsj.com/articles/amazon-to-buy-whole-foods-for-13-7-billion-1497618446; Amazon, "Amazon.com Announces Minority Investment in Homegrocer.com," comunicado de imprensa, 18 de maio de 1999, https://press.aboutamazon.com/news-releases/news-release-details/amazoncom-announces-minority-investment-homegrocercom. O comentário do analista da Piper Jaffray aparece em Robert D. Hof, "Jeff Bezos' Risky Bet," *Bloomberg Businessweek*, 13 de novembro de 2006.

4. Para os números do Kindle, veja Consumer Intelligence Research Partners, 2013, conforme citado em "Kindle Device Owners Spend 55% More Every Year with Amazon," https://www.geekwire.com/2013/kindle-owners-spend-55-amazon-study/.

5. Steven Levy resumiu a aquisição da Evi pela Amazon em "Inside Amazon's Artificial Intelligence Flywheel," *Wired*, 1º de fevereiro de 2018, https://www.wired.com/story/amazon-artificial-intelligence-'ywheel/.

6. Tara-Nicholle Nelson, "Obsess over Your Customers, Not Your Rivals," hbr.org, 11 de 2017, https://hbr.org/2017/05/obsess-over-your-customers-not-your-rivals.

Capítulo 3

1. Por exemplo, o vendedor pode ter alienado uma empresa por meio de uma suposta cisão isenta de impostos que não foi executada corretamente, resultando em obrigações fiscais reais não pagas nas quais o comprador estaria entrando.

2. Ajustes subsequentes podem incluir questões como provisão para devedores duvidosos, reservas de estoque obsoletas, litígios, encargos de reestruturação, indenizações, custos de fechamento de instalações ou pagamentos de arrendamento/aluguel em lojas fechadas.

3. No passado, se um adquirente descobrisse que uma das declarações ou garantias da empresa-alvo era falsa, ele iria atrás do vendedor pelos danos reivindicados, que poderiam ou não ser recuperados por meio de uma conta caução. Hoje, os adquirentes compram apólices de seguro para que possam fazer uma reclamação de seguro. Como parte do processo de subscrição de seguros, os subscritores vão querer ler todos os relatórios de diligência e excluir fatos que foram identificados na diligência.

4. Esta citação vem de Charles Shoemate, ex-CEO da Bestfoods.

Capítulo 4

1. Este capítulo foi adaptado de Mark Sirower and Stephen O'Byrne, "The Measurement of Post-Acquisition Performance: Toward a Value-Based Benchmarking Methodology," *Journal of Applied Corporate Finance* 11, n. 2 (1998): 107–121.
2. O valor do empreendimento é geralmente definido como capitalização de mercado do patrimônio líquido + dívida líquida + ações preferenciais + participações minoritárias.
3. *Smith* v. *Van Gorkom*, 488 A.2d 858 (Del. 1985). Este foi um julgamento histórico contra Van Gorkom e os diretores da Trans Union Corporation. Em um encontro de apenas duas horas, os diretores aprovaram uma oferta de compra alavancada apresentada como justa por Van Gorkom, dono de 75.000 ações da empresa. O tribunal considerou os diretores negligentes porque não tomaram uma decisão *informada*. Especificamente, os diretores não procuraram se informar sobre os motivos de Van Gorkom, não se informaram adequadamente sobre o valor intrínseco da empresa, e a decisão foi tomada em uma reunião de duas horas na ausência de uma situação de emergência. Consulte M. R. Kaplan e J. R. Harrison, "Defusing the Director Liability Crisis: The Strategic Management of Legal Threats," *Organization Science* 4(1994): 412–432.
4. Warren Buffett no *1981 Berkshire Hathaway Annual Report*.
5. Sobre EVA, veja G. Bennett Stewart, *The Quest for Value: A Guide for Senior Managers* (New York: HarperCollins, 1991); e S. David Young and Stephen F. O'Byrne, *EVA and Value-Based Management: A Practical Guide for Implementation* (New York: McGraw-Hill, 2000). Para uma extensa discussão sobre a Matemática EVA, consulte Stephen O'Byrne, "A Better Way to Measure Operating Performance (ou Why EVA Math Really Matters)," *Journal of Applied Corporate Finance* 28, n. 3 (2016): 68–86.
6. Merton H. Miller e Franco Modigliani, "Dividend Policy, Growth, and the Valuation of Shares," *Journal of Business* 34, n. 4 (1961): 411–433.
7. Consulte Stephen F. O'Byrne, "EVA and Market Value," *Journal of Applied Corporate Finance* 9, n. 1 (1996): 116–126.
8. Neste exemplo, mantivemos o capital constante do ano anterior. Quando houver um aumento de capital em relação ao ano anterior, manter o EVA atual exigirá um aumento no NOPAT para compensar o custo de capital adicional e, portanto, manter o EVA atual (com o aumento proporcional do NOPAT) fornecerá um retorno de custo de capital no COV, mas sem retorno na FGV. Em nosso modelo, apenas manter o EVA atual implica que $\Delta EVA = 0$.

9. Usando a matemática, c × FGV = ΔEVA + ΔEVA/c + ΔFGV; assim com rendimentos FGV constantes:

    c × FGV = ((1 + c)/c) × ΔEVA, or ΔEVA = c × FGV/((1 + c)/c).
    (Consulte o Apêndice C para detalhes adicionais.)

10. Usamos o CMPC médio ponderado como uma boa aproximação. Existem abordagens mais técnicas onde passaríamos por um exercício de desalavancagem dos "betas" no custo de capital próprio de cada empresa e depois realavancar para calcular um novo beta, com base na nova estrutura de capital da empresa combinada, e chegar a o novo CMPC para a fusão pró-forma. Veja, Susan Chaplinsky, "Methods of Valuation for Mergers and Acquisition," Darden Graduate School of Business, University of Virginia, 2000 (Caso: UVA-F-1274).

11. Este é um exemplo simplificado em que os CMPCs de ambas as empresas são os mesmos e o capital inicial permanece inalterado em relação ao ano anterior para ambas as empresas. E, em todas as tabelas, nos referimos ao valor presente capitalizado das melhorias esperadas do EVA simplesmente como "VP capitalizado das melhorias esperadas do EVA".

12. Este método é discutido em Sirower e O'Byrne, "Measurement of Post-Acquisition Performance." Calcular o novo EVA atual tomando um custo de capital como se o adquirente e a empresa-alvo combinados tivessem todo o novo capital em seu balanço patrimonial no ano anterior — ou seja, incluindo o valor de mercado da empresa-alvo mais o prêmio junto com o capital inicial do ano anterior do adquirente — efetivamente cria um "ano base pró-forma". Ou seja, criamos condições equitativas para futuras melhorias de EVA, de modo que o custo de capital em ΔEVAs futuros seja impactado apenas pela mudança no capital do adquirente em relação ao ano anterior e pelo crescimento de capital adicional após a aquisição. Caso contrário, o ΔEVA do primeiro ano teria um enorme impacto negativo devido ao grande aumento de capital do negócio. O nome do jogo é *melhorias*.

13. Novo COV = COV da Homeland + COV da Affurr = 3.900 + 1.200 = 5.100; Novo FGV = FGV da Homeland + FGV da Affurr = 1.100 + 800 = 1.900.

14. Para ser preciso, o valor é na verdade 24,545, que arredondamos para baixo para simplificar, de modo que 17,27 + 7,27 = 24,54.

15. Observe que estamos usando o capital inicial do ano anterior para calcular o EVA atual (NOPAT menos o custo de capital). Assim, para a Future, o EVA atual é (1.889,34 (32.009,84 × 0,08)) = -671,45, e para a Cabbãge, o EVA atual é (3.151,33 (29.888,6 × 0,076)) = 879,80. Arredondamos cada cálculo para duas casas decimais.

16. Utilizamos valores de mercado para o CMPC médio ponderado. Para o denominador usamos (40.924,41 + 45.799,24 + 10.000) = 96.723,65, que é o valor de

mercado da Future mais o da Cabbãge, mais o prêmio. O numerador da Future em seu CMPC de 8% é 40.924,41 (seu valor de mercado). E o numerador da Cabbãge em seu CMPC de 7,6% é 55.799,24 (seu valor de mercado mais o prêmio).

17. Para aqueles que estão acompanhando no Excel, arredondamos para duas casas decimais após cada etapa. Em ambos os casos, chegamos às mesmas respostas, exceto pelo valor "Expectativas de ΔEVA geradas usando nosso método", que seria arredondado para 57,41 em vez de 57,42.

18. A soma dos COVs independentes não é igual ao novo COV do nosso método, porque o primeiro é calculado sobre o capital inicial anterior da empresa-alvo, enquanto o novo COV assume efetivamente que a empresa-alvo e, finalmente, o adquirente, tinha todo o capital (valor de mercado e o prêmio) em seu balanço no ano anterior; a utilidade de criar este "ano base pró-forma" é que o ΔEVA do primeiro ano é impactado apenas pela mudança no capital do ano anterior do adquirente e mudanças no NOPAT. O novo COV também é impactado pelo novo (média ponderada) CMPC, que pode criar pequenas diferenças no COV pró-forma e no FGV resultante.

19. Esta é uma simplificação para esclarecer o ponto e colocar os foco no NOPAT. Obviamente, se houver investimentos de capital adicionais planejados significativos, o NOPAT precisaria ser maior para cobrir a mudança de capital nesse novo capital investido.

20. US$10 bi = (1 + 7,77%)/7,77%) × (US$194,25/(1 + 7,77%) + US$293,08/ (1 + 7,77%)2 + US$360,97/(1 + 7,77%)3).

21. Outro exemplo para ilustrar o ponto: se a nova Future Industries realizasse 50% das sinergias necessárias no segundo ano e 50% no terceiro, isso renderia melhorias de EVA necessárias de US$419 milhões e US$451 milhões, respectivamente, para uma taxa de execução de US 870 milhões de melhorias após impostos após o terceiro ano — novamente, nem perto dos US$500 milhões anunciados em sinergias antes dos impostos.

22. No caso de negócios totalmente em ações e combinados (uma mistura de dinheiro e ações), o valor para o vendedor pode flutuar no pré-fechamento com base nos movimentos das ações do comprador, porque o vendedor será co-proprietário na nova empresa (mais sobre isso no Capítulo 9). Em qualquer caso, o movimento nas ações do comprador é baseado em grande parte nas expectativas de se o comprador pode perceber as melhorias de desempenho incorporadas no preço da oferta e especialmente no prêmio.

Capítulo 5

1. Este capítulo foi adaptado de Mark L. Sirower e Steve Lipin, "Investor Communications: New Rules for M&A Success," *Financial Executive* 19 (janeiro-

fevereiro de 2003). Para mais informações sobre a avaliação do negócio pelo conselho, consulte o Capítulo 9.

2. Os adquirentes devem reconhecer que as relações com investidores em F&A devem enfrentar e ajudar a resolver um problema clássico de informação assimétrica: a administração sabe mais sobre a transação do que os investidores, de modo que os investidores só podem seguir o que a administração sinaliza para eles por meio de comunicações com investidores. Investidores de todo o mundo ouvirão a administração e, em seguida, tomarão a decisão de manter suas ações do adquirente, comprar ou vender. Os acionistas da empresa-alvo vão querer respostas sobre se o negócio envolver ações porque seu conselho basicamente recomendou uma decisão de investimento que é presumivelmente no melhor interesse de seus acionistas.

3. A citação vem de "University of Rochester Roundtable on Corporate M&A and Shareholder Value," *Journal of Applied Corporate Finance* 17 (Outono de 2005): 70. Reconhecendo isso, alguns CEOs tentam cercar anúncios com boas notícias não relacionadas, e evidências recentes sugerem que esses CEOs se engajam nessa estratégia quando percebem um negócio como mais arriscado e, posteriormente, exercem mais opções do que aqueles que não ofereceram notícias não relacionadas. Os resultados sugerem que os CEOs que emitem notícias positivas não relacionadas exercem 6,7% mais opções no próximo trimestre do que os CEOs que não o fazem, sugerindo um nível mais baixo de confiança nos resultados desses negócios. Daniel L. Gamache, Gerry McNamara, Scott D. Graffin, Jason T. Kiley, Jerayr Haleblian, e Cynthia E. Devers, "Why CEOs Surround M&A Announcements with Unrelated Good News," hbr.org, 30 de agosto de 2019, https://hbr.org/2019/08/why-ceos-surround-ma-announcements-with-unrelated-good-news.

4. Uma reação negativa do mercado não apenas comprometerá o sucesso da fusão, mas também pode distrair gerentes e funcionários das atividades de negócios em andamento, ameaçando o valor de crescimento já incorporado ao preço das ações do adquirente — potencialmente causando perdas no preço das ações muito além do valor do prêmio.

5. Sobre a Conseco, veja Leslie Eaton, "Conseco and Green Tree, an Improbable Merger," *New York Times*, 8 de abril de 1998.

6. Informações extraídas da aquisição do Nexstar Media Group da apresentação e teleconferência do investidor Tribune Media, 3 de dezembro de 2018. As chamadas subsequentes no fechamento aumentaram o número de sinergia projetada para US$185 milhões.

7. Para uma revisão de nossas evidências sobre os retornos decepcionantes das transações em ações, veja o Apêndice A. Presumivelmente, o conselho do vendedor teria feito isso antes de recomendar que seus investidores aceitassem as ações

do adquirente, mas esse não parece ser o caso, em média. Para obter detalhes adicionais, consulte o Capítulo 9.

8. Informações extraídas da aquisição do Avis Budget Group na apresentação para investidores da Zipcar e teleconferência, 2 de janeiro de 2013.

9. David Harding e Sam Rovit, "Building Deals on Bedrock," *Harvard Business Review*, setembro de 2004, https://hbr.org/2004/09/building-deals-on-bedrock.

10. Informações do comunicado de imprensa da PepsiCo no fechamento em 13 de agosto de 2001, "PepsiCo Raises Estimate of Quaker Merger Synergies to $400 Million," e citado na matéria do *Chicago Tribune*, "Quaker Savings, Sales Growth Expectations Double for PepsiCo," 14 de agosto de 2001.

Capítulo 6

1. O arquivamento do HSR vai para o DOJ ou o Federal Trade Commission. Todos os negócios passam por análise preliminar, quando os órgãos reguladores determinam qual órgão faz a investigação. Como consequência, o negócio avança e pode ser fechado em menos de 30 dias. Se o período de espera de 30 dias expirar, o negócio será considerado "aprovado sem objeção". Dentro de 30 dias, a agência pode voltar e solicitar uma reunião ou dados adicionais para sanar sua preocupação. Ela pode ter uma preocupação antitruste, o que desencadeará uma investigação adicional por meio de uma segunda solicitação. Pode haver muitas solicitações, cuja resposta pode ter muitas páginas e levar muitos meses. O período de espera pode expirar, ou uma agência pode fornecer aprovação explícita, ou pode voltar e contestar o negócio, exigindo algum desinvestimento, ou uma revisão de governança, ou uma liminar que o adquirente terá que contestar.

2. Sobre a distinção entre "fechamento" e "Dia 1", veja o Capítulo 1, nota 12, acima.

3. David Carney e Douglas Tuttle, "Seven Things Your Mother Never Told You about Leading as an Integration Manager," White paper do Deloitte M&A Institute da publicação Deloitte, "Making the Deal Work," 2007.

Capítulo 7

1. Esta seção foi extraída de Ami Louise Rich e Stephanie Dolan, "Please Excuse My Dear Aunt Sally: The Order of Operations for Organization Design during an M&A Event," documento de trabalho do Deloitte M&A Institute, julho de 2019, e de muitas discussões prestativas.

2. Os níveis e as relações de subordinação podem parecer diferentes, dependendo do tamanho da empresa, de suas divisões e unidades de negócios constituintes e da preferência do CEO.

3. A saída de líderes ainda pode ter um impacto positivo significativo. Retê-los por um período de tempo pode fazer com que os funcionários se sintam mais confortáveis, confiantes e valorizados. Os adquirentes também podem se valer de seu conhecimento do negócio e defender a nova e empolgante fase. Mas as pessoas tóxicas precisam que partir. Organizações muito grandes têm contratos de trabalho, portanto, os adquirentes devem ter cuidado para não acionar cláusulas de mudança de controle antes do desejável. Os funcionários também precisarão conhecer a próxima camada da organização que os impacta diretamente para que possam discernir a direção, as políticas amplas e os modelos de interação com os clientes que esses líderes adotarão. Sem essas informações, haverá uma luta pelo poder entre as duas organizações porque as pessoas não sabem quem vai ganhar.

4. A opção 1 produz custos precisos camada por camada. A opção 2 permite "matemática rápida" para custos aproximados porque os nomes ainda não estão nas caixas do organograma; também nos leva mais rápido ao fato de que podemos não atingir nossos alvos.

5. Por exemplo, uma linha de base de custo de US$3 milhões revelaria rapidamente que uma meta de sinergia de US$2 milhões não é razoável. Além disso, se o jurídico tiver uma linha de base de US$9 milhões e uma meta de sinergia de US$2 milhões, a estrutura de custos combinada após a realização da sinergia deve ser de US$7 milhões. Existem duas maneiras de chegar lá, ou redução direta da linha de base ou redução no orçamento legal pela meta de sinergia.

Capítulo 8

1. Sobre a diferença entre "fechamento" e "Dia 1", veja o Capítulo 1, nota 12, acima.

2. Veja, por exemplo, Val Srinivas e Richa Wadhwani, "Recognizing the Value of Bank Branches in a Digital World," *Deloitte Insights*, 13 de fevereiro de 2019, https://www2.deloitte.com/us/en/insights/industry/financial-services/bank-branch-transformation-digital-banking.html; Rob Morgan, "The Future of the Branch in a Digital World", *ABA Banking Journal,* 15 de junho de 2020, https:// bankingjournal.aba.com/2020/06/the-future-of-the-branch-in-a-digital-world/; e Kate Rooney, "Despite the Rise of Online Banks, Millennials Are Still Visiting Branches," *CNBC*, 5 de dezembro de 2019, https://www.cnbc.com/2019/12/05/despite-the-rise-of-online-banks-millennials-still-go-to-branches.html.

3. Jay W. Lorsch e Emily McTague, "Culture Is Not the Culprit," *Harvard Business Review*, abril de 2016, https://hbr.org/2016/04/culture-is-not-the-culprit.

4. Todd D. Jick, "On the Recipients of Change," em *Organization Change: A Comprehensive Reader*, ed. W. Warner Burke, Dale G. Lake, e Jill Waymire Paine (San Francisco: Jossey-Bass, 2009), 404–417.

5. Para informações adicionais, consulte os clássicos de F&A, David M. Schweiger, John M. Invancevich, e Frank R. Power, "Executive Actions for Managing Human Resources before and after Acquisition," *Academy of Management Executive* 1, n. 2 (1987): 127–138; e Mitchell L. Marks and Philip H. Mirvis, "The Merger Syndrome," *Psychology Today*, outubro de 1986, 35–42.
6. Joel Brockner, *The Process Matters: Engaging and Equipping People for Success* (Princeton, NJ: Princeton University Press, 2015).
7. Robert Iger, *The Ride of a Lifetime: Lessons Learned from 15 Years as CEO of the Walt Disney Company* (New York: Random House, 2019).
8. John Kotter, "Leading Change: Why Transformation Efforts Fail," *Harvard Business Review*, maio–junho de 1995, https://hbr.org/1995/05/leading-change-why-transformation-efforts-fail-2.
9. Lorsch e McTague, "Culture Is Not the Culprit."

Capítulo 9

1. A regra de julgamento de negócios é, principalmente, uma ferramenta de revisão judicial e apenas indiretamente um padrão de conduta. A regra se aplica se os diretores cumprirem condições específicas. Veja, por exemplo, Donald G. Kempf Jr., "'Can They Take My House?': Defending Directors and Officers," *Illinois Bar Journal* 81 (maio de 1993): 244–248.
2. Adaptado de Alfred Rappaport e Mark L. Sirower, "Cash or Stock: The Trade-offs for Buyers and Sellers in Mergers and Acquisitions," *Harvard Business Review* 77, novembro–dezembro de 1999, https://hbr.org/1999/11/stock-or-cash-the-trade-offs-for-buyers-and-sellers-in-mergers-and-acquisitions.
3. A prevalência de dinheiro, ações ou combinações dos dois mudou drasticamente ao longo das décadas de ondas de fusões. Por exemplo, a década de 1980 foi dominada por negócios em dinheiro, representando quase 70% de todos os negócios até o final da década. Essa tendência mudou drasticamente para o aumento de negócios em ações na década de 1990, particularmente para grandes negócios. De nossos dados de 1.267 negócios, temos a seguinte composição percentual de dinheiro, ações ou combinação para cada período de oito anos, respectivamente. 1995–2002: 10%, 52%, 38% 2003–2010: 26%, 26%, 48%; 2011–2019: 25%, 30%, 45% (por favor, desconsidere o arredondamento).
4. Veja o Apêndice A e, por exemplo, Tim Loughran e Anand M. Vijh, "Do Long-Term Shareholders Benefit from Corporate Acquisitions?," *Journal of Finance* 52, n. 5 (dezembro de 1997): 1765–1790. Veja também Mark L. Sirower, *The Synergy Trap: How Companies Lose the Acquisition Game* (New York: Free Press, 1997); e Richard Tortoriello, Temi Oyeniyi, David Pope, Paul Fruin, e Ruben Falk, *Mergers & Acquisitions: The Good, the Bad, and the Ugly (and How to Tell Them Apart)*,

S&P Global Market Intelligence, agosto de 2016, https://www.spglobal.com/marketintelligence/en/documents/mergers-and-acquisitions-the-good-the-bad-and-the-ugly-august-2016.pdf.

5. Um conselho que decidiu prosseguir com uma oferta em ações ainda precisa decidir como estruturá-la. Essa decisão depende de uma avaliação do risco de queda do preço das ações da empresa adquirente entre o anúncio do negócio e o fechamento.

    A pesquisa mostrou que o mercado responde mais favoravelmente quando os adquirentes demonstram confiança no valor das próprias ações por meio de sua disposição de arcar com maior risco de mercado de pré-fechamento. Veja, por exemplo, Joel Houston e Michael Ryngaert, "Equity Issuance and Adverse Selection: A Direct Test Using Conditional Stock Offers," *Journal of Finance* 52, n. 1 (1997): 197–219.

    Uma oferta de ações fixas não é um sinal confiável, pois a remuneração do vendedor cai se o valor das ações do adquirente cair. Portanto, a abordagem de ações fixas deve ser adotada apenas se o risco de mercado pré-fechamento for relativamente baixo. Mas há maneiras de uma empresa adquirente estruturar uma oferta de ações fixas sem enviar sinais ao mercado de que as ações estão supervalorizadas. O adquirente, por exemplo, pode proteger o vendedor contra uma queda no preço das ações do adquirente abaixo de um nível mínimo especificado, garantindo um preço mínimo. (Os adquirentes que oferecem tal "piso" normalmente também insistem em um "teto" sobre o valor total das ações distribuídas aos vendedores.)

    Um sinal ainda mais confiável é dado por uma oferta de valor fixo em que os vendedores têm a garantia de um valor de mercado estipulado, enquanto os adquirentes arcam com todo o custo de qualquer queda no preço de suas ações antes do fechamento. Se o mercado acreditar nos méritos da oferta, o preço do adquirente pode até subir, permitindo que ele emita menos ações para os acionistas do vendedor. Os acionistas do adquirente, nesse caso, reteriam uma proporção maior do SVA do negócio. Tal como acontece com as ofertas de ações fixas, às ofertas de valor fixo podem ser anexados pisos e tetos, na forma de número de ações a serem emitidas. Veja Rappaport e Sirower, "Cash or Stock"; e Carliss Y. Baldwin, "Evaluating M&A Deals: Floors, Caps, e Collars," Harvard Business School Background Note 209-138, março de 2009.

6. Adaptado de Mark L. Sirower e Richard Stark, "The PMI Board Pack: New Diligence in M&A," *Directors & Boards*, Verão de 2001, 34–39.

7. Sobre o ressurgimento de acordos hostis, veja Kai Liekefett, "The Comeback of Hostile Takeovers," Harvard Law School Forum on Corporate Governance, 8 de novembro de 2020, https://corpgov.law.harvard.edu/2020/11/08/the-comeback-of-hostile-takeovers/.

8. Adaptado de Mark L. Sirower e Sumit Sahni, "Avoiding the Synergy Trap: Practical Guidance on M&A Decisions for CEOs and Boards," *Journal of Applied Corporate Finance* 18, n. 3 (Verão de 2006): 83–95. Veja também G. Bennett Stewart, *The Quest for Value: A Guide for Senior Managers* (New York: HarperCollins, 1991), cap. 2; e Eric Lindenberg and Michael P. Ross, "To Purchase or to Pool: Does it Matter," *Journal of Applied Corporate Finance* 12 (Verão de 1999): 2–136.

9. Não estamos defendendo um aumento de lucros ou uma abordagem baseada em múltiplos para avaliar as empresas-alvo. Em vez disso, usamos essas perspectivas focando na empresa-alvo para destacar o desafio de desempenho relevante, independentemente de um negócio ser um acréscimo ou uma diluição para os ganhos de curto prazo do adquirente.

10. Um P/E constante implica a preservação das expectativas do caso base do negócio independente. Qualquer mudança para baixo no P/E do adquirente no anúncio pode ser traduzida em uma redução implícita no P/E da empresa-alvo; é um lembrete infeliz de que as sinergias podem ser alcançadas, mas à custa das expectativas existentes do plano futuro. Alternativamente, a queda também pode ser interpretada como um ajuste refletindo as expectativas de que as sinergias não serão premiadas com o valor de crescimento no P/E da empresa-alvo, ou de ambas.

11. Essa é uma grande suposição, mas feita regularmente por CEOs e analistas de segurança. Aplicar o mesmo P/E às sinergias significa que qualquer acréscimo de sinergia é capitalizado em perpetuidade junto com qualquer componente de valor de crescimento do P/E. Conceder a quaisquer sinergias ao múltiplo P/E completo é potencialmente o maior fator para explicar por que a análise de acréscimo típica pode não produzir avaliações realistas. Por exemplo, suponha que o custo de capital (c) seja 10%, então o valor de perpetuidade dos lucros atuais sem crescimento é $1/c$ ou um múltiplo de 10. Se o P/E for 20, então o múltiplo adicional de 10 é o valor de crescimento baseado nas expectativas de melhorias futuras. Se as sinergias não tiverem valor de crescimento, aplicar o P/E completo levará à supervalorização da empresa-alvo.

12. Como em qualquer modelo financeiro simplificador (incluindo modelos de crescimento de dividendos e os cálculos de valor terminal usados em FCDs), existem limitações nos extremos. A utilidade da expressão %$SynC$ diminui à medida que a margem de lucro se aproxima de valores extremos. Por exemplo, à medida que a margem de lucro se aproxima de zero, %$SynC$ tende a zero. Isso pode levar a conclusões errôneas sobre a extensão das melhorias de lucro necessárias para recuperar o prêmio pago por uma empresa-alvo de lucratividade muito baixa. Alternativamente, à medida que a margem de lucro se aproxima de 50%, %$SynC$ tende a 100%. Isso sugeriria a eliminação de todos os custos operacionais como estratégia para ganhar o prêmio de aquisição.

13. Passando da teoria para a prática, se fôssemos usar um modelo de lucro "puro", usaríamos o lucro líquido antes da margem de impostos no numerador e no denominador. Mas então poderíamos basear as sinergias necessárias em um número de lucro antes de impostos anormalmente baixo que inclua itens extraordinários e que também geraria um P/E anormalmente alto. Por outro lado, modelar o valor de mercado das ações no EBIT produz um múltiplo P/E efetivo mais baixo e, portanto, uma premissa de valor de crescimento mais baixo para sinergias no modelo. Na prática, geramos Linhas MTP para outras medidas antes de impostos para que possamos discutir os diferentes resultados e premissas. Por simplicidade e praticidade, aqui usamos o EBIT tanto no numerador quanto no denominador porque ele foca nas operações.

14. Ao longo de anos de experiência, descobrimos que a primeira estimativa de redução de custos é a otimização de despesas gerais endereçáveis e custos SG&A, que normalmente não são mais de um terço da base total de custos. Uma redução dos custos indiretos em um terço geralmente é considerada um limite superior, e o terço de um terço resultante nos dá aproximadamente 10% da base de custo total (o que chamamos de "os mágicos 10%" no Capítulo 3).

15. Veja Richard P. Rumelt, *Strategy, Structure, and Economic Performance* (Cambridge, MA: Harvard University Press, 1974); e Robert F. Bruner, *Applied Mergers and Acquisitions* (New York: Wiley, 2004).

16. Revisado em, *The Synergy Trap*, capítulos 5, 7, 8, e Apêndices A e B; e David J. Flanagan, "Announcements or Purely Related and Purely Unrelated Mergers and Shareholder Returns: Reconciling the Relatedness Paradox," *Journal of Management* 22, n. 6 (1996): 823–835. Veja também Yasser Alhenawi e Martha L. Stilwell, "Toward a Complete Definition of Relatedness in Mergers and Acquisitions Transactions," *Review of Quantitative Finance and Accounting* 53 (2019): 351–396.

17. Veja, por exemplo, Chris Zook e James Allen, *Profit from the Core: Growth Strategy in an Era of Turbulence* (Boston: Harvard Business Review Press, 2001) e seus trabalhos subsequentes.

18. Joseph L. Bower, "Not All M&A's Are Alike—And That Matters," *Harvard Business Review*, março de 2001, https://hbr.org/2001/03/not-all-mas-are-alike-and-that-matters.

19. Charles Calomiris e Jason Karceski, "Is the Bank Merger Wave of 1990s Efficient? Lessons from 9 Case Studies," em *Mergers and Productivity*, ed. Steven N. Kaplan (Chicago: University of Chicago Press, 2000), 93–178. O analista bancário James Hanbury comentou: "A razão para fazer a fusão é tentar lidar com os problemas desenvolvendo um novo fluxo de renda a partir das economias, pois você elimina os custos sobrepostos de dois bancos operando no mesmo mercado". Veja Deckelman, "Chemical Bank, Manufacturers Hanover Officially

Merge," *UPI*, 31 de dezembro de 1991, https://www.upi.com/Archives/1991/12/31/Chemical-Bank-Manufacturers-Hanover-officially-merge/3446694155600/.

20. Adaptado de Mark L. Sirower e Steve Lipin, "Investor Communications: New Rules for M&A Success," *Financial Executive* 19 (janeiro–fevereiro de 2003): 26–30.

21. Embora não tenha sido discutida, a aquisição da Zipcar pela Avis Budget (descrita no Capítulo 5), que recebeu uma reação muito positiva do mercado mesmo com 49% de prêmio, é outra boa ilustração. A combinação dos ativos da Zipcar com a Avis Budget deu um centro de gravidade próximo ao canto inferior esquerdo na figura 9.3a. A Zipcar ofereceu expansão para mercados adjacentes, mas como o CEO Ron Nelson afirmou durante a ligação com investidores: "Eles compartilham exatamente o mesmo núcleo, permitindo que as pessoas usem os veículos que não possuem, quando quiserem, onde quiserem e como quiserem". A Zipcar ofereceu à Avis Budget melhor acesso ao mercado e a Avis ofereceu à Zipcar melhores capacidades e escala na gestão da frota (compra, financiamento, manutenção), otimização e utilização. Nas três fontes de valores descritas na apresentação ao investidor, cerca de US$30 milhões foram de reduções de custos e US$30 milhões de aumentos de receita, gerando um ponto (*%SynR*,*%SynC*) de aproximadamente 11%, 11%. A Zipcar teve uma margem EBIT baixa (3,4%) em grande parte devido aos altos custos de sua frota de carros. Sua linha MTP cruza o eixo *%SynC* em aproximadamente 2% e em 49% no eixo *%SynR*, uma linha de inclinação muito menor do que nossos outros exemplos. A gestão de pontos proposta em sua apresentação ao investidor está bem acima da linha MTP e apenas na borda de nossa hipotética Caixa de Plausibilidade.

22. Os dados usados nos cálculos são retirados dos últimos 10 mil disponíveis antes dos acordos de anúncio — ou seja, 1997 para BetzDearbon, 1999 para Time Warner, 2000 para Quaker Oats e 2018 para Tribune (os dois últimos negócios foram anunciados em dezembro do respectivo ano). As sinergias de receita projetadas para o acordo PepsiCo/Quaker foram calculadas com base nas adições projetadas ao lucro operacional das sinergias de receita (US$79 milhões) pela margem EBIT de 16% da Quaker Oats. *%SynC* assume uma base de custo endereçável que inclui CPV, SG&A e D&A. E esses foram os respectivos custos usados para calcular a margem EBIT.

23. Para a BetzDearborn, *%SynC* de 9,2%; para a Time Warner, *%SynC* de 4,2%; para a Quaker Oats, uma combinação de *%SynC* de 3,6% e *%SynR* de 10,.0%CK; para a Tribune, uma combinação de *%SynC* de 5,1% e *%SynR* de 3,7%. Os valores são calculados com base nas respectivas bases de custos e receitas.

24. Mark L. Sirower, "When a Merger Becomes a Scandal," *Financial Times*, 14 de agosto de 2003.

Apêndice A

1. Scott D. Graffin, Jerayr (John) Haleblian, e Jason T. Kiley, "Ready, AIM, Acquire: Impression Offsetting and Acquisitions," *Academy of Management Journal* 59, n. 1 (2016): 232–252.
2. Todos os dados e resultados significativos em $p < 0.05$ ou melhor, exceto para os retornos gerais de um ano em negócios combinados ($p < 0.1$); e retornos em um ano da amostra completa de 2003–2010; e retornos no anúncio da amostra completa de 2011–2018 em que não podemos rejeitar o nulo.
3. Essas descobertas reafirmam o baixo desempenho amplamente divulgado dos negócios baseados em ações. Consulte, por exemplo, Nicolas G. Travlos, "Corporate Takeover Bids, Methods of Payment, and Bidding Firms' Stock Returns," *Journal of Finance* 42 (Setembro de 1987): 943–963; e Tim Loughran e Anand M. Vijh, "Do Long-Term Shareholders Benefit from Corporate Acquisitions?," *Journal of Finance* 30, n. 5 (Dezembro de 1997): 1765–1790.
4. Embora muito possa acontecer com um adquirente em um período de dois anos de atuação, é interessante notar que para os adquirentes que tiveram retornos positivos ou negativos em um ano, independentemente da reação inicial, 72% e 82% foram positivos ou negativos para seus retornos de dois anos, respectivamente. Da mesma forma, para desempenho persistentemente positivo ou persistentemente negativo, 73% e 82% foram persistentes para seus retornos de dois anos, respectivamente.
5. Nossas descobertas sobre a diferença de ponto percentual absoluto entre os prêmios pagos por carteiras persistentemente negativas e persistentemente positivas são consistentes com as descobertas de Sara B. Moeller, Frederik P. Schlingemann, e Rene M. Stulz, "Wealth Destruction on a Massive Scale? A Study of AcquiringFirm Returns in the Recent Merger Wave," *Journal of Finance* 60 (Abril de 2005): 757–782. Esses autores constatam que o prêmio pago em adquirentes com grandes perdas é, em média, 8% a 10% maior.
6. George Alexandridis, Nikolaos Antypas, and Nickolaos Travlos, "Value Creation from M&As: New Evidence," *Journal of Corporate Finance* 45 (2017): 632–650.

Apêndice B

1. Merton H. Miller e Franco Modigliani, "Dividend Policy, Growth, and the Valuation of Shares," *Journal of Business* 34, n. 4 (1961): 411–433.
2. Consulte G. Bennett Stewart, *The Quest for Value: A Guide for Senior Managers* (New York: HarperCollins, 1991); Stephen F. O'Byrne, "EVA and Market Value," *Journal of Applied Corporate Finance* 9 (Spring 1996): 116–125 (onde o autor adapta a equação 12 de M&M para a mecânica do EVA); Stephen F. O'Byrne, "A Better Way to Measure Operating Performance (ou Why the EVA Math Really Matters),"

Journal of Applied Corporate Finance 28, n. 3 (2016): 68–86; e S. David Young e Stephen F. O'Byrne, *EVA and Value-Based Management: A Practical Guide to Implementation* (New York: McGraw-Hill, 2000).

Apêndice C

1. Em sua equação 12, a dupla M&M assume um fluxo perpétuo uniforme de lucros na base de ativos atual, o que chamamos de Cap_0. Eles presumem, com efeito, que o NOPAT do ano anterior ($NOPAT_0$ ou NOPAT no momento zero) aumentará o suficiente para manter o que chamamos de "EVA atual" (EVA_0), que é baseado no NOPAT do ano anterior e no custo de capital do ano anterior. Assim, manter o EVA atual na equação do EVA produz um retorno de custo de capital sobre o que chamamos de COV, equivalente ao primeiro termo na equação 12 de M&M. O "$NOPAT_1$" presumido de M&M será igual a $NOPAT_0$ quando o capital inicial do ano anterior for igual a Cap_0. Além disso, como incorporamos o capital inicial, podemos incluir uma mudança perpétua no EVA (ΔEVA) a partir do primeiro ano, onde M&M assume que o retorno de um investimento e o encargo de capital são realizados no ano imediatamente após o investimento, de modo que sua suposição de retorno constante sobre a base de ativos atuais renderia $\Delta EVA1 = 0$. 0. Como o valor presente de uma perpetuidade $\Delta EVA1$ será $\Delta EVA1/c$ no tempo zero (hoje) e não $\Delta EVA_1/c(1 + c)$, como pode ser incorretamente inferido a partir do segundo termo na equação 12, precisamos multiplicar o segundo termo adaptado por $(1 + c)$ para levar em conta essa possibilidade distinta (um $\Delta EVA1$ positivo, por exemplo, sinergias esperadas do ano 1) conforme representado no terceiro termo da equação EVA. Para esclarecer, a mudança do primeiro período no segundo termo da equação 12 é a mudança do segundo período na equação EVA, e assim por diante — mas FGV, o terceiro termo da equação EVA e o segundo termo na equação 12 são o mesmo valor. Uma característica importante da equação EVA é que ela nos permite atenuar importantes suposições na equação 12 — que o retorno sobre a base de ativos atual é constante, os novos investimentos são necessários para criar valores adicionais e os retornos desses investimentos são constantes na perpetuidade. Como o ΔEVA é definido como $\Delta NOPAT$ menos o Δcargo de capital, a equação do EVA permite retornos variados sobre a base de ativos atual (como sinergias) e investimentos futuros (por exemplo, uma transformação de custo que produz um NOPAT mais alto sem necessariamente aumentar a base de capital).

2. Devemos agradecimentos especiais a Anurag Srivastava, ex-aluno de Mark no programa de MBA Executivo Stern da NYU, por sua abordagem muito útil e comentários sobre essa derivação alternativa de nossa equação EVA.

ÍNDICE

A

ação, 103
acionista, 4
acordo, 25
   de consolidação, 163
   expedicionário, 285
adição, 135
administração, 27
adquirente, 120
alinhamento, 36
   executivo, 194
Amazon, 31
analista, 138
antitruste, 78
anúncio, 120
aposta, 14
Apple, 34
aprendizado, 36
aquisição, xiv, 2, 35
assistente virtual, 33
automação, 32
avaliação, 25

B

backup, 191
balanço
   econômico, 15
   patrimonial, 55
benchmark, 61
benefício, 193
blackjack, 12
brainstorming, 196
burocracia, 216

C

capacitação, 178
capital, 26
   circulante
      líquido, 61
   de giro, 90
captação tradicional, 241
carteira, 57, 75
categorização, 284
centralização, 48
CEO, 2
choque cultural, 252
cliente, 72
colaboração, 163
computação, 32
comunicação, 125
concorrente, 73
conexão, 193
confiança, 105
conselho, 39, 123
consolidação, 236
consultoria
   federal, 166
contabilidade, 54
controladoria, 167
convergência, 128

cooperação, 77
credibilidade, 46
crescimento
  corporativo, 1
  inorgânico, 24
  lucrativo, 127
cronograma, 119
cultura, 252

D

data room, 81
depreciação, 54
desenvolvimento corporativo, 193
design, 65, 189
Dia do Anúncio, 2
diligência, 63
  operacional, 2
dinheiro, 9, 90
direção, 130
disciplina, 295
discussão, 142
distribuição, 68, 70
  geográfica, 68
dívida, 58, 99
divisão, 79
  antitruste, 150

E

Ecolab, 35
economia, 3
  hiperlocal, 142
eficiência, 136, 168, 285
empreendimento, 166
empresa-alvo, 28
engenharia, 149
equação, 99

equidade, 226
especialista, 130
estabilidade, 72
estatística, 5, 74
estratégia, 2
estudos de eventos, 313
evolução, 70
execução, 36
expansão, 32
experiência, 36

F

fabricação, 236
ferramenta, 89
fidelidade, 72
fluxo de caixa descontado, 87
força, 72
formação, 254
front office, 84
fusão, xiv, 5, 35, 126

G

gerenciamento, 56
gestão, 41
  de informações, 242
  sênior, 155
governança, 19, 47

H

habilidade central, 268
harmonização, 77
headhunters, 133

I

implementação, 43, 180
imposto, 119

inatividade, 247
inclusão, 226
inovação, 150, 245
inspeção holística, 76
integração, xiv, 27
   comercial, 152
   intensiva, 13
   operacional, 168
   pós-fusão, 12
inteligência artificial, 31
interação, 77
interceptação, 66
investimento, 98, 123
   de capital, 258

J

jurídico, 84

K

Kindle, 31

L

lançamento, 126
licitação, 136
linguagem natural, 34
liquidação, 57
locação, 80
lógica estratégica, 129
lucro, 25
   operacional
      líquido, 89

M

manufatura, 84
manutenção, 98, 100
   preditiva, 247
   preventiva, 247
mapeamento geoespacial, 74
máquina de priorização, 167
marketing, 70
   visual, 142
matemática, 89
matéria-prima, 151
matriz, 162
mecânica, 112
medição, 98
meganegócio, 178
mercado, 9
   aproveitável, 69
   de ações, 25
   endereçável, 69
meritocracia, 254
metodologia, 2
mídia, 32
   social, 74
migração, 81
modelo operacional potencial, 27

N

negócio, 2

O

oferta, 87
operacionalização, 275
organograma, 190
orientação, 130

P

parâmetros, 185
patrimônio, 99, 313
patrocinador executivo, 193
PepsiCo, 35

perpetuidade, 102, 277
pesquisa
  primária, 65
  secundária, 65
pipeline, 26, 245
plano, 124
política, 30
posição competitiva, 71
potencial de escala, 285
precificação, 151
prêmio, 103
processamento de
  linguagem natural, 74
produto, 70, 150
programa, 66
propriedade intelectual, 245
publicidade, 70

R

racionalização, 81
rastreamento, 174, 221
rebranding, 85
receita, 60
redução, 128
reestruturação, 165
regime de caixa, 58
relacionamento, 72
remuneração, 166, 191
renegociação proativa, 174
rescisão, 78
responsabilidade, 190
  fiduciária, 265
roteiro, 232

S

seguro corporativo, 81
sinalização do concorrente, 37
sinergia, 1, 44, 130, 193, 307
software, 243
spread de persistência, 6, 296
sucesso,
suporte funcional, 151

T

taxonomia, 195
terceirização, 236
tesouraria, 84
transação, 8, 13, 37
transformação, 36
transição formal, 225
transparência, 177, 186
triagem, 43

V

validação, 66
valor, 167
  econômico
    adicionado, 88
valuation, 15
varejo, 32
velocidade, 168
venda cruzada, 194
verificação de saúde, 235
visão, 53, 190

Projetos corporativos e edições personalizadas
dentro da sua estratégia de negócio. Já pensou nisso?

Coordenação de Eventos
Viviane Paiva
viviane@altabooks.com.br

Contato Comercial
vendas.corporativas@altabooks.com.br

A Alta Books tem criado experiências incríveis no meio corporativo. Com a crescente implementação da educação corporativa nas empresas, o livro entra como uma importante fonte de conhecimento. Com atendimento personalizado, conseguimos identificar as principais necessidades, e criar uma seleção de livros que podem ser utilizados de diversas maneiras, como por exemplo, para fortalecer relacionamento com suas equipes/ seus clientes. Você já utilizou o livro para alguma ação estratégica na sua empresa?

Entre em contato com nosso time para entender melhor as possibilidades de personalização e incentivo ao desenvolvimento pessoal e profissional.

PUBLIQUE SEU LIVRO

Publique seu livro com a Alta Books. Para mais informações envie um e-mail para: autoria@altabooks.com.br

/altabooks   /alta-books   /altabooks   /altabooks

CONHEÇA OUTROS LIVROS DA **ALTA BOOKS**

Todas as imagens são meramente ilustrativas.

ALTA BOOKS EDITORA   ALTA LIFE EDITORA   ALTA NOVEL   ALTA CULT EDITORA

FARIASILVA   EDITORA ALAÚDE   TORDESILHAS   ALTA GEEK